社会主义新农村建设实务丛书

现代农业园区规划与案例分析

主编　张天柱
编委　张天柱　吴卫华　吴成义
　　　王春晓　曾永生　李国新
　　　韩　非　侯建君　陆　琳
　　　李青青

中国轻工业出版社

图书在版编目（CIP）数据

现代农业园区规划与案例分析/张天柱主编.—北京：中国轻工业出版社，2021.1
（社会主义新农村建设实务丛书）
ISBN 978-7-5019-6109-2

Ⅰ.现… Ⅱ.张… Ⅲ.农业技术-科学区-规划-中国　Ⅳ.F324.3

中国版本图书馆 CIP 数据核字（2007）第 133438 号

责任编辑：伊双双
策划编辑：李亦兵　　责任终审：劳国强　　封面设计：伍毓泉
版式设计：王超男　　责任校对：李　靖　　责任监印：张　可

出版发行：中国轻工业出版社（北京东长安街6号，邮编：100740）
印　　刷：三河市万龙印装有限公司
经　　销：各地新华书店
版　　次：2021年1月第1版第10次印刷
开　　本：850×1168　1/32　　印张：16.625
字　　数：418千字　　插页：2
书　　号：ISBN 978-7-5019-6109-2
定　　价：36.00元

邮购电话：010-65241695
发行电话：010-85119835　传真：85113293
网　　址：http://www.chlip.com.cn
Email：club@chlip.com.cn
如发现图书残缺请与我社邮购联系调换

201571K1C110ZBW

序

农业发展关系国民经济和社会发展的全局。农业丰则基础强，农民富则国家盛，农村稳则社会安。发展我国农业，必须将"三农"问题置于我国工业化、城镇化、市场化、国际化深入发展的大背景之下，把握这种历史趋势下农业发展面临的新课题、新矛盾。传统农业正加快向现代农业过渡，农村人口将持续下降，农村社会加快向现代社会过渡，农业产值在国民经济中的比重逐步下降，但经济和社会发展对农产品的需求持续增长，城乡差距有进一步扩大的趋势。随着我国现代化建设的深入推进和人民生活水平的不断提高，对农业所担负的传统经济功能的要求不断提高，对农业发挥生态、社会等新功能的要求日益增长。因此，积极发展现代农业，调整农业产业结构，转变经济增长方式，增加农民收入，已经成为我国农业发展的战略选择。

现代农业的最显著特征是以现代科学技术和物质装备为支撑，运用现代经营形式和管理手段，是一种一、二、三产业高度融合，具有多功能、可持续发展的产业体系。农业高校具有科技、人才优势，是我国农业科技创新体系的重要组成部分，在积极推进现代农业进程中担负着义不容辞的责任。斯坦福大学校长有句名言，"人们都说没有斯坦福就没有硅谷，但我还要说另外一句话，没有硅谷就没有一流的斯坦福。"只有走产学研相结合的道路，才能充分发挥大学的潜力，推动科技成果产业化，提升自主创新能力和产业竞争力，才能使高等学校在为现代化建设做贡献中求得发展。

中国农业大学作为一所百年老校，以"解民生之多艰"为办学宗旨，长期坚持走产学研结合的道路，鼓励师生把论文写在祖国大地上。该书作者为中国农业大学的教师,秉承农大人情系乡土、忧患苍生的优良传统,根据现代农业的发展趋势,瞄准现代农业园区在推进现代农业中的辐射示范作用以及转变农业经济增长方式的作用,结合自身多年来一直从事设施农业和农业规划研究工作的经验,对不同类型的现代农业园区规划理论和方法等方面进行了详细的阐述,并对典型案例进行了分析,它对我国现代农业新的发展模式的探索以及农业领域规划水平的提高,必将起到重要的指导作用,对推进产学研结合也是一个有益的尝试。

瞿振元

前　　言

　　2006年3月十届全国人大第四次会议通过并颁布了《中华人民共和国国民经济和社会发展第十一个五年规划纲要(2006年至2010年)》,2007年中央又发布了《中共中央国务院关于积极发展现代农业扎实推进社会主义新农村建设的若干意见》一号文件。由于中央对建设新农村的高度重视,各级政府、高等院校、科研院所、企业界等纷纷积极参与、支持新农村建设。但是,要建设好新农村,必须首先做好规划,才能达到"生产发展、生活宽裕、乡风文明、村容整洁、管理民主"二十字要求,才能使农业可持续发展。

　　20年来,中国农业大学农业规划科学研究所和北京富通环境工程公司一直在为农业、农村和农民服务。在北京、江苏、内蒙古、河北、山东、山西、云南等省、自治区、直辖市规划、建设了新农村家园、农业科技园区、农业旅游园区、肉牛产业园区、农产品物流园区和生态餐厅等,为我国农业和农村发展贡献了自己的力量。

　　在各类农业园区规划的多年实践中,我们归纳、提炼出一套实用的基本理论,形成了自己独特的规划理念,积累了丰富的实战经验。现在,我国各类农业园区正在蓬勃发展,为了适应这种形势需要,我们编写了本书,供农业园区的规划者、相关专业的教学人员和投资者参考。

　　编写本书的指导思想是:

　　(1) 对规划的基本概念、规划内容、规划方法和步骤进行归纳、论述,使读者对规划有一个全面的了解。

　　(2) 尽量将现有的各类农业园区归纳进来,使读者对各种农业园区有个完整的概念。

　　(3) 尽量将各类园区的名称理顺,若一种农业园区有几个名称,我们试图确定一个科学、合理的名称。

(4) 力图对各类农业园区给予一个确切的定义,并阐述了各自的规划方法。

(5) 用通俗的语言论述和进行案例分析,使读者容易理解和应用。

由于水平有限,不足之处恳请批评、指正。

目　　录

第一篇　总　　论

第一章　概述 ··· 2
　第一节　现代农业园区的产生背景 ············· 2
　第二节　现代农业园区的类型 ···················· 7
　第三节　现代农业园区规划的意义 ············· 10
第二章　现代农业园区的发展状况 ··············· 14
　第一节　国内农业园区的发展状况 ············· 14
　第二节　国外农业园区的发展状况 ············· 16
第三章　规划的定义与分类 ························· 52
　第一节　规划的定义 ································· 52
　第二节　规划的分类 ································· 54
　第三节　规划案例分析 ······························ 58
　第四节　我国农业园区规划工作存在的问题 ···· 68
第四章　农业园区规划的原则与内容 ············ 71
　第一节　规划的原则 ································· 71
　第二节　规划的内容 ································· 71

第二篇　规划与案例分析

第五章　新农村家园规划与案例分析 ············ 102
　第一节　概述 ··· 102
　第二节　新农村家园规划 ·························· 110
　第三节　新农村家园案例分析 ···················· 129

第六章　农业科技园区规划与案例分析 …………………………… 183
- 第一节　概述 …………………………………………………… 183
- 第二节　农业科技园区规划 …………………………………… 202
- 第三节　农业科技园区案例分析 ……………………………… 231

第七章　农业旅游园区规划与案例分析 …………………………… 254
- 第一节　概述 …………………………………………………… 254
- 第二节　农业旅游园区规划 …………………………………… 272
- 第三节　农业旅游园区案例分析 ……………………………… 288

第八章　农业产业化园区规划与案例分析 ………………………… 299
- 第一节　概述 …………………………………………………… 299
- 第二节　农业产业园区规划 …………………………………… 327
- 第三节　农业产业园区案例分析 ……………………………… 338

第九章　生态农庄规划与案例分析 ………………………………… 353
- 第一节　概述 …………………………………………………… 353
- 第二节　生态农庄规划 ………………………………………… 379
- 第三节　生态农庄案例分析 …………………………………… 419

第十章　农产品物流园区规划与案例分析 ………………………… 430
- 第一节　概述 …………………………………………………… 430
- 第二节　农产品物流园区规划 ………………………………… 452
- 第三节　农产品物流园区案例分析 …………………………… 460

第十一章　生态餐厅园区规划与案例分析 ………………………… 469
- 第一节　概述 …………………………………………………… 469
- 第二节　生态餐厅园区规划 …………………………………… 476
- 第三节　生态餐厅园区案例分析 ……………………………… 501

参考文献 ……………………………………………………………… 505

第一篇 总 论

第一章 概 述

第一节 现代农业园区的产生背景

一、改革开放后我国农业迅速发展

1978年改革开放以来,中国的经济社会发生了深刻的变化,根据国家统计局对2006年的初步核算,全年国内生产总值209 407亿元,比上年增长10.7%。其中,第一产业增加值24 700亿元,增长5.0%;第二产业增加值102 004亿元,增长12.5%;第三产业增加值82 703亿元,增长10.3%。第一、第二和第三产业增加值占国内生产总值的比重分别为11.8%、48.7%和39.5%。

1978年以后,由于在农村实行家庭联产承包责任制等一系列农村改革,积极提高粮食价格,大大地调动了广大农民的积极性。虽然这个期间耕地面积每年都大幅度减少,但粮食等主要农作物产量却在迅速提高,1984年、1990年、1996年、2004年获得四次农业大丰收。2006年粮食总产量在2004年、2005年大幅增产的基础上继续增加,全国粮食产量达到49 746万吨(表1-1、图1-1);全年肉类总产量8 100万吨,比上年增长4.6%,其中,猪、牛、羊肉分别增长4.3%、5.3%和7.8%;全年水产品产量5 250万吨,增长2.8%。我国粮食产量、肉类产量、禽蛋产量、水产品产量、水果产量都位居世界第一,基本解决了13亿人口的吃饭问题和城市居民"菜篮子"问题。2006年农村居民人均纯收入3 587元,扣除价格上涨因素,比上年实际增长7.4%;农村居民家庭的恩格尔系数(即居民家庭食品消费支出占家庭消费总支出的比重)为43%;按农村绝对贫困人口标准低于693元测算,年末农村贫困人口为2 148万人,比上年末减少217万人;按低收入人口标准694~958元测算,年末农村低收入人口为3 550万人,比上年末减少517万人。

表1-1　2006年主要农产品产量及其增长速度　　　单位:万吨

产品名称	产量	比上年增长/%	产品名称	产量	比上年增长/%
粮食	49 746	2.8	糖料	10 987	16.2
夏粮	11 381	7.0	甘蔗	9 925	14.6
早稻	3 187	0.0	甜菜	1 062	34.8
秋粮	35 178	1.7	烤烟	247	1.3
油料	3 062	-0.5	茶叶	102	9.0
花生	1 461	1.8	水果	17 050	5.8
油菜籽	1 270	-2.7	蔬菜	58 233	3.2
棉花	673	17.8			

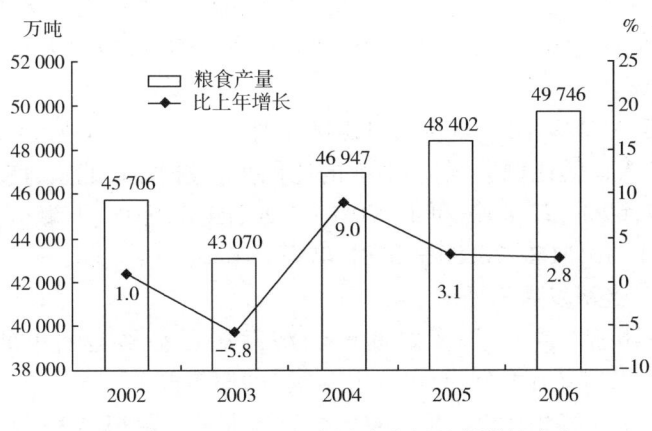

图1-1　2002—2006年粮食产量及其增长速度

二、农业迅速发展的原因

我国改革开放后,农业迅速发展的主要原因是中央政府对农业的重视。近十几年来,中央政府颁布了一系列方针政策,促进农业的发展,农业的物质、技术投入逐年增加,使农业综合生产能力不断提高,土地生产率、劳动生产率都明显上升;科学技术广泛应用于农业,农业科技进步的贡献率逐步提高;农业教育发展迅速;农业基础设施建设有了较大的改善。

三、农业发展中存在的问题

(一) 发展不平衡性

目前中国农村经济的基本特征是不平衡性。

1. 人口分布不平衡

第一,农村人口比例高。从全国总体来看,乡村人口多,城镇人口少。根据2000年我国第五次人口普查数据,我国总人口为12.6333亿,占世界总人口的21%。其中乡村人口8.0739亿,比例高达63.91%(世界平均水平为45%),城镇人口仅占36.09%。

第二,地区不同,城乡人口比例差别大。一般发达地区乡村人口占总人口的比例小,落后地区的比例大。如上海、北京、广东分别为11.69%、22.46%和45.00%;广西、四川、河南、西藏分别为71.85%、73.31%、76.80%和81.07%。

2. 经济发展不平衡

1978—1984年,城乡之间的经济发展不平衡是缩小的,但1985年以后又开始反弹,1997年以后,则连年扩大。

第一,就全国而言,城市与乡村经济水平差距相当大,城乡居民收入差距继续扩大。2006年城乡居民收入之比由上年的3.22∶1扩大为3.28∶1;农村居民人均纯收入比上年实际增长7.4%,而城镇居民人均纯收入实际增长10.4%;农村居民家庭恩格尔系数为43%,而城镇居民家庭恩格尔系数为35.8%。农村低于693元的贫困人口尚有2 148万人,694~958元低收入人口为

3 550万人(图1-2、图1-3)。

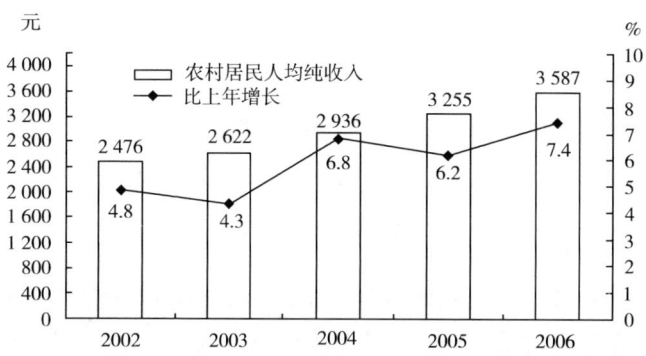

图1-2 2002—2006年农村居民人均纯收入及其增长速度

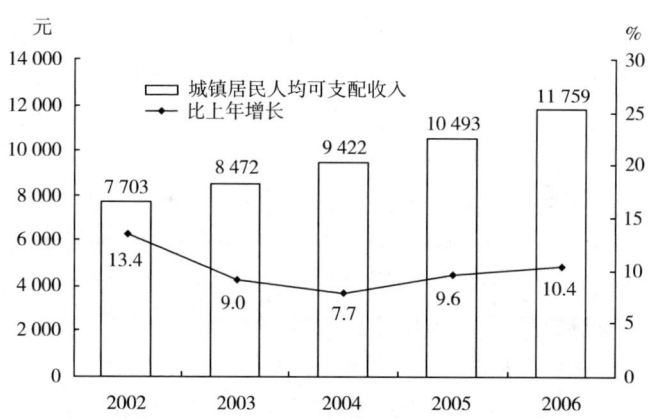

图1-3 2002—2006年城镇居民人均可支配收入及其增长速度

不同区域之间,农村经济差别更大。不同地区经济发展的不平衡性,导致农村之间的差别更显著。以2004年各地区农村居民家庭人均纯收入为例:广东、浙江、北京、上海分别为4 365.87元、5 944.06元、6 170.33元、7 066.33元;而贵州、甘肃、西藏、云南、陕西、青海分别为1 721.55元、1 852.22元、1 861.31元、1 864.19

元、1 866.52 元、1 957.65 元。不同地区之间的农民全年收入差别（上海与贵州）最高比例达 4.11:1。如果进一步对市、乡、村进行分析，乡村间差距就不会少于 10 倍。

第二，城乡居民消费方面的差距也很大，城市居民享有各种补贴，如住房补贴、医疗补贴、电话补贴、煤气补贴等，而农民是没有的。现在三个多农民的购买力抵不上一个城市居民的购买力，农村居民的消费水平要比城镇居民落后 10～15 年。

（二）粗放型农业

与国外发达国家和地区的农业比较，我国农业仍是一种粗放型为主的农业增长模式。农业科技对农业生产贡献率低，我国为 35%，发达国家为 60%～80%；农业劳动生产率低，我国一个劳动力平均承担耕地面积 0.29 公顷，生产谷物 1 194 公斤，生产肉类 136 公斤，而世界平均值分别为 1.21、1 703 和 154，和发达国家的距离更大，如美国分别为 66.81、100 695 和 10 211；日本分别为 1.07、3 410 和 931；法国分别为 14.02、46 984 和 4 357；粮食单位面积产量低，我国每亩 265 公斤，发达国家 273～417 公斤；生猪出栏率低，我国为 88%，发达国家为 129%～193%；作物良种覆盖率低，我国为 80%，发达国家为 100%；农业机械化程度低，我国机耕率 53%，机播率 27%，机收率 14%，发达国家已全面实现了机械化；水的利用率世界发达国家达到了 70%～80%，我国只有 30%～40%。

根据中国统计局的数据，2006 年耕地面积继续减少（当年净减少耕地 30.6 万公顷，包括：建设占用耕地、生态退耕、农业结构调整、查出往年建设未变更上报的建设占用耕地等）。

这就意味着 2007 年农作物播种面积增加的空间至少减少了 30.6 万公顷，加大了农业生产继续增长的难度。我国传统农业仍占有相当大的比重，这是制约农业发展的又一因素。传统农业生产效率低，成本费用高，这种情况完全不适合我国当前对农业、农产品的需求，传统农业向现代化农业转变势在必行。

(三) 经营规模很小

发达国家的家庭农场规模都较大,少则几公顷,多的达几百公顷。我国农民仍以单家独户的小规模分散经营为主,难以推广机械化作业,农机拥有量少,农业现代化水平较低,经营成本高,经济效益低。

(四) 农村文化水平较低

现在4.19亿农村劳动力中,高中及以上的占13%,初中占50.13%,小学程度的占29.12%,文盲半文盲占7.15%,平均受教育年限不到8年。目前多数大中城市已在普及高中,而在中西部农村许多乡镇九年制义务教育还不能普及,特别是初中教育,学生中途辍学的很多。

(五) 基础设施差

20世纪90年代中期以后,财政向城市倾斜,特别是向东部沿海地区、市级以上的大中型城市倾斜,加上大量低偿圈占农村耕地、以地生财等原因,10余年来,中国大、中、小城市建设突飞猛进,高楼、宽马路、大广场、立交桥、轨道交通、绿化美化,使城市面貌大大改观。但大部分农村还是土路,垃圾乱堆,没有排水系统,使用传统的旱厕,污水横流,禽畜与人混居。全国还有4%的村庄不通汽车,7%的村庄不通电话,46%的村庄无自来水,约3亿人饮用达不到国家卫生标准的水。

(六) 对农业重视程度仍需加强

尽管目前国家自上而下加强了对农业的投入,对"三农"重视程度也有所提高,但在实际工作中,仍存在轻视农业基础地位的思想。

第二节 现代农业园区的类型

一、现代农业园区的定义

如上所述,我国当前急需提高农业生产效益,改变农村落后状况,改善农民生活,农业园区正是随着这种农业发展需要而出现的,是近年来出现的一种新的农业结构形式,是对原有的千家万户分散的小农经济的生产组织形式的突破,已建成的各种农业园区也确实显示了它们在解决"三农"问题中发挥的巨大作用。

现代农业园区目前还没有一个统一、标准的定义。由于农业园区的类型较多,其功能和服务的对象不同,也难以用几句话将现代农业园区加以准确的定义。一般而言,现代农业园区是为大力开发、提升农业,如种植业、禽畜、水产养殖业,农产品加工业和物流业等各类与农业有关的产业,对一定区域给予较高的资金投入,引入现代技术和现代设施,采用先进的组织和管理方式,进行高效运作并有一定规模的集约化农业园,从而获得高的经济效益、生态效益和社会效益,以促使本地区农业可持续发展。

二、现代农业园区的类型[①]

现代农业园区类型的分类方法很多,如按经济类型分、按示范内容分、按经营方式分、按功能类型分等。即使同一类型的农业园,名称也不尽相同,目前尚无统一的规范和标准。为了理顺现代农业园区的各种名称,根据相关资料分析,按照园区的功能归纳为以下几大类。

(一) 新农村家园

中国共产党十六届五中全会对社会主义新农村的定义为:生产发展,生活宽裕,乡风文明,村容整洁,管理民主。这就是新农村家园的方向。

(二) 农业科技园区

包括农业示范园、农业科技示范园、高新农业技术示范园、工

---

① 第五章至第十一章将详细地进行介绍,在此仅列出名称,不再详述。

厂化高效农业示范园、高效农业示范园、持续高效农业示范园等。这类园区的主要功能是示范和教育,把新技术、新成果、新的运行机制和新的管理体制应用到园区,为农业、养殖业等带来优质、安全、高产等效果,向农民示范和推广。

(三) 农业旅游园区

这类园区包括观光农业园、休闲农业园、采摘农业园(水果采摘园、蔬菜采摘园、垂钓园等)、生态旅游园、民俗观光园、保健农业园、教育农业园等。农业旅游园区的主要功能是以农业资源、农村特色、农村自然景观和天然风光为内容,以城市居民为目标市场,开展观赏、体验农作、品尝、购物、休闲、娱乐、度假、健身等各种旅游活动,从而提高农业经济效益,丰富市民的物质和文化生活。

(四) 农业产业化园区

产业化反映在各个农业产品领域,如粮食生产产业化、肉类生产产业化、奶业生产产业化、温室业产业化等。农业产业化园区的功能是以一类农产品为核心,投入较高的资金,进行生产、加工、销售一体化的活动,以市场为导向,以提高经济效益为中心,形成一个产业体系。该体系对本地区的主导农产品实行专业化生产、系列化加工、企业化管理、一体化经营、社会化服务,使农业走上自我积累、自我发展、自我调节的良性发展轨道。

(五) 城市型生态农业园

城市型生态农业园在农村是以农民为主体经营的生态农庄(见第九章),在城市可称做市民生态农园。它是将农林生产用地以园区空间形式整合,发挥集聚效应,以优良品种、先进的农业生产技术,实现资源利用和生态保护,改善城市生态环境,增加景观功能、休闲和农业教育功能。园区一般以种植业为主产业,利用田园风光和自然生态资源,依托都市内部的经济辐射和都市市场需求,建设融生产性、生活性、生态性于一体的现代化农业体系。美国等发达国家在19世纪中期就掀起"城市公园化运动"。1898年英国提出"田园城市"理论,每个居民的公共绿地面积不低于35

平方米。从20世纪70年代起,全球都市农业进入加速发展的新时期,美国、德国、法国的观光农场,日本、中国台湾的观光农园和市民农园,都是各具特色的都市农业发展的成功模式。

(六) 农产品物流园区

根据国家标准《物流用语》(GB/T 18354—2001)对物流的定义,物流是指物品从供应地向接收地的实体流动过程,其中包括配送。但在现实的农产品物流中,具有配送功能的企业较少,虽然也有一些农产品配送公司,如农产品批发市场、粮食批发市场、蔬菜批发市场、水产品批发市场等。完善的现代农产品物流园是农产品流通的枢纽,它把农产品以最快的速度从田间及时送到消费者的手中,并在农产品的数量、质量、安全、新鲜、花色和品种上,满足消费者的要求;同时保证农产品的畅通销售渠道,减少农户生产的盲目性,降低农户的经营风险,保证农民的收入。农产品从产地到消费者手中要完成收购、运输、储存、装卸、搬运、包装、配送、流通、加工、分销、产品质量监控和信息活动等一系列环节。现代农产品物流园拥有完善的物流设施、先进的物流技术以及良好的生态环境。

(七) 生态餐厅园区

包括温室餐厅、体验式餐厅等。生态餐厅的功能是使就餐者在一种温度适宜、优美的生态自然景观环境中,在远离城市的喧嚣、安静舒适的环境中品尝健康美食。

第三节　现代农业园区规划的意义

一、发展现代农业园区的意义

(一) 增加农民收入

农业园区的建设促进农业结构多元化。计划经济时代,我国农业结构很单一,主要是种植业,养殖业较少,人们以粮食和蔬菜为主填饱肚子,农民很贫穷,老百姓的食品不丰富,营养不良,享受的物质生活水平低,更谈不上农业文化的享受。从世界各国包括发达国家的当前情况来看,单一的农业也在逐渐衰败,特别是小型农场更为严重,甚至面临破产的局面,也在寻求农业多元化的发展道路。农业结构的多元化,是以区域内整体资源优势及特点为基础,围绕市场需求,以科技为先导建立起来的诸如种植业、养殖业、特色农业、精品农业、旅游农业、观光农业、劳作体验农业、加工业、服务业等,瞄向高附加值的产业的开发,使农业立足于不断发展、繁荣、兴旺之地。另外,多元化农业把经济效益、生态效益和社会效益作为统一体考虑,以自然资源的保护和开发并重为原则,在保护中求发展,在发展中求保护。保护农业区域生物多样性,保护水质、空气质量、土壤健康和野生动物,保护农村自然景观,生产清洁燃料等,都会带来积极的社会效益。

(二) 加快产业化、规模化

农业园区的建设吸引政府和民营企业投入,可促进农业产业化、规模化。农业产业化是实现传统农业转变为现代农业的过程,是引导分散的农户小生产转变为社会化大生产的组织形式,是多方参与者自愿结成的经济利益共同体,是农业市场的基本经营方式和自我积累、自我调节、自主发展的运行机制。以市场为导向、经济效益为中心,通过农业的企业化经营,将生产、加工、贮存、运输、销售、标准、管理等紧密地结合在一起,不仅保证了产品的有序供应和质量,还组成了一个能实现不同群体最大利益的共同体,农民不再以势单力薄的形象出现在市场,而是以平等贸易伙伴身份参与市场竞争,分享市场交易成果,提高了农业在市场竞争中的地位,使农业产业由弱变强,降低了农业经营的风险性,提高了农业经济效益,保证了农民的稳定收入。同时,建立有特色的农产品加工工业园区,可以大大提高农产品加工深度和延长产业链,可以进一步集聚农产品加工企业,增强农产品生产企业的实力,较快地扩大生产经营规模和提升农产品档次,实现农产品的优质化和增值,提高农业的市场化水平。现在我国出现"基地带农户"、"公司加农户"、"协会连农户"、"科技组织连接农户"等多种形式的农业产业化结构。开展农业旅游,也必须产业化。只有政府、农民、企业密切合作,才能将地方优美的自然资源、民族文化、特色农业,以及当地文化艺术、文化娱乐、民间工艺品等产业统一规划、合理利用和提升,才能更好地提高农民的素质以适应旅游产业要求。

(三) 提高科技水平

建设现代农业园区的过程,是实行产、学、研一体化发展的过程,可加快先进的科学技术应用到农业生产实际中。建设农业园区,可推进农业规范化、标准化、品牌化、信息化。由于园区合理、高效利用该地区的自然、环境、人文等资源优势,推广先进技术如无土栽培技术、节水灌溉技术、工厂化育苗技术、标准化生产技术、农业现代化管理信息系统、现代高效持续农业模式等,不断增加和更新优势产业品种,提高产量,改善品质,提高效率,实现高起点、跨越式发展,导致科技对农业的贡献率明显提高。农民的思想观念和文化素质在培训班、现场参观学习中得到提高。现代农业园区具有很强的辐射带动作用,可推进当地农业与农村现代化进程,加快区域与农村现代化建设,有利于增强农业竞争力。根据农业部统计,若把现有2000多项农业科研成果推广下去,教给农民掌握,每年粮食产量最少增加5%,创造的价值将不低于100个亿。在农业产业化园区中,食品从田间流动到餐桌的各个环节,都是在先进技术的控制和规范管理下进行,由经过严格培训的工人上岗操作,可保证到达餐桌的食品安全、优质。园区的文化设施、网络建设也可带动当地群众科学文化水平的提高。

(四) 建立和谐社会

园区建设不仅带动农业的发展,提高农民收入,改变农村面貌,减少城乡差别,而且为城市居民提供了更为丰富、优质、廉价的农产品以及多种多样的文化享受,使环境更加舒适、安全,自然、动物等得到保护。政府和公民之间、农民和市民之间、人和自然之间、人和动物之间相处和谐,身心健康。

二、园区规划的意义

规划可使园区建设有目标、有序的发展,从而带动农业可持续发展,使园区达到高的经济效益,使农业提升到国家规划的目标。

(1) 制定园区规划是各级政府和各个部门统筹管理的基本要求。

(2) 合理的园区规划是保证项目成功和回避风险的关键。

(3) 园区规划有利于园区内部统一思想,增强凝聚力。

(4) 科学的园区规划可保证园区可持续发展和提高科技的贡献率。

(5) 优秀的园区规划是实现社会效益、生态效益、经济效益和谐发展的保证。

第二章　现代农业园区的发展状况

农业园区的发展有 100 多年的历史了,世界各国把发展农业园区作为农业快速、持续发展的重要途径,精心组织、统筹规划,投入大量人力、物力和财力,采取有效措施,建设高水平、多样性园区,带动农业和整个国民经济的发展,提高农业产值和国际市场竞争力。

第一节　国内农业园区的发展状况

一、我国农业园区发展概况

我国农业园区发展大致经历两个阶段。

第一阶段从 1993 年起,为研究、探索阶段。以引进国外技术为主的农业科技园区,是各种园区中在我国出现最早的一种农业园区。1993 年北京首先建立了以展示以色列设施农业和节水技术为主体的示范农场;1994 年在上海创建了以引进荷兰全套玻璃温室和工厂化生产技术为主要特征的孙桥现代农业示范区。在这些园区内进行园艺设施设备、优良品种、栽培技术以及计算机管理等全方位的展示与示范。此后,在全国各地形成了一股以展示和应用世界先进农业设施和农业高新技术为主要内容的高新技术试验示范园、高效种植园等各种现代农业园区建设热潮。1997 年,国务院进行重大工程立项,与地方政府共同投资创办了我国第一个国家农业科技园区——陕西杨凌农业高新技术产业示范区,同时在湖南长沙马坡岭建立了国家农业高新科技园"隆平农业高科技园"。1998 年国家科技部立项建立了 15 个持续高效农业示范区,1999 年国家农业综合开发办公室设立了 17 个农业高新技术示范区。据不完全统计，1996—1997年动工和投资1亿元以上的观光农业项目在7个以上。经过几年的发展，我国观光农业涉及农林牧副渔各个行业，出现了各种单项观光农业园，如观光果园、观光茶园、观光菜园、自炒茶园、观光花园、观光渔场、观光牧场、教育农园、森林公园等。该阶段的农业科技园区一般是由各级政府投资兴办。

第二阶段从2001年起，为规范与发展阶段。2001年7月，科技部颁布了《农业科技园区指南》和《农业科技园区管理办法》，通过总体定位、理顺关系、创新以及加强指导等措施，引导园区正常的发展，并计划用5年时间在全国陆续建立50个具有区域代表性和引导、示范、带动作用的国家农业科技园区，于当年8月批准了21个国家农业科技园。到2003年底，全国各类农业园区已发展到4 000多个，其中国家级园区1个，科技部认定的国家农业科技园区(试点)36个，现代农业示范区、国家农业综合开发高新技术示范区600多个，省级各类农业园区1 000多个，地市级以上的农业科技示范园600多个。其他园区如观光农业园、果蔬采摘园、畜牧养殖园、农副产品加工园、休闲农业园、度假村、民俗观光村、生态农庄、农产品物流园等也大量出现。如2002年，北京市已开放观光采摘果园533个，总面积28.7万亩。在上海，郊区的农场正陆续改造为观光果园，至2003年底，沪郊果树栽种面积达38.5万亩。在农产品物流园区方面，根据商业部的信息，中国目前有4 000座农产品批发市场，经营全国70%的农产品，商业部计划未来三年内，全国再建2 000座标准农产品批发市场。

我国台湾省旅游农业园发展较早。20世纪70年代，台湾地区逐渐达到中等小康生活水平，人们的生活方式和消费方式由劳动型转向休闲型后，于农闲或假日期间，陆续将果园农场向大众开放和参与。观光果园在台湾经过单一果园、多类农园、主题农园和整合式农园四个阶段的发展，目前已拥有1 000多家休闲农园。从开展形式和客源市场的结构上看，台湾旅游农业与国外观光农业发展基本同步。

二、我国农业园区建设存在的主要问题

(一) 法律、法规不够完善

国家对各种园区的土地利用、农田保护,自然资源、历史遗迹和自然景观的保护,以及农业旅游经营等方面缺乏具体、详细的法律和规范。虽然有一些宏观政策,但投资方常常钻政策的空子,违规变性使用土地,进行有损于国家和人民利益的活动。

(二) 建设园区的目的不正确

有些地方政府为了树立政绩而建设园区,不能合理利用当地资源,造成资金浪费、资源和环境破坏,经济效益很差。

(三) 缺少高水平规划人才

虽然近些年来一些大学相继设立了城市规划专业、城市园林规划专业和旅游规划专业等,但和发达国家相比较,历史很短,积累的经验尚少。另外,即使在学校学习了有关规划方面的知识,但也只是书本上的基本理论。做好规划,必须具有丰富的实践知识,特别是农业园区规划属于边缘学科,一位高水平的规划者除了需要熟知国家方针政策、建筑设计、景观设计外,还要对农业、农村和农民,农产品加工和物流,相关科学技术、人文历史等有所了解。由于许多规划人员缺乏足够的知识和经验,导致所规划的农业园区不符合国家或地方政策或发展规划、园区主题或功能定位不明确、不适应市场需要、园区建设内容没有新意、园区布局不合理、经济效益差等弊病。

第二节 国外农业园区的发展状况

一、农业科技园

(一) 美国

美国不同于我国,他们没有建设专门的农业科技园,而是建设

各种农业实验站或实验农场、实验林场,有的也叫农业园,进行开发、推广先进的农业技术,促进农业的发展。农业实验站一方面开发农业新技术,研究当地农业中出现的问题,由推广工程师将新成果推向农场和农户,另一方面,解决农民提出的问题和困难。美国各州都建有农业实验站,一般是州立大学所属的一部分,也是大学实验室的一部分和田间研究基地。很多州立大学在全州设有多个实验站,如弗吉尼亚州立大学在本州岛有13个农业实验站。

美国农业实验站出现很早,如建于1892年的华盛顿州立大学农业实验站,是教育和实验基地。在实验站(田间)研究的内容包括:作物、林业、水果、肉牛和乳牛、马铃薯和其他特别的品种。每个实验站的研究重点都是农业、自然资源和当地农村的需要。

明尼苏达州UMORE农业园位于明尼苏达州圣保罗大学校园10多公里外的UMORE,1947年圣保罗大学从美国政府得到这块土地。UMORE农业园区是农业研究中心和实验站,是圣保罗大学学生的实验室,在这里可学习农业和加工技术,动手操作各种设备,是现代农业和园艺资源的示范地,特别是为那些要离开农业的农民进行示范、推广。UMORE园区水路发达,有原始森林、诱人的自然风光和独特的文化资源。园区开展许多课题研究,以动物产品及大田作物为重点,草地饲养肉牛,同时是明尼苏达州唯一火鸡农场研究地,重点研究家禽繁殖和营养系统。另外还研究生物治虫,蔬菜、作物和杂草的病理,生物法控制作物虫害等。另一项重要研究是碳链,目的是怎样用农业活动来减少因二氧化碳排放使全球变暖的问题,如研究利用各种农业措施如少耕、农业森林、作物覆盖等把二氧化碳保存在田地里的能力。UMORE农业园还与当地城区、小农场、园艺生产者及传统农业经营者合作,与环境和自然资源组织、地方教育机构结盟,发挥园区作用。每年夏秋两季向参观者展示他们研究、种植的新品种花卉和树木。园区每年为农民和农业指导员举办田间农业专业教学,让他们学习田间检测技术和其他新生产方法。对新来的农民,教他们销售技术、种植高附加值蔬菜和如何根据市场需求采剪鲜花。现在,又利用UMORE农业园中的独特、优美景观独石道(lone rock trail)开发出十几英里[①]长的步行旅游和骑马旅游通道区,该步行道弯弯曲曲通过林区、山脊、湿地,美丽的景色使旅游者大饱眼福,还有穿过国界的滑雪道。新研究课题是利用处理过的废水进行灌溉,以对比灌溉地和非灌溉地的不同。此外,圣保罗大学校景观建筑学院还要利用UMORE园的设施研究、开发氢能利用社区,氢能是一种可以自给自足的清洁能源。

美国其他各州也建有农业实验站,如威斯康星州Clarksville农业实验站。在其178公顷土地上,科技人员的研究内容是:为本州岛果农研究水果新品种、疏果方式、生长调节素、矮树干果树、虫害一体化控制、修剪和培育新方法等。研究的目的在于提高农业生产经济效益。又如弗吉尼亚州农业实验站有1 578公顷的土地,以及在附近租赁的162公顷土地,有13个农业研究和推广中心,他们进行粮食和纤维系统研究。弗吉尼亚海产食品研究和推广中心为海产品业和淡水产品业提供技术支持,使企业能在全球保持较强的经济竞争力。他们的研究项目是企业提出的,如食品科学与技术、海水养殖、经济学、废物管理、海产品工程、商业规划等。

(二) 加拿大

和美国类似,加拿大也是通过实验农场推广农业新技术。加拿大联邦政府于1821年就建立了研究型农场——奶品畜牧场。1831年在牧场安装了示范用新设备。1884年加拿大建立了实验农场,引进国外谷物品种、树苗和肥料进行实验,以提高、改善农业。1885年议会指定William教授负责实验农场的研究实施。1886年建设另一个实验农场。1886年立法,决定再建设5个实验农场,包括中央实验农场。这些农场处于不同气候、地理环境、土壤区,可种植的作物类型、种植周期相互不同。加拿大中央实验农

[①] 1英里=1 609.344米。

场占地500公顷,大多数土地用于实验田,实验玉米、大豆、燕麦和其他作物。农业及农业与食品部(政府部门)办公室就设在中央实验农场内。农业及农业与食品部研究分部是加拿大最大的农业和食品研究组织,他们和农场合作,实验研究农作物、牲畜棚养、营养和动物管理以及厩肥利用等,并在所有农场区进行规划,建立林业保护带,以及乔灌木、多年生和一年生花等植被。1906—1957年又先后建立了20余个实验农场。农业及农业与食品部研究分部下设两个管理区:东区、中央和西区。到1970年代,研究分部有40多个研究设施,1997年研究分部有2 300名全职雇员,其中660名科技人员。1997—1998年研究分部得到214.7亿美元实验研究经费,另外还有2 500万美元配套资金。

由于加拿大联邦政府20世纪对农业的大量投资,科学研究与农业生产实际密切结合,研究人员与农民密切合作,促进了农业现代化、农业迅速发展。虽然加拿大处于长期寒冷期和短时种植季节的地理位置,但农业取得了巨大成功。加拿大只有3%的人生活在农村,98%以上的农场是家庭所有并进行种植。1900年每个农民只能养活7~8人,现在则达到90人。农业不仅为加拿大人民提供了世界上价格最低和安全、健康、营养的食品,而且每年有40%~50%农产品出口到美国、中国、日本和前苏联,其中主要是粮食、红肉和油,创造了170亿美元的农业和食品产值。

(三) 日本

在日本,农业示范园区也是在政府兴办的农场内。1909年日本Hokkaido地区政府建立了一座独立的实验农场,1910年转交给国家管理局,成为Hokkaido农业实验站Oshima分站。该实验站立即着手水稻秧苗、小麦和豆类实验,并于1911年建立现代果园,开始水果实验、研究。此后多年,实验站为当地水稻种植新技术,提高土地耕作技术、园艺技术和培育适合本地的水稻、大豆良种作出很大成绩。20世纪60年代致力于园艺研究,特别是温室蔬菜和花卉种植。自1971年,该站开始对农民进行技术指导,对那些希望学习用温室种植农作物的农民进行培训。1972年建立了项目专家办公室,以应对农业形势的变化。自1981年,实验站装备了园艺研究设施,研究众多植物的环境影响因素和花卉种植。1992年实验站开始水果专项实验研究。Oshima距Hakodate市西北部20公里,有可耕地28 100公顷,该站有研究部、推广部、田间实验管理部、教育部等,有4座实验室,2位高级研究员,16位一般研究人员,30位工作人员,14位管理人员。推广专家部的任务是向农村技术员提供实验站开发的新作物品种、种植技术和农场管理技术,收集、分析该地区农业需要解决的课题。对农民的培训有1年的长期班,3~6个月的中期班和1个月的短期班三种。附近农户有可耕地6 674公顷,平均每户4.2公顷。

(四) 以色列

以色列在农业方面的成就和先进性举世闻名,他是在极其缺水、缺少可耕地和恶劣的自然环境下,通过长期艰苦奋斗取得的,是典型的利用科学技术发展农业的国家,他们的发展战略就是"以农业实用为目的进行研究和开发"。成功的关键来自正确决策以及有创造性的科学技术专家和农民的密切合作。19世纪末犹太人回迁到这里,他们得到的大部分土地是半干旱地,沙漠地占国土面积一半以上,其余是水土流失无法耕作的荒地。1948年以色列独立时,他们的可耕地从原来的16.5万公顷增加到43.5万公顷,农业产量增加16倍,为同期人口增加的3倍。现在以色列城市人口占92%,农村人口8%,农业工人占全国劳动力的3.7%,农业产值占GDP的2.5%和出口的3.6%,95%以上的食品依靠本国生产。以色列农业是资金密集性产业,立足于高科技。农业已成为以色列经济的重要支柱。

以色列农业部下设农业研究局和农业推广部,农业研究局由研究机构和农场组成,研究团队由多学科研究人员、经济学家和农民组成,他们按照国家预算及要优先发展的学科,将农业新技术研究和各地区实际条件密切结合,和生产实际密切结合。新技术直接在农场进行实验,一旦成功,在农业部负责和支持下,推广部立即向农民推广,培训农民,使他们掌握新技术和新产品、新设备。现在以色列农民的文化、技术水平很高,很多人具有学位,能够生产出高标准、高质量的农产品。另外,农民有什么需要解决的问题,可直接反映给科技人员,列入研究计划。许多研究机构和联合国粮农组织建立了密切合作关系,及时了解世界各国农业发展的信息。

以色列的农业技术在许多方面都处于世界领先地位,节水系统尤为突出。为解决淡水供应,全国统一协调用水,建设水库、水渠、水泵站、管道线,将北部水引到南部干旱地,使灌溉地从1948年的3万公顷增加到现在的18.64万公顷。大部分灌溉采用先进的滴灌节水技术,将水和添加的养分直接供给植物根部区,安装的电脑控制系统控制灌水量,使水的利用率达到95%,减少农业用水。使用喷灌的地区,水的利用率达到85%。以色列的滴灌系统是世界一流的,现在出口到世界各国。另外,正在开发地下咸水。以色列西部有丰富的地下咸水库,已把它开发并脱盐,用于生产优质西红柿,供应欧洲和美国冬季市场需要。还进行污水循环利用、用电磁法处理水改善动物健康和提高作物产量等研究。

以色列温室种植发展很快。由于温室种植增产、增值显著,一般产量为露地的4倍,如西红柿平均每公顷产300吨,政府加大投入,温室迅速发展。以色列在温室中种植鲜花、蔬菜、水果、装饰植物和香料,将高科技大量用于温室,如自动控制温室用水、施肥、气温和湿度。另外,大力推广高温温室农业,白天在温室内喷雾进行降温,将雾滴吸收的热量贮存下来,夜间利用它们提高室温。这种方法用于喜高湿的植物。

以色列奶牛产业居世界前列,1970年平均每头奶牛年产奶6 300升,现在已达到10 000升。以色列设计、制造的电脑广泛用于奶牛和家禽养殖过程,如控制受精、混合饲料供应、环境状况、最低成本、高产等方面,以及家禽养殖环境湿度和温度控制等,还设计制造使用了各种耕作、播种、栽植、收获、收集、分级、包装机械等。

棉花种植在20世纪50年代初才引入以色列,政府建立由研究人员、推广人员和农民组成的"棉花委员会"。由于棉花专家、推广人员和农民这个团队的密切合作,快速地研究出抗旱、抗病、高产、高质量的新品种,每公顷可产皮棉6 200公斤。种植时,棉农可得到推广部门完善的服务:为农民提供土壤、水、肥检测,病虫害控制等。其他棉花技术革新组织为农民提供棉花种植电脑控制系统(包括滴灌)、轧花机、分级系统和生产质量控制系统。棉农组织的"棉花生产和销售协会"负责棉花种植和销售,谈判价格,确认质量,提供贮存设施,还为棉农提供自然灾害保险。农业部、财政部和棉农还共同参与特别保险基金,以防暴雨、洪水、超高温造成的损失。

二、农业旅游园

发达国家开展农业旅游较早,基本是从游览各种国家公园开始。各类国家公园不仅有美丽的景观、自然风景、野生动物,有些还有农耕体验、历史遗迹等。以后农民逐渐开设了私人农场的各种农业旅游。另外,政府在经营、环保、历史遗迹等方面对农业旅游制定了一系列法规。

(一) 美国

根据美国全国农业法规中心对农业旅游的定义,它是把农业生产或加工和旅游结合起来的一种商业活动,以吸引游客到农场、草场或其他农业活动上,达到参观者娱乐和教育以及农场主获利的目的。农业旅游包含4个因素:融合旅游和农业;公众参与农业;增加农场收入;为参观者提供娱乐、体验和教育。

1. 官办农业旅游园

美国的农业园区最早出现在国家公园,19世纪末至20世纪初美国各州就建设了州立公园对公众开放。现在各州都还在不断扩大州立公园。如1859年德国移民Wendelin Grimm和他的妻子在明尼苏达州北部 Carver 县,清理掉野生树木、草丛,从事农耕,在此种植了耐寒的苜蓿草,它是美国现代苜蓿草的起源地。它位于 Minneapolis 城郊和农村之间,1962 年 Hennepin 县公园保护区得到这个农场,1974 年该农庄被列入国家注册遗产。经州政府不断投资修建,将老农舍、家庭果菜园、遗留下来的苹果树、篱笆墙进行了修缮,并和园区周围的农田和牧场一同成为明尼苏达州的农业遗产和农业旅游园。在这个农业园可对学生进行现代农业教育以及供人参观,学生可参与农业活动,了解食品、土地和劳动者之间的关系,每年接待 20 多万游客。

加利福尼亚州有数十个州立公园,这些州立公园只收停车费,不收门票,参观者可步行或骑自行车进入。各公园有不同的特点和服务内容,可进行长途跋涉锻炼和湿地旅游、野餐(野餐点提供烤炉、餐桌和凳子),参加农事活动,如采摘、喂牛等,可支帐篷野营(野营点设有遮阳伞、烤炉、餐桌、凳子、卫生间),可观赏野生动物,可参观农业历史文物和优美的风景,可参与做手工艺品。加利福尼亚州政府专门设有"公园与娱乐部",它的任务是保护加利福尼亚州的生物多样性、无价的自然和文化资源,为民众创造高质量的户外娱乐活动,以提高他们的健康,提供教育和精神享受。该部管辖 270 余个州公园,总面积 56 万余公顷,其中有 280 英里长的海岸线,625 英里长的湖和河地,约 15 000 个野营地和 3 000 英里长的徒步旅游、自行车旅游和骑马旅游观光道路区。加利福尼亚州立公园有很大的、多种多样的自然和文化遗产、地下水、红木林、野生动物、海滩、娱乐区、水库、荒野区、州历史园、早期家园、西班牙时代建筑、博物馆、游客中心、文化遗迹和文物、灯塔、鬼城、滑水、会议中心、停车场等。这些公园保存和保护各种有文化和环境影响的建筑和野生动物栖息地、濒临灭种的植物和动物、古代美国土著人居住地、历史艺术品。加利福尼亚 Santa Clara 县圣约色(SAN JOSE)Martial Cottle 农业历史馆和农业公园始建于 1860 年,原为私人农庄,后卖给州政府,成为州立公园之一,现有土地 117

公顷。该农业园向公众提供 19 世纪 Santa Clara 县重要的历史遗迹及其独特的农耕景观。在加利福尼亚州 Contra Costa 县 Brentwood 市农业园,向舍区居民展示农耕作业,为游人提供农事参与活动以及接受农业教育。

内布拉斯加州农业园是从农业交易会开始。1941 年始将农业交易会的场所固定下来,为牲畜和展览建了大棚,后来建成永久性的建筑。1942 年举行第一次赛马,创利润 10 000 美元,到 1987 年利润增加到 366 000 美元。以后园区发展作物种植、肉牛养殖等。1965 年纪念交易会建成 25 周年开始,对参会和参展者全部免费。1952 年建设展览大厅,展览手工艺品、文物、牲畜。服务人员几乎全部是义工。

位于马里兰州 Derwood 的农业历史园,是拥有 166 公顷土地的综合园区,有农舍、谷仓、相匹配的农场建筑以及活动中心。为使人们了解过去的耕作情况,其中 20 公顷专作历史展示区。农舍配备了家具,反映世纪之交时一般农家生活。现在农业园每年举行各种农业节,如每年 10 月举办收获节,展示过去和现在的农村生活。

亚拉巴马州官办农业园(博物馆)有 41 公顷土地及各种设施,是为保护亚拉巴马州东南部线草文化和环境遗产而建。该农业园属基金会所有。它是 1890 年代留下来的活的历史性农场,有一座单间学校、普通仓库、该世纪转折期的教堂、宽广的山道、天然小道、野生动物展室、天文馆和野餐区。另外,还有为亚拉巴马州农业园董事会服务的总部。园区每年对游人开展的专项活动有 3 月份的"春季农业节",10 月份的"老式小车展"、"线草遗产节",以及 12 月份的"维多利亚圣诞节"。

2. 私人农业旅游园

20 世纪 70 年代美国农业特别是小规模的农场或家庭农户收益下降,城市居民希望吃到新鲜、营养、健康的农产品,以及享受景色优美、生物多样的天然环境,农业旅游在私人农场应运而生。果园采摘(U-Pick)在这个年代是农业旅游最普遍的项目。果园采摘对农民有很大好处,可使自己从沉重、辛苦的劳动中解脱出来,在收获的繁忙季节解决劳动力问题,因为这期间雇佣临时工比较困难。他们认为,采摘园与城市的最佳距离是开车一小时就能到达,城市人口在5万人以上;另外,大量的采摘活动,必须建设停车场,儿童采摘还会带来较大的损失。因此,农业旅游又增加很多形式,如驱车观光、农场度假(数天至数周)、垂钓、野生动物观赏、骑马、打猎、农场教育旅游(罐头加工学习、烹调课、农业历史等)、参加农产品品尝和农业劳动体验、参观农业博览馆、参加交易会和各种农产品节(大蒜节、西瓜节、收获节、谷仓联欢等)和农业传统节(图2-1,图2-2)、休闲疗养、农场购物(农村市场或路边小摊)

图 2-1 美国农村南瓜节

等。其间,消费者和农民进行文化和产品的交流,以及农产品工艺品的制作和销售。农业旅游大大提高了农民收入,根据最近美国农业部召开的《展望农业的讨论会》介绍,一位中等收入的白领放弃了原来的工作,回到她的家乡密苏里州种植苹果,开发农业旅游,她生产多品种的苹果,开展苹果采摘、办鬼节和举行各种家庭旅游活动,吸引很多游客,一年产值达300万美元。美国农业部设有专用资金——"美国农村基金",资助农业发展,其中包括促进农业旅游。

另外，各州建有州农业旅游工作组，它由大学研究人员、推广人员、农民和消费者顾问，以及能定期会面研究教育和研究计划的各界支持农业旅游的代表组成。

为了帮助小农场开发农业旅游业，提高收入，使农业可持续发展，一些大学（如加利福尼亚大学）还建立小农场协助中心，通过网络指导农民如何开展农业旅游活动，吸引参观者。指导内容从非正规的农场住宿旅游，到建立完善的农业旅游企业。在网上建有信息库，旅游者能方便地查询到州内各县的旅游农场及其可参与的活动。愿意参加农业旅游信息发布的农场可以申请报名，安排的旅游活动可以是路旁售物摊位、鲜活农产品市场和种植者交流等。

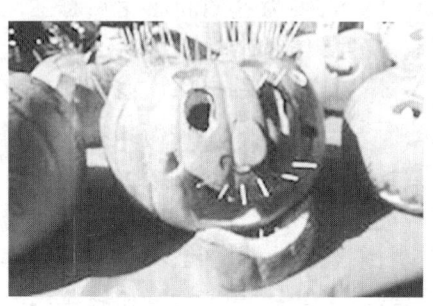

图 2-2　南瓜雕塑装饰品

美国政府对经办农村旅游者要求严格，有明确的法律规定。如美国农业法律中心将进入农场参观者分为三类：私自闯入者、合法进入但没有为农场主增添收益者和被邀请进入的参观者。对第一类参观者农场主不负责他们的安全，除非农场主有意伤害他们或进入者是儿童。对第二类人，主办者必须告诉旅游者潜在的危险。对第三类旅游人员，主办者在保证他们的安全方面负有高度责任。各州政府也制定有法规，如加利福尼亚州1999年制定、通过的《加利福尼亚农业旅馆法案（AB1258）》规定，只有经营农场和牧场并以农产品为基本收入的农民和农场主才可接待旅游者住宿。另外，农业旅馆只能有6人房间，一夜只能接待15人，低于"住宿加早餐"的农村旅馆的收费。还规定：一个提供20人以下住宿的旅馆，只能对登记注册的游客供应早餐，不能有别的食品，餐费应包括在住宿费内。《加利福尼亚统一零售食品设备法》规定了卫生标准。

美国对农村旅游(rural tourism)和农业旅游(agritourism,或farmtourism)有不同定义。第一,农村旅游不必在农场或畜牧场进行;第二,农村旅游不为企业创造额外收入。

(二) 英国

英国农业旅游园区也是从国家公园逐步衍生、发展起来的。1949英国议会通过国家公园和进入农村条款。20世纪50年代大多数英格兰和威尔士国家公园形成,园区包括城镇和村庄。国家公园基本是由风光秀美的农村扩展而成,它们受到专门保护,使每个公民能够享用。在英格兰,国家公园占地5.5%。国家公园管理者鼓励农业从单一的、只生产食品的产业,转变到多功能的大农业产业活动,诸如农业旅游、娱乐、观光、野生动物、历史展览和木材业等。公园的初衷是使公众参与该区的娱乐,保护并改善园区景观,保护园区周围良好的社会和经济状况以及帮助农民发展。这可能就是英国最早的农业园区雏形。

英国一些私人农村庄园是英国农业旅游的重要景点。这些由早期贵族们在乡村建设的豪宅,极其漂亮,引人入胜,如位于牛津郡伍德斯托克镇附近、建于1705年的丘吉尔庄园(图2-3),距离

图2-3 丘吉尔庄园

伦敦7公里、坐落在英国中部的北安普顿郡的奥尔索普庄园,19世纪英国最著名的浪漫主义诗人拜伦的故居斯台德庄园等就是典型代表。现在这些庄园已为国家所有,对游人免费开放参观。

20世纪70年代,英国农业部联合组织了农业休闲旅游局(FHB),帮助农民发展农业旅游以补偿农业亏损。现在在英格兰、苏格兰和威尔士有1 000个农场参加到95个民间农业休闲旅游小组(FHG)。属于农业休闲旅游局的各FHG都有适合当地情况的特色和标准。农业休闲旅游局是非赢利协会组织,其唯一目的是为成员招揽旅游者。它为组织成员统一进行培训,如学习电脑技术、急救技术、招待和经营技术、会计和市场开发等。农业休闲旅游局每年开一次工作年会和几次讨论会,学习其他农业旅游组织的经验和研究如何开拓市场。自1981年以来,英国严重的经济问题威胁着农民,农业就业人员和农业收入都显著下降。另外,欧盟对农民结构支持的变化,也进一步威胁着农民的收入。以上两个因素不仅给农民带来困难,也使英国整个农业受到严重影响。因此,政府认为开展农业旅游是增加农民收入和拯救农业的一剂良方妙药。根据有关资料,英国约19.7%的农民提供服务业,约9.5%的小农场提供住宿或餐饮,可住宿的农业旅游占英国注册旅馆的2.5%,占自助烹调旅馆的8.5%。它们提供了其他行业无法提供的休闲服务,2/3的农业旅游者购物花费为住宿费用的两倍。1994年英国农村休闲旅游平均额外收入10 720美元。63%的农民认为农业旅游对他们至关重要,是将来继续增加收入的重要途径。农业旅游,也使农民继续留在他们耕作的土地上,由于带动了相关产业的发展,也吸引了非农业人员到农村就业。

英国农业旅游有三种类型:第一类是住宿加早餐(B&B)型。农场主提供住宿和早餐,房间包括卧室和卫生间,价格较低。对家庭旅游者,可带孩子、宠物或马,对单身者可参加农业活动。第二类是自助烹调型。农场主提供的住处有卧室、卫生间和厨房,自己做饭,主人不提供早餐。这些房间可能是和农场主的住房连在一起,也可能是用谷仓改造的单独一套房间,旅游者可居住一周或更长时间,其价格与第一类相同。第三类是集体宿舍型,或称大棚屋,大多数大棚屋是由废弃的谷仓或马厩改造而成,或由拖车式住房(caravan)构成,其中1/3是欧盟资助的,农民最高得到17 000美元补助。大棚屋设施较简陋,通常一间房住8~10人,内设厨房和就餐区,卫生间在室内或室外。这种类型的服务对象是背包旅游者、徒步旅游者、自行车旅游者、团队组织旅游者,它们的价格低。他们还为残疾旅游者提供轮椅,各建筑屋都考虑了轮椅能方便进出。多数农场年入住率在40%~60%,一般旅游部分收入占总收入的50%左右。三类中,以第一类住宿加早餐型获利最高。这些农民还经营农产品商店。1970年开始,还专门为学校儿童安排活动,每年有3 000多名儿童和他们的老师学习如何运作农场,树立团队精神,享受大自然,进行体力劳动锻炼。各农场给予他们热情、友好接待,提供舒适住房和农村烹调食物。

政府号召中学开展课堂外教育,帮助所有儿童和青年人都能有各种户外学习和锻炼的机会。为了便于开展这项活动,英国59个城市里建有大约1 000个社区花园,66个学校农场,每年约有50万志愿者在那里工作,年吸引参观者300多万。

英国有各种组织从事农业旅游、教育工作,如"天然英格兰"是英国政府的农村景观法规顾问组织,它的任务是保证天然环境可持续发展,促进农耕、农田管理、野生动物保护、生物多样性,负责景观、海岸历史遗迹等景观选择。它还关注规划政策、土地环境布局等,还和学校、地方政府、家长、监护人及其他组织合作,提供有意义的各种室外活动,安排农场参观,参与农耕和园艺体验(图2-4,图2-5)。

(三) 欧洲

随着农业的衰退和对农村度假需要的增长,农业旅游迅速发展。包括12个国家农业旅游组织的农村和农场旅游欧洲联盟,使农业旅游在欧洲家喻户晓。

图 2-4　农村劳动

图 2-5　参与养殖活动

在德国,农场度假非常普及,他们主要是面向国内。一般是全家到农村度假旅游,多数居住 1~2 周或较长的时间。在奥地利,农业旅游很完善、规范,参观者可参与不同的农业体验,家庭到农村度假的占多数。在丹麦,农业旅游业是由 250 名成员构成的组织管理,类似英国的农业休闲管理局(FHB),这些组织受到公众和农民联盟支持,农业旅游者 50% 来自国内,其余来自欧洲其他国家。在法国有 Gites de France 组织,农业旅游有"住宿加早餐"、儿童体验农耕等各种形式,它们通常是地区组织管理、中央协调,并在全欧洲有大量商业经营活动,消费者可预定。法国另一项农业旅游运动是创品牌,促进农场住宿、农场自助烹调、品尝和购买农产品。在爱尔兰,建立了有450名成员的爱尔兰农村度假协会,该协会有中央电脑管理预定系统,设有107个机构和旅游管理人员,它的业务是国际性的。荷兰大力发展设施农业,建立设施农业园,吸引参观旅游者。

在东欧,斯洛文尼亚对农业旅游做得很出色。他们的宣传小册子被翻译为五种语言,色彩艳丽,非常吸引人。他们安排旅游者享受农场生活,品尝当地食品和农产品,和旅游者座谈交流,为儿童提供农业参与活动。

(四) 日本

在20世纪60年代,随着经济的飞速发展,越来越多的日本农民脱离土地进入城市,成为工人,以致日本农村地区普遍出现了高龄化农业经营者和农业过疏化的严峻局面。日本政府为解决这一问题采取了一系列措施,如提高农业机械化程度、集约化水平,并开展多种经营。在政府的引导和扶持下,许多农民兼营蔬菜、水果和花卉等,有的转向经营园艺和畜牧水产业。靠近城市的不少农民则充分地将现存的零星土地加以利用,如建造停车场和仓库等,通过出租房屋、店铺等来增加收入。

日本农业旅游有4种住宿类型:第一类是日本传统型(minshukus 和 ryokans),即踏踏米式卧室,设备较简单,一般房内没有私人卫生间,外部设有公共卫生间。第二类是避暑旅馆型(resort hotels),在比较大的农村旅游点才有,空间比较大,一般面向大旅游团队,房间内设有卫生间,大部分卧室是踏踏米式。第三类是餐宿公寓(pensióne),基本出现在乡村,有些小城镇也有,是欧洲餐宿公寓的日式翻版,为一种西方古典建筑,像大农场的住房,比较大。各房间铺有木地板。有卧室、餐室、桌椅、日式浴盆或仅有淋浴,提供日式餐或西餐,常常是开车旅游的青年人去住,价格接近第一类。第四类是日式公寓,像日本的公寓,有日式住房和食品以及基本设备,如淋浴、带桌椅的餐室等。在标记上与第三类(pensióne)的不同是在"pensióne"前标有"Wa-fu"(日本式)字符。所有以上四类住宿在报价中都包括了早、晚餐,因为日本许多农村没有吃饭的地方。供应的饭菜是固定的,为日餐(米饭、miso 汤、绿茶、海带、咸菜、生鸡蛋、烤鱼、酱豆等),客人获得一样的食品,除非你专门预定。

此外,农村还有山区小屋住宿(mountain huts)观雪旅游,主人提供温暖舒适的房间和食品;农村野营旅游(camp grounds),自带帐篷,租赁露营地一个位置,露营地设有淋浴和厨房,自己烹调吃饭;骑车旅游旅馆(图2-6),旅馆只提供睡觉的房间,自带睡袋。这种旅游地点一般是远离交通线的农村(图2-7,图2-8)。

图 2-6　日本骑车旅游

图 2-7　日本农村住家

图 2-8 日本农村田地

三、农产品物流配送

农产品物流早已出现,但农产品配送则是近代发展起来的一项商业运作。配送是有序、有计划、方向明确的商品流动。农产品配送在国外出现较早。

(一)美国

美国农产品物流有以下几种形式:第一种是农产品直销。就是农民直接卖给消费者,一般有路边市场、邮购、消费者自己采摘或农民市场等交易方式。第二种是批发市场。这种形式优化了运输和信息交流系统,提高了产品等级和包装标准,农民易于销售他们的产品,消费者可买到便宜和需要的农产品。农产品配送方面,有商家自己经营的配送中心,有第三方经营的配送公司。

美国农产品批发市场(terminal market)出现较早。美国国会农业委员会制定的法律中,对批发市场的定义是:靠近大城市的农产品交易的中心,一般接近交通枢纽。批发市场为该地区提供新鲜水果、蔬菜,使种植农民快速、高效地卖出他们的产品,消费者也能买到便宜、需要的农产品。批发市场出现在19世纪90年代,部分原因是市场附近的果菜园的产品产量不能满足日益扩大的大城市消费者的需求,以及新开发区对生鲜农产品需求的大量增加和铁路冷藏车的普及。今天的批发市场上,大量批发商在价格和质量上竞争,尽可能快速、有效地运走他们的商品。许多批发商对农产品进行专门经营,如从世界各地种植者种购买新鲜草药和香料,或专门经营水果或蔬菜。主要连锁店、食品物流公司、大水果零售商场以及许多小型家庭商店,都是批发市场的常客。

拍卖市场(auction market)是另一种水果、蔬菜、肉类、鸡蛋、装饰植物、鲜花等农产品批发销售形式的市场。在美国东北部拍卖很流行。通常拍卖是生产者合作进行,大量生产者把他们的农产品送到拍卖点,批发商竞买这些产品。早在1930年美国新泽西州农民就自己组织了"Vineland农产品合作拍卖联合会",服务于生产者和购买者。在新泽西州农业部的帮助、支持下,它成为美国东部最大的农产品拍卖组织。该协会现在运转几个市场,全部在东部沿海一带和中西部,所有农产品是用货运汽车运输。出售农产品的种植者交付销售收入的4%,其中2.5%作为红利发还给种植者。大约35家经常在Vineland农产品拍卖市场购买农产品,大多数购买者是当地商人,他们都是中间商。在促进大量农产品从货源地集中到大卖场方面,他们起到重要作用。他们将预先谈判商定好的购买产品填入定单,用标准的产品包装箱包装农产品,包装箱上注上生产者名字、地址、质量和数量,以便于购买者投标,因为所有购买者都对相同质量的产品和包装单位投标。这样可加快拍卖速度,减少拍卖时间。Vineland区有许多货运汽车,供买者运货,这也是很重要之处。Vineland区还安装有电子数据处理设备,以满足农民加快拍卖产品的要求。在美国农产品拍卖正逐渐变成主要的批发形式。

有些州如纽约州则是以农民直接零售为主。农业是纽约州的重要产业,它有37 000家农场,全州25%的农业土地每年销售收入达30亿美元。20世纪70年代农产品批发价格低迷,而生产成本不断增加,许多小农场主感到要维持经济生存,他们需要自己组织物流销售,从消费者食品支出中捞到更多的钱。纽约州一半以上的农场都在城郊,其余几乎都在各县附近,这为农场或路旁直接销售农产品,以及农民和在城市中的"农民-商贩市场"连手销售农产品网络发展提供了条件。2000 年,纽约州 6 667 家农场直接出售他们的农产品,产值 2.3 亿美元,为 1987 年的两倍多。58%的种植者认为直销带来经济好处,而 1987 年有这种看法的仅为 40%。1970 年纽约州不到 10 家农场直销他们的产品,2003 年则增长到 300 家。在纽约市环境理事会发起的一项"绿色市场运动"的推动下,纽约市露天农产品市场由 1976 年的 1 个发展现在的 32 个,分布在 5 个行政区内。在收获季节每周有 25 万多市民购物。此外,还有 22 个由社区或政府开办的露天市场。农民市场为许多农民找到一条出路,使他们能把自己的产品送到消费者手中。较短的物流渠道使消费者能吃到最新鲜的产品,农民和消费者的直接交流,可为市民提供更多需要的品种。现在,纽约州本地农场正在品牌化,以促进批发和零售业。

过去 25 年多来,许多小农场主从大量的农民零售市场直销网络受益,但零售并不受所有农场的欢迎,特别是中型规模的农场,他们必须出售大宗产品才能获得效益。即使小农场,也需要不同销售渠道,以防变幻莫测的市场。因此,许多农场将他们的农产品直接销售给零售商店、餐馆和机关单位,而不是批发商,这样可获得更高的利润,也躲开了大批发商提出的难以满足的要求。据统计,2000 年纽约州 1 866 位农民把他们部分或全部农产品直接销售给零售商、饭店、学校和其他批发商,价值 1.38 亿。随着对本地产农产品需求的增加,保存城市附近中、小型农场的意识在增强,同时带来持续、多样性本地食品的供应、良好的环境、减少能耗和运输等好处。

在其他城市,农产品批发市场在支持地区农民、给当地消费者送去最新鲜的食品方面起着很重要的作用。宾夕法尼亚州里丁火车站早在1892年就建立了里丁批发市场,当即成为世界上最大的室内食品市场(图2-9)。它是铁路当局购买两座农贸市场后,在华丽的铁路终点站大厅下重建的农产品批发市场。庄严的车站大厅位于宾夕法尼亚集市中心。现在市场里有86家商店。

图2-9　宾夕法尼亚州里丁批发市场

在农产品和食品配送方面,沃尔玛是世界上最有名的企业。创始人山姆·沃尔顿在1962年开设了第一家沃尔玛商场,目前有1 800多家沃尔玛商场;1970年成立配送中心,目前在美国沃尔玛有30家配送中心,分别服务于18个州2 500家商店。沃尔玛2005年在物流方面的投资是1 600亿美元,因此沃尔玛将从现有的销售额中提取250亿美元,非常集中地用于物流配送中心建设。沃尔玛的宗旨是"最佳服务,最低的成本和最高质量的服务"。沃尔玛有UPC统一的货品代码,可以对它进行扫描和阅读。经理们在商场随意选择一种商品,对它扫描一下,就知道现在商场当中有多少这种货品,有多少订货,而且知道有多少这种产品正在运输到商店的过程当中,会在什么时间到。所有关于这种商品的信息都可以通过扫描这种产品代码得到,而不需要其他的人再进行任何复杂的汇报。

（二）荷兰

荷兰鲜花拍卖市场世界闻名，是农产品物流一种典型的代表形式。荷兰花卉业是荷兰重要支柱产业之一。自20世纪70年代，切花生产和销售逐渐兴旺起来，1995年，荷兰花农生产80多亿枝鲜花，拍卖切花和盆栽植物得到32多亿美元收入。荷兰花卉业由11 000名花农和大约5 000名收购者组成。种植者一般是家庭专业户，在专用的温室内种植，温度和照明是用荷兰丰富的天然气供给，能保证良好的生长环境。由于荷兰的土地费用增加，环境法规和政策上的原因，对天然气的补贴减少，另外，还面临来自肯尼亚、西班牙、以色列等国的激烈竞争（他们的劳动力便宜，环境法规很少，贸易关税低），以及全球农业技术的互相渗透，空运价格的降低，导致更多的竞争者参与。

荷兰传统的鲜花拍卖市场是各种批发商和零售商每天参与花卉拍卖，他们购买鲜花后，进行再包装，然后卖给终端消费者或零售商店。荷兰鲜花拍卖市场是世界花卉贸易最著名的地方，在拍卖市场，使用独特的"荷兰"式拍卖方法确定价格，就是用一座时钟的指针把价格定在很高的价位，然后逐渐降价至一个购买者按下按钮，使指针停在中标点，购买该批货物或其中一部分。这种拍卖方法是20世纪70年代荷兰一个种花农民发明的。荷兰拍卖的效率很高，它把花农从定价和招标事务中解放出来，从而能集中精力到生产上。拍卖还为买主与供货者提供了会面和交易中心，并便于产品继续流动、运输、分销以及有效的控制产品质量。

在荷兰有7个鲜花拍卖市场，其中两个最大的市场分别在Aalsmeer（VBA）和Naaldwijk（BVH），Aalsmeer属于5 000个花农所有，是世界最大的鲜花拍卖市场和商业建筑，有100个足球场大，可容纳2 000个买主，近旁是世界最大航空货运中心之一的Schiphol机场。鲜花拍卖在各个不同房间的11座时钟下进行，每座时钟每小时处理1 000笔交易，接近4秒钟完成一笔交易，平均每天50 000笔交易中经销1 500万枝鲜花和盆栽植物,年营业额达24亿荷兰盾。

拍卖是贸易进程的关键环节,先进的拍卖方法,使收获的鲜花能很快地送到消费者手中,现以向美国出口的玫瑰花拍卖过程为例。花农早上10点钟开始收获玫瑰花,下午4点钟按照200多种不同品种和茎枝长度用机器将玫瑰花分级,然后分类集中,挂上质量标签,装入统一的塑料桶内,大约晚上10点钟,鲜花被运到拍卖市场的冷库过夜。第二天早上4:30被运到中心大厅检查、标上批号、装到统一的小车上,运到拍卖大厅。早晨6:30开始拍卖,约有500名买主参与。拍卖大厅内电脑控制的拍卖时钟为买主提供花农、产品、流通单位、质量,以及最少购买量等信息,一笔交易一结束,卖出的这笔鲜花就挂上电脑打印的"已出售"标签,并在拍卖间进行再包装、装箱,空运或陆运到买主所在的地方。出口到纽约的鲜花,由"8小时专机"运输,下午在Schiphol机场起飞,到达纽约为当地时间晚上8点。然后进行卸货、检查、海关清点、运到附近仓库或批发商处,第二天分销。从Schiphol温室收获玫瑰花到纽约市场销售,时间不超过48小时。同样,运往欧洲其他各国市场的鲜花也不超过48小时。鲜花收获后10~12天中,其价值逐渐减低,直至零。

从各方面来说,荷兰鲜花拍卖都有利于种植者。第一,那些时钟高速运转,给买主作出决定的时间很短,导致较高的卖出价格;第二,对买主收取的服务费有利于小笔交易,不利于大笔交易,买主必须按照多次时钟的标价,分别投标购买产品并调整购买决策。另外,买主必须占据合适的地方和时间才能投标到需要的产品,他们很难同时了解其他市场的情况,确定合适的价格。

1985—1990年国外鲜切花流入荷兰鲜花拍卖市场量增加78%,对荷兰两大拍卖市场的冲击很大,如1993年国外玫瑰花的进入,导致冬季平均价格下降40%。荷兰花卉业面临新的挑战。

20 世纪 90 年代初只在拍卖大厅设有电脑,质量检测员将鲜花级别、种类、存货清单和花农等资料输入电脑,同样的资料和条码一同附在每批鲜花和每辆花车上,以能追溯到拍卖大厅。电脑系统也连到买主键盘和时钟上,给买主和卖主一个简要报告、强化中标者付款,提高拍卖效率。1992 年,荷兰拍卖市场使用电子数据互动设备(EDI),花农和拍卖市场可相互交流商谈产品、定货、交易信息等。利用 EDI,拍卖市场可改变经营程序,将产品产地与定价分开,从而减少后勤工作、降低成本和减少劳动力。1994 年, Aalsmeer 拍卖市场开始对盆栽植物实行样品拍卖方式,花农只把样品以及相关数据资料送到拍卖大厅,买主只能看到样品,但投标的产品质量与样品完全相同。买主可提出产品包装形式和送货时间要求,花农按照这些要求,于第二天将货物运往买者地点。买者、卖者和拍卖者三家在交易中使用 EDI 交换需要的信息,从而减少了产品运输过程,提高了产品质量,减少了包装成本,节约了时间。

现在荷兰拍卖市场已发展成电子市场,形成信息一体化系统,拍卖将定价与产品产地分开,完全电脑控制程序化了,参加拍卖的买方与卖方直接交换供应的产品状况和价格。卖者不必将鲜花送到拍卖大厅,买方的个人电脑直接连到电脑控制的拍卖时钟上,可提前得到花农、产品、鲜花结构、流通单位、质量、最少购买量等信息。买方看不到实际产品,只看到对产品各种参数的描述,他们用电脑确定他们感兴趣并要投标的那笔交易,买方电脑屏幕上显示拍卖时钟指针指示的变化价位,直到有买主按动键盘上的"space"键,时钟停止,这笔交易的整个过程完成。买者也可用电话决定每笔交易中购买的鲜花量。一笔交易结束后,时钟重新启动,开始下一笔交易,直至售完花农提供的全部产品。货物运输很简单,手续也很方便。买方将其产品送到 Amstelveen 仓库存放,这里的工作人员将货物送到买方。拍卖方的责任是确认买方,决定每笔最少交易量。

(三) 日本

日本东京于1923年根据《中央批发市场法》，建设中央批发市场，1935年批发市场开始营业，以后因城市人口急剧增加和城市扩大，批发市场不断增加。在21世纪，东京批发市场向现代化发展，以满足环境和市民的需求（图2-10）。东京Ohta中央批发市场是远东最大的综合市场，经销蔬菜、水果、海产品、鲜切花和盆栽植物，总面积38.6万平方米，其中4万平方米经销鲜花。

图2-10 东京批发市场鸟瞰图

从1989年到1996年，日本批发市场不断引进新技术，建设了自动拍卖和电脑系统、条码系统，以及网络信息服务系统。

(四) 欧洲

欧洲大部分农民是将他们的农产品卖给商业公司，包括农民的合作组织，然后送到超市零售。也有部分农民直接在当地市场零售。

四、新农村建设

总体而言,发达国家农村现代化及环境建设方面远领先于我国,农村是人们乐于居住的地方。由于农民经营规模较大,政府给予的补贴较多,农民比较富裕。但政府对农村建设仍然很重视,投入点不同于我国。

(一) 美国

美国有200万农民,平均每个农场有180公顷土地。美国农业部农村发展处是主管农村发展的官方机构,到2006年它已建立71年。农村发展处密切与联邦政府、州政府和地方政府以及私人机构合作,克服自然灾害,改善农村环境,提高农民生活条件。美国农村的发展总目标是:把美国农村建成健康、安全和生活、工作无限美好的地方。根据美国农业部农村发展处《2005—2006年农村发展工作报告》,从2001年到2006年财政在农村能源、水供应、废水治理、电力和电讯基础设施、住房、社区设施和企业发展等方面总投资768亿美元,这些投资在农村提供了150万个就业岗位。农村工作重点在以下几方面。

第一,加强合作,共建农村。美国农村由75%美国土地和在这块土地上耕作的5 000多万人组成。为有效利用联邦政府花在农业上的每个美元,农村发展处把与联邦政府其他部门、其他州、地方、私人和非赢利机构的合作伙伴关系置于首要地位。

第二,发展可再生能源。由于全球能源价格不断攀升,消费者负担加重,为减少对国外石油的依赖,强化国家安全,保护环境,保持石油价格合理,以及保持美国在国际上的竞争力,创造新工作岗位和增加农村经济活力,农村发展处在1 100个再生能源和节能项目上投资4.82亿美元,包括乙醇(ethanol)、生物柴油、风能、太阳能、沼气开发、生物质能利用、自然资源保护等。当前美国有100个乙醇工厂,另有39个在建中。2000年有10个生物质柴油工厂,2006年达65个,另外58个在建中。1999年可产175万升生物柴油,2006年可达8.58亿升。2006年布什总统号召从饲草中提取乙醇,如果这项技术成功,各种草、秸秆、木屑和其他各地区分布的生物质都可转化为生物燃油,从而降低成本,提高纤维生产转化率。2006年10月美国农业部和美国能源部联合举行了"开发再生能源,复兴美国农村"会议,集中讨论了加快再生能源技术开发道路、销售渠道,以及减少再生能源开发者和投资者的风险等问题。这次会议被认为是美国开发可再生能源运动的里程碑。2001年美国农业部农村发展处在可再生能源和提高能源效率项目上投资4.82亿美元。2006年,美国农业部为开发生物能和生物质产品就支付了约2.72亿美元。生物燃料促进了明尼苏达Freeborn县农村社区经济发展,完全由农民开办的玉米乙醇厂和生物燃油厂,使社区33 000农民增加了收入,并创造了500个工作岗位。佛蒙特州蓝杉家庭农场把废弃物转化为"牛能"。农场的1 200头奶牛现在有两股收入:牛奶和电能。牛奶生产费用很高,价格则较低,他们将厩肥加热、发酵,制取沼气,进而用来发电。沼渣用于田间肥料。为此蓝杉农场得到美国农业部农村发展处授予的9.7万余美元可再生能源利用奖,约合沼气发电站建设费的25%。如俄勒冈州木材公司利用加工厂和林业的废弃物发电,解决本厂设备的用电问题。

第三,加强农村社区建设,提高农民生活水平。政府投资59亿美元发展农村企业,创造农村社区就业机会;提供贷款和贷款担保220亿美元,改善农村公共用电设施,使电网现代化,以满足居民和企业、商家的需求。自2001年,美国农业部农村发展处利用各种贷款和贷款担保,投资57亿美元,投入宽带建设,为190万个农户和企业提供高速网络;在文化娱乐方面,提供贷款或资助在农村建设多功能电影院;在市场增值开发方面,农村发展处提供1.36亿美元,资助全国各地820多个受助者,建立农村农贸市场;在远程教育和远程医疗方面,农村发展处提供2.51亿多美元资助、贷款和贷款加资助,帮助6 000多个农村医院和学校使用先进的电讯技术;在医疗设施建设方面,农村发展处提供11亿余美元,这些设施可服务755个农村社区的1 300万农民。

美国政府特别关心解决低收入农民的住房问题。美国农业部农村发展处对单户住宅(相当中国的别墅)和公寓分别采取不同财政帮助办法。对单户住宅有直接住房贷款,就是对那些收入很低(仅为当地中等收入的50%)和低收入的农民提供补助和低息贷款;还采取发展互助会购房、为当地非赢利机构提供资助、低收入家庭参与一半以上建房劳动等措施,降低了房价;为低收入者提供贷款,进行必要的维修。农村发展处这几年共提供212亿美元的贷款或贷款担保,帮助24.3万农户有了自己的单户住宅,使农村有房户占有率达到76.1%,大大超过国家规定的68.8%指标;提供54亿美元,帮助53万多农村家庭租到价格低廉而舒适的公寓住房。2006年财政又有42 994户低收入和中等收入的农民搬进自己的住房,其中37 000户是第一次买房。另外,为在海湾受灾地区的低收入和中等收入的农民贷款,解决了42 994栋住房,其中包括1 300个遭到风灾破坏的家庭。同样,对公寓也分门别类地给予贷款或资助,这些公寓有单间套、双间套,并可根据需要改造为适合残疾人和行动有障碍人进出。两层复式结构套间有电梯和洗衣间。有些套间还有会客间、厨房、电脑间、锻炼间和图书间。

第四,提高农村应急能力。医疗急救是经常需要的工作,美国海岸线长,飓风造成的自然灾害较多。美国农业部农村发展处提供15.8亿美元的贷款和资助,帮助3 550个农村社区建立公共安全体系、医疗急救和其他急救设施,用于修复电话、电缆、建造难民住房。如2006年9月10 926人从飓风灾害区撤出,其中许多家庭得到两年期贷款。

第五,解决农民用水和废水处理问题。美国有些偏远地区尚存在饮用水和污水排放问题。美国农业部农村发展处为7 400个农村用水设施和废水处理系统提供了91亿多美元的贷款和资助,使630万消费者受益。如在俄亥俄州水项目上给予1820万贷款和资助,为该州建设了160公里长的输水线、三个泵站、四个贮水罐,解决了三个县的吃水问题,使当地农民不必来回奔走80公里的路去取水。

第六,搞好农村社区规划。为保护非常优美的农村景观,吸引游人,在农村规划方面他们提出集群式布局设计方法,就是在不敏感的地方安排农民居住、活动社区,保护原有的森林、坡地、湿地、大草原和其他生态或有价值的自然景观,以及历史建筑等资源。集群式布局还可缩短新区的道路长度及公共设施线路,从而节约基础设施建设成本。集群式布局设计方法是保留农村特色和耕地的最理想措施。不论集群式规划是政府行为或自发行为,都必须纳入县区综合规划。

(二) 英国

1. 英国的农村

英国农业土地约占英国总面积的3/4,有50多万农业雇员,每年创造56亿英镑产值。英国政府对农村建设很重视,2007—2013年将在农业上投入39亿英镑,为2000—2006年投入的2倍。

英国的农村建设得很美丽,英国保守党领袖鲍德温曾经说过:英国就是乡村,乡村就是英国(图2-11)。中国著名作家林语堂也说过"英国的乡村"让人们充满了罗曼蒂克的向往。英国每座村镇中都有供居民休闲娱乐的公共绿地。按相关协定,农场主有义务在其农田边缘种植作为分界的灌木篱墙,保护农田,保护土地周围未开发地中的野生植物自由生长,以及为鸟类和哺乳动物提供栖息家园。每一座村镇都有一条主要大街,它是居民们活动的中心,主街两侧往往是年代悠久或具有历史意义的建筑。伴有高大塔楼的教堂是英国村镇的重要景点之一。城堡也是英国村镇的突出景点。由于历史上战乱频繁,历代统治者都热衷于建造城堡以抵御外敌。城堡最初为木制,后来变为石砌,随着城堡规模越来越大,统御的地区越来越大,自然也需要更多的人维持它的日常供给，它周围的地区也就渐渐发展为村落和小镇。

图 2-11　英国的农村住宅

英国的私人农村庄园是很优美的园区，住在乡下是英国人最理想的生活方式（图 2-12）。庄园一般是一村一庄，但也有一些包括几个村庄的大庄园，有些小庄园也只是村庄的一部分。庄园内有供集体使用的森林、牧场、水塘等。庄园是自给自足的自然经济形态，庄园的产品很少拿出去卖。庄园里有手工作坊、磨坊和烤面包坊等，可以生产各种生活和生产所需的物品。庄园里的人家很少出去采购，只有少数庄园不能生产的物品（如盐、铁等）才从城市购买。

图 2-12　英国农村庄园

2. 英国农村建设

欧盟(EU)农村发展法规处负责制定农业政策,向各成员国提供农业经济援助,促进各成员国农业可持续发展,保护和改善农村状况,繁荣农村社区。英国主管农业的"英国农业、食品、环境事务部(Defra)"积极与欧盟合作,并于2004年向议会提出五年发展规划,农村的发展战略目标如下。

(1) 帮助农村可持续、多样性发展企业经济和社区 从2001年到2006年,欧盟和英国政府投入大约1.5亿英镑,基本目标是帮助农民适应市场需求的变化,发展经济,如农业的基础设施建设(道路、桥梁、地方能源、技术)、市场开发、农村旅游居住条件、农场旅游活动和艺术活动设施建设、地方食品开发,以及改善农村环境等。

(2) 保护自然资源 制定法规保护一般土地生物多样性,2010年以前使全国95%的重要野生动物区达到优越条件。2020年前,使农田鸟禽数量长期下降的趋势得到控制,改善动物健康和福利。英国女王已宣布《新动物福利法案》,使保护动物又向前跨出一大步。到2010年使95%的土地达到有特别科学价值的水平。

(3) 帮助农民建房 坚决贯彻《无房法案和优先供给规定》政策,提高环境质量,完善服务设施,方便生活,特别是促进相对落后地区的发展。鼓励房地产公司在小农村(3 000人以下)完成和超额完成经济住房建设指标,确保他们得到400万英镑资助,2004—2006年增加3 500栋农村经济住房建设。

(4) 提高水质 使英格兰和威尔士99.88%的饮用水达到欧盟标准,使98%洗澡水达到欧盟标准。2003年,使河水生态质量达标的数量达到62%以上。

(5) 促进农业产品的加工和销售 鼓励更多的农民的产品有创新性,提高产品质量,改进加工设备或使加工设备现代化,对购买新设备、建设新厂房或改造老设施的农民给予资助,提高农产品附加值,使农民的产品在市场上具有竞争力。2001—2006年欧盟和政府资助农民4 400万英镑。

(6) 对农民和林业人员进行职业培训,提高他们的技术 增加产品的多样性和质量,使其产品具有竞争力,提高他们的环境意识,强化农村经济,保护农村景观和原生态状况,使农村发挥很好的社会效应。

(7) 对经过政府批准种植的能源作物种植给予资助 这种作物可代替石化燃料,减少温室效应,增加可再生能源。可持续发挥农业多样性,促进就业的作用很大。资助对象:作物必须是作为能源生产用;作物种植区与能源加工地要在合理范围,小能源加工厂10英里,大能源加工厂25英里;加工区至少3公顷,与农业部签订5年合同。每公顷资助1 000英镑。

(三) 欧洲

欧盟的农业在欧洲起着重要影响。到2007年1月,欧盟27个成员国的农业和森林的覆盖面积占欧盟领土总面积的90%以上。有1 500万农民,农场规模平均为11.5公顷,以家庭农场为主,这些农场大部分是代代相传下来的,规模大小差异很大,5%的农场规模在50公顷以上。荷兰的园艺业规模很小,而苏格兰的羊牧场则很大。现在欧盟家庭在食品上的平均支出占他们可花费的12%。

1962年欧盟成立了农业共同政策处(CAP),其任务是提高农场生产效率,保证农民的收入合理,稳定农产品市场(保证农产品供应、价格合理、全年稳定)。欧盟对农业的方针是大力支持农业发展,包括边远山区,使农业可持续发展,生产率高,农产品有竞争力,能为城市提供安全、优质、价格合理的足够食物;提高农民的生活水平,保护农村,保护自然;保护环境和动物福利。农村还要为城市居民提供自然风光、农业教育、休闲和旅游,使农村具有多功能性。欧盟建立统一的市场,避免成员国之间恶性竞争,各成员国的食品安全和质量标准、出售、标签、环境和动物福利都必须符合欧盟水平。农业的利润很低,农民工作时间长、劳作辛苦,他们的收入低于城市工作者,欧洲农民要投入较高的成本去生产食品,所以政府必须支持农业,才能使他们的产品在市场上有竞争力。欧盟在2007—2013年期间为25个成员国农业所做的支持预算为77.6亿欧元。欧盟预算中对农业的支持2007年约为40%,2013年预计为33%。

欧盟和各成员国共同携手筹划资金,支持农业。农村发展基金用于支持农业活动和非农业两方面,非农业方面如扩大宽带网区域,改善教育培训,帮助小型企、事业,促进食品加工业,支持服务业,普及幼儿园,帮助农村妇女工作等。成员国必须拿出他们预算中的10%促进农业和林业的竞争力,拿出预算的25%用于改善环境和农村,拿出至少10%用于农业经济多样化,如利用闲置地种植非食用可再生能源作物。

五、农业产业化园区

农业产业化和农业产业化园区在发达国家出现较早,他们产业化的特点是:全国协调、统一,无论政府、私人机构都共同努力促进一项产业的发展,使该项产业快速发展,产品在国际市场占据重要地位并成为知名品牌。如新西兰是猕猴桃生产大国,数十年以来,该国一直将猕猴桃作为一个完整的产业发展(图2-13)。1906年他们从中国引进野生猕猴桃品种,经过多年研究、改良,培育出世界知名"海沃德"品种,全国规范种植,制定产品标准,收获后,在园区对猕猴桃进行清理、分级、贴标、装盘、包装、冷藏等处理、加工。单果体重70~140克的猕猴桃分为九个等级,每托盘中各级猕猴桃的个数不等,如一级品25个,随后各级托盘中的猕猴桃逐渐增多,第九级装49个,但每盘的重量基本一样,约3公斤,级别清楚,果形整齐,颜色新鲜。鲜销品占猕猴桃总产量的80%。数十年来大部分出口到欧洲、日本、美国等国,每年创汇两亿多美元。

图 2-13　新西兰猕猴桃产业园

巴西是世界最大橙汁生产国,占世界总产量的53%(图2-14,图2-15),2006—2007年度生产65%浓度橙汁约130万吨,

图 2-14　巴西甜橙种植园

大部分出口到美国、欧洲、中国等地,是巴西重要的支柱产业。种植者和加工业最普遍的合作方式是签订合同,合同保证了果农的销路和加工者的原料供应。合同规定了每箱甜橙(40.8公斤)的价格,每年的每箱价格以纽约外汇市场汇率确定。优质甜橙、优良

的产地、供应量大、信誉高的生产者可获得较高的价格。现在种植农户成立了自己的组织,和加工企业进行统一的、协调的价格谈判。1980年出现第二种合作方式,签订收费加工合同,就是租赁果汁加工企业的闲置设备为果农加工橙汁,果农给企业交费,利用他们的设备生产冷冻浓缩橙汁,生产的产品卖给饮料业或经销商。这种方式对果农的主要好处是在产业链上直接参与国际市场活动,可获得更多的利润,减少对加工业的依赖,学习加工技术和国际销售知识,提高质量控制能力;对加工业的主要好处是提高设备利用率,增加原料供应量,加工、销售的计划保证性提高,与果农的关系改善。一般是中介机构为果农租赁加工企业的设备,这些中介机构就是橙汁销售者。

图 2-15 巴西橙汁

澳大利亚羊毛生产是国家支柱产业,位于世界前列(图 2-16),2004—2005 年度存栏 1.07 亿头羊,产羊毛 4.75 亿公斤,是世界最大的羊毛生产国,其产量占世界总产量的 24%,向 51 个国家出口,其中向中国出口得最多,每年产值达 35 亿美元,使澳大利亚 10 万羊毛生产者、剪毛者、经纪人和出口商获得丰富的收入。2004 年建立澳大利亚羊毛业工作组,包括澳大利亚羊毛革新组织(AWI)、澳大利亚羊毛局(AWIS)、澳大利亚羊毛组织联盟(FAWO)、国际毛纺组织(IWTO)、羊毛标志公司(TWC)、羊毛生产者组织、国际农民联盟(NFF)、澳大利亚牲畜和肉类组织(MLA)、澳大利亚羊肉理事会(SCA)和澳大利亚政府部门,他们共同形成澳大利亚羊毛业协同组织,全力促进澳大利亚羊毛业发展,从羊毛的品种、品质、标准、加工、包装等整个产业管理起来。

1957年建立澳大利亚羊毛检测部(AWTA),它是低利润运营组织,全力为澳大利亚羊毛产业服务。羊毛检测部的设备先进、齐全,现在可进行现场检测,使澳大利亚羊毛质量处于世界领导地位。

图2-16 澳大利亚羊业

第三章 规划的定义与分类

现在规划工作越来越受到各级政府和各个部门的高度重视，在我国的应用已很普遍，从中央到省、市、县各级政府都设有规划部门，如规划局或规划办公室；研究单位由于面向不同领域如国家发展、地方发展、城市发展、科学技术发展、农业发展、水利发展等软、硬课题需要，设有规划办公室、规划研究院、规划设计院；各种规划网络也相继出现，如中国农业规划网、旅游规划设计网、交通规划网等；为了适应对规划人才的需要，一些大学设立了诸如土地规划、城市规划、园林规划、城镇与区域规划等专业或研究方向，进行本科或研究生培养工作。但与发达国家比较，我国在规划的研究和应用上起步较晚，因此，作者对规划方面的一些基本概念作些阐述。

第一节 规划的定义

一、规 划

在中国《现代汉语词典》中对"规划"二字的注解是"比较全面、长远的发展计划"。近年来，随着"规划"两字在国家制定方针政策和各个领域中应用的日益广泛，人们对"规划"二字有更深的理解。笼统地说，规划是对一个系统或研究对象的发展远景所做的科学、切实可行的设计。通过"规划"，使该系统或研究对象的发展纳入有序和有规律的运动轨道上，使其按照人们预先的设计，达到或超过既定目标。因此，规划包含"未来"和"发展"两个要素，未来是指近期、中期或远期，发展则是在上述期间内，使系统或研究对象以最快、最有效和最科学的方法达到或超过既定目标。规划带有方向性、战略性、定位性,常常对资源、环境、空间、社会等全局问题进行深入、细致地分析、研究,因而其内容往往要更具有严肃性、科学性和可行性。规划的期限一般较长,短者3~5年,中期者5~10年,远期规划可达10年以上至30年。制定、实施规划的主体一般是群体性组织,如国家、地区、机关单位等,不会是个人。

规划这一词汇来源于国外,20世纪50年代在我国开始使用。20世纪50年代中国制定的第一个科学技术发展规划《国家十二年科学技术发展远景规划(1956—1967)》,是我国应用"规划"最早的例证。《国家十二年科学技术发展远景规划(1956—1967)》出台的背景是,第一个五年计划即将完成,第二个和第三个五年计划将更大规模地展开,要更好更快地进行社会主义建设,全部地或部分地完成国民经济各部门的技术改造,实现社会主义工业化的目标。其目的是力求某些重要的和急需的部门,在十二年内接近或赶上世界先进水平,依靠自己的力量解决我国建设中许多复杂的科学和技术问题。《国家十二年科学技术发展远景规划(1956—1967)》的提出和完成,使我国科技事业经历了十年飞速发展的辉煌时期,建立和发展了原子能、电子学、半导体、自动化、计算技术、喷气技术等新兴学科领域。这是我国首次使用规划模式来管理科学技术,使规划成为重要的组织管理形式之一,也使我国对规划的重要作用有了认识。但由于1966年开始的"文化大革命",中断了规划工作的继续发展,中断了对规划的研究,进而严重影响了我国经济、科学和教育的发展。

二、计　　划

计划是工作或行动以前,预先拟定的具体任务和完成时间,以达到设定的目标。计划比规划要详细、具体,往往不像规划那样具有全局性、战略性,考虑的问题比规划狭窄。计划常常是为贯彻、实现规划中的某一部分要求。计划牵涉到的期限比规划要短,短者以天计,长者也仅仅几年。制定、实施计划的主体可以是机关单位等群体性组织,也可以是个人。

第二节 规划的分类

按不同方法分类,规划可分为以下几类。

一、按属性分

按属性可分为概念规划和技术规划。

(一) 概念规划

概念是思维的基本形式之一,反映客观事物一般、本质的特征。人类在认识过程中,把所感觉到的事物的特点抽象出来,加以概括,就成为概念。对概念规划(concept planning,或 conceptual planning),目前国内尚无统一、严格、明确的定义。但一般的理解是:概念规划是对一个体系或对象的发展战略所做的设计。它研究的重点是该体系的发展方向和功能定位,强调全局的把握,要考虑资源、经济、生态、文化、环境、社会等综合问题,规划中贯穿概要性、谋划性和创造性的构思。概念规划侧重于发展方向和各学科的综合平衡,以及宏观框架和引导策略,它比较抽象。规划水平的高低常常反映在概念规划上。做好任何一项规划,首先要做好概念规划。概念规划不是规划层次系列中的某一层次,而是在任何一个层次均可能融入概念规划。战略性、创新性、长期不落后性等,是概念规划的特点。在国家的发展规划中,概念规划往往占有重要和主要的地位。

在项目规划中,概念规划常常出现在"发展战略"、"规划的理念"、"项目的定位"、"基本思路"、"规划达到的目标"、"主攻方向"等内容中。项目总体规划和各分项规划中,也常常需要先把概念规划做好。

概念规划最早源于城市规划领域,它的兴起和发展与区域规划在全球范围内的复兴密切相关。在19世纪60年代,西方自由市场经济下的区域与城市之间、城市与城市之间的竞争日趋激烈,区域规划、城市规划在区域和城市发展过程中扮演着日益重要的角色。大量涌现的城市住房、城市交通、经济发展、城市空间扩张与布局等问题,使得一些建筑项目存在较大争议,为避免规划方案无意义的反复,节约成本,概念规划应运而生。进入20世纪60年代,概念规划在国外已得到较多的应用。1968年的英国城市规划法建立了以结构规划和地区详细规划两层次为核心的新的城市规划体系,结构规划在编制内容上类似于概念规划,具有法律效力。波兰1961年制定整体规划,作为城市社会、经济、空间发展的科学依据。新加坡在总体规划的实施和修订过程中,注意到由于缺乏宏观长远的发展战略造成的种种矛盾,于1968年开始进行长远规划的研究,在联合国的协助下,1971年提出第一个概念图,以后概念规划逐步取代原有的总体规划。受英国城市规划体系的影响,过去30多年来,香港政府已经总结出一套策略性规划(strategic planning)模式,以建立一个综合土地利用-运输-环境的大纲,并以此为基础,制定出更详细的规划图和发展规划。

中国的概念规划是随着规划工作的开展逐渐出现的。我国概念规划最早也是出现在城市规划领域,2001年1月完成编制的《广州城市总体发展概念规划》是概念规划的第一个实例。此后,概念规划逐渐发展到其他领域,如农业规划、旅游规划等。随之,学者对概念规划也提出各自的见解,如王蒙徽认为,概念规划是特指城市总体层面,侧重于城市发展方向和各学科的综合平衡,是城市未来长期发展的战略性纲领,是对未来任何时候可能进行的开发的原则性指导。赵燕菁认为,概念规划扮演着将社会经济发展的潜在可能和需要解释为空间语言的角色,其内容应涉及部分社会经济发展目标,并包括原总体规划大纲阶段的主要工作。张兵的理解是,概念规划是表达城市或者区域在一个长久阶段内,发展的整体方向和指导当前行动的整体框架,它与总体规划和详细规划不是一种可以并列的规划类型,更多的是一种工作的方法,是概念性的战略规划。总之,概念规划是总体的、未来长期发展战略性的纲领。

制定概念规划需要了解国家、地区、地方有关方针政策,国际有关规范,国内外有关领域的发展状况,以及本地区资源、环境、交通、文化、科技、历史、市场等全方位状况。在此基础上,要进行深入细致的分析、研究,然后,提出发展战略。在明确的战略思路指导下,对长期发展具有重大影响的要素进行综合协调和安排,从而提出长期发展的宏观、综合目标,并围绕这一综合目标对那些具有重大影响的问题提出相应的策略,使其成为其后详细规划的指导原则。所以概念规划常常是突破固有的、既定的思维方式,使规划更具想象空间和创造性思维,能在较长的时期内使规划不显得落后。

(二) 技术规划

技术规划或一般称作的规划,比较具体和详细,如欲达到的技术水平和普及范围、目标数据指标和对空间的安排等,以及为实现概念规划目标而设计的途径、措施、步骤等。它是在概念规划的指导和框架内进行的规划,从而完成概念规划制定的战略目标。例如新农村规划中的资源开发规划、结构调整规划、住宅区规划、道路规划等,都属于技术规划。

综合以上所述,我们可以看到,概念规划、规划和计划三者的差异在于:发展规划是对概念规划进行具体的细化所形成的结果,在确定的技术性因素与资源约束条件下,保证概念规划的战略思路能够顺利实施,且能获得效益最大化的结果。计划则是对规划的操作分解,便于实际执行、考核、评价和反馈。它们三者之间的关系是:概念规划指导规划的编制,发展规划是计划的基础,发展规划是使概念规划变为发展计划的桥梁。没有好的概念规划(或发展战略),不可能编制出好的发展规划来;没有好的发展规划,谈不上好的发展计划。

二、按涉及的范围分

按涉及的范围可分为宏观规划和微观规划,这是一个相对的分类。如国家、地区、省级规划,都可视为是宏观规划。地方、企业、单位的规划属于微观规划。微观规划要符合宏观规划的发展战略要求,下一级的规划应在上一级规划的导向和框架下制定。当前,地区、省、市规划都要符合国家《十一五规划》的发展战略;县、企业、单位的规划要遵循相应省市的规划要求。又如宏观物流规划是指规划社会再生产总体的物流活动,从社会再生产总体角度研究和规划物流活动,是从总体出发而不是从物流的某一个构成环节出发规划物流。这种物流活动的参与者是构成社会总体的大产业、大集团,如社会物流、国民经济物流、国际物流。微观物流规划的特点是具体性和局部性。微观物流规划涉及某一种具体产品所进行的物流活动,如企业物流、生产物流、供应物流、销售物流、回收物流、废弃物流、生活物流等。

总体规划一般属于宏观规划,详细规划属于微观规划。

概念规划也可分为宏观概念规划和微观概念规划。宏观概念性规划侧重于宏观层面,如城市宏观概念规划主要研究城市与区域的发展方向、空间总体结构、城市功能定位等大政方针,强调对全局的把握,涉及空间、经济、环境、生态,乃至社会和文化等方面,具有弹性和宏观指导性;而微观概念性规划除了考虑宏观因素外,还需关注微观层面的影响因素,如地块所在的区域背景、业态发展趋势等。

三、按对象和功能分

按对象和功能可分为总体规划、专项规划和区域规划。省、县等地区规划一般属于综合规划,或总体规划,它包含整个区域的发展方向以及各个领域的发展目标。农业园区规划、旅游规划、投资规划、产业规划、景观规划、信息规划、科技规划等属于专题规划。专项规划属于专业性规划,它们具有各自的专业特点,目标更加详细、具体和适应不同社会需求。农业部发布的《优势农产品区域布局规划》是区域规划一例。

四、按行政层次分

国民经济和社会发展规划按行政层次分为:国家级规划、省(区、市)级规划、市县级规划。

五、按规划期限分

按规划实施、完成的期限可分为短期、中期和长期规划三类。一般3~5年的规划为短期规划,5~10年的规划为中期规划,10年以上的规划为长期规划。

第三节 规划案例分析

一、国家发展规划

从1949年新中国建立到现在,我国已制定了十一个五年规划,但在《中华人民共和国国民经济和社会发展第十一个五年规划纲要》之前,从第一个五年计划到第十个五年计划都称作"计划"而不是"规划"。由于"五年规划"是为国民经济和社会发展远景规定目标和方向,对全国重大建设项目、生产力分布和国民经济重要比例关系等做出规划,现在使用"规划"一词,比"计划"更能说明它的内涵,更为科学,也更加体现中央政府注重对国家经济和社会发展的宏观把握和调控。另外,将"计划"改为"规划"也使我们能够同计划经济时代的那个"计划"的含义划清界限,抛开计划经济带给我们的思想束缚。

(一) 第一个五年计划

《发展国民经济的第一个五年计划(1953—1957年)》是新中国制定、实施的第一个五年计划。第一个五年计划的发展战略体现在:它的宏观发展目标是以实现社会主义工业化为中心;在经济建设方面,集中主要力量进行以前苏联帮助我国设计的156个建设项目为中心、由694个大中型建设项目组成的工业建设;在社会发展方面,发展部分集体所有制的农业生产合作社,以建立对农业和工业社会主义改造的基础,基本上把资本主义工商业分别纳入各种形式的国家资本主义的轨道,以建立对私营工商业社会主义改造的基础。"一五计划"的经济发展战略的特点是:以高速发展为目标;优先发展重工业;以建立独立的工业体系为目标,实行进口替代;从战备和效益出发,加快内地发展,改善生产力布局等。

第一个五年计划的技术规划主要内容为:五年内全国工农业总产值由827.1亿元增加到1 249.9亿元,平均每年增长8.6%,其中工业总产值增长98.3%,即平均每年增长14.7%,约70%来自原有企业增产,约30%依靠新建企业。农业及副业总产值增长23.3%,平均每年增长4.3%。各项具体指标为:到1957年,钢、原煤、粮食、棉花的产量分别达到412万吨、1.13亿吨、1 928亿公斤和3 270万担。在上述工农业发展的基础上,1957年全国社会商品零售总额为498亿元左右,1/3左右的农户加入初级农业生产合作社,一半的私营工业转变为公私合营,一半以上的私营商业转变为各种国家资本主义形式的商业和由小商小贩组织起来的合作形式小商业。5年内经济建设和文化建设支出总额为766.44亿元,其中基本建设投资427.4亿元,占总支出55.8%。在基本建设投资中,工业占58.2%,农村水利占7.6%,交通邮电占19.2%,贸易、银行和物资储备占3%,文化教育卫生占7.2%,城市公用事业占3.7%,其余为1.1%。

由于《发展国民经济的第一个五年计划(1953—1957年)》总体发展战略正确,1956年第一个五年计划提前一年完成。但由于是我国制定的第一个规划,缺乏经验,在发展战略上存在不足之处,在国民经济重大比例关系上,开始出现不协调现象,农业、轻工业的生产不够稳定,在某种程度上忽视了农业的发展,农产品供应有些年较紧张,农业对维持大规模工业建设有些力不从心。

(二) 第二个五年计划

我国第二个五年计划《关于发展国民经济的第二个五年计划的建议(1958—1962年)》,于1956年9月举行的中国共产党第八次全国代表大会讨论通过,1957年2月国务院接受。"二五"的发展战略目标是:继续进行以重工业为中心的工业建设,推进国民经济的技术改造,建立我国社会主义工业化的巩固基础;继续完成社会主义改造,巩固和扩大集体所有制和全民所有制;在发展基本建设和继续完成社会主义改造的基础上,进一步发展工业、农业和手工业生产,相应地发展运输业和商业;努力培养建设人才,加强科学研究工作;在工农业生产发展的基础上,增强国防力量,提高人民的物质生活和文化生活的水平。

1958年8月17日至30日,中共中央政治局北戴河扩大会议讨论并批准《关于第二个五年计划的意见》,通过了《中共中央政治局扩大会议号召全党全民为生产1 070万吨钢而奋斗》、《中共中央关于在农村建立人民公社问题的决议》等,把第二个五年计划的发展目标修订为:完成社会主义改造,提前把我国建设成为一个具有现代工业、现代农业和现代科学文化的社会主义国家,为第三个五年计划期间经济、技术、文化的高度发展,开始向共产主义过渡创造条件。根据这一目标和要求,很多的具体指标比原"二五"计划高出 1~8 倍之多,如提出"十五年内在主要工业产品产量方面赶上英国水平"的口号,并出现"大跃进"和人民公社化运动。甚至提出到 1962 年,全国就能建成强大的独立的工业体系,各协作区就能建成比较完整的、不同水平和有各自特点的工业体系;全国在钢铁和其他若干重要产品的产量方面就能接近美国;在主要科技方面就能赶上世界先进水平。

修改后的"二五"计划的最大问题是发展战略不科学,没有以科学发展观统领经济、社会发展,由于它完全违反了客观经济的发展规律,因而不仅没有达到预期的目的,反而使国民经济比例严重失调,造成了严重的后果。据统计,到 1958 年底,我国共生产钢 1 108 万吨,其中合格的钢只有 800 万吨;基本建设投资比上一年猛增 87.7%,全国职工总数也比上年增长 2/3 以上,超过国家财政的负担能力,使市场供应紧张,生产和人民生活发生困难。"二五"期间,国民经济年平均增长 0.65%,最高年 32.2%,最低年为 -31%。1962 年与 1957 年相比,工业总产值仅增长 20.7%,平均每年增长 3.8%;农业总产值则下降了 19.9%,平均每年下降 4.3%;国民收入下降了 14.5%;全民所有制职工平均工资下降了 5.4%。

在这种形势下,1960 年 8 月中共中央调整国民经济发展战略,提出"调整、巩固、充实、提高"的"八字方针",大力恢复农业,压缩基本建设和重工业生产,精简职工和城镇人口。到 1962 年,国民经济才开始好转。但是,与 1956 年提出的《关于发展国民经济的第二个五年计划的建议(1958—1962 年)》相比,除原煤、石油、发电量达到规定指标外,钢、水泥、粮食、棉花等许多重要工农业产品产量都远远低于规定指标。

从"二五"可以清楚地看到概念规划的重要性,尤其国家级制定的发展规划更加重要。发展战略正确,才能使技术规划、各项技术指标制定得科学、合理,才能按时或提前实现预期目标,才能使国家繁荣强盛、人民安居乐业、社会稳定。

(三) 第十一个五年规划

2006年3月14日,十届全国人大第四次会议通过了《中华人民共和国国民经济和社会发展第十一个五年规划纲要(2006—2010年)》。

"十一五"总体发展战略内容为:促进国民经济持续、快速、协调、健康发展和社会全面进步,要以邓小平理论和"三个代表"重要思想为指导,以科学发展观统领经济社会发展全局。坚持发展是硬道理,坚持抓好发展这个党执政兴国的第一要务,坚持以经济建设为中心,坚持用发展和改革的办法解决前进中的问题。发展必须是科学发展,要坚持以人为本,转变发展观念,创新发展模式,提高发展质量。必须保持经济平稳较快发展。要进一步扩大国内需求,调整投资和消费的关系,合理控制投资规模,增强消费对经济增长的拉动作用。正确把握经济发展趋势的变化,保持社会供求总量基本平衡,避免经济大起大落,实现又快又好发展。必须加快转变经济增长方式。要把节约资源作为基本国策,发展循环经济,保护生态环境,加快建设资源节约型、环境友好型社会,促进经济发展与人口、资源、环境相协调。推进国民经济和社会信息化,切实走新型工业化道路,坚持节约发展、清洁发展、安全发展,实现可持续发展。必须提高自主创新能力。要深入实施科教兴国战略和人才强国战略,把增强自主创新能力作为科学技术发展的战略基点和调整产业结构、转变增长方式的中心环节,大力提高原始创新能力、集成创新能力和引进消化吸收再创新能力。必须促进城乡区域协调发展。要从社会主义现代化建设全局出发,统筹城乡区域发展。坚持把解决好"三农"问题作为重中之重,实行工业反哺农业、城市支持农村,推进社会主义新农村建设,促进城镇化健康发展。落实区域发展总体战略,形成东中西优势互补、良性互动的区域协调发展机制。必须加强和谐社会建设。要按照以人为本的要求,从解决关系人民群众切身利益的现实问题入手,更加注重经济社会协调发展,千方百计扩大就业,加快发展社会事业,促进人的全面发展;更加注重社会公平,使全体人民共享改革发展成果;更加注重民主法制建设,正确处理改革发展稳定的关系,保持社会安定团结。必须不断深化改革开放。要坚持社会主义市场经济的改革方向,完善现代企业制度和现代产权制度,建立反映市场供求状况和资源稀缺程度的价格形成机制,更大程度地发挥市场在资源配置中的基础性作用,提高资源配置效率,切实转变政府职能,健全国家宏观调控体系。统筹国内发展和对外开放,不断提高对外开放水平,增强在扩大开放条件下促进发展的能力。

在建设社会主义新农村、推进工业结构优化升级、促进区域协调发展、建设资源节约型、环境友好型社会、实施科教兴国战略和人才强国战略、深化体制改革、推进社会主义和谐社会建设等专题方面,也详述了发展战略。

"十一五"的技术规划内容体现在经济社会发展的主要目标方面。如国内生产总值年均增长7.5%,实现人均国内生产总值比2000年翻一番。城镇新增就业和转移农业劳动力各4 500万人,城镇登记失业率控制在5%;单位国内生产总值能源消耗降低20%左右,单位工业增加值用水量降低30%,农业灌溉用水有效利用系数提高到0.5,工业固体废物综合利用率提高到60%;社会主义新农村建设取得明显成效,城镇化率提高到47%。各具特色的区域发展格局初步形成,城乡、区域间公共服务、人均收入和生活水平差距扩大的趋势得到遏制;国民平均受教育年限增加到9年。公共卫生和医疗服务体系比较健全。社会保障覆盖面扩大,城镇基本养老保险覆盖人数达到2.23亿人,新型农村合作医疗覆盖率提高到80%以上。贫困人口继续减少。防灾减灾能力增强,社会治安和安全生产状况进一步好转;全国总人口控制在136 000万人。耕地保有量保持1.2亿公顷,淡水、能源和重要矿产资源保障水平提高。生态环境恶化趋势基本遏制,主要污染物排放总量减少10%,森林覆盖率达到20%,控制温室气体排放取得成效;产业、产品和企业组织结构更趋合理,服务业增加值占国内生产总值比重和就业人员占全社会就业人员比重分别提高3个和4个百分点。自主创新能力增强,研究与试验发展经费支出占国内生产总值比重增加到2%,形成一批拥有自主知识产权和知名品牌、国际竞争力较强的优势企业等。

"十一五"规划纲要不同于以前的各个五年规划,它体现了时代的特点并有许多创新的发展思路:在指导思想上,它贯穿了科学发展观和构建和谐社会的两大战略思想,这是前所未有的;在目标上,不但重视经济指标,而且重视人文、社会、环境指标,特别是第一次将发展指标分为预期性和约束性两类;在发展战略任务方面,把建设社会主义新农村独立成篇,摆在各项战略任务的首位;在三大产业结构方面,首次将服务业放在突出位置;在区域发展战略方面,进一步明确了优化开发、重点开发、限制开发和禁止开发四类功能区的定位和政策导向;树立了经济建设、政治建设、文化建设和社会建设"四位一体"的总体发展思路,强调以人为本和解决有关群众切身利益的重大问题等。

(四) 国家科学技术发展规划

国家《"十一五"科学技术发展规划》于2006年10月27日正式发布。

规划的总体思路是以邓小平理论和"三个代表"重要思想为指导,全面落实科学发展观,大力实施科教兴国战略和人才强国战略,坚持"自主创新,重点跨越,支撑发展,引领未来"的指导方针,把自主创新作为主线,将组织实施重大专项作为战略突破点,大幅度提升科技供给能力,充分发挥科技对经济社会发展的支撑与引领作用;以构建企业为主体,市场为导向,产学研相结合的技术创新体系为突破口,深化科技体制改革,加大政策实施力度,全面推进国家创新体系建设,形成有利于推动自主创新的良好环境,为实现全面建设小康社会目标,构建社会主义和谐社会提供强有力的科技支撑。

规划发展战略体现为"一条主线"、"五项突破"和"六个统筹"。"一条主线"就是自主创新;"五项突破"为:突破约束经济社会发展的重大技术瓶颈,组织实施一批重大专项,带动技术创新和社会生产力的跨越;突破制约我国科技持续创新能力的薄弱环节,超前部署前沿技术,稳定支持基础研究,加强科技基础条件平台建设,夯实科技发展基础;突破限制自主创新的体制、机制性障碍,深化科技体制改革,强化企业在技术创新中的主体地位,构建以企业为主体、市场为导向、产学研相结合的技术创新体系,全面推进国家创新体系建设,形成结构合理、全面协调的体制格局;突破阻碍自主创新的政策束缚,制定和完善政策措施,加大实施力度,加强经济政策和科技政策的协调,形成激励自主创新的政策体系;突破不利于自主创新的社会文化环境制约,发展创新文化,培育全社会的创新精神,营造支持自主创新的文化氛围,加强科学技术普及,提高全民科学素养,创造有利于人才辈出的良好环境。"六个统筹",即统筹科技创新和制度创新;统筹科技创新全过程;统筹项目、人才、基地的安排;统筹安排工业、农业与社会发展领域的科技创新活动;统筹区域科技发展;统筹军民科技资源。

"十一五"科技发展的主要指标(表3-1)简要地显示了技术规划的主要部分。

表 3-1 "十一五"科技发展的主要指标

指 标	2010 年目标
全社会研发投入/GDP	2%
对外技术依存度	40% 以下
国际科学论文被引用数	世界前 10 位
本国人发明专利年度授权量	世界前 15 位
科技进步对经济增长的贡献率	45% 以上
高技术产业增加值/制造业增加值	18%
科技人力资源总量	5 000 万人
科技活动人员总量	700 万人
从事研发活动的科学家和工程师全时当量	130 万人/年

二、区域规划

农业部研究编制、并于 2003 年 2 月 13 日公布的《优势农产品区域布局规划(2003—2007 年)》(以下简称《规划》),是区域规划一例。它可以加快我国农业区域布局调整,建设优势农产品产业带,避免农业结构的趋同现象,充分发挥地区比较优势;进行集中生产,达到较高的生产水平,形成较大的市场规模,降低生产成本,增强农产品竞争力;通过优势区域布局,把优势农产品做大、做强,不但可提高农产品的产量和商品价值,而且形成规模化生产后,能够带动加工、储藏、运输等相关产业的发展,开辟农民新的就业渠道,扩大就业机会,可使农业增效和农民增收。

《规划》总体的基本思路是,适应加入 WTO 的新形势,充分发挥农业比较优势,实施非均衡发展战略,做大做强一批优势产区,重点培育一批优势农产品,尽快提高市场竞争力,抵御进口农产品冲击,扩大农产品出口,增加主产区农民收入。

《规划》在全国范围内划定了 35 个优势区域,重点发展专用小麦、专用玉米、高油大豆、棉花、双低油菜、双高甘蔗、柑橘、苹果、牛奶、牛羊肉和水产品等 11 种优势农产品。对每种农产品又规划了主攻方向,如专用小麦主攻方向是按照"抓两头、带中间"的思路,重点发展优质强筋小麦和弱筋小麦,稳定发展中筋小麦,确保国内市场需求,积极争取出口。实行统一提供优质专用品种,推广保优节本标准化生产技术,加强产销衔接,改变混种、混收、混贮状况,提高专用小麦质量的稳定性和一致性。具体优势区域确定为:重点建设黄淮海、长江下游和大兴安岭沿麓等 3 个专用小麦带。黄淮海优质强筋小麦带主要布局在河北、山东、河南、陕西、山西、江苏、安徽等 7 个省的 39 个地市 82 个县市。长江下游优质弱筋小麦带主要布局在江苏、安徽、河南、湖北等 4 个省的 10 个地市 20 个县市。大兴安岭沿麓优质强筋小麦带主要布局在黑龙江、内蒙古等 2 个省区的 3 个地市 11 个县旗(农场)及黑龙江垦区 2 个管理局。发展目标是：到 2007 年,全国专用小麦面积占小麦总面积的比例达到 40% 左右,比 2001 年提高 20 个百分点左右;其中 3 个专用小麦带发展的优质强筋和弱筋小麦面积占全国专用小麦面积的比例达到 40% 以上,比 2001 年提高 5 个百分点以上。实现基本满足国内需求、力争向东亚国家或地区出口的目标。

以上说明,概念规划融于总体规划和各分项规划之中。总体的基本思路表达了总体规划的发展战略;每种农产品的发展方向体现了子项目的发展战略。

三、地方规划

各省、市、县、区等规划属于地方规划。如《北京市国民经济和社会发展第十一个五年规划发展纲要》。

北京今后五年的发展战略在指导原则和战略重点中阐述得很清楚。

指导原则是：坚持首都经济的发展战略,努力保持经济平稳较快发展。坚持国家首都、国际城市、文化名城、宜居城市的功能定位,努力提高城市建设和管理水平。坚持以创新为动力,努力建设创新型城市。坚持统筹兼顾的原则,努力促进城乡和区域协调发展。坚持经济、政治、文化、社会建设四位一体,努力构建和谐社会首善之区。坚持奥运带动战略,努力提升首都工作水平。

战略重点是：着眼于转变发展观念、创新发展模式、提高发展质量,把首都经济社会发展切实转入全面协调可持续发展的轨道,"十一五"时期要优先抓好四个带有全局和长远意义的关键问题,力争实现突破。增长方式集约化。立足节约使用、高效利用资源促进发展,逐步形成资源节约型的增长模式和消费方式。立足提高自主创新能力促进发展,在一些关键领域实现重要技术突破,建立比较完善的自主创新体系和体制机制架构。立足调整经济结构促进发展,注重增强消费拉动作用,充分发挥首都资源优势,做大做强总部经济,逐步形成高端、高效、高辐射力的产业群。立足优化产业布局促进发展,着力培育高端产业功能区,促进各区域合理分工、特色发展。资源配置市场化。完善资源要素价格的形成机制,使价格能够反映资源稀缺程度、市场供求状况和生态环境损失成本,更大程度地发挥市场在资源配置中的基础性作用。加快垄断行业改革,建设统一开放、竞争有序的现代市场体系,提高市场化程度和市场监管能力。推进政府创新,加强基础管理,提高依法履行职责的能力和水平。公共服务均等化。坚持以人为本,面向农村、面向社区、面向市民,着力扩展基本社会公共服务,特别是加强农村基础教育、公共卫生、安全饮水等服务设施建设,规范公共财政覆盖范围,逐步缩小城乡和区域之间在基本公共服务享有上的差距,提高公平性和可及性,保障广大人民群众共享发展改革的成果。城乡发展协调化,积极引导和推动投资、产业和功能向郊区转移,建立起城乡和区域统筹协调发展机制,落实城市总体规划和区县功能定位,加强市域开发建设的分类指导,促进经济布局、人口分布与资源环境承载力相协调,逐步实现城市发展战略重点转移和整体功能配置优化。

主要目标:经济发展水平显著提升;自主创新能力显著提升;可持续发展能力显著提升;人民生活品质显著提升;构建和谐社会首善之区的水平显著提升等内容。

从《北京市国民经济和社会发展第十一个五年规划发展纲要》可以看到,地方规划是紧跟中央发展战略,并密切结合本地区的实际情况。

第四节 我国农业园区规划工作存在的问题

当前我国许多地方和部门都在搞园区规划,由于我国规划工作开展得较晚,农业领域的规划工作开展得更晚,因此,有些规划成果不能令人满意。造成这种结果的主要原因有以下几方面：

一、规划人员水平有待提高

规划属于软科学范畴，它涉及现代社会科学、自然科学、技术科学、思维科学与哲学等，是上述各学科相互交叉、融合而形成的一门高度综合的新兴学科。因而对规划者要求很高，他们要熟知农业生产、设施，农产品加工、保鲜、运输、物流，以及现代信息、电脑操作等专业技术知识；要了解国家、地方政策，政府组织结构，农业、农村和农民等社会问题；要懂得如何创造经济效益、高效运作等经济和管理问题；要掌握决策理论、系统方法，以及善于思考，并经过一定时期的实际规划工作锻炼，以便为农业园区制定出正确的发展战略和合理的规划。

相对农业规划，我国城市规划工作开展得较早，从事城市规划的工作人员一般来自大专院校的城市规划专业，有一定基础知识。而做农业领域规划的工作者之中，很少人受到过规划，特别是农业方面规划的教育，近年来有些农林院校虽然设立了土地规划、城市规划、园林规划、城镇与区域规划等专业，但距离农业园区规划的要求仍较远。

二、需要立法

目前，我国政府在规划方面制定的法律有《中华人民共和国城市规划法》以及国务院责成有关部门研究起草的《规划编制条例（讨论稿）》。前者是针对大、中、小城市规划制定的法律（大城市指市区和近郊区非农业人口五十万以上，中等城市指市区和近郊区非农业人口二十万以上但不满五十万，小城市即市区和近郊区非农业人口不满二十万）；后者是对县级以上人民政府及其职能部门制定规划应遵循的法规，该规划体系分为国家规划、省级规划、市县级三级规划和总体规划、专项规划、区域规划、城市规划四类。

但针对各种农业园区规划的法律和法规还是空白,从而造成规划中出现违法现象,规划的目的不正确或脱离实际等。另外,园区的运作也缺乏相应的法律,如农业旅游中,主办者的业务范围和职责、旅游者的人身安全保证、食品安全保证等缺乏规范。

三、需要建立标准

(一) 建立园区标准

各种园区建设中,现在只有国家环保总局制定的《国家级生态村创建标准(试行)》,而且是国家级标准。由于我国农村普遍比较落后,应分别制定省、县级生态村创建标准,逐步改善农村状况。其他园区如科技园区、物流园区等尚无标准。由于各种园区的内涵不同,各地区条件差别也很大,制定园区标准的难度较大,但粗框架的要求还是应该有的。

(二) 建立规划师资格标准

规划师是制定规划的主体,规划师的水平决定规划的水平高低。应建立规划师标准,达到规划师资格后才能参与规划。

第四章 农业园区规划的原则与内容

第一节 规划的原则

一、以人为本,构建和谐环境。以公众的利益为本,具有包容性,尊重多元文化的价值观。

二、建设现代可持续发展农业。以科学发展观为指导,以现代生物技术、工业技术与设备为手段,建设可持续发展、科技含量高的农业园区。

三、以集约化、规模化、市场化为目标,将农业园区建成高经济效益的企业。

四、促进当地社会、经济、文化发展,提高生态环境质量。

第二节 规划的内容

农业园区规划目前还没有技术规范,由于园区的多样性(农业科技园、农业观光园、都市农业园等)、科学交叉性较强、规划类别等不同,导致所编制的规划内容五花八门,风格各异。但根据规划的核心不同,可分为两类:第一类规划是以产业为中心。此种规划围绕产业这个核心,展开园区的功能布局、组织结构,并且决定园区的运行模式和运行机制。第二类规划是以土地为核心。就是利用有限的规划能力,抓住核心资源的最优配置这一中心任务,实现规划的科学价值和管理功能。本书所述的园区规划主要是以产业为核心,阐述规划一般涉及的内容。

一、总　论

总论是简要介绍一些项目基本情况、诸如投建者、规划编写单位、规划区基本情况、项目提出的原由、意义、规划区的区位等。

投资建设者可能是个人、集资、外资、公司、政府等几种情况。应将投建者的基本情况加以介绍。还要说明投建的项目是在原项目的基础上扩建，还是新建。

规划编制一般是投建者委托咨询公司、高等院校、科研单位进行编写。双方签订合同。

二、项目背景

项目背景是制定规划的依据，必须进行全面调查和认真分析。项目背景包括政策背景、资源背景、项目同类行业背景、市场背景、社会和经济背景等。

（一）政策背景

国家有关方针、政策是制定规划的指导性文件，规划必须符合国家方针政策的要求。特别要认真学习党中央和国务院各个时期的方针政策，它们是项目建设必须遵循的方向。在项目规划和建设中，也可利用国家对农业的倾斜和扶持政策，促进规划和项目的实施。

1. 中央方针政策

（1）《国民经济和社会发展第十一个五年规划》是我国当前各项工作的总纲领。该规划在建设社会主义新农村一节中所述的推进城乡统筹发展、推进现代农业进展、全面深化农村改革、大力发展农村公共事业和千方百计增加农民收入等五项，是做好农业领域规划必须遵循的方针。在规划中要体现以工促农、以城带乡的长效机制；节约和集约使用土地；培养有文化、懂技术、会经营的新型农民,提高农民整体素质;加快农业科技进步,加强农业设施建设,调整农业生产结构,提高农业综合生产能力;深化农村物流体制改革,积极开拓农村市场;大力普及农村沼气,积极发展适合农村特点的清洁能源;充分挖掘农业内部增收潜力,扩大养殖、园艺等劳动密集型产品和绿色食品的生产等要求。上述五项方针也规定了坚持"多予少取放活"的思想。加大各级政府对农业和农村增加投入的力度,扩大公共财政覆盖农村的范围,继续完善现有农业补贴政策等,大大有利于各种规划的制定和实施。

(2) 2007年中央一号文件《中共中央国务院关于积极发展现代农业、扎实推进社会主义新农村建设的若干意见》,是2004年以来中央连续4年制定的指导"三农"工作的"一号文件"。2007年中央"一号文件"把发展现代农业作为新农村建设的着力点,既体现了扎实推进新农村建设的总体要求,又进一步明确了新农村建设的首要任务。中央确定的发展现代农业的基本思路是:用现代物质条件装备农业,用现代科学技术改造农业,用现代产业体系提升农业,用现代经营形式推进农业,用现代发展理念引领农业,用培养新型农民发展农业,提高农业水利化、机械化和信息化水平,提高土地产出率、资源利用率和农业劳动生产率,提高农业素质、效益和竞争力。

(3) 国家《"十一五"科学技术发展规划(2006—2010年)》(以下简称《规划》)中科学技术支持农业的方针更具体。它的主要任务目标和指导方针是:自主创新,重点跨越,支撑发展,引领未来。围绕《规划》确定的农业领域重点:种质资源发掘、保存和创新与新品种定向培育;畜禽水产健康养殖与疫病防控;农产品精深加工与现代储运;农林生物质综合开发利用;农林生态安全与现代林业;环保型肥料、农药创制和生态农业;多功能农业装备与设施;农业精准作业与信息化;现代奶业和新农村建设等。"十一五"期间,科技部将有关涉及"三农"的工作都整合在星火计划的大旗帜下,包括科技扶贫、科技特派员试点工作、科技富民强县专项行动、科技兴县（市）工作、国家农业科技园区建设、农业科技成果转化资金和新农村建设科技促进行动。这是中央部委中另一个对农村项目的支持。

（4）农业部制定的《优势农产品区域布局规划（2003—2007）》，划定了35个优势区域，处于35个区域内的地方做农业方面的规划时，要以此为基础考虑问题。

此外，国务院、各部，特别是农业部，以及省、市、县各级政府，对农村建设也有许多具体的政策。如《农业部、国家发改委关于下达2006年农村沼气项目中央预算内专项资金》、2006年商务部发布的《农产品出口"十一五"发展规划》等。

2. 地方政策

省、市、县常常还会根据本地区的实际情况制定一些政策，以促进本地区的经济和社会发展。这些政策中会鼓励某些产业的发展，并附带一些优惠政策；限制另一些产业发展，并附有某些惩治措施。

2006年2月北京市农村工作委员会等12个领导单位发布的《关于扶持北京市农业产业化重点龙头企业发展的意见》，是支持农业建设项目的一例。该文件在财政上，对从事种植业、养殖业和农林产品初加工行业重点龙头企业给予一系列支持。例如：对从事农产品加工、再加工的市级重点龙头企业研究开发新产品、新技术、新工艺实际发生的技术开发费，可按规定在缴纳企业所得税前扣除；市级重点龙头企业投资于符合国家产业政策的技术改造项目，其项目所需国产设备投资，经税务机关审核后，可按照有关规定享受抵免企业所得税的政策；对从事农产品种植业和养殖业的市级重点龙头企业，其自产自销的农产品，按规定免征增值税；对从事饲料加工的市级重点龙头企业，向税务机关提出申请，按照饲料企业免征增值税的有关规定办理；市级重点龙头企业引进设备符合国家重点鼓励发展的产业、产品和技术目录的，经国家或市有关部门批准后，免征关税和进口环节增值税；在北京郊区投资的市级重点龙头企业,在原来的基础上扩大规模和提升产品质量进行的技术改造项目,市农委、市财政部门按当年实际固定资产投资额的一定比例给予扶持;市级重点龙头企业农业生产配套设施列入市级财政资金支持范围;各区县担保公司、担保机构,把市级龙头企业作为信用担保体系的重点扶持对象,对农业产业化重点龙头企业开展贷款担保业务;对龙头企业参加境外展览会、质量管理体系、环境管理体系和各类产品的认证,国际市场宣传推介,开拓新兴出口市场,组织培训与研讨会,境外投(议)标等方面的活动,由市商务局运用中小企业国际市场开拓资金立项扶持等。

(二) 同类产业背景

产业背景就是项目主导产业的国内外发展状况和发展趋势。只有搞清楚了产业背景,才能把所规划项目的主导产业定位准确(规模、水平、方向等),才能了解建设项目需要的关键技术以及从何处获得关键技术,了解项目建设中的难点以及解决方案等。

1. 项目主导产业

要明确项目规划的主导产业。如项目主导产业是辣椒产业,就需要明确项目规划的主题是辣椒种植产业,还是加工产业。若是种植产业,要调查清楚世界辣椒主产国家的种植量、种植品种、种植规模、产品质量,本地辣椒的优势和劣势等。若是加工产业,要调查清楚国内外有哪些知名辣椒加工企业及其运作模式,加工产品的品种、加工规模、加工工艺、产品质量、产品包装、加工能耗、加工废弃物综合利用状况,我国辣椒加工业与国外的差距,辣椒加工业发展趋势等。

2. 产业运作模式

企业经营运作模式是产业能否顺利运转并产生效益的重要因素。如雪龙产业集团饲养肉牛是采取公司加农户的运作方式,集团与农户签订犊牛繁育及回收合同。农户繁殖、饲养"订单牛",养到6个月时出售给公司。农户每繁殖、饲养一头"订单牛",可比繁育其他品种犊牛增收数百元,因此保证了雪龙产业集团牛源的数量和质量。在产品方面,雪龙产业集团生产高端牛肉产品,率先引进国外肉牛优良品种,进行科学繁育和研究,采用胚胎移植、性控、超数排卵、试管牛生产等高科技含量的作业方式,成功开发和培育出极具特色的"雪龙黑牛",可以与日本"顶级牛肉"相媲美,市场价值非常高,目前国内市场价最高可达到2 000元/公斤。

美国加利福尼亚蓝钻石杏仁种植者协会,是农户于1910年自己成立的公司,是世界上最大的坚果生产、加工、经销公司,现有加利福尼亚杏仁原料种植者成员3 000余名。它的产品销往美国50个州和90多个国家,是美国第六大食品出口者,每年销售额超过10亿美元。蓝钻石杏仁种植者协会成立初期是为了保护自己的销售价格,1929年建造了五层楼的加工厂,有脱壳、分级设备,并开发了各种杏仁休闲食品。20世纪50年代建了水泥仓、冷库和自动装置。1960年安装了电子分选设备,扩大了煮制、包装设备。1955年在加拿大、墨西哥、南美、欧洲和亚洲设立代销机构,以后,产品又进入航空食品。现在,蓝钻石杏仁种植者协会在加州省会有20座大楼,用于管理部门、研究部门、销售部门、加工厂和贮存仓库以及参观者中心和种植者商店,繁忙季节有1 500名雇员。该协会在杏树品种选择、种植技术、保证品质等方面对农户进行指导,并负责收购、加工、销售、新产品开发等一系列工作,所以整个产业各个环节运作协调,不断创新,市场竞争力强。

3. 产业竞争状况

项目主导产业当前国内外竞争状况是项目决策中的重要依据,企业之间的竞争是很自然的事情,但要调查、分析清楚企业之间的竞争是正当竞争还是恶性竞争、竞争的特点,特别是主导市场的各大企业的营销特点。

(1) 区分正当竞争和恶性竞争 首先要分析产业竞争是正当竞争还是恶性竞争。正当竞争可分成两类:一类是通过降低产品成本、增加产品种类、改善售后服务等手段,在市场获得优势,走的是一条低成本扩张的路子;另一类是通过歧异性、差异性竞争手段,就是通过向客户提供独特而优异的使用价值,包括产品的优异性能、可靠性和满意的服务等在市场获得优势。恶性竞争是把竞争对手视为敌人,违背市场经济规律和国家有关市场竞争的法律、法规,以抢占市场为目的,将产品以低于成本的价格进行倾销,竞相探价,互相残杀,进行不规范、无秩序的市场竞争。恶性竞争常常在某一个领域进行经常性的、针锋相对的交锋,导致企业的不稳定性,一些突然袭击使同行企业防不胜防,使它们不得不腾出手来疲于应付,常常导致它们放弃原来的长期发展战略,从而严重影响整个产业成长、发展。恶性竞争使企业的利润下降,必然会影响到企业进行生产创新、营销创新和开发研究创新所需要的资金支持。恶性竞争影响产业结构的升级,在竞争的空间和层次以自我为中心,以眼前的短期暴利为追逐对象。当出现恶性竞争的时候,企业为了扩大市场规模,抢占市场份额,增加本企业的利润,造成产业结构混乱,市场经营秩序失调。恶性竞争影响社会的稳定和发展。

(2) 产业竞争实例分析　现以葡萄酒产业为例,分析该产业发展状况、各大企业运营特点、国外同类产业可能带来的冲击。

第一,国内葡萄酒发展状况。近年来,我国葡萄酒工业发展迅速,全国第五次工业普查结果显示,1995 年底我国共有葡萄酒企业 240 多家,2006 年约有葡萄酒厂 500 家左右。从 1996 年至 2004 年,中国葡萄酒的产量从 17 万吨增长到 40 万吨,年复合增长率为 11.3%。目前,中国的葡萄酒消费量仅占国内酒类年消费总量的 1%,人均每年消费大约 400 毫升,仅为世界水平的 6%。所以中国的葡萄酒市场存在巨大的发展空间。2005 年中国葡萄酒总产量达到约 43 万吨,同比增长 25.4%。若以 15% 增长速度预测,2010 年葡萄酒产量将达到 80 万吨。现在,大部分葡萄酒企业都已建立了原料供应保障体系,葡萄原料已向区域化、基地化、良种化、规范化的模式发展,如全国正在形成吉林通化、甘肃武威、宁夏银川、新疆吐鲁番石河子等葡萄栽培区域。国际著名酿酒葡萄品种,如赤霞珠、品丽珠、梅鹿辄、霞多丽、雷司令、贵人香等已占我国酿酒葡萄栽培面积的80%以上。我国葡萄酒工业的技术装备以及产品研发水平已经逐步与国际接轨。国内主要葡萄酒厂的酿酒设备,如葡萄破碎、榨汁机、过滤机、全自动葡萄酒灌装机等,大部分都是从国外引进的。中国消费葡萄酒日趋高端化,正逐渐成为全球葡萄酒市场新的发展战略重心。

第二,国内葡萄酒行业竞争特点。目前葡萄酒行业结构特点是小企业多、生产分散。年产量在1 000吨以下的占70%左右,1 000~5 000吨的企业约占20%,5 000吨以上的企业只有10%。年产量超过万吨的企业只有王朝、张裕、长城、威龙、华夏、丰收、通化等7家。半汁酒的强行退市,新国标的出台执行,葡萄酒业的资本密集性(种植基地建设是以土地资源密集和劳动密集为特征,产1万吨葡萄酒,约需要467公顷土地和700余种植者,万吨葡萄酒加工厂的投资要超过亿元),这将把一大批小企业淘汰出局,使我国葡萄酒产业结构合理化。现在,国内葡萄酒一半以上的市场被长城、张裕、王朝三大品牌所占有。

烟台张裕集团有限公司的前身是"张裕酿酒公司"。1892年,由我国近代著名爱国华侨实业家张弼士投资300万两白银创办,是中国第一个工业化生产葡萄酒的厂家。经过110多年的发展,张裕已成为中国乃至亚洲最大的葡萄酒生产经营企业,是国内同行业中唯一同时发行A、B两种股票的上市公司。到2005年末,张裕集团总资产为28.3亿元,销售收入为30.8亿元。公司年生产能力10万吨,主要产品为葡萄酒、白兰地、香槟酒、保健酒四大系列。张裕公司生产的葡萄酒曾荣获16枚国际金银奖和20项国家金银奖,鉴于张裕公司对国际葡萄酒事业的杰出贡献,1987年国际葡萄·葡萄酒局正式命名烟台市为"国际葡萄·葡萄酒城",这是亚洲第一个国际葡萄酒城。

中法合资王朝葡萄酿酒有限公司始建于1980年,合资的外方为著名的法国人头马集团亚太有限公司。公司建有国际酿酒名种葡萄原料种植基地2 000多公顷,具有国际一流的葡萄酒生产设备和工艺,现生产三大系列90多个具有欧洲风格的葡萄酒品种,每年生产能力为5万吨,公司的地下酒窖占地5 000平方米。王朝葡萄酒曾先后荣获14枚国际金奖,8枚国家级金奖,被布鲁塞尔国际评酒会授予国际最高质量奖。农业部将王朝葡萄酒认定为绿色食品。另外,王朝葡萄酒被指定为国宴用酒,供应231个我国驻外使领馆。王朝葡萄酒远销美国、加拿大、英国、法国、日本、澳大利亚等20多个国家和地区。王朝公司正在进行大规模的国内外葡萄酒企业的收购计划,并加速对外扩张,如2006年完成对澳大利亚一家大型葡萄酒厂的股份收购。到2010年,王朝的原料基地将达到13 333公顷,高档葡萄酒将由现在的2 000吨增加到2 500~10 000吨,将进一步巩固在国内中高档葡萄酒的地位。

  创建于1983年的中国长城葡萄酒有限公司,地处河北省沙城,是国内第一家干白葡萄酒专业生产企业。长城庄园建于1979年,是集基地建设、葡萄栽培、科学研究、产品开发、规模生产于一体的葡萄酒庄园,同时也是中国长城最高档酒的研发、生产基地。75公顷的葡萄种植园,栽培着十几种树龄已达25年的国际名种酿酒葡萄。1992年引进国际上一流的前处理设备、速冻设备、膜过滤及酒泥处理设备。1995年和1996年引进国际最先进的自动化无菌生产线、法国全自动2 500升的壶式蒸馏器和法、德、美等国家的优质橡木桶。在国内首家采用AOS120型国际最先进的全自动制冷系统。现在,长城公司已形成5万吨的年综合生产能力,国内市场占有率达19.74%。

  建于1988年的中粮华夏长城葡萄酒有限公司,坐落在中国第一个葡萄酒原产地域保护区——河北昌黎,是专业生产干红葡萄酒的合资型企业。华夏引进国际酿酒葡萄名种,成功探索出"原料基地化、基地良种化、良种区域化"的科学种植模式,建成了667公顷华夏优质酿酒葡萄基地"华夏葡萄园"。先后从德、法、意、美引进国际先进酿酒设备,连续五期投资建成了亚洲最大的山体地下陈酿酒窖。华夏拥有大专以上学历的专业技术人员占全体职员的76%,创建了"中国农业大学葡萄酒科技发展中心",先后与江南大学、西北农林科技大学、中国农业大学联合完成了众多国家级重大酿酒科研项目。十几年来,由于产品在国内、国际两个市场的强势品牌地位,使企业很快步入了超常规发展轨道。总资产由初期的700万元增长到现在的5.51亿元,年产量由初期的1 000吨增长到现在的3.5万多吨。企业荣获"国家第一批科技创新型星火龙头企业"和"农业产业化十强龙头企业"称号。

了解以上国内葡萄酒大企业的状况后,对规划新葡萄酒产业的定位、规模确定、发展方向等有重要的参考价值。

第三,国外葡萄酒的中国市场竞争状况。国外葡萄酒在中国市场竞争优势为:良好的国家品牌以及优秀的产品质量。中国关税的降低为他们进军中国市场提供畅通渠道。根据中国食品产业网2006年2月13日报道:从2005年1月1日起,我国已经开始下调葡萄酒进口关税,进口瓶装葡萄酒关税由43%降到14%,进口散装葡萄酒关税由43%下降到20%;2006年7月1日起,葡萄酒实施新的《消费税管理办法(试行)》,进口葡萄酒消费税可用进口环节已纳的消费税抵减,进一步降低了成本;中国葡萄酒市场近几年一直在以超过10%的速度增长;中国葡萄酒高中低产品市场份额将呈现5:4:1的格局,而中高端产品恰恰是国外葡萄酒在中国市场的主要形式(高端市场利润率高达30%~50%)。这些因素加大了国外葡萄酒进入我国市场的速度。据海关数据显示:2005年1~9月,厦门关区进口葡萄酒12.6万升,价值37万美元,同比增长48.9%和68.2%;2005年1~10月,广东口岸进口葡萄酒182.9万升,价值561.2万美元,同比增长48.6%和51.3%。目前国内市场上,国产和进口葡萄酒的占有率之比大约为8:2。进入中国市场的法国、意大利、德国、美国、澳大利亚等国外葡萄酒,在消费者心目中普遍具有良好的国家品牌形象。据代理300多种进口葡萄酒的美国名特公司北京代表处有关负责人介绍,近年来,进口葡萄酒市场销售量年增长率维持在30%~45%。国外葡萄酒产品对葡萄酒生产工艺的严格控制,以及上游资源酿酒葡萄园的理性培育,造就出具有卓越产品质量的优质葡萄酒。从国际市场来看,葡萄酒是一种过剩产品,自1980年起,世界葡萄酒消费量总体一直呈下降趋势。这个因素又促进外国葡萄酒企业到其他国家找出路。

国外葡萄酒在中国市场竞争劣势:虽然葡萄酒进口国拥有较好的国家品牌形象,但来自每个国家的葡萄酒品牌纷繁复杂,单个品牌在整体销量中占据不了主导地位。市场推广的支持乏力、进入中国市场的诸多障碍等,使不少的国外葡萄酒企业采取与中方合资的方式进入市场,但中外股东对中国葡萄酒市场的发展趋势及营销策略存在很大差异,最终还是分道扬镳。如联合多美从青岛华东葡萄酒有限公司撤资,法国保乐力加集团分别从北京保乐力加葡萄酒公司和北京龙徽酿酒有限公司撤资。

面对这种形势,以美国、澳大利亚为首的葡萄酒新世界国家在调整战略,不断扩大全球市场份额;以法国为首的葡萄酒旧世界国家,为了重新确立霸主地位,近期在尝试创新。

(三) 资源背景

1. 调研资源的意义

资源背景是指和项目主题有关的当地资源状况,如土地资源、文化资源、人力资源、农牧业资源(粮食、水果、蔬菜、草地、畜牧养殖、水产等)、矿产、水、电、交通、自然状况(雨水、光照、气温、风雪等状况)等。它们是确定建设项目主题、项目如何运作以及项目规模的重要依据。

如农业部编制的《优势农产品区域布局规划(2003—2007)》,重点建设黄淮海、长江下游和大兴安岭沿麓等3个专用小麦带。黄淮海优质强筋小麦带主要布局在河北、山东、河南、陕西、山西、江苏、安徽等7个省的39个地市82个县市;长江下游优质弱筋小麦带主要布局在江苏、安徽、河南、湖北等4个省的10个地市20个县市;大兴安岭沿麓优质强筋小麦带主要布局在黑龙江、内蒙古等2个省区的3个地市11个县(农场)及黑龙江垦区2个管理局。重点建设东北高油大豆带,主要抓好松嫩平原、三江平原、吉林中部、辽河平原、内蒙古东四盟市等5个优势产区,就是根据对这些地区自然状况充分调查、研究后确定的。

2. 人力资源

丰富的人力资源是项目的保证,自主创新,必须依靠人才,特别是经济全球化的今天更是如此。一方面,充足、廉价的劳动力,可提高经济效益;另一方面,谁拥有高智慧、一流的技术人才资源、注重人才资源的开发与管理,并将他们放在整个发展战略中理性地加以对待,谁就一定能取得更快发展。一个国家是这样,一个地区、一个企业也是这样,这是不争的事实。重视人才资源、构筑人才高地、抢占人才制高点,是保持不走下坡路、将事情做大做强的保证。区域性核心力的竞争将转化为核心人才的竞争。

3. 项目主导产业资源

要特别对项目主导产业原料资源进行细致调查、分析。如项目主题是规划水果产业,就要把世界各主产国和当地水果资源调查清楚。图4-1是我国近年来水果总资源(种植面积和产量)的一部分资料。根据项目不同,可能需要调查某类水果资源,如苹果,或某种品种水果资源,如富士苹果状况。

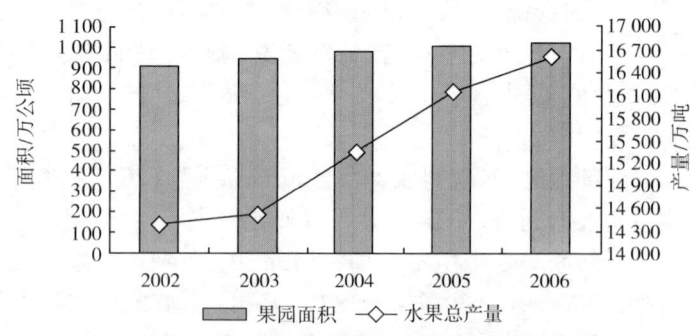

图4-1 2002—2006年我国水果产量和果园面积

(资料来源:农业部中国农业信息网)

在中国西北部干旱区,有适应当地的、丰富多样的盐生植物。盐生植物是指在高含盐的环境中生长的植物。盐生植物不仅本身具有一定的经济价值,而且可以改良盐碱地,在盐碱土上形成良性循环。我国现有盐生维管植物共 423 种,分属 66 科 199 属,占世界盐生植物总数的 27% 左右。在西北干旱荒漠区植物区系中共有维管植物 82 科 484 属 1 704 种,其中包含有 208 种盐生植物,分属于 31 科 90 属,占西北干旱荒漠区植物总数的 12%,占我国盐生植物总数的 49%,具有丰富的盐生植物多样性。这些盐生植物中有药用盐生植物资源,如肉苁蓉、枸杞、柽柳等;食品用盐生植物,如骆驼刺、沙枣等。盐生植物的果实、种子、叶片、块根或者块茎内含有丰富的营养成分,如碳水化合物(淀粉、糖类)、蛋白质、油脂、维生素等。有些盐生植物还可提取芳香油等食品添加剂。还有饲料用盐生植物,如滨藜属、雾冰藜属、藜属、地肤属等;工业用盐生植物,如胡杨、盐爪爪、盐穗木、盐节木等。掌握了西北地区这些丰富的资源,就可有的放矢地开发畜牧业、饲料加工业、食品加工业、造纸业等,将贫困、干旱的大西北改造为富裕之国。

我国非物质文化遗产资源极为丰富,有着鲜明的民族和区域特征,把非物质文化遗产推向市场,使之形成文化品牌,成为一种新兴文化产业,既是保护非物质文化遗产的一种有效方式,又是带动地方经济发展的一条重要途径。陕西省户县农民画即为一例。户县农民画起源于 1958 年,是文化部最早命名的中国现代民间绘画之乡。经过四十余年的创作、发展,户县农民画成果丰硕,该县农民画作者已扩展到 2 100 多人,骨干作者 400 余名。这些土生土长的农民画家中有中国美术家协会会员 3 人,省级美术家协会会员 65 人,中国农民画研究会会员 30 余人,被编入中国现代美术家名录 645 人,已被评为省级美术家 8 人,民间美术师 4 人,全国政协委员 1 人,省人大代表 2 人,市党代表 2 人,市政协委员 2 人。农民画家中先后有 10 人代表户县农民画艺术群体出国访问和讲学。40 余年来,累计创作作品 32 000 余件,其中 400 余件在国家级刊物发表,530余件在国内各大美术展览中获奖,4 300余件应邀在53个国家和地区展出。在做户县规划时,应根据县域经济这一特点,发挥比较优势,以农民画为切入点,把农民画与农工贸旅游相结合,对于促进户县全方位发展,壮大县域经济,提升县域经济竞争力有着重大的现实意义。

4. 基础资源

基础资源是为项目主导产业服务的,如水、交通等。

(1)水资源 水是人类生命、生活、生产不可缺少的重要资源,但我国是个严重缺水的国家,在做规划时必须重视节约用水问题。我国水资源人均占有量很低,多年平均年降水量约6万亿立方米,除去土壤蒸发和植物散发量,约有2.8万亿立方米形成地表水和地下水。这一总量低于巴西、俄罗斯、加拿大、美国和印度尼西亚,居世界第六位。按照2004年人口计算,我国人均水资源占有量不足世界平均水平的1/3。另外,受季风的影响,我国降水时间分配上呈现明显的雨热同期,基本上是夏秋多、冬春少,容易形成春旱夏涝。我国水资源空间分布不均,南方多、北方少,东部多、西部少,山区多、平原少。受全球性气候变化等影响,近年来我国部分地区降水发生变化,北方地区水资源明显减少。20年来,全国地表水资源量和水资源总量变化不大,但南方地区河川径流量和水资源总量有所增加,而北方地区水资源量明显减少。

我国年总用水量1949年为1 030亿立方米,1980年为4 437亿立方米,2004年增长到5 548亿立方米。工业用水从1980年的457亿立方米增加到2004年的1 229亿立方米,增加了1.7倍。城镇生活用水从1980年的68亿立方米,提高到2004年的361亿立方米,增加了4倍多。我国农业用水在经过了大规模的增长后,基本上维持在4 000多亿立方米的用水规模,占总用水量的比重由1980年的85%下降到2004年的65%。按目前正常需要和不超采地下水计算,正常年份全国缺水量约400亿立方米,"十五"期间,农田受旱灾面积年均3.85亿亩,平均每年因旱减产粮食350亿公斤。全国有

400余座城市供水不足,比较严重缺水的有110座。

根据以上我国水资源情况,在规划项目用水的时候,一定要采取节约用水措施,改变粗放利用水资源方式,减少浪费水源,提高农业用水效率。目前,我国平均单方灌溉水粮食产量约为1公斤,农业节水灌溉面积占有效灌溉面积的35%,灌溉水有效利用系数仅为0.45左右。而世界上先进国家(如以色列)平均单方灌溉水粮食产量达到2.5~3.0公斤,一些发达国家节水灌溉面积比例都达到了80%以上。以色列的灌溉面积全部采用微灌和喷灌,灌溉水有效利用系数在0.7~0.8。我国工业水重复利用和再生利用程度较低,用水工艺比较落后,用水效率较低。2004年我国万元GDP用水量为399立方米,约为世界平均水平的4倍,是美国等先进国家的8倍。

此外,要保证水质。我国江河湖水污染较严重,现在全国农村有3.2亿人饮用不安全水。规划时,应采取措施,对水进行净化。如国家已启动的《2005—2006年农村饮水安全应急工程建设规划》,特别优先解决了重度氟砷超标水、重度苦咸水和血吸虫疫区饮水安全问题及局部地区严重缺水问题。"十一五"期间,我国将解决1亿农村人口饮水安全问题,全面提高农民的生活质量和健康水平。

(2)交通 交通(公路、铁路、民航、河运等)常常是限制项目开发的另一个因素。交通不便,产品难以向外运送,和外界交流不便,引进技术、人才、外资也较困难。例如内蒙古通辽市的交通十分方便:通辽站是全国40个铁路重点枢纽和14个编组大站之一,有6条铁路线纵贯全境;公路方面,国道111线、304线、省道302线从开发区穿过;民航方面,新扩建的通辽机场可起降大型客机,通辽—北京班机每周三班往返。这种交通条件是通辽开发区迅速发展的重要因素之一。2000年通辽经济技术开发区正式启动后,在短短的5年里,就有蒙牛乳业、蒙鹅鹅业、至卓飞高线路板、大唐华辰蛋粉、兴雅集团、通辽金锣食品公司、鑫元轻钢彩板、麦饭石加工等 14 家企业入驻。

在规划项目交通设施时，应以最小成本、最少时间与最短距离来改变空间区位，最大限度地提高物资及人员的空间流动效率，形成最有效的物流及客流聚集地，产生最大化的经济聚集效益。

（四）市场背景

市场背景就是对国内外市场现状与前景进行调研、分析。市场状况常常是决定项目能否建设的另一个重要因素，是企业生存和发展第一需要，也是项目选择方向的重要前提。市场调研融合了统计学、社会学、心理学、运筹学等多学科的理论与方法。发达国家已经历了几十年发展过程，现在美国所有大公司的市场调研费约占销售额的3.5%左右。现在，我国仍有不少企业家对市场调研缺乏科学理念，在企业预算中有数十万、甚至上百万的交际费，却没有或列入很少市场调研项目和调研经费。他们缺乏对市场调研意义的认识。

1. 市场调研的意义

（1）了解消费者对商品或服务评价的最直接、最有效途径　只有通过直接的市场调研，才能获得全面、可靠、真实的消费信息，了解消费者对现有商品、服务的满意程度，从中分析市场可能的趋势及消费者潜在的购买动机和需求，为产品的改进、研发指明方向，为企业发展提供新的契机。

（2）项目或企业进行决策的基础　使企业能够了解目标市场行情，把握市场动向，避免犯下诸如市场定位错误或销售渠道选择错误、定价不符合实际、广告诉求错误等营销策略错误。为企业的正常运营节省资源，提高资源配制效率。

（3）增强企业知名度和竞争力　通过公开的、大规模的市场调研可以在某种程度上加深消费者对企业的印象，提高企业声誉。还可以在缩短企业与消费者的心理距离的同时，了解消费者对竞争对手产品的态度，进而确定本企业在同行业竞争中的优劣势，有益于扬长避短，增强比较优势。

2. 市场调研的方式

(1) 委托他人调研　可委托调查公司调查,或组织专业学生进行业余调研。

市场调研作为一种产业在 20 世纪 80 年代中期引进中国,但市场调研业真正走向市场并向产业方向发展,是近几年伴随市场经济的发展,以及中国入世,企业面临日益激烈的竞争,需要及时掌握信息资源和商业情报而发展起来的。如麦氏公司在进入中国之前,是委托广州市场研究公司对中国市场咖啡产品的需求进行调研。调研报告指出,中国人喜爱现冲即饮的热咖啡,并拌有糖和奶,于是麦氏公司开发了一种适合中国人口味的三合一速溶咖啡,从而打开了在中国的市场。

委托他人进行市场调研比较省事,调研公司工作熟练,容易达到自己的要求,但花费较高,不能通过市场调研培养自己的人才。

(2) 购买调研报告成品　现在国内外有些咨询公司或调研公司,不时地专门对某些专题进行市场调研并写出调研报告,进行出售。如辣椒碱市场调研报告、华北华中地区食用植物油消费市场研究、大豆磷脂保健(功能)食品消费市场调研、中国酒类行业发展研究年度报告、中国啤酒行业研究咨询报告等。

购买现成市场调研报告比较快捷,比请调研公司进行调研的花费少。规模不大的企业可选用这种方式。但要对这些报告的可靠性进行分析,有时还需要自己补充调查。

(3) 自行调研　较大的企业应该成立自己的市场调研部门,并规划调研项目和调研费,成为企业的日常工作,如美国 73% 的企业设有市场调研部门。这样可不断积累资料和经验,能更好更及时地为企业服务。

如果企业没有能力独立或全部完成市场调研工作,可聘请专家、教授协助进行。

3. 市场调研的方法

(1) 调研前准备　首先,确定调研目标,把需要调研的核心问题搞清楚。

第二,制定调研方案。以能在最短的时间内,投入最少的人力,达到全部调研目标。市场调研内容是对规划项目主题的国内外市场进行全面分析,包括主产国国内和国外销售价格(批发价和零售价)、销售量历史变迁和当前状况,市场需要的产品品种、级别(粗制品还是精制品,精制品等级等)、各国产品质量状况、产品流通渠道、市场发展方向等。对市场全面分析后,应总结出发展规律,制定出本项目产品的开发战略。

第三,组织调查人力。项目调研组组长要由有经验和组织能力的人员担任。

第四,确定工作进度。按时、有序地开展工作。

第五,经费预算。经费包括:参与人员工资,差旅费,调查费,咨询费,问卷、报告制作费,交际费和杂费等。

(2) 调研步骤 首先进行文献检索。文献检索是市场调研的基础,从文献中可全面了解规划项目产品的国内外市场当前状况和发展趋势。在网络极其发达的今天,从网络上可下载国内外许多最新资料。但网上常常阅读不到文献的全文,如年鉴、正式出版的书籍或刊物、会议报告和文集等。这时就需要到图书馆、资料室或信息中心查阅。

第二,实况调研。网络查到的资料是他人所写,由于地区、时间、观点的不同,这些资料往往有不准确的地方或不适合本地区,有些甚至完全错误以致不能完全采用。另外,网络资料也不能完全满足所规划项目调研的需求,因此还必须亲自进行实况调研。实况调查是第一手资料,新鲜、生动。市场实况调查的内容要针对项目核心问题,对文献检索的资料中的可疑问题、缺少的内容,要进行核实和补充。实况调查方式包括:专家咨询、问卷调查(邮寄、网上、现场)、开座谈会、销售地现场调查和电话访问等。

市场销售价格最好用曲线图表示,如图 4-2 和图 4-3 所示。这样比较直观。

图 4-2 2003 年以来我国鸡蛋价格变化曲线(零售价)

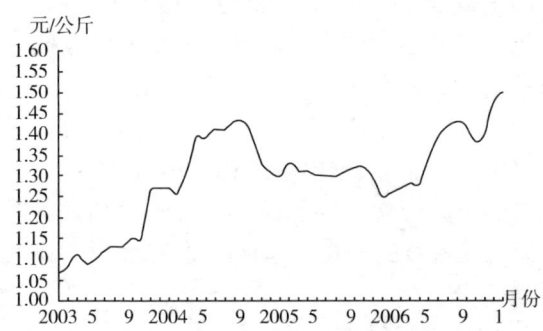

图 4-3 2003 年以来我国玉米价格变化曲线(零售价)

(以上曲线图来自农业部中国农业信息网)

4. 调研报告

市场调查后,会得到许多原始资料和数据,对这些资料和数据要进行分析,去伪存真,找出规律性事件、发展方向,得出自己的结论。报告观点要明确,冇文字阐述,也要有图表说明。现将中国农业大学北京市富通环境工程公司为内蒙古乌海市海勃湾区高效农业园区、岱山林牧业有限公司农业科技园所做的《5 万头肉牛屠宰加工项目可行性研究报告》中的市场调研报告摘录如下,以作示范。

前言:

"从世界肉类生产上看,牛肉占有举足轻重的地位。牛肉产量占世界肉类生产总量的1/4。从肉类消费结构观察,发达国家以牛肉消费为主。我国肉类人均占有量已超过世界平均水平,然而,在肉类结构中,猪肉、禽肉、牛肉、羊肉、杂畜肉的比重依次为65∶19∶9∶5∶2,而世界平均水平分别为40∶30∶24∶5∶1。从城乡消费水平比较、畜产品消费结构和动态发展来看,随着社会的发展和人民生活水平的日益提高,牛肉的消费量必将逐步增长。而且,我国居民的饮食结构向着科学化、营养化、保健化的方向发展,越来越多的消费者对膳食结构有了新的要求,加之人口数量的不断增长,各种档次的牛肉需求量也越来越大,价格也呈逐年上涨的趋势。因此,中国肉类市场蕴藏着巨大的潜力。国内很多地区也把牛肉加工业作为当地农业产业结构调整的重点和提高农业综合效益的亮点。可以看出,这是一个广阔的极具潜力的牛肉市场,因此,抓住机遇建立肉牛饲养屠宰加工企业,推出中高档牛肉进入市场,充分利用内蒙古地区丰富的草原资源,发展乌海地区肉牛业,对实现草原畜牧业的可持续发展及农牧民增收均具有重要理论意义和现实意义。"

市场调查部分:

"2.1 国内外市场供应现状

2.1.1 国内牛肉产量现状(附表1个)

2.1.2 国外牛肉产量现状(附图1个)

2.1.3 世界主要国家的牛肉出口情况(附图1个)

2.2 国内外市场需求分析

2.2.1 世界主要国家的牛肉进口现状(附图2个)

2.2.2 国内牛肉需求分析(附图2个)

2.3 中国主要牛产品出口国家和地区及出口量概况(附表1个)"

结论(本项目面向的市场方向):

"2.4 目标市场分析

通过借鉴国外肉牛产业发展历程,分析国内外牛肉消费结构变化趋势,研究国内、内蒙古、乌海市牛肉市场供求状况,遵循肉牛产业的发展规律,本项目的牛肉产品定位在中高端市场。由于我国牛肉产品等级与国外差异较大,出口利润偏低,加之国际市场对牛肉产品的配额限制,我国出口市场份额偏小。因此,本项目的主要市场定位于国内市场,但考虑到今后企业的市场发展,在屠宰加工场建设时建议选取世界先进水平的牛肉加工生产线,建立与国际接轨的屠宰检测系统,确保生产出的产品"绿色、高档、优质",为今后开拓国际市场打下基础。

对国内市场则根据不同消费需求,开拓有特色的牛肉产品,实施品牌战略,扩大中高档牛肉市场占有率和销售额。2007—2010年,以中档牛肉为主导产品,中偏低档牛肉产品占**%[①],中档牛肉产品占**%;2010—2015年,以中高档牛肉为主导产品,适当发展熟食加工肉制品,中高档牛肉产品占**%,高档牛肉产品占**%;2015年以后,高档与中高档牛肉产品比重各占**%。由于目前国内外的牛肉分级方法和标准存在较大差异,所以,本项目的高档牛肉是指内蒙古乌海岱山林牧业有限公司的"品牌"牛(经专门培育的****牛、***牛、***牛三元杂交牛,屠宰活重***公斤以上)以及普通肉牛分割的特殊部位的部位肉,主要是里脊、外脊、眼肉、上脑等优质部位肉。

国内市场分为:高档牛肉市场,主要面向北京、上海、天津等大城市以及港澳地区高级韩、日、西餐厅和高级宾馆饭店等,其主要消费群体是城市高收入、并且对牛肉品质认知程度很高并偏好高档牛肉的消费者;中档牛肉市场,面向内蒙古、陕西、宁夏大中城市的宾馆、酒店、商场、超市以及学校等团体单位,其主要消费群体为中高收入、并且对牛肉品质有所认知的消费者;普通牛肉市场,主要是乌海当地及周边500公里以内的农贸市场、批发/零售食品店以及各类肉食加工企业,满足中低收入消费者的需求。

---

① *代表数据,此处不宜公开,下同。

针对以上目标市场采取多种渠道进行销售。一是以项目所在蒙、陕、宁三角经济区为主体,建立营销体系,向国内市场发货和接受订单,积极开拓国内市场;二是与各大中城市相关机构,如大型餐饮企业、高档酒店和宾馆、肉制品加工企业建立牛肉"产销直挂"网点;三是学习国内、国际同行企业的成功经验,采取相互参股、签订战略联盟协议的方式,积极同大中城市的大型超市等国内外大型连锁超市、连锁集团建立战略合作关系。

项目将采取辐射区域市场的经营开发策略来开拓市场,其中一期工程覆盖乌海市以及蒙、陕、宁经济三角区以及北京、天津、辽宁、吉林、河北等地。2010年拓展到全国,以及东南亚、中东国家牛肉产品市场。"

对国内外牛肉销售价格的调查:

"2.5　价格现状与预测

2.5.1　国外市场牛肉销售价格(附表1个)

2.5.2　国内市场牛肉销售价格(附图2个,表2个)"

对本项目牛肉产品的长厂销售价格作了预估:

"本项目的特级品牌牛肉按＊＊＊元/公斤、品牌牛肉按＊＊＊元/公斤、高档牛肉按＊＊元/公斤、中档牛肉按＊＊元/公斤、普通牛肉按＊＊元/公斤的销售价格进行技术经济分析。"

(五) 社会、经济背景

这部分主要叙述项目所在地的政府部门、各种社会组织、机构情况,环境污染状况,政府财政收入、居民年平均收入等情况。掌握当地社会和经济状况后,要分析哪些是可利用的资源,哪些是不利的、需要进行投入改造的对象。

(六) 规范、标准

从开始做项目规划起,就要收集一系列的国内外各种规范与标准。只有严格按规范和标准去做,才能使项目顺利、快速进行,才能使最终产品达到高水平和高质量。

规划方面,如《国务院关于加强城乡规划监督管理的通知》

(国发[2002]13号),国务院九部门《关于贯彻落实〈国务院关于加强城乡规划监督管理的通知〉的通知》(建规[2002]204号),2003年中华人民共和国建设部公布的《关于加强省域城镇体系规划实施的通知》等。

农业种植方面规范,我国有无公害、绿色、有机作物种植、管理规范。农产品加工方面规范,有GMP、ISO、HACCP等生产管理规范。

产品标准方面,农产品和食品有行业标准(农业部等各个部颁布的标准)、国家标准、国际标准(如联合国下属的食品法典委员会的标准、ISO标准等)。包装方面,如国家食品标签通用标准等。

三、规　　划

(一) 总体规划

总体规划包括:规划的发展战略(概念规划),项目欲达到的目标,总平面布置(各小区或功能区位置、道路、水电、气、景观、绿地等安排),环境保护措施等。

1. 做好概念规划

总体规划中,首先要把概念规划做好。无论纯粹的概念规划或一般的规划,都含有概念规划的内容。概念规划重点是把发展战略思想阐述清楚、明确。文字往往比较概要、简练,使读者阅读后能立即抓住规划的主导思想、目标和创新点。一般的规划也要首先做好概念规划。如中国农业大学富通环境工程公司所做的内蒙古乌海市岱山林牧业有限公司农业科技园规划中的《肉牛产业园区发展战略》。

对于大项目的规划,总体规划和分项规划中都会含有概念规划内容。如前所述的《优势农产品区域布局规划(2003—2007》的基本思路属于总体概念规划;而在专用小麦、专用玉米、高油大豆、棉花、双低油菜、双高甘蔗、柑橘、苹果、牛奶、牛羊肉和水产品等11种优势农产品的分项规划中的主攻方向,则属子项目概念规划(即所谓的"一种优势农产品制定一个战略")。如高油大豆主攻方向是"以提高油大豆单产和含油率为重点,努力降低成本,提高生产能力和经济效益,增强市场竞争力,尽快抢占国内增量市场,替代部分进口。加快选育高油大豆优良品种,推进专用品种种植,实行高产模式栽培,推行深耕深松技术和玉米、大豆轮作制度,实行专收、专储,做好产销衔接"。

2. 抓好主导产业规划

一个项目中,可能有几个子项目(产业),首先将其中的主导产业规划做好。主导产业是核心,主导产业的有关问题确定之后,其他产业才能确定。如在对内蒙古乌海市岱山林牧业有限公司农业科技园的规划中,主导产业是肉牛产业,首先是把肉牛产业园区规划好。而肉牛产业园区中,肉牛屠宰项目又是其中的核心,只有屠宰企业的一系列问题确定了,牧草种植、饲料加工、肉牛繁殖和饲养等其他为屠宰企业服务的项目才能确定。

3. 做好平面布置图

主导产业项目和其他子项目的规模、占有空间确定之后,画在平面图上。

(二) 功能区规划(详细规划)

一个大项目可能包含若干个子项目以及相关的辅助项目,子项目可能是一项产业。这些项目要分别予以规划或设计,每个子项目会占据一定的空间。根据项目内容的不同,子项目可能牵涉到工程规划(生产品种、规模、种植或加工工艺、设备选型、厂房、道路、供电、供水、供汽设计以及有关的计算和绘图)、技术培训与科研推广规划、市场信息体系建设规划等。

如中国农业大学富通环境工程公司所做的内蒙古乌海市岱山林牧业有限公司农业科技园规划,包括:《肉牛养殖工程规划》、《5万头肉牛屠宰加工项目可行性研究》、《产业信息化项目规划》《肉苁蓉种植规划》《千里山镇农业综合开发项目土地整理可行性研究报告》等五个子项目,都分别进行了详细规划。

（三）总投资与资金筹措

项目总投资就是各子项目投资之和,包括固定资产和流动资产。

筹措资金时要注意一些问题,如项目开发要注意生态保护,以获得政府的政策和资金支持;要尽可能营造良好的社会环境和宽松的融资环境,以获得社会上更多资金支持;应综合权衡资金的效益性,资金借入、使用、偿还的期限应与企业的收入进行平衡,以保证既能还本付息,又能扩大再生产,提高企业的经济效益;为减少财务风险,不能盲目扩大借入资金量,而应使借入资金和自有资金保持适当的比例,固定资金和流动资金保持适当的比例,从而使企业始终保持有一定的偿付能力和良好的财务状况等。

（四）效益与风险分析

诸如经济效益、社会效益、生态效益、风险分析等。

经济效益分析包括:财务盈利能力分析、贷款清偿能力分析、资产负债分析、不确定性分析等。做经济效益分析时,数据要真实,这是最根本的,虚假数字基础上开展的分析毫无意义;收集的数据要全面,企业的经济效益是多项因素的集合;方法要科学。

园区项目建设的风险一般包括加工原料风险、人员风险、协同风险、市场风险、疫病风险、资金风险、政策风险和关系风险等。园区项目建设要建立起能够识别、防止和控制各类风险的产生因素,分散和转移已形成风险,对风险产生的不利影响采取应急对策的风险防控机制。

生态效益是项目建成后,是否会带来自然环境破坏、原态生物的减少或灭种、环境的污染等。在环境保护方面,《国家环境保护"十一五"科技发展规划》的目标有:以城市集中饮用水水源和农村饮用水安全保障为重点;以区域大气污染物总量控制为基础,研究并阐明重点地区和城市大气污染与成因,提出我国重点地区和城市大气污染控制技术与对策;在查明我国土壤污染现状的基础上,以土壤多介质污染防治为重点,建立控制及修复受污染土壤的技术体系;支持农村环境综合整治技术的开发,提高环境监测信息综合分析能力,建立以提高资源利用效率、降低能耗为中心、以绿色设计为引导的循环经济和清洁生产技术体系,确保主要污染物的排放总量得到有效控制,重点行业污染物排放强度明显降低;制定并完善水、大气、土壤有毒有害和难降解污染物优先控制名录,研究典型有毒有害和难降解污染物迁移转化规律、生物降解性能和处理处置技术;研究保护重要生态功能区生态功能、遏制区域生态恶化趋势的科学和技术问题,开展草原退化、水土流失、矿区生态环境状况评价方法和理论研究;履行生态系统与生物多样性国际公约的科技支撑,履行环境污染与越境转移国际公约的科技支撑,不断完善具有中国特色的环境履约支撑体系等。

（五）运行机制与政策

项目运行机制是指项目在技术方面的合作伙伴,如高等院校、科研单位等,共同建立互惠互利、稳定的经济利益共同体关系。园区可作为产学研相结合的科技成果孵化转化基地。一方面从市场对新技术和新产品创新的需求出发,与科教机构专家开展联合攻关,开发具有自主知识产权的新品种、新产品、新技术,加快技术创新和产品研发的市场转换率,实现技术创新的市场化与产业化,提高企业的自主创新能力和核心竞争力;另一方面积极与政府科技部门合作,按照政府在农业科技创新方面的导向,承担政府农业技术创新课题,组织企业内部力量和联合外部专家共同开发,然后通过技术培训与生产合作的方式进行科技转换和推广,提高周边企业或农户的技术水平,在技术层面建立合作联盟关系,树立投资公司的技术龙头地位。

在政策措施方面,要搜集政策并进行分析,了解政府的想法,找到解决政府急需问题的可能性途径和思路,让政府感觉到公司在帮助自己实现社会和生态目标。在此基础上进行拓展,将企业自己做的事情与政府联系起来,使政府对企业产生依赖,然后企业把自己的想法变成政府的政策需求、欲望和目标。从而企业进行政策供给,参与政策的制定,把政策方案变成企业或地方政府可实施政策条文,在政策推广过程中注入企业的产品和服务,利用政策来为企业拓宽产品营销网络。

(六) 规划附图

规划文档中,一般要插入一些图,如区位图、平面图、功能分区图和效果图。一方面比较直观,便于审视各功能设施布置得是否合理;另一方面便于领导部门审查。

1. 区位图

区位图是项目所在地的位置。如内蒙古乌海市岱山林牧业有限公司农业科技园区位图(图4-4)。

2. 总体平面图

项目总平面图是在项目区域内将各功能小区的位置、主要建筑物、构筑物、道路、主要管线、绿化及美化设施等作全面、合理的配置,并综合利用环境条件,创造符合产业要求的统一建筑群体。在地形平坦地区,总平面布置易于设计、布置。要解决好园区与公共道路、城市管道与园区管道衔接问题。平坦地区厂区由于地形落差小,竖向布置比较单一。项目在山区建设,总平面布置受地形等自然条件的影响和制约因素很大。要布置好总平面,需要掌握和利用山区的地形、地貌、地质、气象、水文的特点和规律,结合各功能小区的特点,做好竖向布置。特别要注意防洪、滑坡问题。图上要把标高表示出来。山区布置得好,景观比平坦地区要美。

3. 功能分区图

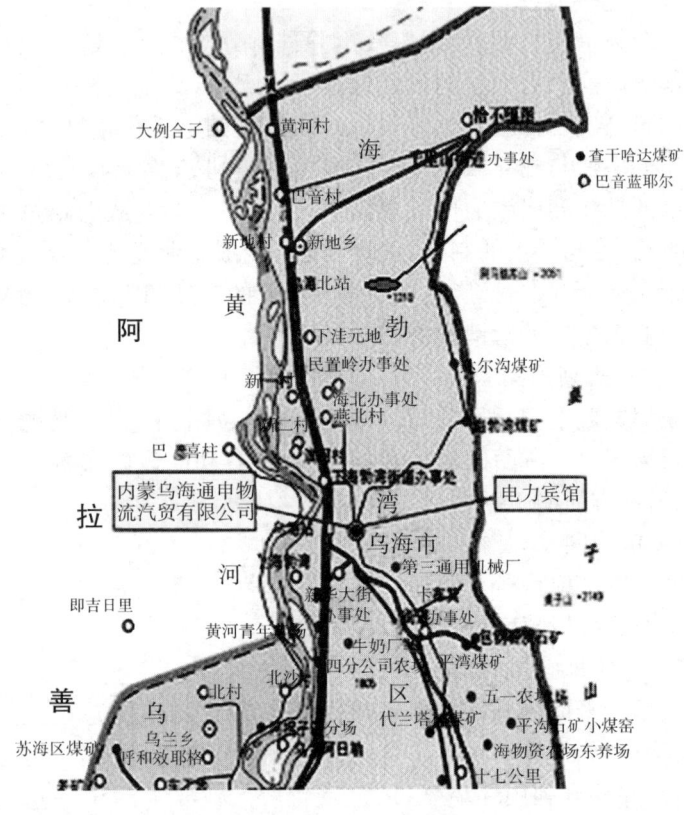

图 4-4　内蒙古乌海市岱山林牧业有限公司农业科技园区位图

功能分区图是在项目区域内，仅将包括的各个产业的位置和占用的面积以图形表示出来。功能分区图一般用不同色彩表示，以提高分辨效果。

4. 效果图

用电脑制作效果图是计算机界热门的行业，效果图作为当今高科技产品，普遍用于园区规划、建筑工程招标过程、校园和工厂展示以及室内外装饰、展台布展、广告等处。

效果图是三维建筑图通过建筑师用电脑加工和处理后，以其直观生动的形象和逼真的三维形态给人强烈的空间感和身临其境的感受。当建筑师将设计方案完成后，最重要的工作就是向业主、主管部门和大众展示他的想法。而以工程图纸和设计方案的形式来表达建筑的各种关系，如建筑的功能与形象、构成空间、整体与细部等内容，一般非专业人员是很难接受的。虽然此时平、立、剖面图能准确反映建筑的基本形式和尺寸，但图纸和方案过于抽象和理性，难以表达出人们对建筑的直觉感受。建筑设计师们使用3DSMAX 和 Photoshop 这样的图形图像设计处理软件，使用电脑制作效果图，是在理解设计方案和图纸的基础上，直接在 3DSMAX 建立三维模型，电脑就可以自动生成任意透视角度的透视图，然后使用 Photoshop 等图像处理软件对其进行后期加工、处理完成效果图的制作。效果图强调的是立体、醒目、美观，能从图面一下看到项目未来的壮观景象，对项目充满希望。

第二篇 规划与案例分析

第五章 新农村家园规划与案例分析

第一节 概 述

一、我国农村发展概况

中国是一个历史悠久的农业大国,曾创造出世界领先的农业文明,农民不仅是社会经济发展的直接动力,也是社会变革和改朝换代的重要力量。从东晋陶渊明《桃花源记》中"土地平旷,屋舍俨然"、"阡陌交通,鸡犬相闻"、"黄发垂髫,怡然自乐"的世外桃源,到清末的"村治",再到民国和抗战时期周作人、梁漱溟等人的"乡村建设运动",无不深刻地体现着人们的强烈愿望。历史发展到21世纪,新农村建设再一次被提到议事日程。2003年,中共十六大提出解决"三农"问题必须统筹城乡经济社会发展;2004年胡锦涛在十六届四中全会上提出了著名的"两个趋向"论断,指出中国已进入以工补农、以城带乡的阶段;中共十六届五中全会上,正式提出"建设社会主义新农村"的发展战略。

(一) 中国农村发展的主要成就

纵观二十多年的历程,中国农村发展的成就可以归纳为以下四个方面。

1. 城乡居民温饱问题得到了解决

中国用占世界10%的耕地养活了世界上21%的人口,不能不说是世界农业上的一个非常了不起的成就,它受到国际社会和学术界的一致肯定。农民收入成倍增长,收入来源结构多样化。从1980年以来,农民实际收入增加四倍左右,年增长速度超过6%,

其中20世纪80年代上半期达到14%,90年代中期在10%以上。农民的收入越来越多来自于非农活动,尤其是农民外出打工的收入已占到农民收入的30%以上。

2. 大量的劳动力转移到农村工业

到2003年为止,乡镇企业吸收了1.36亿的农村劳动力,也就是说,每3个农村劳动力中有一个是在农村企业工作的。毫无疑问,在企业就业的收入大大高于农业收入。此外,乡镇企业还贡献了我国全部GDP的近1/3,并生产了我国一半左右的工业品。

3. 农业和农村经济结构调整和优化

农业由重视产品数量逐步转向高产优质并重,农民按市场需求大力发展高附加值农产品。进入20世纪90年代后期,我国几乎所有的农产品出现了全面过剩,这一次的调整不是农产品数量的简单调减,而是农业和农村经济结构的深刻变革,资源的配置将遵循比较优势的原则进行,政策的重点向提高农产品的国际竞争力和城乡经济社会统筹协调方向发展。

尤其应该指出的是,我国在加入世界贸易组织(WTO)后的几年时间里,国外的粮食等大宗农产品并没有如预期那样涌入我国市场,原先普遍担心农业将受到严重冲击的情况也没有出现。由于中央高度重视"三农"问题,并采取了一些积极的应对措施,农业经济保持了比较平稳的增长,谷物还出现了比较高的净出口,甚至连我国一向进口的小麦也出现了较大的出口的情况。

(二) 现阶段农村发展中面临的挑战

1. 城乡之间的收入差距不断加大

尽管中国经济在过去二十多年的时间里保持了近两位数的增长率,但是经济增长的成果并不是均衡地分布在城市居民和农村居民之间。相反,城乡收入差距在不断扩大。根据国家统计局发布的数据,1978年我国城乡收入比为2.6:1,1985年降到历史的最低点,为1.8:1,以后虽有上下的起伏,但总体呈不断上升的趋势,而且从20世纪90年代后期以来差距不断扩大,到2004年已经达到3.2:1。

2. 农村贫困人口仍然巨大

虽然按我们国家的贫困线计算,农村扶贫工作取得了巨大的成就,贫困人口从1978年的2.5亿下降到2004年的2 610万人,贫困发生率相应从31%降为3%。但若按世界银行1天1美元的购买力评价标准计算,我国农村2002年还有贫困人口8 800万,战胜贫困的任务还十分艰巨。

3. 实现粮食安全与环境资源压力的矛盾日益突出

一方面,我国的农业生产资源如土地、水等相当稀缺,依靠国内资源满足粮食需求的压力越来越大;另一方面,我国现在正面临着严重的环境方面的问题,如土壤流失面积占整个国土面积的1/3以上;我国单位面积的施肥量约为世界平均水平的3倍,由此导致耕地和水资源的污染相当严重。

4. 解决食品安全问题迫在眉睫

近年来,我国食品安全事件时有发生,给消费者带来恐慌。我国许多农产品因为农残、重金属含量超标等在国外市场上受阻,大大影响了我国农产品的对外出口。新的生产方式对整个食物链的相关行业和利益主体提出了新的要求。

二、农村存在的主要问题

(一) 农民增收缓慢

近年来,由于农业结构调整滞后和区域间的步伐不一致,农产品供给结构与需求结构脱节,优质不优价,缺乏特色品种,一般性品种多,专用品种少,初级产品多,加工产品少,从而导致部分农产品"销售难",农业效益低下,影响了农民收入的提高。

农民收入增长缓慢是制约社会主义新农村建设最为突出的矛盾。如果不采取有力措施加以解决,将直接影响社会主义新农村建设的进程。据调研资料显示,家庭经营收入在农民收入中占有主要地位,在一定程度上反映了非农产业和城镇经济对农民收入增长的辐射和带动能力不强,农村劳动力就业渠道过窄,信息流通不够迅速,劳务经济发展不够充分,农村就业的社会化程度仍然较低,多数农民家庭的经济收入来源仍局限于农业经营收入,农业经济发展空间十分有限,对今后农民增收的形势不容乐观。

(二) 缺乏科学合理规划

由于农村缺乏统一规划,导致随意建房,土地资源浪费严重,村庄交通不畅,目前,农村大多数农户建房都不在乡村的统一规划下进行,在选址和建筑规模上存在着很大的随意性,导致弯、窄、无活动空间,没有统一排水系统流向,卫生条件差,容易引发邻居之间矛盾等一系列负面影响。

(三) 基础设施落后

多少年来,连续多年的农业投资不足,致使农业生产硬件没有得到长足的发展。大部分泵站、水闸、涵洞、灌渠,破损严重,长年失修,失去功能;农村的主街道、环镇路坑坑洼洼;通讯、自来水、农田水利建设等基础设施投资严重不足;村庄居住分散,占地多;医疗室、文化站、休闲娱乐场地等公共设施难配套、难集聚、难共享;村庄环境长期处于脏、乱、差状况。

(四) 环境卫生差

村庄"脏、乱、差"环境普遍存在,主要表现在:一是村庄供水排水设施不完善,部分老化,长年失修,家庭生活污水、畜禽养殖污水基本就地排放,导致地表水、地下水和土壤严重污染,影响着村民饮水安全。二是大部分的村庄厕所仍采用旱厕,某些农户虽然进行了改厕,但只是加装化粪池,污水问题仍然得不到处理,同时缺乏下水道系统和集中的化粪池,多数农户的人畜粪便堆积在院内开挖的粪坑内,长时间造成臭气熏天。三是许多村庄没有集中的生活垃圾堆放点,村集体不负责填埋垃圾,各户随意倾倒填埋,如水源地沿岸、泄洪道内、村内外池塘里、居民点边缘等地方,造成环境污染。四是已建的基础设施整体效益发挥差,项目管理跟不上,没有适合的管理机制与管理办法,使用效率低,造成资源严重浪费。

(五) 农民的素质偏低

农民是建设新农村的主体,但由于历史原因,大多数农民受教育的年限比较短,文化程度比较低,特别是一些有文化、有技能的农村青壮劳力都在外务工,留守人员多为年龄较大的老人或年龄较小的儿童,难以承担起建设社会主义新农村的重担。培养有文化、懂技术、懂经营的新型农民,已成为推进社会主义新农村建设的迫切要求。

(六) 农村发展制度障碍依然存在

随着农村的不断发展,各项改革也在不断深化。但是城乡二元结构仍未彻底打破,土地、资金等影响农村发展的因素未能得到有效、合理地配置,统筹城乡发展的体制、机制还没有完全建立起来,农村综合改革和其他各项改革的任务仍然相当艰巨。

三、新农村内涵及发展状况

(一) 新农村内涵

中共中央制定的《国民经济和社会发展第十一个五年规划》对社会主义新农村的定义是:"生产发展、生活宽裕、乡风文明、村容整洁、管理民主"的二十字要求,有着深刻的内涵和创新的思路。

"生产发展"——推进现代农业建设,强化社会主义新农村建设的产业支撑。大力提高农业科技创新和转化能力;加强农村现代流通体系建设;稳定发展粮食生产;积极推进农业结构调整;发展农业产业化经营;加快发展循环农业。

"生活宽裕"——促进农民持续增收,夯实社会主义新农村建设的经济基础。拓宽农民增收渠道;保障务工农民的合法权益;稳定、完善、强化对农业和农民的直接补贴政策;加强扶贫开发工作。

"乡风文明"——加快发展农村义务教育,大规模开展农村劳动力技能培训;繁荣农村文化事业,加强县文化馆、图书馆和乡镇文化站、村文化室等公共文化设施建设;推动实施农民体育健身工程;扶持农村业余文化队伍,鼓励农民兴办文化产业,开展和谐家庭、和谐村组、和谐村镇创建活动。

"村容整洁"——加快农村能源建设步伐,在适宜地区积极推广沼气、秸秆气化、小水电、太阳能、风力发电等清洁能源技术;以沼气池建设带动农村改圈、改厕、改厨;加强村庄规划和人居环境治理;引导和帮助农民切实解决住宅与畜禽圈舍混杂问题,搞好农村污水、垃圾治理,改善农村环境卫生。

"管理民主"——以建设社会主义新农村为主题,在全国农村深入开展保持共产党员先进性教育活动,加强农村基层组织的阵地建设;健全村党组织领导的充满活力的村民自治机制,进一步完善村务公开和民主议事制度,完善村民"一事一议"制度,健全农民自主筹资筹劳的机制和办法。

(二) 新农村发展状况

中央在"十一五"规划建议中明确提出建设社会主义新农村的具体要求后,全国各地掀起了一场浩荡的新农村建设运动,广大农村在这场新农村建设中日新月异,正发生着巨大的变化。

如湖北恩施市在新农村建设过程中进一步优化产业结构,达到农民增收目的。围绕"两叶一芋、两草一菜"的产业发展思路积极发展特色产业、绿色食品和生态农业。稳步发展以生猪为主的畜牧业,逐步将全市所有的行政村建成专业村,走产业富民、产业强乡之路,使全市第一、二、三产业比例分别由2005年的32.6%、24.9%、42.5%变为30.6%、26.9%、42.5%。全市累计建沼气池69万口(其中沼气池与"三改"配套达到5万户),47万户饮用安全卫生水,164个村通公路,其中105个村通油路,109个村通组级公路,通户间连接路80公里。改厨5.1万户,改厕1万户,改圈58万户,建致富园3万户,建舒适房屋1.57万户,还建了1800处垃圾地,户用垃圾桶5000个。

沂南县跳出农业抓农业,以工业思维发展农业,建立了"上连市场、下连农户"、风险共担、利益共享的共同发展机制。全县88家年销售收入过百万元的"农字号"龙头企业,市场广、品牌响、效益好,带动8万多个养殖户,从业农民15万余人。经测算,仅去年,这种模式让农民多增收2 500万元以上。目前,全县形式多样的专业合作组织1 200余家,参加合作组织农户3.8万户,带动农户15.4万户,农民因参加合作组织而多增收1 600多万元。沂南县重视"路、水、电、医、学、气"等农村基础设施建设和社会事业的发展,对55个村庄进行了科学规划,新开通有线电视行政村316个,新发展有线电视用户3.6万余户,164个村完成了村村通自来水工程,发展沼气示范户4 000户。

四、新农村家园规划的意义

建设新农村是党中央新时期解决"三农"问题的战略举措,是推进现代化建设的重要步骤。要实现党中央提出的建设新农村五句话的目标要求,就要紧贴农村实际,勾画出新农村建设的宏伟蓝图,做到经济、政治、社会、文明、生态一起抓。新农村建设不仅仅是村庄建设,它涉及到农村发展的各个方面,是一个全面性、系统性、规范性的工程,要实现这一伟大工程需要制定一个详细完整的规划。规划是新农村建设的龙头,只有制定完善的规划,才能在建设社会主义新农村的过程中更好地引导和促进农村经济的发展,对全面推进社会主义新农村建设具有重要的意义。

(一) 是贯彻落实科学发展观的重大举措

科学发展观的一个重要内容,就是经济社会的协调可持续发展、城乡协调发展。全面贯彻落实科学发展观,要求建设社会主义新农村必须坚持以人为本,实现人的全面发展。规划要从城乡全体人民的根本利益出发,着力解决农民生产生活中最迫切的实际问题,不断满足广大农民日益增长的物质文化需要,促进农村社会经济尽快转入科学发展的轨道。

（二）它是新农村建设的保证措施

新农村建设要实行整村推进，必须首先搞好规划，尤其是关系到广大农民家家户户的生产发展规划和村庄建设规划。"科学规划"、"规划进村"是建设社会主义新农村的关键环节。

"农村建设不需要像城市那样进行规划"的落后观念和思维，多年来影响了对未来中国农村景象的描述与刻画。建设社会主义新农村，就是要逐步缩小城乡差距，建设起空气清新、环境优美、绿色生态的"让城里人向往"的新农村，让农民过上"令城里人羡慕"、"让乡下人自豪"的健康生活。新农村建设不是将农村城市化，而是要实现农村园林化，实现农村生活现代化。

社会主义新农村不仅包括美好的居住环境，还包括持久延续的生产发展和健康民主的社会生活。为新农村建设所做的规划应该具有广阔的视角：不仅包括村容村貌、自然村落的"市政基础设施"建设，还应涵盖经济、社会、环境的协调发展，涉及农村生产和经济前景的展望及预期。因此，社会主义新农村规划需要多个部门和多个领域专家，需要规划目标所在地农民群众的广泛参与。

（三）促进农村经济发展

新农村规划建设的原则是有利生产、方便生活。按照这一原则进行规划建设，统筹安排好、建设好农村的种植业、养殖业、加工业及公益福利事业等场所设施，创新完善组织模式、人才培训和政策保障措施等软环境，促进农村经济不断增长，并与社会事业同步发展。

（四）改善人居环境和配套设施

目前我国农村的自建住房大多沿袭几千年来的自拆自建习俗，缺乏科学的规划设计，占地面积大，造成大量的土地资源浪费。所以科学合理的民宅设计，是构建和谐的节约型新农村的必由之路。科学规划既能使农民住宅美观适用和生活环境美化，又能减轻农民对附属设施的投资，彻底改变农村布局混乱、建房不建村、建村不建路的恶劣环境。同时对畜、禽圈舍的规划改造也应到位，畜、禽所排废水流入封闭式的下水道，改变过去污水横流、臭气熏天的穷乡恶土面貌。

（五）节约土地资源

我国人多田少，耕地资源不足，人地矛盾非常突出，土地承载能力濒临警戒线。通过规划建设，让零散农户向中心村集中靠拢，腾出大量土地，退宅还田，补充原村庄空缺住宅，便于配套服务设施的整改，减少为零散住户修路通电等造成的不必要资源浪费。为此，建设社会主义新农村，按照"科学规划、合理布局、节约用地、保护耕地"的原则，搞好新农村规划建设，整合村庄土地资源，严格土地使用审批手续，不容许乱占滥建，浪费土地，才能实现新农村经济社会的可持续发展。

总之，新农村的规划设计只有深入挖掘当地优势资源，有效整合利用，以自然、乡土的特色为基础，以农村产业发展、农民生活现代化为目标，统筹规划，精心布局，与地方部门紧密配合、相互协作，才能够创造出既独具魅力又切实可行的村庄规划作品，才能使规划成果得以有效执行与落实，才能为新农村的建设创造良好的前提条件与科学依据。

第二节　新农村家园规划

一、新农村规划的原则

（一）促进农村经济发展

按照统筹城乡发展的要求，把新农村建设纳入当地经济社会发展的总体规划，明确推进新农村建设的思路、目标和工作措施，统筹安排各项建设任务，充分考虑农民的切身利益和发展要求；积极引导在产品类型和产业链分工上寻求差异化发展，推进"一村一品"、"一村一企"等有效政策；合理利用历史文化资源和自然资源,与村庄整治相结合,在有条件的村庄,大力发展观光、民俗、休闲旅游业为主的第三产业,逐步提高经营档次和水平;充分发挥农民的主体作用,尊重农民意愿,尊重农民的首创精神,不强迫命令,不包办代替,调动农民的积极性,引导广大农民群众自力更生,艰苦奋斗。

（二）集约利用土地

集约整合、合理布局、严格控制用地规模,合理确定村庄的功能布局,是新农村规划建设的重要要求。在产业规划方面,科学布局、优化整合,实现村庄经济发展的整体节地;在公共服务设施配套方面,优先利用弃置地,鼓励更新改造闲置地;在建设标准方面,规范新建住宅与配套设施用地的标准管理。

据统计,目前北京农村20%以上的人口已长期脱离原居住的村庄,进入城市或城镇生活,这一比例有进一步扩大的趋势。农村居民点建设用地超标的主要部分,很大程度上是人口的逐渐减少与宅基地闲置造成的。如顺义区某村名义上有110户,实际有98户村民,却占有141块宅基地,而这141块宅基地中又有约43%的院落处于空置。通过规划将部分村庄土地整理改造,置换用地,集约合理布置,将现状超标的人均建设用地合理降低下来。

（三）改善村民生活

充分利用社会契机、区位优势、环境品质与地缘条件,优化新农村用地和土地资源利用,保障规划在市场条件下顺利实施。

以适用性和经济性为前提,充分利用现有设施,坚持分散和共享相结合的布局原则,以服务全覆盖为目标,区域化配置公共服务设施,避免简单的设施全覆盖导致的建设浪费,积极推广新能源、新材料、新技术的应用,尊重农民意愿,尊重重点需求和发展阶段,完善基础设施和公共服务设施配置,分步推动,改善村庄人居环境。

在新农村规划中,对农民实际需求进行调查,针对不同的地域特点、民族特点、生产特点、民俗习惯以及住房功能等,提供多种住宅建设与改造的设计图样。通过提供多样化的住宅选型,既满足了农民不同的建房需求,做到了自主、经济、实用,同时也成为村庄特色营造的重要途径。在促进农村经济发展的基础上,区分轻重缓急,突出建设重点,加强饮水安全、农田水利、乡村道路、农村能源等基础设施建设,加快教育、卫生等公共事业发展。

(四) 可持续发展

因地制宜,贯彻"四节"(节地、节水、节能、节材),合理保护和利用当地资源,注重细节设计,探索应用新技术、新材料、新能源。以住宅节能为重点,以农民住房保温采暖为切入点,鼓励技术集成运用,提高农房的节能水平;利用沼气、秸秆气化,积极发展适合农村特点的清洁能源,促进能源循环利用;多层次——区域、村庄、庭院、住宅,多途径——雨水收集、器具节水、循环使用,分阶段——量力而行、逐步推进并完善村庄节水体系的建设;利用废弃物制作建材,尽量采用绿色、环保、可回收材料。针对住宅维护结构和当地环境特点,设计采用绿色的、可回收的当地材料——秸梗压制的成型板(侧墙用)及稻壳(屋顶用)等。在规划设计中力求经济、环境、社会的持续协调发展,以良好的开发效益创造可持续建设的条件,以优美、超前的环境建设奠定开发基础,建设可持续发展的村庄。

(五) 保护乡村传统特色

在新农村建设规划中,要尊重地方历史文化传统,延续农村特有的风貌特征,以创造具有传统村落特色的住区环境。整体保护村庄周边的自然景观环境,延续村庄与山水田园相互映衬的格局,避免"不城不乡"。保持乡村特色;在不破坏环境和资源的前提下,继承并发扬当地传统建造技术和反映地域特征的建筑材料,保持地方建筑特色;保存并维护好村庄中具有一定历史、科学和艺术价值的传统建(构)筑物,坚持村庄建设有机更新,空间形态和建筑风格充分与环境相协调,切忌生搬硬套和"不中不西",保持民族特色;规划注重延续传统的街巷空间,通过对传统村庄空间形态和肌理的借用,体现传统村落的地域特色和风貌。同时,充分考虑现代农村居民生活方式,在保证与历史文化风貌、自然环境景观相协调的同时,实现现代化新农村的建设目标。

例如具有旅游资源的村庄,可充分发掘村域内历史文化资源,形成特色景区,开展山区旅游,结合村庄整治,建设特色旅游服务基地;因地制宜建设民居,如利用毛石、卵石、灰砖、灰瓦等当地建材,建造富有地方特色的民居、住宅,改善村容、村貌。

二、新农村规划的内容

中国的城市在崛起,中国的农村也在崛起,这种崛起不仅表现在物质形态上,也表现在精神文化上。它正在改变着人们的生活,改变着人们的观念,也在改变着周边的环境、社会的秩序,势必改变未来的居住模式。我们有必要清醒地把握住这一时代的脉搏,以全新的理念,去策划、规划、营建21世纪的新家园。

笔者认为新农村规划是为了实现一定时期内村庄经济和社会发展目标,确定其产业的空间布局,土地的合理利用,村庄空间协调布局及配套相应公共服务设施、基础设施以及现代农业的建设,经济结构的调整,达到"生产发展、生活宽裕、乡风文明、村容整洁、管理民主"效果的一个动态管理的法定依据。新农村科学规划,是推进社会主义新农村建设的必由之路,是统筹城乡发展的基本工作。要坚持科学合理编制村庄建设规划,因村制宜,合理布局村庄功能,配套完善设施,高效利用资源。新农村规划是城市规划的一个小分支,具有总体规划的属性,同时又包含详细规划的综合内容。如何正确认识村庄的功能及规划的合理性,既关系到村庄区域发展长远的方向,也反映出规划的科学性与可操作性。

(一)农业产业规划

农业产业包括主导产业和为其生产提供农业科技服务的辅助产业。通过技术层次、设施水平、市场状况、投入产出比等情况分析,可将农业产业分成三个层次:第一个层次为种子、种苗产业、农产品加工产业、农业高新技术产业、教育培训与观光休闲产业等;第二层次为设施栽培、特色种养、多色农业产业等;第三个层次为露天名特优瓜果、蔬菜、饲草种植,大田优质农作物生产以及常规养殖等。农业产业在我国农村建设发展中具有重要作用,直接影响村庄经济社会生态效益的进步,因此农业产业的规划就是新农村产业规划的基本内容,应重点选择第一个层次的内容,兼顾第二、三层次,以实现村庄产业现代化目标。

新农村主导产业是村庄产业结构的核心和产业演化的主角,它是以政策为保障、大规模产品专业生产为基础,具有一定比较优势,发展潜力大,经济效益较好,对农业经济稳定和发展具有促进作用,能带动当地及周边农民生产,推动传统农业向现代农业转化,是村庄生存和发展的重要支撑,是村庄可持续发展的动力和源泉,是提高村民生活水平的根本保障。

因此,新农村主导产业作为村庄专业化、规模化、社会化的综合有机体,自然会受到村庄现有产业发展趋势的制约或推动,定位时必须站在区域产业发展的高度,研究村庄产业的特点及关联产业情况,明确产业类型及实施措施。同时,区域的市场供需、商贸流通、资金集聚、人才和劳动力的流动,以及科学技术的转移、信息的传递等,都是村庄产业变动的重要影响因素。所以,在产业规划时必须首先抓好主导产业。选择主导产业时应考虑以下因素。

1. 资源优势

主导产业应该具有相对集中的自然资源,能突出当地的农业特色和优势、良好的发展基础和一定的经济社会发展条件,在村内能够使相当部分乃至大多数农民致富。

2. 市场需求

主导产业的选择应遵循市场经济规律,符合当前市场或潜在市场对农产品的需求,以及价格有利因素等,以拓宽市场渠道,增强市场竞争力和农民抗风险能力。

3. 经济效益

提高经济效益是新农村产业发展的重要目标。村庄主导产业在农业产值、农民收入和地方财政收入构成中应占有较大份额,是具有比较利益的产业。

4. 关联效应

主导产业应能带动和促进当地及周边其他相关产业发展,为其提供生产原料或消费品,推动村庄产业结构优化。

5. 产业优势

新农村产业应具有资源、市场、技术等潜在优势和广阔的发展前景,通过培养和开发能够形成村庄或区域的经济发展的支柱。

6. 技术因素

新农村主导产业应是村庄农业技术领先或相对较多技术储备、能够顺应今后技术发展的潮流、推进村庄升级的产业。

7. 可持续发展因素

可持续发展观强调生态、经济和社会的协调发展,追求人与自然和谐共处。因此,在选择新农村主导产业时,要把生态环境保护作为一个重要的衡量标准。

(二) 新农村功能空间规划

功能空间是人与人交往和联系的具有一定功能特性的场所。舒适、人性的空间环境可促使人们在此发挥潜能。个体人在不同空间和时间阶段会有迥然不同的心理感受,有着很微妙的影响。功能空间带给人全方位的立体感知,不再局限在物质感知上,更多地包含社会文化、价值观等心理方面的感知,这些感知相互交融糅合构架了一个系统结构框架。因此,新农村功能空间规划时应理性地运用规划理念将需要的功能有效地填充到村庄社会生活空间内,遵循的主要设计理念如下。

1. "以人为本"理念

"以人为本"的规划理念,就是以提升人的价值、尊重和满足人不断增长的自然需求和社会需求为主旨的一种规划观。在功能空间角度来讲，就是构造人与自然的和谐共存的生态社区。在新农村功能空间布局上避免建筑密度过大、绿化面积过小、休闲空间过窄，甚至不规划休闲空间、建筑间距不能满足日照及通风要求的规划布局。"以人为本"规划是结合村庄地形地貌，尽可能利用好水体、山形，为村民提供人与自然交流对话的活动空间，考虑人的情趣、人本身的自我发展规律、生活休闲习惯和文化积淀等因素，通过传统与现代的结合，营造一种人与自然、人与传统文化和谐共存的新农村。

2. 地域特色理念

所谓地域特色，就是指一个地区自然景观与历史文脉的综合，包括它的气候条件、地形地貌、水文地质、动物资源以及历史、文化资源和人们的各种活动、行为方式等。保持传统村落风貌，改建和新建建筑物、构筑物均应注重延续历史文脉，体现地方特色。地域特色是一个地区或地方特有的风土个性，是隶属于当地最本质的特色，它是一个地区真正区别于其他地方的特性。进行新农村功能空间规划时，地域特色的考虑不容忽视。充分利用村庄独特的自然地理条件，找出村庄特殊的战略优势，依山造势，伴水布形，凸现村庄自然特色。同时在村庄开发建设中，要妥善保护典型的历史文化遗迹，挖掘本地历史文化底蕴，使历史连续性和时代特征结合起来，对村庄街区、古城墙、牌楼、名人古迹等的场所感和时代感共同进行保护性规划。

3. 生态环保理念

生态理念源于人与自然"天人合一"或"人与天调"的思想，在古代对地形的配合利用、对河流山川的配合、对景观的考虑，在布局及命名中运用春夏秋冬、天地日月的概念，都表达着人与自然的相互关系，主张人与大自然协调、和谐相处的思想。同样，农村作为一个社会的构成细胞，一个与自然环境联系紧密的经济体，它在功能空间规划上同样受社会、经济、文化、自然生态规律所支配。

规划时必须合理利用资源，有效保护环境，发扬现代生活生产的文明方式,注重构建村庄保健型生态植物群落,发挥植物抗污染、滞尘、减噪功能,发展立体绿化,改善居住生态功能,充分利用生态技术措施,维护住区环境生态平衡,建设新农村生态宜居环境。

4. 借鉴城市设计理念

通常意义上的城市设计理念是对城市三维空间进行合理的、艺术的安排。城市设计是以人为中心、从城市整体环境出发的规划设计,其目的在于改善城市的整体形象和环境质量,提高人们的生活素质。在新农村规划中同样可借鉴城市设计的手法,把握村庄特色形象,考虑形象构成,包括自然地形、村庄道路、广场、建筑物、园林绿化、雕刻小品、历史文化乃至村庄色彩等元素,从而创造出最佳的村庄形象,以此改善村庄脏、乱、差的现状,培养村民良好的生活习惯和生活素质。

(三) 道路交通规划

科学合理地优化村庄用地布局,提高村庄的运转效能,以及安全、高效、经济、舒适和低公害的交通条件是新农村道路交通规划的主要目标。因此,新农村道路交通规划应遵循如下原则。

1. 经济合理

道路规划应充分利用地形、自然分水线和汇水线,采取有效的排水方式;在丘陵地区注意减少土石方工程量,节约投资;在进行改建时,应充分利用原有道路和工程设施;结合村庄的经济条件,分期完善道路附属设施建设,包括照明、护栏、各类标志牌、交通管理设施等。如在保证道路照度、亮度前提下,配置形式各异的灯杆和灯具,可增加道路夜景的艺术感染力。道路段面设计应根据村庄交通量科学规划,段面设计太大或太小的道路不仅浪费资源还让人感觉不舒适,使人们的心理不倾向于到此相汇合,不能积聚人气。从实践经验看,村庄干道以划分为两级为宜:主干道红线7~9米;村庄支路红线5~7米。

2. 安全便利

道路的布置要方便村民的出行,避免过境交通穿越新农村。虽然过境交通改善了村民的出行条件,但在新农村规划中要进行必要的规划引导,避免过境道路由村中穿过的情况,为村民的生活和工作提供便利,确保新农村的交通安全,减少噪声干扰,加强村庄道路交通管理,布置交通设施,尽量建立人车分流的道路交通系统。

3. 景观功能

要做到使新农村道路在具有很好的交通功能前提下,同时具有一定的景观环境功能要求。在规划中,必须注重功能与景观的统一。道路的线性特征、方向感强,把不同的景点联结成连续的景观序列,使人产生一种累积的强化效果,不仅形成时空连续的动态空间,而且对新农村景观环境起骨架的作用。道路交通景观大致可以分为静态景观和动态景观两大方面。静态景观主要指与道路交通有关的相对固定的客观实体系统,如道路线形、路面铺砌、街面、绿化、街道小品等,作为环境景观的构成要素,它们的造型、色彩等对体现新农村景观特色具有重要意义。动态景观是指在街头公共活动场所进行献艺表演、休闲集会、趣味竞技等活动,为新农村增添了美与活力,并反映了一地的地方风俗与文化特色。新农村道路和与之相联系的其他景观元素的建设与布置,包括反映新农村时代特征、民族风情的人文景观及特色建筑,便构成了新农村道路千姿百态的街道景观环境。新农村道路景观环境是村庄文化品质的提升,是衡量村庄物质文明与精神文明的尺度。

道路规划还应重视对村庄历史文脉的保护。村庄街巷的历史脉络有着深厚的历史积淀,对这些道路的改造,应注重对其环境的整治,注重对其历史文脉的保护,而不应过分强调其交通功能。

4. 停车集中

(1) 按停车场的车辆的性质分 机动车停车场,主要指汽车停车场;非机动车停车场,主要指自行车停车场。

（2）按停车场的服务对象分　专用停车场，如村委会的停车场等；公用停车场，如分布在村庄出入口，为外地来的车辆以及方便过境车辆临时停放的停车场。

（3）按车辆的停放与通道的关系分　平行式、垂直式和斜放式（30°、45°、60°）三种。

（4）按车辆停发方式的不同分　有前进停车、前进发车；前进停车、后退发车；后退停车、前进发车三种。

在村庄适当地点划定区域，让车辆有固定停车点，避免妨碍交通和影响村庄景观环境。用地紧张的村庄应结合街区改造规划，集中布置综合使用的停车场。停车场周围要创造优美的绿化环境，与相邻建筑协调。

（四）景观绿化规划

1. 景观内涵

由于我国地域辽阔，地形地貌复杂多样，村庄在长期建设过程中，一般不偏重于对地形的改造，而是因势利导，化不利为有利，无论是岗、谷、脊、坎、坡、壁等都顺其自然而建，产生了许多与各种复杂地形相适应的建筑形体及地域景观特色。同样，不同的气候特征会带来完全不同的个性环境和生活习惯，是自然赋予特定地域的特殊烙印。植物中的特征植物在绝大多数场所中都对景观起到重要的塑造作用，因为植物的不同足以使得景观具有完全不同的风格特征，与地域特点紧密结合。首先由于河湖、土壤、地形地势、气候等环境的变化，植物有很大差异。我国北方的针叶树较多，常绿阔叶树较少。就树种来说南方与北方植物的形态如干、叶、花、果都有不同。即使是同一树种，如扶桑，在南方的海南岛、湛江、广州一带，可以长成大树，而在北方则只能以"温室栽培"的形式出现。即使是在同一地区的同一树种，由于海拔高度的不同，植物生长的形态与景观也有明显的差异。然而，就整体的植物气候分区来说，是难以改变的，有的也不必去改变，这样才能保持丰富多彩、各具特色的植物景观风格。

除了自然因素以外,地区群众的习俗也是地方风格中不可忽略的部分。如江南农村(尤其是浙北一带)家家户户的住宅旁都有一丛丛的竹林,形成一种自然朴实而优雅宁静的地方风格。在北方黄河流域以南的河南洛阳、兰考等市县,则可看到成片、成群的高大泡桐,或环绕于村落,或列植于道旁,或独立于园林的空间,每当紫白色花盛开的四月,就显示出一种硕大、朴实而稍带粗犷的乡野情趣。各地村庄在土石、植物、矿产上所具有的各自的资源特点,从根本上影响建筑、景观用材及构筑技术的使用,并因此形成景观特点,同时也就使不同地区的建筑更具个性,风格更加丰富多彩、更能反映地域景观特色。

村庄的景观绿化与城市景观绿化都是以园林景观为中心内容,即创造一个理想优美的环境。但是由于农村的现实情况不一样,不可能以城市园林规划设计的原则来硬套生搬。怎样才能使园林在风格上与农村相一致,与农业现代化相合拍,正确反映现代农村特有的风貌,是农村园林化规划设计过程中必须考虑的问题。

2. 面临危机

新农村建设过程中村落生命的危机体现在以下三个方面。

(1) 原本脆弱的乡村生态系统将面临破坏,特别是水系。村落从选址开基,经过几百年甚至上千年与环境的适应和发展演化,已经成为大地生命机体的有机组成。山水格局、沟渠阡陌、护坡池塘、林木坟茔等景观元素,都使乡村生态系统维持在一个非常微妙的平衡状态。

(2) 乡土文化遗产景观将面临严重破坏,中华民族几千年来适应自然环境而形成的乡土景观或者说文化认同将丧失。所谓乡土文化遗产景观,是指那些到目前为止还没有得到政府和文物部门保护的,对中国广大城乡的景观特色、国土风貌和民众的精神需求具有重要意义的景观元素、土地格局和空间联系,如祖坟、村头的"风水树"、"风水林"、"风水池塘"等。

(3) 草根社会结构和信仰体系的破坏。随着乡土遗产景观的消失,民间的草根信仰体系将随之动摇。每一条小溪,每一块界碑,每一条古道,每一座龙王庙,每一座祖坟,都是一村、一族、一家人的精神寄托和认同的载体,它们尽管不像官方的、皇家的历史遗产那样宏伟壮丽,也没有得到政府的保护,但这些乡土的、民间的遗产景观,与他们祖先和先贤的灵魂一起,恰恰是构成中华民族草根信仰的基础,是一个国家、一个民族稳定的基础,是和谐社会的根基。如果现在大张旗鼓地把新农村建设理解成为农村的物质空间建设,就很可能把城市的模式,或者是欧洲城市的模式、华西村的模式带到中国的乡村大地上:"风水林"被砍掉,弯蜒曲折的河道被填掉或被裁弯取直,有上千年故事的祠堂被拆掉,只要稍不注意,所有这些草根信仰的基础都会被彻底毁掉。

因此,在新农村景观绿化规划中必须坚持生态环保和景观个性原则。村庄自然生态体系是区域内的自然环境对村庄地域范围的影响,是通过地质、地貌、气候和水文等自然要素的作用体现的。生态新村是以可持续发展为原则,以生态学为基础,充分利用山体、水域等自然生态资源,重视绿色生态圈对村庄生态环境的优化作用,突出环境特色,设计、组织村庄的资源和能源,尽可能地达到村域能量的平衡和循环使用,从而最少量的使用资源、能源,减少对环境的冲击,建立功能完善的绿地系统,营造自然和谐、健康舒适的村域环境。

3. 景观模式规划

在新农村景观绿化规划方面有如下模式。

(1) 景观生态模式 用"基质-斑块-廊道"的景观生态格局总体布局植物群落。用国画"三皱法"(点皱、线皱、面皱)营造地带性植被景观,即保护现有成熟林地,建立多样化的环境,千百年田园的种植之美被升华、提炼为主导中心区的种植设计形式。

保护自然环境、维护自然过程是利用自然和改造自然的前提。规划设计中新农村原生态表土的保持相当重要,随意弃土、回填土、整土,会无意中破坏大地的平衡和生物多样性的原生态环境。

植物配置应向生态化、乡土化、景观化、功能化方向发展。植物既是生态造景的素材,也是观赏的要素;科学地配植各种植物有利于发挥植物的特性,构成生态美景;在配植大乔木时,所选树种考虑了植物生态群落景观的稳定性、长远性、美观性。足够的株行距,也为求得相对稳定的植物生态群落结构打下了基础,也是可持续发展的需要。

(2) 生态园林模式　生态园林是以生态学为基础,融会景观学、景观生态学、植物生态学和研究风景园林、绿地系统可能影响的范围内各生态系统之间的关系。生态园林的宗旨是人与自然的协调关系,追求和谐,谋求可持续发展,解决人类不断增长的需求与自然有限供给能力之间的矛盾,恢复生态系统的良性循环,保证社会经济的持续高效发展和人民生活稳步提高,从而促进区域生态的建设和发展。

(3) 具体模式　新农村绿化系统分为集中绿地、庭院(宅间)绿地及道路绿化带三个层次。下面列举三种常见的绿化规划模式。

① 以草坪和适当的造景树种、小品组成丰富的线状绿化。庭院绿地为村民提供舒适的绿化空间和适宜的硬地铺装活动场所,成为村民的"室外起居室",使村民能够出门见绿,心情舒畅。

② 规划开放式的绿地广场,设置新农村标志物,形成新农村的标志性空间,也是村民公共活动和疏散人口的主要场所。村庄绿化充分结合周边原生态环境,渗透到村庄各个角落,以致新农村绿化与自然生态环境相融合,在村庄建筑转折处、开敞空间、道路边布置安排景观小品,形成点、线、面绿化相互结合、纵横交错的绿化系统。

③ 根据村庄总体布局构建景观系统骨架,景观规划安排内容遵循农趣性、生态性、经济性。村庄景观绿化体系利用廊道和斑块结合的方式,构建立体化、多元化、开放式的空间绿色系统,同时整体布局中强调绿化围合建筑的规划理念,将村庄外围的自然田园

风光引入村庄，形成村内村外景观互补的共生格局。

（五）公共服务设施规划

目前我国的新农村医疗室、村委会、文化站、娱乐室、信息站等公共服务设施建设普遍存在着配套落后、不足或重复建设问题，直接影响了村民的生产和生活，因此在其规划建设中必须注意以下几方面。

（1）理清概念。村庄公共设施的概念一般仅指村内商业、服务业等设施，而停车、公共厕所、各类管道等设施为村庄的基础设施。

（2）重视小区公共交流空间的规划与建设，适当配以建筑设施，满足老年人、青少年以及其他人群交流沟通的需要。在设施布局上，加强规划调控，根据村庄功能布局、空间网络合理确定服务设施的位置、规模，与周边毗邻村庄已建设或已规划的公共服务设施进行统筹安排，避免重复建设造成浪费。

（3）引进市场机制，进行市场管理，采用投招标采购方式，这样可以丰富公共设施的种类，使公共服务设施能够满足不同阶层的需要。

（4）提高村庄的安全性，包括防灾的各项设施和应急场地的规划建设。

（5）公众参与议论听证、决策及最终确定。公众是公共设施的最终使用者，权衡了公众的利益、经公众听证会等形式通过的规划，往往使得其在实施过程中阻力更小，内容亦符合村庄发展实际功能需要。

（六）市政管线工程规划

市政管线工程规划项目包括给水管线工程、排水管线工程、供电管线工程、通信管线工程、供热管线工程、燃气管线工程等。新农村市政管线工程规划原则如下。

1. 因地制宜

不同村庄家园的资源条件、区位条件、人口数量、经济社会发展条件、用地条件等都不会相同,配置时应考虑实际情况,不能统一划类。

2. 分级配置

市政管线工程设施配置应体现不同经济发展水平、不同新村规模、不同服务人口的具体新村配置要求。

3. 联建共享

对于基础设施,应以较大型村庄为依托,小型村庄采用就近共享的建设模式,以实现节约成本、优化配置的目的。

4. 适度超前

市政管线工程设施施工难度高,升级改造困难,因此,在规划阶段应适度超前,配置规模要留有适度余地,以保证一定年限不落伍,不做大规模改造。

5. 可持续发展

市政管线工程设施建设应考虑到经济效益和环境效益的统一,必须统筹考虑,坚持以人为本,重视能源节约、绿化美化、污染治理和环境保护工作。

三、新农村规划的编制

村庄规划不同于城市(镇)规划,乡村人民对规划工作的认识和理解都比较浅薄。因此,村庄规划工作应特别重视调查研究,重视分析论证,重视村民的参与。可以通过内部讨论、村民代表大会、村庄整治(改造)普查表等办法征求意见,处理好个人利益及需要与公共利益的矛盾,满足农村居民享用公共服务设施日益迫切的愿望。因此,在村庄规划编制过程中,如何正确认识这些村庄的功能及规划的合理性,既关系到村庄区域发展长远的方向,也反映出规划的科学性与可操作性。借鉴区域规划、城市规划等一般方法论,兼顾理论分析与实践总结,提出新农村规划的编制内容和工作步骤,所得结论可为今后村庄规划实践提供一定的参考依据。

(一) 编制内容

新农村规划是村庄经济建设的总体部署，涉及面广，但其规划工作只能针对重要、关键的问题提出解决方案。规划是综合研究和确定村庄的性质、规模、容量和发展形态，统筹安排村庄各项用地，合理配置基础工程设施，保证村庄每个阶段的发展目标、发展途径的优化和布局结构的科学性，引导村庄合理持续发展。编制的主要内容如下。

（1）对村域范围内的交通系统、基础设施、生态环境、自然风景资源等进行合理布置和综合安排。

（2）确定村庄规划期内村庄人口及用地规模，划定村庄规划区范围。

（3）确定村庄用地发展方向和布局结构。

（4）确定村庄对外和村庄内部交通系统结构布局，编制村庄道路系统，确定村庄道路等级、主要广场、停车场及村庄出入口等形式。

（5）确定村庄供水、排水、防洪、供电、通讯、燃气、供热、消防、环保、环卫等设施的发展目标和总体布局，并进行综合协调。

（6）确定村庄绿化景观系统的布局、发展目标。

（7）确定需要保护的自然保护地带、风景名胜、文物古迹、传统街区，划定保护和控制范围，提出保护措施。

（8）对村域范围内的旱地、水田、菜园、果园、养殖场等用地做出统筹安排。

（9）进行综合技术经济论证，提出规划设施步骤和方法的建议。

（10）编制近期建设规划，确定近期建设目标、内容和实施部署。

(二) 编制成果

新农村规划编制成果主要包括：

（1）规划文本和附件　规划说明及基础资料收录在规划附

件内。

（2）规划图纸　规划图纸主要包括村域现状图、区位图、用地范围图、土地利用现状分析图、相关分析图、村庄规划总平面图、功能结构分析图、土地利用规划图、产业结构分析图、道路交通规划图、景观绿化规划图、公共服务设施规划图、各市政管线工程规划图等。图纸比例根据实际情况进行调整。

四、新农村规划步骤

（一）前期准备

把握设计依据，首先了解村镇政府对规划任务的要求和意愿，建立方案组，方案组应由总体方案人员和专项研究的专业人员组成。此外，还应组织经验丰富的专家座谈，提高规划的整体质量。通过讨论初步拟定规划工作阶段或进度要求，统一思想，明确各阶段工作任务、内容和成果。

通过实地踏勘、索取专业性资料、座谈、问卷等方法收集村庄的原始基础资料，进行认真分析研究，明确村庄建设的优势和制约因素，找出发展中的关键问题和突出潜力。一般地说，村庄规划应具备的基础资料包括下列部分。

（1）测量资料　主要包括村庄现状地形图、村镇体系的控制性图纸等。

（2）勘察资料　主要包括工程地质、地震、水文等基础资料。

（3）气象资料　主要包括温度、湿度、降水、风向、风速、日照等基础资料。

（4）水文资料　主要包括过境江河湖、沟渠的水位、流量、流速、水量、洪水淹没界线等，以及两岸现有整治规划、现有防洪设施。山区村庄应收集山洪、泥石流等基础资料。

（5）历史资料　主要包括村庄的历史沿革、村址的变迁、扩张等历史性资料。

(6) 经济社会发展资料　主要包括村庄近年来社会经济发展现状以及长远打算规划等有关资料。

(7) 人口资料　主要包括现状及历年常住人口、暂住人口、人口年龄构成、劳动力构成、自然增长、机械增长等。

(8) 自然资源资料　主要包括矿产资源、水资源、农副产品资源的分布、数量、利用价值等。

(9) 土地利用资料　主要包括现状及历年村庄土地利用分类统计、城市用地增长状况、规划区内各类用地分布状况等。

(10) 交通运输资料　主要包括对外交通运输和村内交通的现状和发展预测（用地、人数、流量、流向、对周围环境的影响、交通设施等）。

(11) 建筑物现状资料　主要包括村庄现有公共建筑的分布状况、用地面积、建筑面积、建筑质量等，以及现有村民住宅的情况（住房面积、建筑层数、方位、密度、建筑质量、功能布局等）。

(12) 工程设施资料　主要包括市政工程和公用事业的现状资料，包括设施的位置和规模、管网系统及其容量等。

(13) 村庄现有的园林绿地、风景区、文物古迹、标志性建筑等资料。

(14) 村庄行政、科技、文教、卫生、商业等机构的现状和规划资料。

（二）明确思路

村庄规划首先是要明确今后发展中村庄在区域范围内的基本功能，故此村庄布局应该认真全面地分析该区域资源、产业格局等，明确村庄空间定位。其次，进一步分析村庄的自然环境条件、人文背景、社会经济构成、产业发展情况，决定村庄内部建设布局和功能实现。第三，通过已有的空间布局来明确具体地块的建设内容或项目，进行深化设计。最后要坚持"长远规划、分期实施"的理念，将现行的村庄规划作为长远规划的一部分来认识、操作，避免大迁大建，避免农村聚落的"城市小区化"倾向，创建农村可持续发展的特色基础。

（三）规划方案评估与报批

村庄规划方案评估要有相关法律规范、技术标准规范、党和国家方针政策及政府、城市规划主管部门的指导意见为依据，制定共同的评估标准和评估方法，来判断规划设想或规划方案构想的"优与劣"、"好与坏"，选出较为适当的方案。比如北京市规划委员会下发了编印的《建设社会主义新农村有关讲话、文件、法规、标准汇编》、《村庄规划试点设计主要内容要求》和《村庄试点用地分类及制图标准》等参考文件和标准。其中《建设社会主义新农村有关讲话、文件、法规、标准汇编》汇集了近期中央及北京市领导关于"三农"问题的重要讲话，国务院、建设部有关文件和指导意见，以及国家、北京市地方法律法规和政策等。《村庄规划试点设计主要内容要求》明确提出了试点村规划的技术要求和成果要求，其中包括六项原则：一是村庄规划应服从上位规划（总体规划、新城规划、乡镇域规划）要求；二是要从村域用地范围（包括农业发展用地、宜农产业用地）进行规划布局的研究；三是村庄人口应以自然增长作为人口核算的标准；四是规划中必须考虑适合当地的宜农产业发展，促进农民增收；五是应在住宅设计、环保节能、公共中心设计、环境整治等方面提出设计细节，以方便建设实施；六是对村庄近期实施的项目，应提出设计方案和投资估算，以引导政府近期的公共财政投入。《村庄试点用地分类及制图标准》按照现有国家标准，结合北京农村实际特点，对村庄用地分类进行了界定，并规定了制图的标准。以上文件的出台，为新农村规划编制提供了有力的技术指导。

规划方案初步拟定后，邀请当地政府负责人、主管部门和专家，对规划方案进行评审或论证。然后规划工作者根据评审或论证意见，认真研究，做必要的修改调整，形成规划文件。规划成果应按相关规定，报政府主管部门或上一级规划决策机构审批。在实施村庄规划方案过程中，要经常检查规划的可行性和实际效益，根据新发现的问题情况，对原规划方案做出必要的调整、补充或修改。

(四) 实施村庄规划

新农村的建设要以村镇总体规划为指导，在认真做好与农田保护规划、产业发展规划、园区规划及水利、交通等专项规划衔接的基础上，按照适度超前、各具特色的要求，科学规划村庄布局，确定建设方案，有层次、有步骤地组织实施，切实维护规划的统一性和严肃性。

规划实施的起步工作虽然艰难，但只要政策指导到位、激励有效，一定能充分调动各部门和农民的积极性，顺利推动这项工作的健康发展。一要有一个全面系统的规划来指导新农村建设工作有序、规范开展；二是应制订一套行之有效的考核验收机制，对新农村建设工作进行定性和定量考核，强化管理。三是通过政策的推动落实一定的启动资金，财政应安排适当补助资金，以帮助、吸引农民进新农村建房，保障新农村建设逐步推开。四是充分尊重群众意愿，调动群众积极性，以农民自愿、村民自治为主，不搞强迫命令，不搞大包大揽。五是循序渐进，务求实效。要尊重客观规律，因势利导，抓好典型引路，抓好示范带动，做到以点带面，点面结合，扎实推进，务求实效；不急功近利，不搞形式主义，切忌违背群众意愿和客观条件强行硬推。

第三节　新农村家园案例分析

本节以北京市房山区韩村河新村建设、怀柔区大水峪村整治规划、怀柔区西台子村新村规划三个不同角度的实际案例进行探讨，以期对今后新农村规划和建设有所启发和借鉴。

一、房山区韩村河新村建设案例

在我国广大农村,既有规划又在建设的现代乡村建设正在不断掀起。下文以北京房山区韩村河镇为例,探讨京郊社会主义新农村建设的模式。

(一)建设概况,展现都市新村

韩村河镇位于北京市房山区西南部,距北京市区约50公里,属北京市33个中心镇之一,是京郊著名的建筑之乡,是都市化的农村,是腾飞的中国现代农村的典型代表。

改革开放以来,韩村河村立足实际发展,抢抓机遇、艰苦创业,走出了一条"以建筑业为龙头,集体经济全面发展,实现村民共同富裕,三个文明建设显著提高"的发展之路,创造了年产值30亿元、利税2亿元的辉煌业绩。昔日贫困落后的韩村河村,已经被初步建设成为一个基础设施完备、各项产业蓬勃发展、村民安居乐业的社会主义新农村。

置身其中,街道的静谧、干净以及出色的绿化,路旁一栋栋状如别墅的小楼,明快和谐的红顶白墙、红顶黄墙,明亮的塑钢玻璃窗,宽敞的观景阳台,大气庄重的中式琉璃瓦飞檐伴同秀美挺拔的欧式尖顶、圆柱,在阳光下一同展示着靓丽的风采。不同风格的别墅楼区、宽敞的街道、高雅的建筑小品、现代蔬菜大棚、花卉基地、星级饭店、村办大学、公园、医院等组成了中国新农村的风貌,被评为"京郊双文明第一村",赢得了"乡村都市"之誉,为国家AAA级风景区。

(二)艰苦创业,发展集体经济

在改革开放初期,韩村河村因集体经济弱、村民收入低、群众生活环境差而一度被称为"寒心河"。在当时一无资金二无资源的情况下,集体组织村里仅有的30多名"泥瓦匠"成立了韩村河建筑队,开始了艰苦的创业之路。经过28年的艰苦奋斗,韩村河建筑队已经发展成为国家特级资质的,集建筑、市政、水利、公路、园林古建筑、房地产开发、建材和资产经营等于一体的大型企业集团——韩建集团,先后获得了"全国优秀施工企业"、"用户满意企业"、"重合同守信用单位"、"全面质量管理优秀奖——金屋奖"、"全国乡镇集体建筑企业第一名"、"中国建筑行业最大经营规模乡镇企业100家第一名"、"全国工程建设优秀QC成果奖"等光荣称号,并被美中经济合作组织推选为中国首席企业。目前,韩建集团所属100多个项目经理部,拥有6 000多名高、中级工程技术人员和固定管理干部,职工全员最高达5万人。

韩建集团根据市场变化探索出经营发展的新思路,实施了"以房地产业为龙头,以建筑施工和工业项目为龙身,以三产项目为依托,加快韩建集团发展"的"二次创业"新战略。韩建集团生产经营的迅猛发展,有力地保证了韩村河村在新农村建设过程中各项工程的巨额资金投入。

(三) 科学规划,构建和谐新村

为了彻底解决村内民房建设带来的诸多矛盾,从根本上改善村民的居住条件和生活环境,实现全体村民的安居乐业,构建富裕、文明、和谐的韩村河。1990年,在不断加大全村基础设施建设、投资的基础上,开始着手对韩村河进行统一规划,科学地制定了韩村河小城镇建设发展的总体规划蓝图。按规划设计,全村共分为11个小区。小别墅分民族式、欧式、美式等,其面积则分别为260平方米到360平方米四种。

为了保证韩村河新村规划方案的顺利实施,让全体村民共享发展成果,使普通村民都可以买得起、住得起新房,集体先后制定并出台了多条相关优惠政策。结果,韩村河村民实际交纳的楼房款只占楼房造价的20%,全村村民都高高兴兴地住进了新楼,消除了村民在住房上的不平等心理。

到2004年,村集体累计投资5.3亿元,建成了581栋别墅楼、21栋公寓式多层住宅楼,总建筑面积近20万平方米,全村910户

2 700多口人全部住进了新居,人均住房约68平方米,旧村改造全部完成。新村建设使韩村河村节余出的土地全部恢复为耕地或苗圃园,使原来村民住宅参差不齐、村内环境脏、乱、差的韩村河村变成了布局合理、特色鲜明的现代化花园式的新农村。

为了与整体村容村貌相配套,在完成旧村改造的同时,本着以人为本的思想,不断加强各项基础设施建设,大力发展公共事业,最大限度地满足村民的各种实际需求。为解决群众出行难的问题,村里建成了东西9条路、南北14条街,并经过与客运公司协商,开通了917支线,村民乘车进城仅需90分钟。为了满足村民收视的要求,村集体投资为每户村民安装了闭路电视接收装置。同时,还建成了电信支局、邮政所、影剧院、卫生院、锅炉房等多项配套公共设施。为了长期保持村内整洁舒适的自然环境,村内专门成立了花木公司,常年有专人负责全村的绿化美化工作。多年来,村集体共投资2 200万元在村内小区实施了"立体绿化工程",使全村林木覆盖率达到60%以上,连续多年被全国绿化委员会评为"全国绿化造林千佳村"。

(四) 解决就业,完善社保体系

建筑业、旅游业、服务业的发展很好地解决了韩村河村村民的就业问题。目前在韩建集团就业的人员达到5万人,村里劳动力1 300多人全在集团得到了安置,就业率达到了100%。此外,还吸纳了周边农村剩余劳动力,有效地提高了农民的生活水平。

为了使村民的生活更有保障,不断完善村里的社会保障体系。村集体每年为村民发放口粮、副食、供水等方面的补贴,上级对村民收取的各项管理费用一律由集体上交。村里对老年人实行生活补助制度,60岁以上的老人每月9日按时领取180~300元(每岁3元)的生活补助。每年中秋节,集体还为老人发放月饼和100元节日补助,使全村实现了"老有所养"。此外,韩村河村民每年还可享受80元的医疗保险。到目前为止,已经为村民报销医药费16万多元,使村民们实现了"病有所医"。

为了巩固和发展韩村河村取得的成绩,使更多的农民享受改革发展的成果,近几年,村集体提出了建设韩村河中心小城镇的构想。即以韩村河村为中心,着手建设包括市政、医疗、卫生、文化、商场等基础设施和服务配套的现代化小城镇典型,辐射带动周边村镇的发展,进一步提高韩村河村和周边村民的收入和生活水平。

(五) 提倡文化,培育新村人才

为了培养新型农民,提高村民文化素质,村集体坚持办好教育。当年,韩村河建筑队挣得的第一笔钱,就投在了村小学的建设中。1993—1995年三年间,村里又投资3 000多万元,建成了集幼儿园、小学、初中、高中、大专为一体、可容纳3 000多人的村教育中心。这些年来,韩村河村通过岗位培训、业余进修、正规专业培训等多种形式,共培养各类人才1 000多名。

为了给村民学习知识创造条件,在村里建成了大众图书室,藏书近万册;在村内设置了各种宣传栏和宣传橱窗;在鲁班公园建成了"韩村河'三个代表'档案展览室",向村民宣传党的富民政策和韩村河的大好形势;村委会连续12年给每户村民订阅了《农民日报》、《京郊日报》等报刊;宽带网络也接入了每一幢农民的小别墅楼。

为加强对村民的宣传教育,韩村河村成立了文艺宣传队。通过喜闻乐见的文化活动,引导村民树立正确的人生观、世界观和价值观,倡导健康、向上的生活方式。为了实现对党员、干部、群众行为规范的教育,制定了《韩村河人文明公约》,用以规范村民日常行为。韩村河"两个文明"齐头并进,村风和谐了,干部、党员、群众的思想境界也提高了,全村创造、形成了一种宝贵的精神财富——"韩村河精神"。

(六) 加强法制,保障发展秩序

韩村河村坚持依法治村,坚持制度管理,保障了村里良好的生产、生活、发展秩序。在坚持廉政建设中建立健全的群众监督机制,把广大群众、广大党员、广大干部对领导班子的有效监督落到实处,不断加大对村务、政务公开、村规民约及党纪法规的宣传落实力度。不走形式,真正做到民主选举、民主管理、民主监督、民主决策,依法治村,还政于民。依据《村委会组织法》,结合本村的具体实际,经过村民代表大会讨论,制定了韩村河村《村民自治章程》。对全村计划生育、环境卫生、治安管理、交通安全、民事调解等,实施了规范化管理。由于制度比较健全,党委严于律己,在村内和集团形成了勤政廉政的良好风气,得到了村内群众乃至各界朋友的信任和支持。韩村河村也因此连续多年荣获"全国文明村镇示范点"、"全国农业旅游示范点"、"国家 AAA 级旅游景村"、"首都文明村"、"北京市民主法治示范村"、"首都平安示范村"等光荣称号。

二、怀柔区大水峪村整治规划

本规划是由清华大学工艺美术学院、中国农业大学农业规划科学研究所完成。

(一) 背景分析

1. 区位分析

怀北镇大水峪村具有良好的区位优势(图 5 - 1)。西南距县城 15 公里,距镇政府驻地 6.5 公里,东北距白家村 0.8 公里,南距邓各庄 2.2 公里。111 国道、京通铁路分别从村西和村北经过。从北京北四环路出发,沿京承高速公路驱车半小时便可到达。村东有云蒙峡、三山谷等景区,村西有幕田峪九谷山、神龙峪等景区。村北有幽谷神潭、紫云山自然风景区等,村南有红螺寺、雁栖湖等景区。

2. 经济现状

据 2005 年统计,大水峪村有 720 户农户,人口 2 100 名。2005 年全村经济总收入 5 784 万元,其中出售农产品收入 36 万元,村民人均年纯收入 8 978 元。该村经济以民俗旅游业为主,农、林、牧、工、副多种经营。村内参与民俗接待农户接近100户,户均年收入6万元左右,基本形成一定规模。村内所产红肖梨享誉京城。

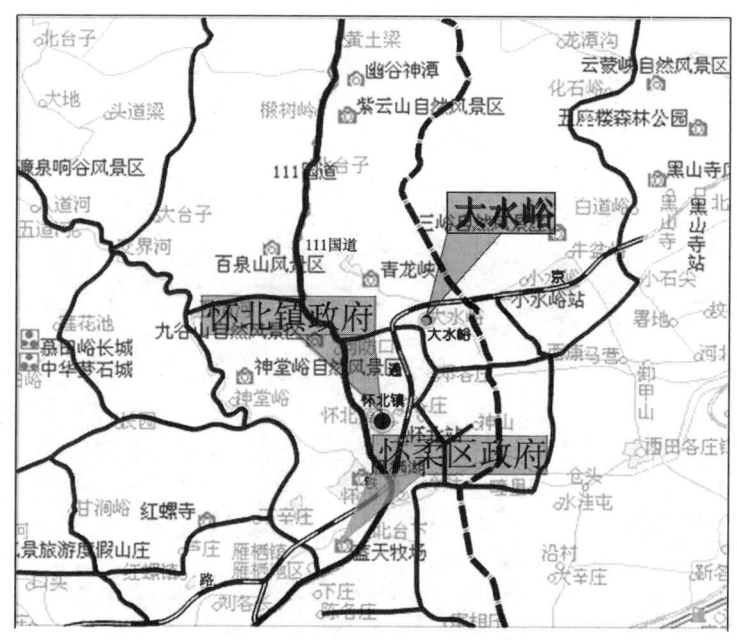

图5-1 大水峪村地理区位

3. 用地现状

大水峪村与青龙峡景区相毗邻,整个用地呈南北向坡地形态,北高南低(图5-2)。西高东低山地上,最大高差达15米。村庄总建设用地36.9公顷,人均建设用地为175.6平方米。村西现有一处500~600亩旅游配套综合开发项目。村东现有两处旅游配套开发项目,分别为:文化新村,占地200亩左右,已建成200户三合院;山水园占地200亩左右,项目已经启动。村东南的沙河治理近500亩,为村庄果林产业发展提供土地条件。

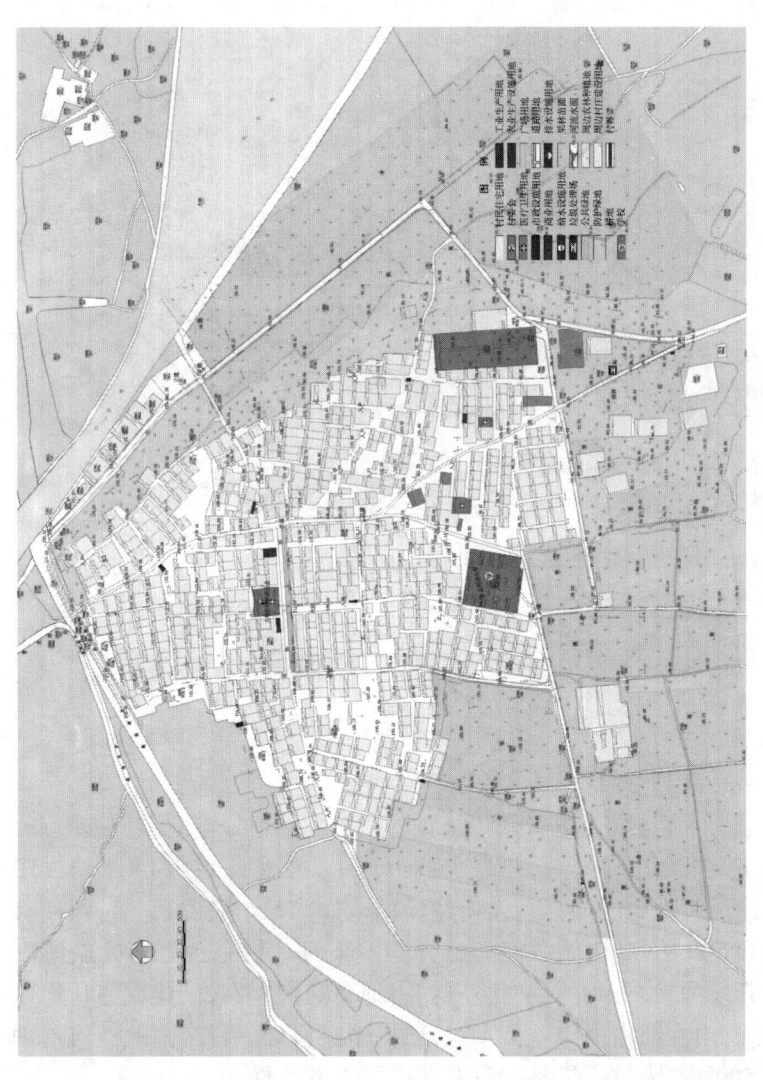

图 5-2 大水峪村土地现状分布

4. 历史遗迹

村北明代古长城上的敌楼、烽火台保存基本完好,另有一偏楼造型奇特。大水峪关口建筑已毁,西坡上存有一敌楼条石基座。大水峪关自清代至民国初年均为北通丰宁阁镇的驮运道。村内现存有明嘉靖五年(公元1526年)十月望日立柏尔庵碑1座。村委会院内有银杏一株、古槐一株,均列为县一级古树。

5. 住宅建筑

大水峪村的民宅以单层砖瓦房占多数,格局属传统院落(图5-3)。厢房倒座,屋面为双坡屋顶,建筑外墙有清水砖墙和石材砌筑,大多建于20世纪70~80年代。人均住宅建筑面积在30平方米,每户宅基地面积一般120平方米左右,庭院面积大约200平方米。但由于村庄高程变化较大,各居住片区位于不同台地上,以及当地丰富的石材,易于营造山地特色建筑。

6. 道路设施

该村聚落沿山麓略呈长方形,村庄外半环村路,宽度约5米,村庄内道路网密度较高。路面硬化率达60%,主路面材料为沥青。村内道路景观较呆板、杂乱,缺少道路绿化。街道边垃圾乱堆乱放现象突出。电线杆林立,没有统一规划。

7. 景观绿化

该村闲置地较多,没有村民活动的集中绿地,只在村委会对面有小型活动健身场所。村内道路两侧绿化以低矮灌木、槐树、杂草为主,树形、树色、树的层次较多,但树种单一。村落庭院内植物多是自然生长的杂草、灌木,部分院内已硬化,庭院经济没有考虑,景观较少。村内整体绿化较为浓密,但无特色,没有形成四季成景、层层错落的景观绿化系统。

8. 公共服务设施

村内现有村委会、小型的村民健身活动场地、零散的小商业摊点、医务室、托儿所、大水峪小学。村内尚无老年活动中心、文体活动中心、文化站。

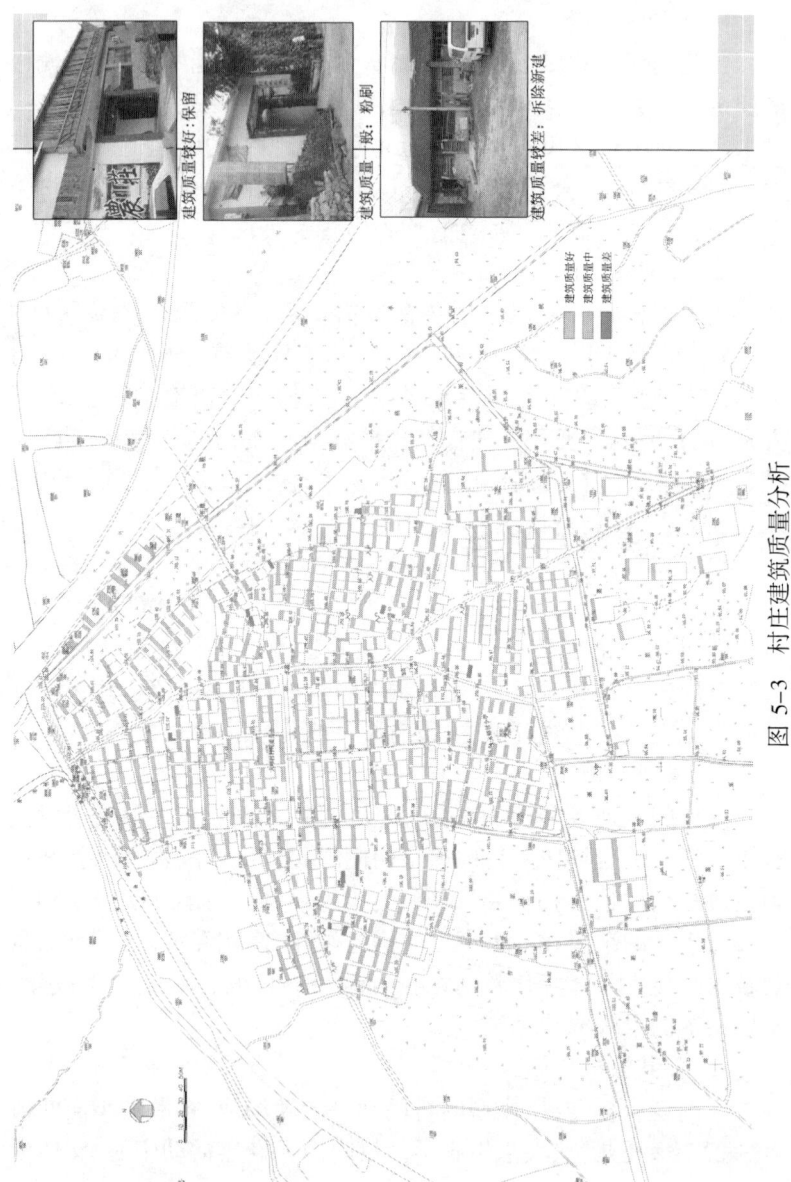

图 5-3 村庄建筑质量分析

9. 市政基础设施

大水峪村内已经初步铺设了给水供水管道,但无室外消防给水系统。虽然村内水资源比较丰富,但由于近年来水源的污染,资源浪费比较严重,以及村庄用水量的不断增加,管网长年失修,现有的给水系统不能满足今后大水峪村产业经济发展的基本要求,因此应重新规划大水峪给水管网工程。

目前,大水峪村还没有污水处理厂和其他集中污水处理设施,村内道路两侧也无排水措施,雨水及村户院落内生活废水直接在路上倾倒,对周围环境造成一定污染,严重影响生态景观和环境质量。每户设有小型混凝土预制化粪池,收集户内厕所排放的生活污水,经化粪池简单处理降解后,定期清掏。

大水峪村已布局区域电力网。全年生活用电量24万度,变压器均为露天杆式变压器,变压器线路为架空铺设,一户一表。随着村庄产业的发展和居民生活水平的提高,村民的生活用电将有所增加,目前的电力设施不能满足未来需要,急需进行统一规划。每户均为一个配电回路,即照明与插座为同一回路,存在用电不安全隐患。现有低压架空干线线路架设较整齐,但至用户电表的线路比较零乱。

村庄现有一处垃圾填埋场,人畜粪便用于农田肥料,村庄内有五处垃圾收集点,但管理较差,村民随意倾倒垃圾,污染严重,影响村民的日常出行和身体健康。村庄内生活能源主要采用液化石油气、煤和柴,供暖主要是村民自备设备。

(二)存在的主要问题

1. 产业定位不明确

目前该村借助青龙峡景区资源优势,部分地区已零星布局一些农家乐、休闲农庄等,但由于没有前期统一规划管理,在项目运作过程中存在着一些问题,主要表现在发展定位不明确、建设投入不足、旅游配套服务设施发展落后、旅游产业发展不突出,还未形成产业链。

2. 民俗旅游业发展缓慢

村庄现仅有 100 户民俗接待户,不能满足青龙峡等周边游客对民俗接待的要求。在规划中需提高村庄民俗接待能力,进行统筹安排,以促进村庄民俗旅游产业规模化的发展。

3. 旅游发展无特色

村内现有古长城、敌楼、烽火台、古树、戏台等文化遗址,以及"家乡肠"、"二八席"、"炸知了"等饮食文化还没有充分挖掘和利用,村庄应整合规划村庄及其周边旅游资源,安排游览路线,突出大水峪旅游发展特色。

4. 农业产业发展水平不高

大水峪现有红肖梨、苹果、桃等特色果品种植,未形成品牌效应,新品种覆盖率低,产品以自产自消为主,未形成果品产业链。

5. 基础设施不完善

村内仅有部分硬化柏油路。给排水、电力电讯、环卫等设施发展落后,导致环境较差,影响村庄对外形象,还不能满足村庄发展的要求。

6. 公共配套服务设施不足

村内现有村委会、卫生站、托儿所、小学以及零星商店等公共服务设施,不能满足村民生活需求和村庄今后发展的要求。

(三) 规划指导思想、目标及原则

1. 指导思想

按照"现代农业稳村、集市贸易活村、民俗旅游带村"的基本思路,科学规划村庄,稳步发展优质粮食生产,搞活农村集市贸易,重点发展生态民俗旅游产业,拓展大水峪村的生产、生活、生态和旅游四大功能,构建多层次、多文化的服务产业结构,形成吃、住、游、购一条龙的复合型产业链,和以旅游服务的发展解决村民就业、增加村民收入的模式。近期对村庄进行渐进式改造,以保留、更新、整治为主,修建道路、给排水、环卫等基础设施,改善大水峪村民的生活环境质量,提高村庄民俗接待能力,将大水峪建设成为集生产、居住、休闲和生态旅游为一体的社会主义现代化都市村庄(图5-4)。

图5-4 村庄总平面规划图和鸟瞰图

2. 目标

(1) 产业发展形成新格局　至2010年,全村果品生产、民俗生态旅游两大主导产业格局基本形成,实现村有特色产业、户有致富项目。全村农业产值增长30%,实现旅游经济年总收入超过8 000万元,成为新的经济增长点。

(2) 村庄面貌呈现新气象　全面完成720户村民住宅建设和改造,生活污水处理率和垃圾无害处理率均达到100%;道路硬化率100%;全村绿化覆盖率达65%以上。建成具有城镇化住宅设施、田园化居住环境的人与自然和谐发展的生态宜居新农村。

(3) 村民生活水平新提高　农民人均可支配收入5年年均递增8%,2010年达到1.5万元。全村电话通讯、有线电视和燃气入户率均实现100%。

(4) 乡风民俗形成新风尚　村民普遍树立社会主义荣辱观,95%的农户成为"五好家庭"标准户。农民科技文化素质普遍提高,"有理想、有道德、有文化、守纪律"成为村民自觉遵守的行为准则。

(5) 建立村务管理新机制　实现民主选举、民主决策、民主管理和民主监督。村务公开制度化、经常化。村民对村级管理满意率达到95%。

3. 规划原则

(1) 科学规划,全面发展　坚持规划先行、示范引路、以点带面、稳步推进。在发展经济的同时,坚持社会建设、文化建设全面发展。

(2) 因地制宜,注重实效　坚持量力而行、民主商议、引导扶持,着力改善村民生产生活条件,解决村民最迫切、最需要的实际问题,为广大群众谋取实实在在的利益。

(3) 规划特色原则　从建筑形式、空间环境的营造上,体现规划的地域特色,考虑度假、休闲、旅游等功能。

(4) 功能支持原则 依据居民及游人活动的时段性、季节性以及不同的层次需求,结合民俗旅游特色,提供形式多样的活动场地,增加村民参与的空间以及交流氛围。

(5) 循环利用,持续发展 在加快经济社会发展的同时,加强环境保护,改善生态环境,保持人与自然相和谐,实现可持续发展。

(6) 近远期结合原则 以民俗旅游发展及毗邻青龙峡优势为契机,加快村庄配套服务设施建设,预留村庄后期发展用地。

(四) 产业规划

1. 发展定位

借助青龙峡景区综合优势,以村庄历史文化为基础,以自然生态环境为依托,大力发展村庄民俗旅游业,打造大水峪文化生态旅游品牌,即以观光、娱乐、休闲、民俗体验、特色餐饮为主,兼具购物、科普、影视文化等多层次开发的民俗旅游村。其客源市场定位是北京的自驾车旅游者、假日旅游观光团,以及部分国内和国际长线旅游团和民俗考察团,同时还能够满足青龙峡景区的日常接待,使之与景区协调发展。

2. 具体规划

根据大水峪村域产业发展趋势,将整个村域产业空间结构规划为五大片区(图5-5),即旅游配套服务东区、旅游配套服务西区、农业生态旅游区、民俗旅游度假区(旧城保护与更新区)、原生态恢复区。

(1) 旅游配套服务东区 以村东(大沙河以东)现有400亩文化新村、山水园项目建设为依托,在3~5年内将村东1 200亩土地集中连片发展成为旅游配套服务区,开发400套旅游配套用房及相关服务设施。

(2) 旅游配套服务西区 结合村西现有500亩旅游配套综合开发项目,积极招商引资,连片开发,用3~5年时间,形成1 500

亩集娱乐、休闲、度假、餐饮、商务、会议等于一体的综合性配套服务区。

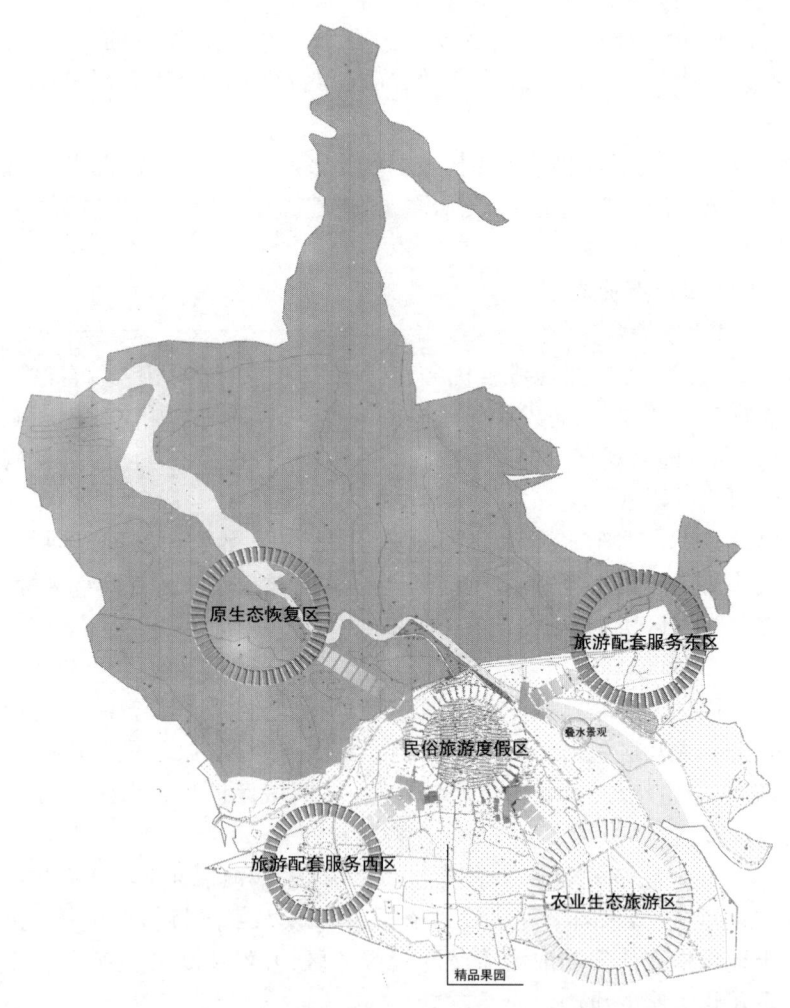

图 5-5 大水峪村域产业空间结构布局

(3) 农业生态旅游区　在大水峪村现有红肖梨等特色果品产业的基础上,加强农业现代设施投入,采用旱作节水、防虫抗病等技术,扩大规模,培育该村红肖梨果品品牌。在村庄东南及南部集中建设集农园采摘、观光休闲、科普培训、民俗参与、农耕体验于一体的综合性农业开发区。

(4) 民俗旅游度假区(旧村保护与更新区)　在对村落特色、价值及现状重新认识与评价的基础上,保护现有村落格局,保存和开发村落特色、加强古建筑的维护和建筑空缺弥补,整治历史环境,改善基础设施,充分挖掘大水峪的文化内涵景观资源和潜在优势,促进旅游业的发展,把大水峪村建设成为以乡土生态环境为主的体验型民俗旅游度假村落。

(5) 原生态恢复区　大水峪村村北已有约 4 200 亩山地,山上林木覆盖率达 70% 以上。为了保护、恢复山地与原生态环境,村庄通过防护林建设,实现生物栖息、涵养水源、净化空气、景观绿化功能。

3. 民俗户规划

大力发展民俗旅游接待业,合理配置资源,加强统一管理,使民俗产业的发展实现系统化和规模化(图 5 - 6)。村内现有民俗户 100 户,规划至 2010 年村庄民俗接待户将达到 400 户。

(五) 人口与用地规划

1. 人口规模

村庄现有村民 720 户,户籍人口为 2 100 人,考虑村庄产业发展、居住条件改善后会有更多愿意留在本村的人口,结合村庄建设用地情况,故本次整治规划人口规模达到 2 160 人。

2. 用地指标

现在村庄建设用地 36.9 公顷,人均建设用地为 175.6 平方米,已超出国家村庄用地人均 150 平方米的标准。本次规划期内(至 2015 年)村庄用地逐步调整到人均 150 平方米(表 5 - 1,图 5 - 7)。

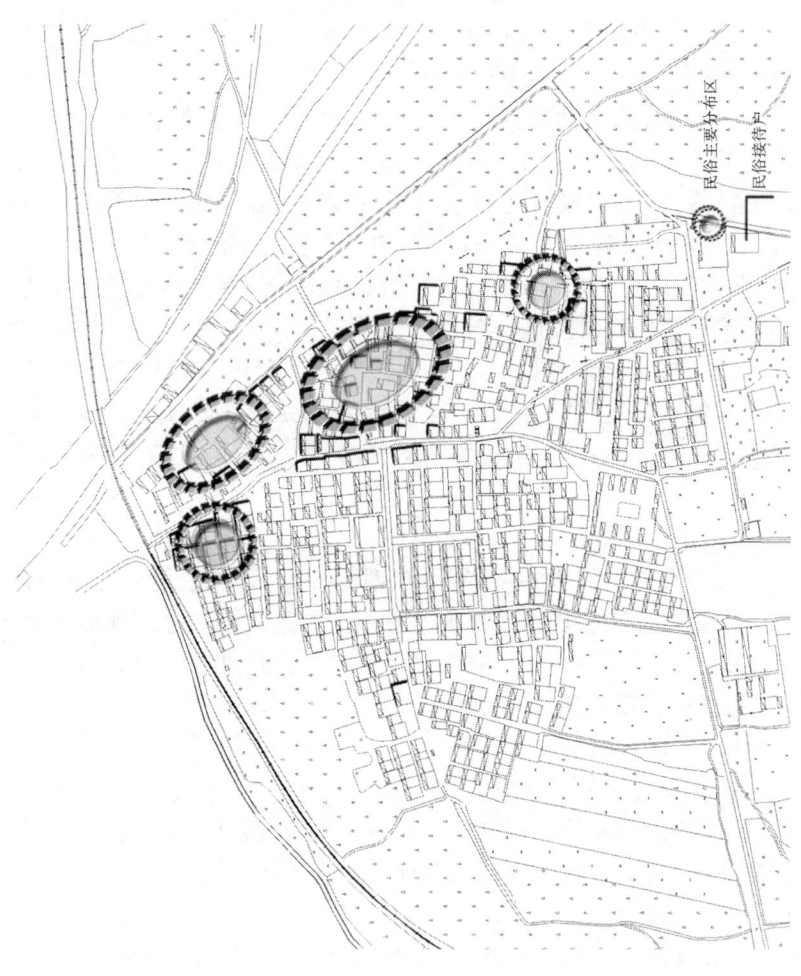

第五章 新农村家园规划与案例分析

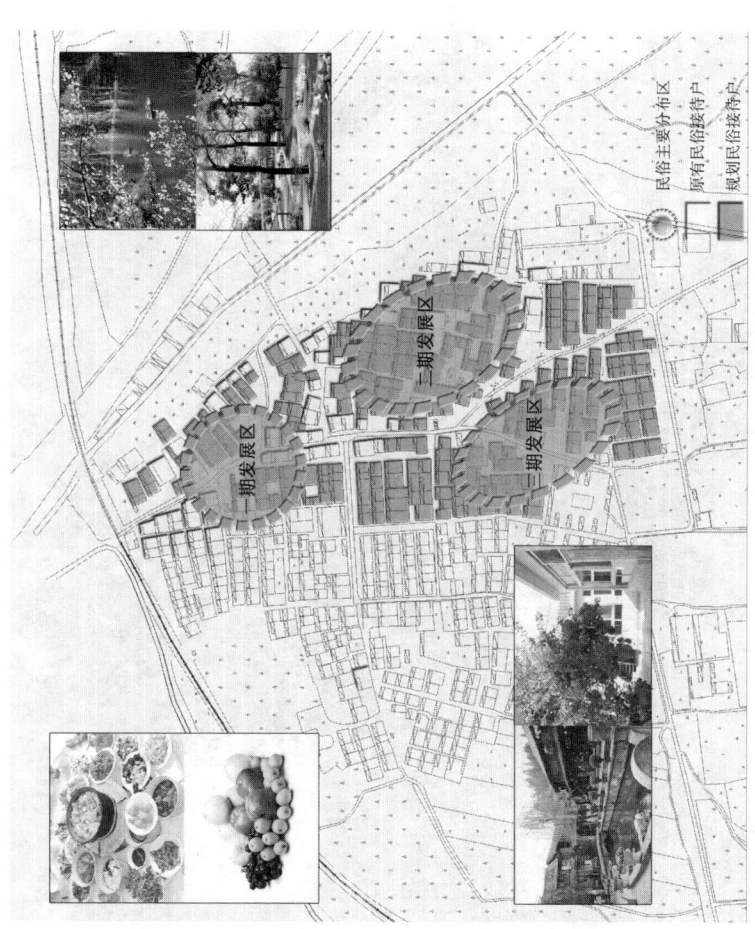

图 5-6 大水峪村庄民俗户现状与规划布局

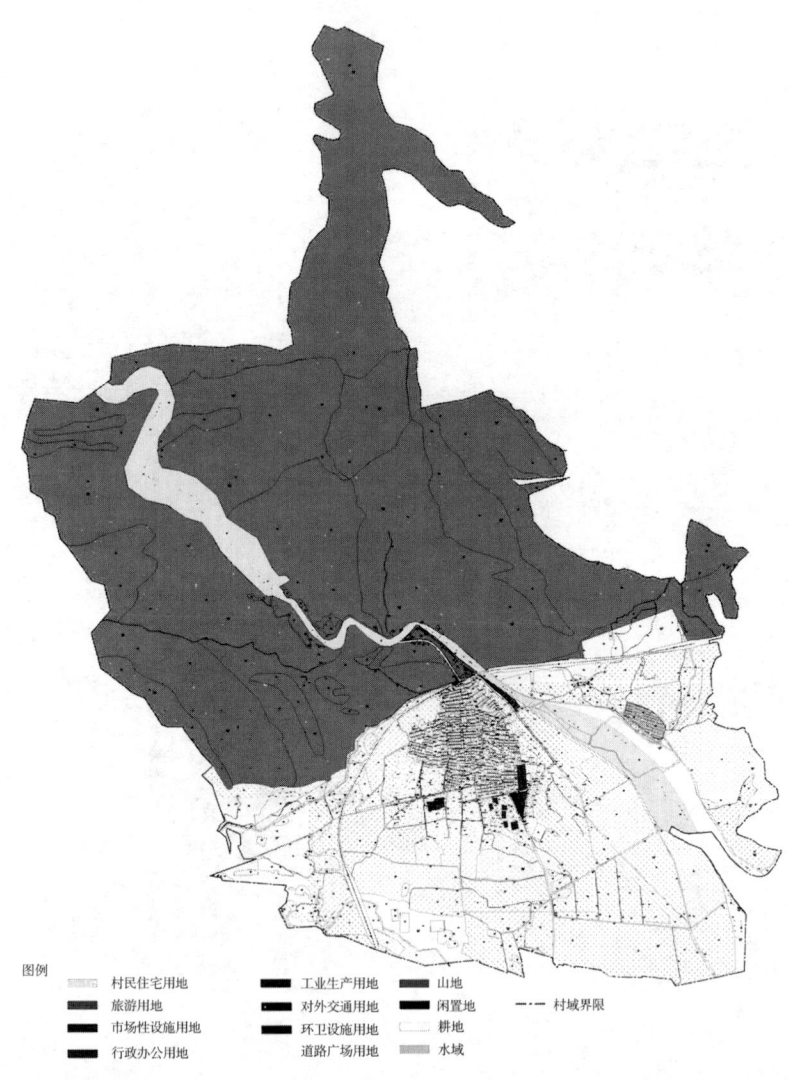

第五章 新农村家园规划与案例分析

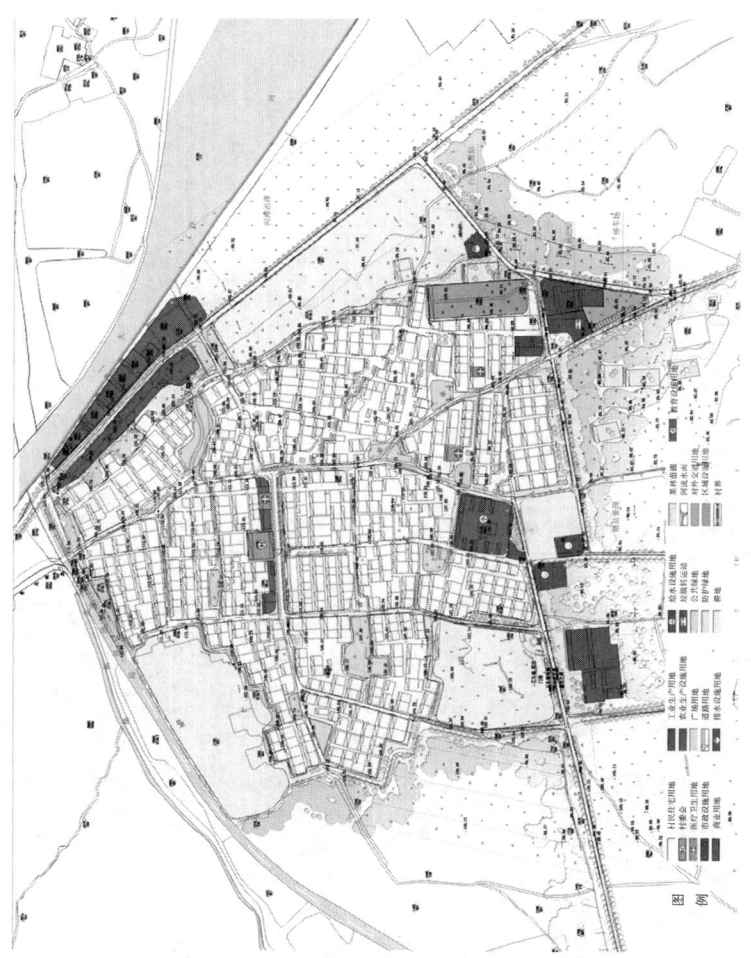

图 5-7 大水峪村域用地规划与村庄用地规划

表 5-1　村庄规划用地技术经济指标

项目	单位	现状（2006 年）		规划（2015 年）	
		数值	比例(%)	数值	比例(%)
村庄总建设用地（不含工业用地）	公顷	36.9	100	32.3	100
其中 住宅用地	公顷	25.5	72.07	22.2	68.7
公建用地	公顷	1.21	0.33	2.6	8.1
道路用地	公顷	6.13	16.6	5.1	15.8
公共绿地	公顷	0.19	0.5	2.2	6.8
市政设施用地	公顷	0.15	0.4	0.2	0.6
闲置地	公顷	3.72	10.1	—	—
工业用地	公顷	1.5	—	1.5	—
居住户数	户	720	—	720	—
居住人数	人	2 100	—	2 160	—
人均建设用地	平方米/人	175.6	—	149.5	—

规划村庄建设用地为 32.2 公顷，整治村庄内闲置用地并结合建筑设计，充分利用现状台地设计成具有地方特色的山地建筑，以达到充分利用台地。整合出的场地将作为村庄旅游配套发展建设用地，以达到集约利用土地。节约出来的用地为 4.6 公顷，其中 0.5 公顷规划为村庄民宅发展用地，4.1 公顷规划为村庄旅游发展建设用地，与青龙峡旅游发展规划相配套。规划人均建设用地为 149.5 平方米。

（六）规划布局

依据村东村西旅游配套服务区、村南农业生态旅游区及大水峪民俗旅游区（旧村保护与更新区）的产业布局，将村庄规划为"一街两带三功能区"。

1. 一街——民俗旅游街

由村北青龙峡景区入口至村庄南端，全长800米。随着村庄民俗旅游接待的发展，结合村庄山地特色及已有民俗接待户布局，将村庄东部南北主街规划为民俗旅游街，设立餐饮、娱乐、休闲、体验项目，满足外来游客多方位需求，促进村庄民俗旅游产业的发展。

2. 两带——生态带

利用村庄"南北景观生态带"将村北青龙峡景区与村南农业生态旅游区相连通，利用村庄"东西景观生态带"将旅游配套服务东区、西区相连接，共同构建村庄生态环境网络。

3. 三大功能片区

三大功能片区为青龙峡商业配套区、大水峪民俗体验区、风貌协调区（图5-8）。

（1）青龙峡商业配套区　依托村庄资源及青龙峡旅游优势，大力发展村庄旅游配套设施建设，带动村庄旅游产业及服务业的发展。规划沿村庄东部主路边，增建集贸市场、餐饮店、商店、娱乐会所等旅游配套公建，店面建筑面积3 000平方米，规范集贸市场，拓展交易品种，配套市场设施。建筑风格与青龙峡景区建筑风貌相统一。

（2）大水峪民俗体验区　对现有民俗接待区进行整合，通过改善基础设施、公共服务设施，打通部分街巷，整治宅前屋后环境，通过街巷硬化铺装等措施，达到改善村庄居住环境特色。随着村庄旅游品质的提升，外来游人的增加，村庄民俗接待户由现有100户增至400户，形成村庄东片区带状发展结构，使大水峪民俗接待水平及质量都得到较大发展。游客在大水峪体验乡村风情、民俗民风、传统礼仪、自然风景，促进大水峪村民俗旅游产业发展。

（3）风貌协调区　风貌协调区处于村庄西部环境较差区域，通过对原有村落内较差的民宅质量、环境及闲空地进行整治，并通过对村东民俗体验区的重点整治带动村西协调发展。整治以加强基础设施、环卫设施建设，改变过去配套设施落后、村民生活不便

第五章　新农村家园规划与案例分析

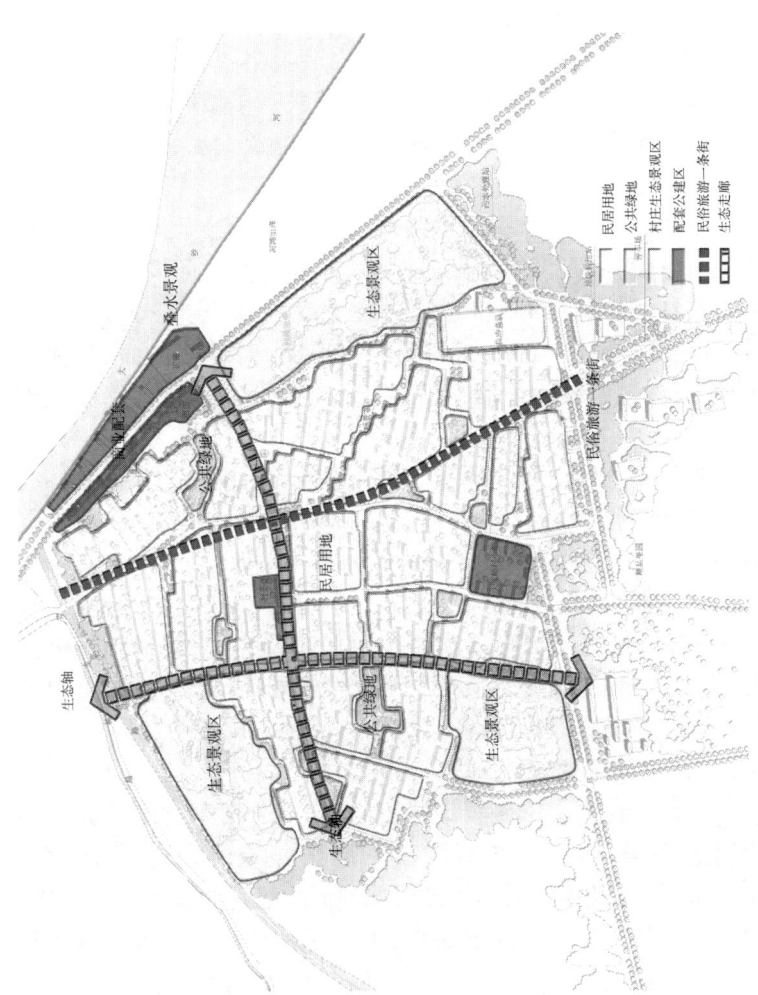

图 5-8　大水峪村庄空间结构布局与功能分区

的现状为重点。同时对村内文化遗留进行保护，形成与村庄产业发展、风貌建设相协调的功能片区。

（七）道路交通规划

沿用村庄原有道路肌理，串联村内风貌协调、民俗体验、商业配套三大功能区，通过南北、东西生态带联系村域产业结构片区，利用民俗旅游街延续村庄传统风貌特色，构架大水峪山体特色景观的道路系统（图5-9）。

主干路：沿用原有村庄主路，全部水泥混凝土硬化，依据村庄主路现有宽度，分段设置道路景观带、停车场及服务设施，规划主干路道路红线控制在12~15米，路面宽度为7~9米。

支路：结合村庄台地标高及原有道路，对道路路面、两侧绿化、排水设施进行统一规划，支路红线控制在8~10米，路面宽度5~6米。

主步行路：结合村庄原有步行路系统，道路红线控制在6~8米，路面宽度为3~4米。突出台地特色，形成步移景异的山地空间格局。

停车场：将村南三角闲置地作为村庄停车场集中用地，设有20个停车位，村内停车则以路边预留停车位为主，共设100个停车位，青龙峡景区配套公建按服务能力分别设有各自的集中停车场。

（八）景观绿化规划

对大水峪村内大量闲置地进行整治，部分用于村庄公共景观绿化用地，结合村庄"一街两带三功能区"的空间布局，村庄道路绿化、庭院景观以及村周边植被资源共同构建村庄景观绿化网络。整治后用于公共景观绿地的场地，可布置小品、雕塑、休闲亭榭等景观。

对于村庄道路绿化，可根据道路等级不同规划两侧景观，利用植被的色、形、态，营造四季成景的效果。利用石磨石碾、牌坊、古石磴、下马石等小品元素营造乡村民俗特色景观，与村庄产业主题相

第五章 新农村家园规划与案例分析

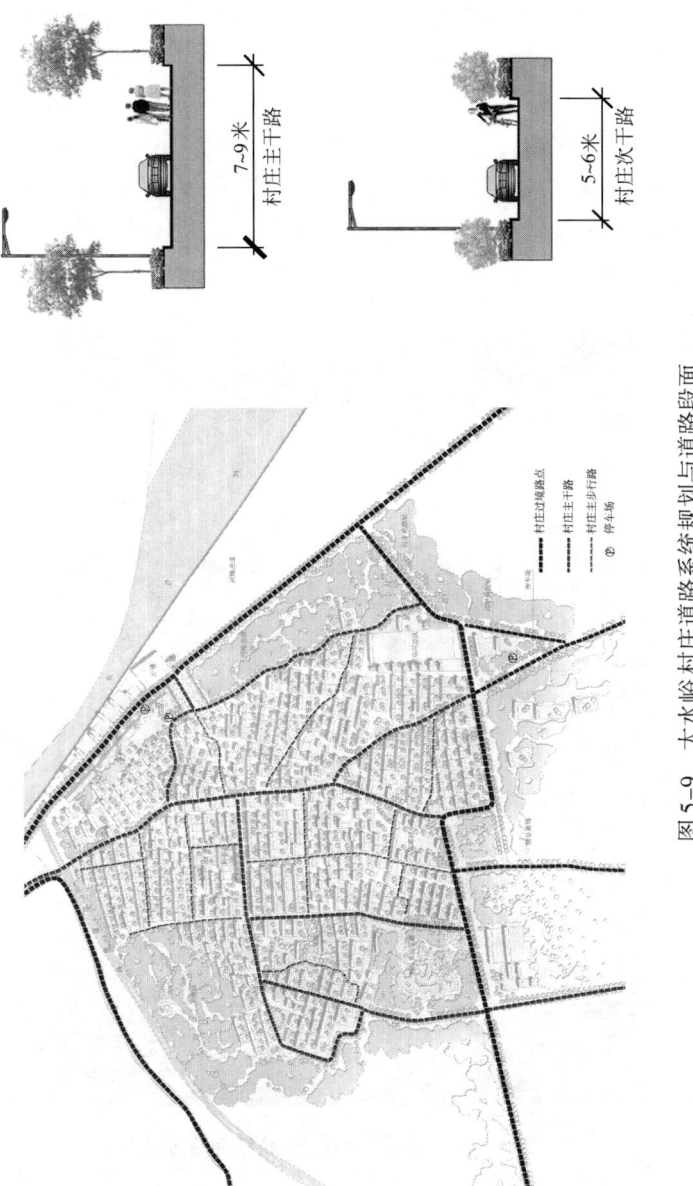

图5-9 大水峪村庄道路系统规划与道路段面

呼应。庭院绿地为居民提供舒适的绿化空间和适宜的硬地铺装活动场所,成为居民的"室外起居室"。建议村民在庭院内栽种花、草、树木。

因此,大水峪村庄的绿化景观体系的整治要与恢复和改造现有绿色体系和新建绿地相结合,将村庄北部山地、南部农田、东部河滩治理、内部交通走廊绿化融合沟通,构建立体化、多元化、开放式的景观绿化系统(图5-10,图5-11)。

图5-11 大水峪村庄景观节点效果图

（九）公共服务设施规划

规划旨在近期（2～3年内）完备各项村级公共服务设施（图5-12）。

1. 村委会

整治改造现有村委会环境，在院内布置景观小品，种植灌木、花卉。同时完善村委会内部功能，增设会议室、多功能厅等功能。村委会建筑面积将达到2 000平方米。

2. 文化活动站

结合村委会、紧邻村委会西侧残疾人活动室的改造，增建文化活动站，建筑面积为300平方米，为村民提供文化、教育等场所，同时增设就业培训设施。

3. 卫生站

整合村内现有3处小卫生室，完善现有设施，增扩现有用房，以满足村民及外来游人的使用要求。总建筑面积为500平方米。

4. 老年活动中心

结合用地现状，规划200平方米老年活动室。

5. 幼儿园

结合用地现状，利用现有设施安排幼儿园，建筑面积为300平方米。

6. 日常商业服务设施

整合村内现有店面，统一布局，并结合村内闲置地布置，主要布置方式为集中和分散两种。在各个居住片区分散布置及结合现有村委会前主街超市等集中布置。商业店面分期建设，一期建设建筑面积为1 000平方米，二期为2 000平方米。

7. 公共浴室

结合用地现状，增设村庄公共浴室100平方米。

8. 旅游配套设施

主要利用村内主要大片荒地新建旅游及配套设施，以带动村

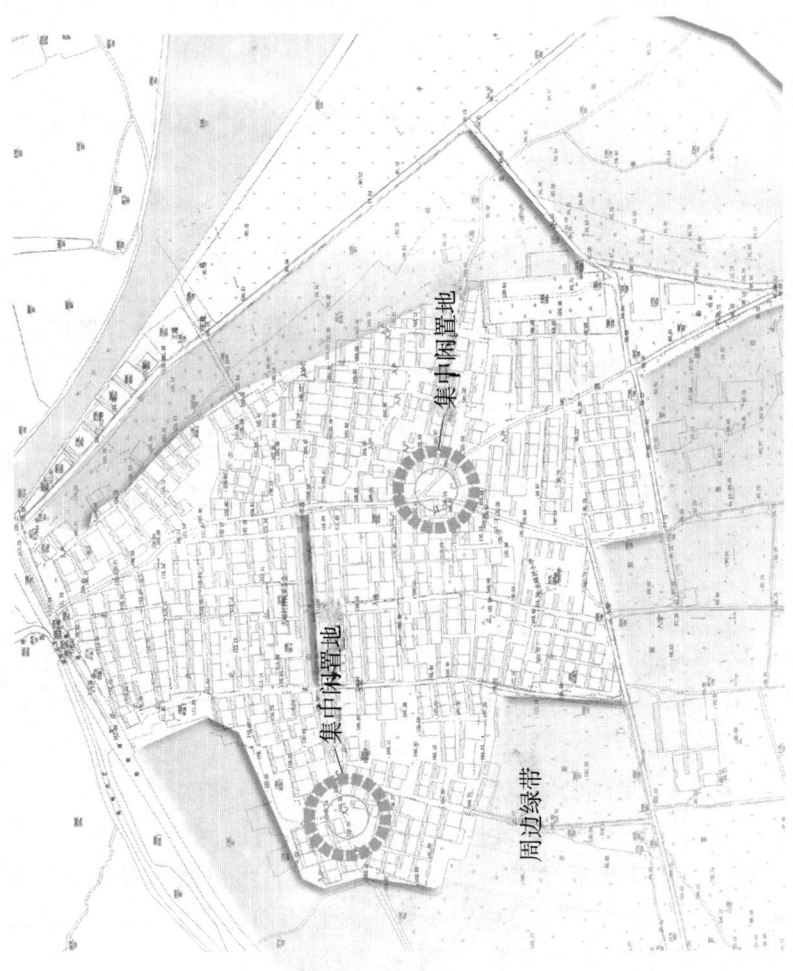

第五章 新农村家园规划与案例分析

图 5-10 大水峪村庄景观绿化现状与规划

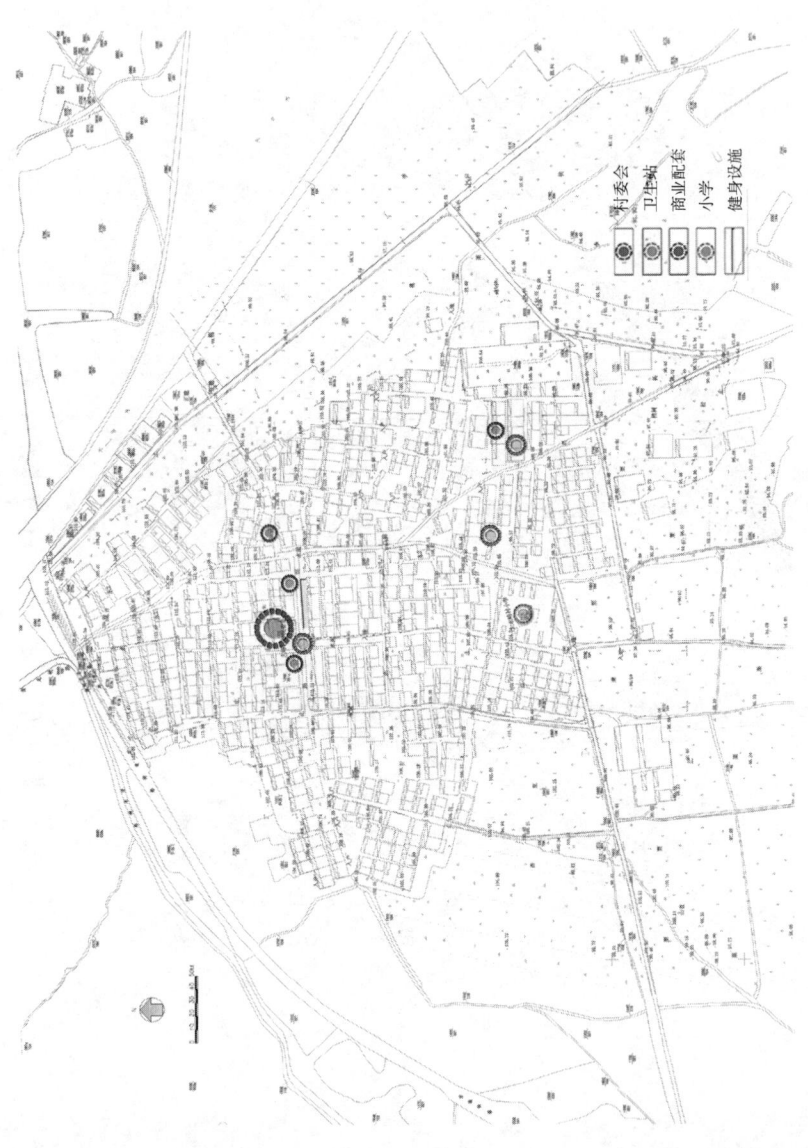

第五章　新农村家园规划与案例分析

图 5-12　大水峪村庄公共服务设计现状与规划布局

庄旅游业的发展。分期建设，一期为 1 500 平方米，二期为 2 000 平方米。

9. 入口标志

在村北与青龙峡交接处及村南设入口标志，安排两个门牌楼，并结合景观设计具有可识别性的入口广场。

10. 污水处理站

利用村东南一闲置地规划一处污水处理设施，村内污水集中收集管排，经处理排入村东河道内，污水处理量依内排水量确定。

11. 垃圾转运站

位于村南一块三角地，面积 30 平方米，建成后成为环卫主要设施。垃圾转运站周边种植灌木等景观，以免造成对环境的影响。

（十）住宅建筑规划

新建的院落式单层住宅仍可采用木框架结构，楼房则建议采用砖混结构。墙体可由黏土实心砖改为水泥空心砌块，屋顶增铺聚苯保温层，以提高房屋的保温防热性能，有利于节能，减少住户日后的采暖费用。正房基座作适当提高，以争取更多日照。在村内常住人口逐年减少的现实情况下，尽量引导各户按照实际需要来建造房屋，控制建筑面积和高度，增加院内绿化，使村民的居住环境得到进一步改善。

建筑风格的选用，参照当地现有建筑传统，考察北方民居建筑的特色，并且结合现代建筑的处理手法，形成了具有浓厚地方特色的中式现代建筑风格（图 5-13，图 5-14，图 5-15）。具体细节方面，使用了某些中式民居的建筑符号和造型，例如传统的双坡屋顶、墙面的小方窗、富有中国特色的窗棂分格等。

在建筑的使用功能设计中，充分迎合广大居民对现代生活的渴望。使用便捷的房间布置、经济紧凑的平面设计、幽雅舒适的生活环境，将在低造价的基础上极大地提高居民的生活品质。

第五章　新农村家园规划与案例分析

图 5-13　大水峪村庄住宅建筑效果示意

图 5-14 大水峪村庄住宅建筑改造效果一

图 5-15 大水峪村庄住宅建筑改造效果二

三、怀柔区西台子村新村规划案例

本规划是由清华大学工艺美术学院、中国农业大学农业规划科学研究所完成。

（一）现状分析

1. 区位分析

西台子村地处山区，隶属怀柔区琉璃庙镇（图5-16），距北京市区90分钟车程，南距怀柔县城26公里，东北距镇政府驻地10公里，东距东峪村0.5公里，西距孙胡沟村1.9公里，北距蓝旗栅子村 1.2 公里。周边有冷水鱼观赏区、梧桐岭、蜡钎山庄、云雾山庄、崎峰茶、云蒙山等旅游景点，琉璃河从村东穿过，怀柔区将开通的第二条旅游线路从西台子经过，直接与云蒙山自然风景区相连，村口与琉四路和崎西路相通，交通区位优越。

图 5-16　西台子村地理区位

2. 历史沿革

李、米、高等姓为首居户，清咸丰年间从山东逃荒过来，当时满山柞木，当地称菜树，初名菜树底下。后因沟口曾搭一戏台，遂名戏台子，后谐音为西台子。西台子村原隶属崎峰茶乡，1996 年后归属琉璃庙镇。

3. 水资源

琉璃河支流经西台子村东，汇入密云水库，河道宽约 25 米，临村庄岸线长约 500 米,水资源富集,地表水质量达国家二级标准,地下生活饮用水达到质量卫生标准,村民饮用井水,地下水埋深 4 米。

4. 植被资源

村庄周围多杏、杨、柞木等乔灌木,村域现种有板栗、核桃、苹果等经济果林及玉米、谷子、高粱、豆类等粮食作物。村四周环山,山地占 18 530 亩,林木覆盖率达 90%。

5. 产业现状

该村现有产业以油鸡、肉鸡养殖业为主,辅以板栗、核桃、苹果等经济果林及玉米、谷子、高粱、豆类等粮食作物种植业,2005 年全村总收入 147.56 万元,人均收入 6 200 元。

6. 人口经济

西台子村属基层村,现有户数 88 户(含东峪村搬迁的 20 户),人口 278 人(含非农业人口 40 人),全部为汉族人。2004 年,村庄总收入 102.34 万元,人均收入 4 300 元,其中第一产业产值 61.40 万元,第三产业产值 40.94 万元;2005 年,村庄总收入 147.56 万元,人均收入 6 200 元,其中第一产业产值 73.78 万元,第三产业产值 73.78 万元。

7. 用地情况

该村地处山区。村域面积 18 800 亩,居住用地 60 亩,人均建设用地 0.25 亩,农业耕地 150 亩,村域水域占地 60 亩,森林保护区 18 530 亩。

(二) 规划思想

以邓小平理论和"三个代表"重要思想为指导,以科学发展观为统领,按照"生产发展、生活宽裕、乡风文明、村容整洁、管理民主"的总要求,大力发展农村生产力、增加农民收入、提高农民素质、突出西台子民俗旅游接待主导产业,以山地观光、旅游配套产业联动发展为基点,吸引外来游人,以科技人才兴村、生态家园建村、支部组织带村,不断强化经济发展的支撑作用、农民群众的主体作用和体制机制的保障作用,变革发展观念,创新发展模式,转变增长方式,提高发展质量,尽快建成经济繁荣、设施完善、环境优美、文明和谐、充满活力并具有京郊特色的社会主义新农村示范村。

图 5-17 西台子村鸟瞰图

(三) 规划目标

通过西台子村的努力建设,基本实现"产业形成规模、村容村貌整洁、村民生活富裕、农村社会和谐、村务管理有序",建设成为山区典型的社会主义新农村。具体目标如下。

1. 经济持续发展

新村建设的完成,村庄将形成水岸风情观光带、民俗旅游接待村、养生创意园、原生态珍禽观赏区四个产业片区,村庄第一、第三产业不断联动发展,村集体经济实力显著增强,村民就业率100%,实现村民收入翻一番,至2015年村民人均收入达到1.5万元。

2. 科技文化进步

农民文化娱乐、健身休闲设施完备,科技发展,村民科学文化素质显著提高。完成通讯及电力电缆设施建设,实现有线电视、宽带入户,丰富村民文化生活。

3. 基础设施完善

完成村内主要广场及新建道路硬化建设,实现路面整洁、设施完善、停车有序、水表入户和清洁用水等目标。发展清洁能源,至2008年年底实现太阳能家家入户。

4. 生态环境良好

改造利用村内及周边绿化景观元素,加强村庄生态建设,保留村内现有一棵古树,完成村庄及周边道路绿化、村庄绿化美化程度大幅度提高的目标,达到村庄绿化率60%以上。全村农户旱厕全部改为三格水冲式无污染厕所。实现村内卫生环境专人整理,完成污水处理设施建设,实现垃圾封闭化、无害化处理达到100%。

5. 管理科学民主

村务公开形成制度,村级党组织凝聚力和战斗力显著增强,农民群众的知情权、参与权、管理权和监督权得到有效行使,村民对村级管理的满意度明显提升。

6. 村落特色突出

建设与村庄环境风貌、台地特色相协调,具有完善的配套服务设施、优越的环境质量及典型北方传统村落特色、兼有旅游接待功能的新型农民居住小区。同时创造资源状况、自然环境、历史文脉等相结合的吸引广大游客的新型农村。

(四) 规划原则

(1) 尊重历史文化传统,创造具有典型北方传统村落特色及山地建筑的农村居住环境。

(2) 规划设计坚持以人为本,从实际出发,从西台子村村民的实际需求出发,满足群众改善生活居住条件的迫切愿望。

(3) 改善环境品质,通过规划延续农村人际交往的家园性特征,努力创造具有自然和谐人际关系的农村新住区。

(4) 重视生态环境,结合山、水、植被等自然环境特色,坚持经济与环境协调发展,力求最佳综合效益的可持续发展。

(5) 引入最新设计理念,保持农村特有风貌,创造具有地方旅游特色的新住区。

(6) 坚持从高标准、高要求、高品位角度出发,引入新观念、新技术、新材料,在保证与历史文化风貌、自然环境景观相协调的同时,实现现代化新农村的居住目标。

(五) 人口与用地规划

村庄现有村民88户,含东峪村搬迁的20户,人口共278人,考虑近年人口变化呈现逐年下降趋势,以及村庄居住条件改善后更多愿意留在本村的人口,故本次规划人口规模维持现状人口不变。

西台子村规划用地4公顷,人均建设用地143.88平方米。用地中增加公共服务设施用地、公共绿地等,使用地更加合理(表5-2,图5-18)。

表5-2　　　　西台子村综合技术经济指标

项　目		单位	规　划	
			数值	比例/(%)
村庄总建设用地(不含工业用地)		公顷	4	100
其中	住宅用地	公顷	2.70	67.5
	公建用地	公顷	0.30	7.5
	道路用地	公顷	0.41	10.2
	公共绿地	公顷	0.44	11
	市政设施用地	公顷	0.15	3.75
	闲置地	公顷	—	—
居住户数		户	88	—
居住人数		人	278	—
人均建设用地		平方米/人	143.88	—

(六) 总体布局

随着旅游业的不断发展,西台子村村民将由从事农业生产逐步转向从事旅游服务业。村庄旅游项目实施后,接待的游人将会呈跨越式增长,该地区也将逐步发展成为琉璃庙镇的旅游新亮点。

西台子村充分依托村庄所处的自然优势，利用层层叠落的台地、潺潺的水声、幽静的山谷、清新的空气，给来村庄的游客打造一处环境优美、休闲养生的世外桃源。

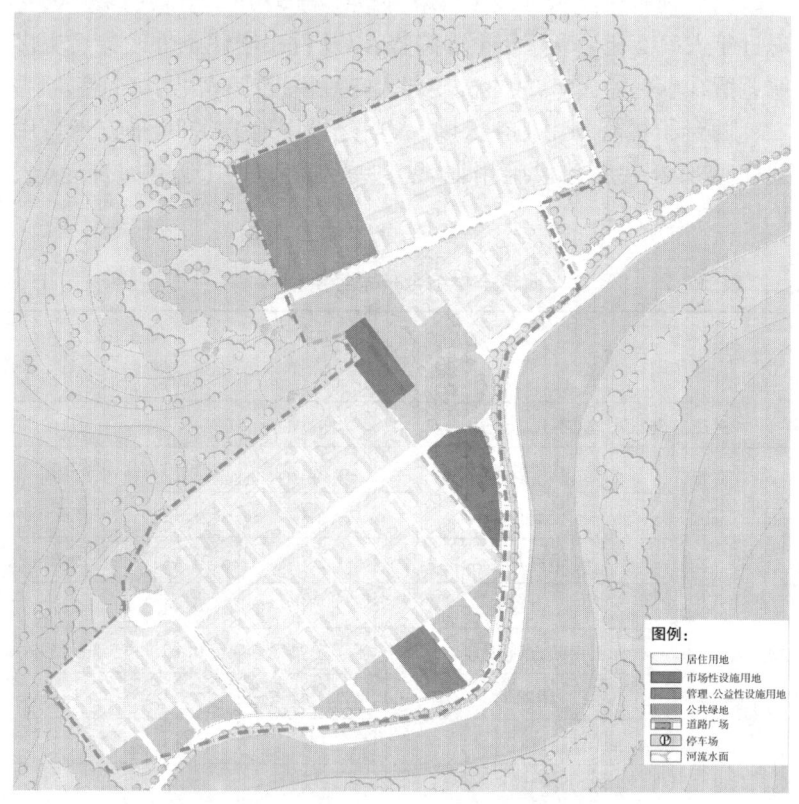

图 5-18　西台子村用地规划图

民俗接待服务功能将起着重要的基础性作用。围绕"一带一村一园一区"的产业发展，在方案的规划设计中，我们力图体现的构思特点（图5-19）如下。

第五章 新农村家园规划与案例分析

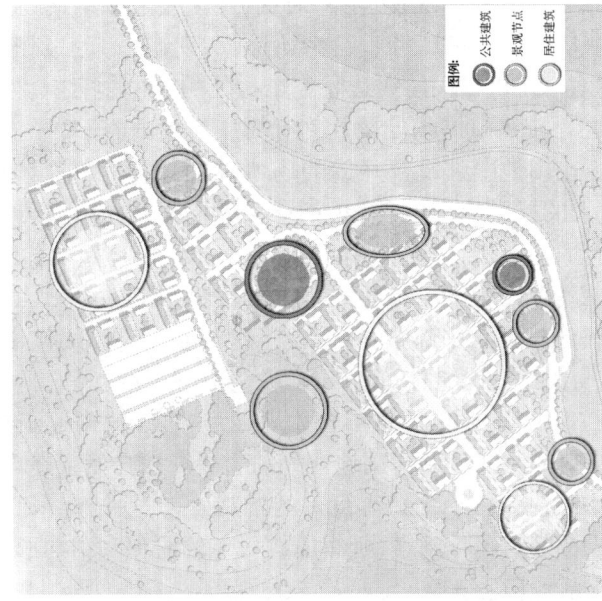

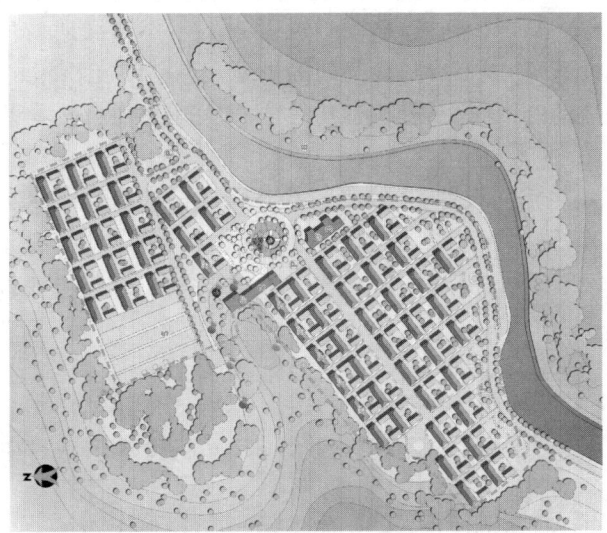

图 5-19 西台子村总平面和功能布局图

（1）结合村庄南高北低地势，通过台阶、坡道系统的设计，村民与游人可从村庄入口广场步行台阶而上，向南一直走到南部用地边缘，到达村庄供村民游人远眺整个村庄的养生创意园。

（2）在村庄入口广场处设置刻有村庄历史的石碑，形成醒目入口标识。在用地中央设有开放的场地，保留古树，布置水井、花坛，形成宜人的村民聚会中心，也为游客提供焰火表演的场地。在休闲广场周围还布置多媒体功能厅、商务会议接待室、村史陈列馆、洗浴中心、超市、卫生站、公厕等公共服务设施。

（3）村庄外环路中部布置村委会，建筑形式仍沿用村庄民宅形式，使其与民宅融为一体。

（4）在南北方向上，方案结合用地地形，自北向南逐渐抬升，形成高低错落的空间效果。用地四周的边界沿用自然生态环境围绕村庄，形成"树包房子"，获得良好的景观效果，并结合东西向街巷空间形成梯度式绿化网络，延续原有村庄的肌理和结构形式，创造良好的生活环境。

（5）在传统村落中宅间路只有单纯的交通功能，本次规划中对宅间步行小路进行适度功能扩展，并布置了小型绿地、石桌、石凳等休憩设施，构成了户与户之间的半私密性空间，创造出近邻休闲、交流、活动的内向型场所，适应了农村人际交往自然和谐的家园性特征。

（6）建筑空间设计，在村庄街巷空间注重的是均衡状态下的变化，有韵律感和节奏感的连续建筑立面，在建筑尺度、细部处理上延续传统的某种相似性，但延续中又存在着变化，尽可能再现和诠释村民熟悉的生活。

（七）道路交通规划

1. 村庄干道及车行系统

干道划分为两级：主干道红线 8 米（车行道 6 米），村庄支路红线 5 米（车行道 4 米）。

结合村庄地形南高北低、坡度较大的特点，村庄东部设一条环线主干道,红线宽度为8米,地势坡度控制在8%左右,道路直接通向南部山头,路面宽度为5米,与河道下一条过境道路相连于村南(图5-20)。村庄两条主干路通过一条东西外围道路相连。主干路道路横断面按一块板设计,设计行车速度为30~40千米/小时。

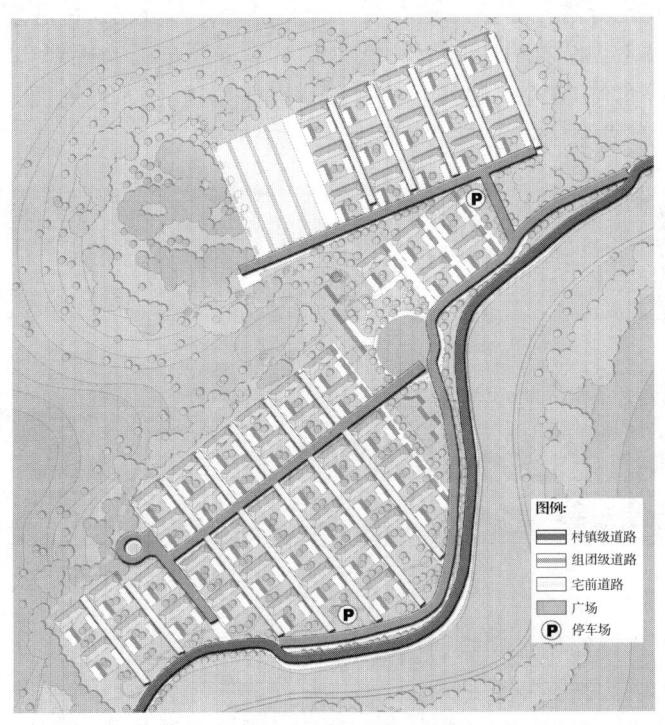

图5-20 西台子村道路系统规划图

2. 村庄支路

村庄支路为串联村庄民宅的东西向入户路,道路宽度为4米,设计行车速度为20~30千米/小时,实现户户通车。支路路面以铺装材料为主。

3. 步行交通系统

村入口广场作为村民和游人聚会、交流及举行公共活动的主要场所,是村的中心,是步行系统的起点。

4. 停车场建设

结合村入口广场,村庄边角用地设置一处集中停车场,主要为来村游客服务。同时为满足旅游观光需要,在民俗村东部空地内设置安排分散停车位。随着村庄民俗旅游产业的发展,远期停车设施可考虑结合村庄台地特色建设半地下停车场。规划 2010 年新建停车位 60 个。停车场应建成生态停车场,停车场地面采用植草砖,形成绿化停车场并与周边环境相协调。

图 5-21　西台子村入口大门效果图

(八) 绿化景观规划

1. 景观系统规划

根据村庄产业布局、总体布局构建景观系统骨架,景观规划安排内容遵循农趣性、生态性、经济性。在村庄建筑转折处、开敞空间、道路边布置安排景观小品,整合布局中强调绿化围合建筑的规划理念,将外围自然田园风光引入村庄。

在村东水岸风情观光带内布置石碾、作坊、犁耙、石磨等传统农作工具以及历史典故的景观小品,展示古代农耕生活,布置艺术工艺雕塑等。石材铺装、休憩设施、园林小品也应与传统风貌协调一致。

本规划设计还强调绿化围合建筑的规划理念。绿色景观可以在很大程度上反映出一个村庄的自然风貌特点,也是农村人居环境建设的标志。村庄景观绿化体系利用廊道和缀块结合的方式,构建立体化、多元化、开放式的空间绿色系统,利用东西向带状空间绿地景观体系以及民宅院落内部的景观将村庄外围的自然田园风光引入村庄内,形成村内村外的景观互补共生。

2. 绿化系统规划

新村绿化分为中心集中绿地、庭院(宅间)绿地及道路绿化带三个层次(图5-22)。

以草坪和适当的造景树种、小品组成丰富的线状绿化。新村建筑层层叠落,绿化方式借助不同台地标高,新村内道路绿化、平台绿化形成错落有致的立体绿化系统。

庭院绿地为居民提供舒适的绿化空间和适宜的硬地铺装活动场所,成为居民的"室外起居室",使居民能够出门见绿,心情舒畅,更是居民休憩、观赏的良好场所。同时民俗接待户为游客提供在庭院内就餐、休闲的良好环境。

在新村北侧入口广场结合广场内古树规划了开放式的绿地广场,将成为新村的主要开敞空间,设置新村标志物,形成新村的标志性空间,也是居民公共活动和疏散人口的主要场所。

村庄绿化充分结合周边原生态环境,使之渗透到村庄的各个角落,达到绿化的互融互补,以使新村的人工绿化与自然生态环境相融合,形成点、线、面绿化相互结合、纵横交错的绿化系统。

(九)公共服务设施规划

在坚持便利性、系统性、超前性及近远期相结合的原则下,近期完备的村级公共服务设施包括以下内容(图5-23)。

1. 村委会

在村东南部,紧邻水岸风情带新建村委会,建筑面积320平方米,为该村行政办公中心。

2. 文化站

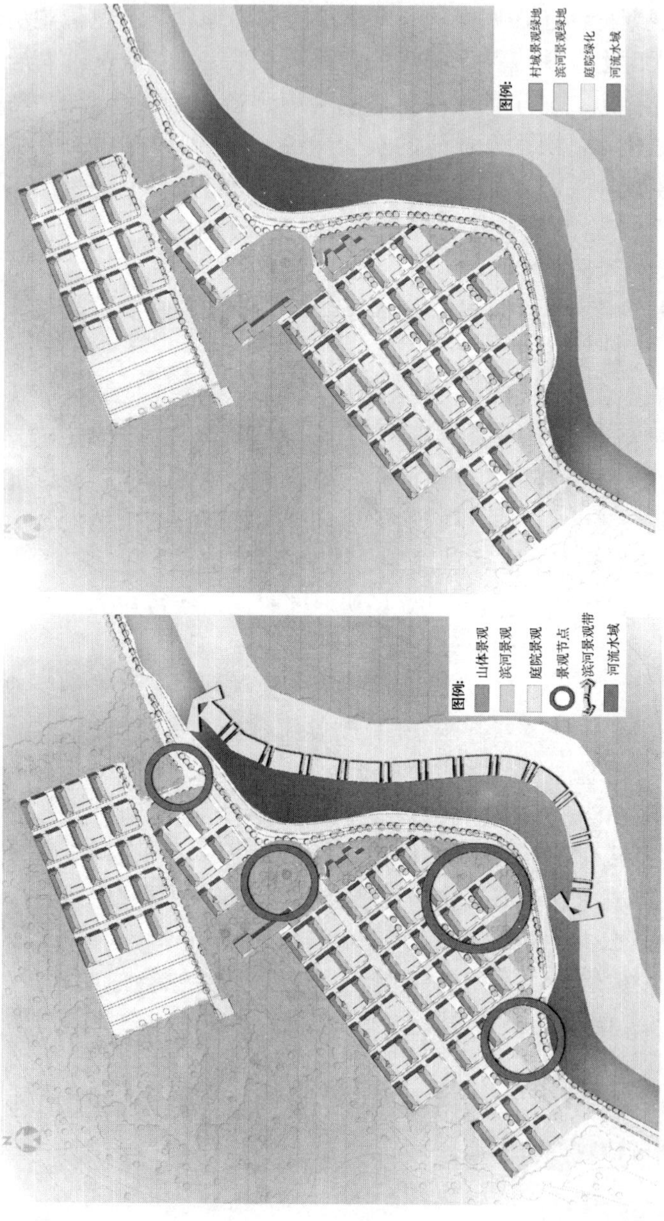

图 5-22 西台子村景观系统和绿化系统规划图

第五章 新农村家园规划与案例分析

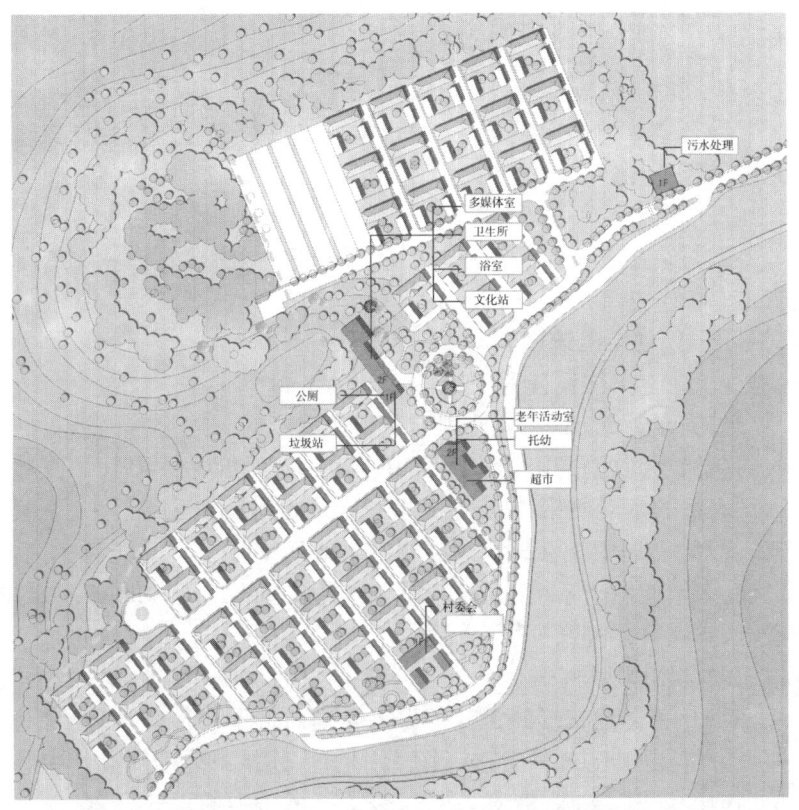

图 5-23 西台子村公共服务设施布局图

在广场北侧设文化站,建筑面积 120 平方米,配套有图书阅览室、培训教室、会议、娱乐、电影等功能室,丰富农民业余生活。

3. 卫生所

在广场西侧新建卫生所 1 处,建筑面积 120 平方米,设床位 4 个,医务人员 3~5 个。

4. 公共浴室

在广场北侧设公共浴室,建筑面积 100 平方米。

5. 老年活动室

在村东设有老年活动室一处，建筑面积 100 平方米，配有活动场地和设施。

6. 幼托

结合老年活动室设幼托一处，建筑面积 65 平方米，方便该村儿童就近入托。

7. 超市

在村东结合老年活动室、幼托，设超市一处，建筑面积 105 平方米。

（十）住宅建筑规划

1. 住宅单体设计

（1）低建筑面积、高使用面积的住宅设计　通过室内消灭纯交通功能空间，创造出低建筑面积、高使用面积的农民新居。既提高了农民的生活质量，又有效地降低了农民的购房成本。

（2）新居中生活成本的控制　主要居室位于南向，明厨明厕设计、太阳能热水系统的设计、雨水收集系统的设计，均利于省水、省电、省燃料，降低农民的生活成本支出，也是建立节约型西台子村庄的具体体现。

（3）单体建筑形体设计　力求体现西台子村传统文化特征，即乡野特征和北方民居特征（图 5-24）。建筑单体细部设计中尊重当地的环境、文脉，借鉴吸取当地特色民居中的设计元素，使其融入到设计当中，如局部建筑外墙的斜墙收分、坡屋顶的坡度控制、山墙的样式、当地材料的选用等，体现出北方村庄乡野鲜明的文脉特征。同时，在室内采用现代设计手法，提升居住舒适度，显现新农村的特点。

（4）建筑立面色彩　以暖色调为主调，色调明快鲜亮，辅以颜色稍浅的浅灰、白灰及山体的黄灰色。同时在相邻的院落采取不同的配色方案，使整个新村在大色调统一协调的基础上实现色彩的微差变化，避免单调沉闷的格局。

2. 经济适用的农村住宅户型

第五章　新农村家园规划与案例分析

图 5-24　西台子村住宅单体效果图

　　在住宅套型设计中，通过入户调研，根据村民的居住要求及现代生活需求，住宅户型主要是一户五间，中间两间是客厅，两侧三间是卧室。

　　（1）户型较多采用双拼及连拼的组合方式，有效地节省用地及房屋建造成本。室内空间的设计中，有意削弱空间使用的专属性，赋予其更多的使用功能，使得空间的使用效率和使用的灵活性得到很大提高,同时减少室内的交通面积。

(2) 室内空间可以根据住户的实际需要进行灵活调整分割。

(3) 住宅都带有自家的庭院,用于停车、种植、民俗接待、餐饮等活动,既充分保持了村民原有生活模式的延续性,又为民俗接待提供了场所。

(4) 每户占地面积设计在250~320平方米,根据村庄的经济水平和生活习惯,设计为单层独院,建筑面积为105平方米。

(5) 依照农村当前的实际情况,新建的院落式单层住宅仍可采用砖混结构。墙体可由黏土实心砖改为水泥空心砌块或用当地石块砌筑。青灰瓦屋顶,屋顶增铺聚苯保温层,以提高房屋的保温防热性能,有利于节能,减少住户日后的采暖费用。正房基座做适当提高,以争取更多日照。

在条件允许的情况下增加院内绿化,使村庄的居住环境得到进一步改善。为了达到为街道提供良好景观,院墙临街点可设置景观树、石凳,形成具有较强私人领域感的院外坐区,夏天可提供阴凉,冬季有良好的日照,同时面向开放空间有良好的视觉角度,作为街道上的公共休息交流场所,便于与人交流。

3. 用新材料、新能源、新技术,建设节能省地型住宅

在规划设计中,响应中央提出的大力发展"节能省地"型住宅的号召,结合琉璃庙镇当地实际条件,积极探索新技术、新材料在规划设计中的应用,力争达到"节能、节地、节水、节材"的要求,实现绿色环保和可持续发展的目标。本项目中,新技术、新材料的应用主要体现在如下几方面。

(1) 围护结构节能设计　项目地处山区,常年平均气温低于北京城区,提高本项目建筑围护结构保温、隔热性能,减少室内外热量传递,对于减少建筑能耗、节约能源具有重要作用。隔声、采光、通风、隔热和体型设计围护结构节能设计,重点集中在建筑外墙、屋顶及门窗等几个方面。

对于外墙、屋顶可选用新型材料,并采用科学的构造做法提高

围护结构热阻，从而达到提高其保温隔热性能的要求；对于门窗可采用提高密闭性、降低门窗框传热系数、控制窗墙比等措施减少热量传递的渠道，实现节能的目的。

此外在住宅的设计上也从采光、通风、体型设计等方面多加注意，力求做到节地、节能、节材，提高综合经济效益，改善住宅使用功能。

（2）太阳能技术的应用　太阳能具有无污染、可再生、易开发等特点，作为一种新型能源近年来得到迅速的推广应用。琉璃庙镇地区太阳能资源较为丰富，具有开发利用的潜力。

新型太阳能集热器可直接作为建筑构件在屋顶、墙面和厢房应用，斜坡和平顶镶嵌式太阳能热水器集热板均可紧贴屋面或作为屋面组成部分，使太阳能技术的应用与建筑造型设计紧密结合起来融为一体。

规划设计中拟采用太阳能热水器系统，目前新型太阳能集热器加之先进的电子自控应用，具有调节水量、流量、补充冷水、平衡自来水和热水流量等功能，可以为日常生活提供方便且廉价的热水，有效减少不可再生能源的消耗。

同时，规划中还拟采用太阳能路灯，解决夜间道路照明问题。

（3）雨水收集技术　规划设计中拟采用地下储雨池或地上储雨罐的方式收集村内住区屋面、庭院和地面的雨水，所收集的雨水主要用于冲厕、洗车、绿化用水、景观用水或消防用水等，可大大节约自来水用量，达到节水的目的。

另外，设计中还采用了节水水龙头、节水马桶等设备，配合雨水收集系统，进一步达到节水的目的。如在有条件的情况下，远期考虑中水回用技术。

（4）屋面绿化设计　住宅单体拟采用屋顶绿化设计，使每户楼上居民都拥有自家的屋顶花园。屋顶花园不仅可以美化整个新村的绿化环境，而且能够涵养水分，调节局部小气候，具有明显的降温、隔热、防水作用,同时屋顶绿化由于减少了太阳对屋顶的直射,从而可延长屋顶使用寿命。

以上新技术、新材料的应用不可避免地会带来初期建设投资的相对提高,但同时也会带来长期的较高收益。因此,兼顾近远期实施的可能性,恰当地选用合宜的新技术,同时做到留有余地,可为将来其他新技术的应用提供足够的空间和可能性。

第六章 农业科技园区规划与案例分析

第一节 概　　述

一、发展农业科技园区的意义

农业科技园区集农业新技术、新成果、新品种的试验、示范、展示与科技服务于一体,是农业科技成果转化的加速器,也是为农民提供科技示范的综合平台,对推进我国农业现代化进程和新农村建设具有十分重要的意义。

(一) 农业科技园区是农业科技成果转化的重要载体

农业科技成果从研究实验室走向农村经济建设,需要经历创新—中试—试验—示范—推广的复杂过程。因此,一项科研成果的推广一般需要3~5年甚至更长时间,这对科研成果的转化是很不利的,也使得部分成果还没有来得及推广和发挥其最大的经济效益就被淘汰,这也是一种浪费。我国从1998年起,拥有的农业科技人员总数居世界第一位,每年产生的科技成果约7 000多项,转化率却仅为30%~40%,其中形成规模的不到20%,其原因就是我国缺乏科技成果的有效转化载体和转化平台。

农业科技园区的建设大大加快了农业科技成果推广应用的进程。其原因在于:①农业科技园区是区域农业科技创新中心。农业科技园区本身具备一定的科研能力,同时农业科技园往往与科研院校合作形成合作的关系,也是区域农业科技成果的集中产地,容易形成"科研院所(高校) + 基地 + 农民"的农业科技成果转化模式,把教学、科研和成果转化紧密结合起来;②农业科技园区是农业科技成果试验的理想场所。农业科技园区具有土地连片、水利交通设施齐全、技术人员充足、劳动者素质较高等优势,是农业科技成果中试、试验和示范的优良场所;③农业科技园区享有政策、税收的多重优惠,拥有先进的管理运营机制、多重的资金筹措机制、强大的技术依托机制,是农业科技成果产业化和培育农业科技企业的最佳区域。

(二) 农业科技园区是农业先进科技、知识、经济的展示平台

农业科技园区中科技示范项目主要突出对先进适用农业科技成果的示范。农业科技园以先进适用的科学技术,特别是以农业高新技术成果转化为主线,以市场为导向,以利益机制为纽带,把科技、生产、市场结合于一体,使农业设施、品种、技术相融合、生物技术、信息技术、农业工程、农用新材料技术组装配套,把农产品的生产、加工、销售环节联结起来,进行必要的专业分工和生产要素重组,实现资金、技术、人才、物质等生产要素的优化配置,从而推动当地农业产业化进程,带动周边地区农业科技水平提高和农村经济发展,促进先进农业科技成果的展示和推广应用。同时,园区优美的环境和优惠的政策,吸引和聚集了一批优秀农业科技人员到园区创业,已成为许多科技人员知识再现的创业平台。

(三) 农业科技园区是农业科技走进千家万户的桥梁

建设农业科技园区贯彻的战略思想,是农业现代化的进程实行点状突破、局部崛起和板块推进。即选择若干条件较好的地点先行试点,集中有限的财力、物力启动一批农业科技园区,逐步积累能量创造经验,然后再大面积推广。因此,科技园区的科技示范和科技推广功能就显得格外重要。一般而言,农业科技园区示范项目主要突出对先进适用农业科技成果的示范,以先进适用的科学技术、特别是农业高新技术成果转化为主线,在家庭联产承包责任制的基础上,以市场为导向,以利益机制为纽带,使农业设

施、品种、技术三者相融合，生物技术、信息技术、农业工程、农业新材料技术组装配套，实现资金、技术、人才、物质生产要素的优化配置，带动周边地区农业科技水平提高和农村经济发展，促进先进农业科技成果的展开和推广应用。同时，为提高农业科技推广和扩散的效率，让科技走进千家万户，农业科技园也关注提高周边地区广大农民的科技文化素质，把科技园区发展成广大农村基层干部、农技人员和农民接收吸纳先进科学技术、先进的生产经营方式的培训基地。因此，借助科技园区这一新的组织载体的示范扩散功能，可有效地提高周边地区劳动者的科技文化素质，加快农业技术的推广，从而在总体上促进农业进步和区域农业现代化的进程。

（四）农业科技园区是促进社会主义新农村建设的重要举措

建设社会主义新农村是党中央从党和国家事业发展的全局出发确定的一项重大战略决策，是全面落实科学发展观、统筹城乡经济社会发展、解决"三农"问题的战略举措，是全面建设小康社会、开创中国特色社会主义事业新局面的重大历史任务。这一战略决策的确立，对全国农业工作提出了新的更高的要求。农业科技园区作为科技工作的重点之一，在推动农业科技进步、调整产业结构、增加农民收入等方面发挥了重要作用。加快农业科技园区发展，充分发挥农业科技园区的聚集、示范和带动作用，是新形势下解决"三农"问题、推动我国社会主义新农村建设的一项十分重要的工作。

（五）促进农业产业结构调整，推动农业产业升级

当前，我国农业已进入一个新的发展时期。为贯彻落实中央对农业和农村工作的要求，推进新的农业科技革命，促进农业结构调整，加快农业现代化进程，把农业发展的重点从主要追求数量转移到提高质量和效益上来，实现农业的可持续发展，必须加强科技引导和示范。农业科技园区作为高新技术向传统农业渗透和扩散的载体，对周边地区农业产业升级和农村经济发展起着重要的推

动作用。加快发展农业科技园区已成为新时期推进我国农业发展的必然选择。

(六) 加快农业现代化进程

目前我国农业在很大程度上仍然依靠传统技术,现代化装备和组织化程度低,农业科技成果转化率和贡献率低,与世界先进水平相比差距很大。例如,我国现有农业科技成果转化率仅为30%,化肥和灌溉水利用率为30%~40%,还不到发达国家的一半。通过现代技术的高度集成和资金的密集投入,农业科技园区在带动农业现代化建设上,具有先导性、创新性、高效性和可操作性。发展农业科技园区,是运用高新技术改造传统农业、加快推进我国农业现代化进程的有效途径。

二、农业科技园区的定义及内涵

(一) 国内有关农业科技园区的论述

我国农业科技园区建设,已有十多年的历史,但由于批准的层次多、建设的形式多、对外的名称多,因此,不同文献对农业科技园区的概念都没有加以统一,对农业科技园区的定义也是众说纷纭。不同学科对农业科技园区的定义有着不同的理解,代表性的陈述有以下几种:

(1) 农业科技园区是在特定的区域内,通过资金的集中投入建立起来的集农业高新技术的展示示范、精品农业生产、名特优植(动)物新品种培育、技术培训、科普教育及休闲观光等多种功能于一体的现代农业示范基地(许越先,2001)。

(2) 农业科技园区是围绕新的农业科技革命,以农业技术与机制创新为重点,以推进农业现代化为目标,融现代工程设施体系、高新技术体系和经营管理体系于一体,代表现代农业发展方向的综合示范基地(吴沛良,2001)。

(3) 农业科技园区实质上是一个以现代科技为依托,立足于本地资源开发和主导产业发展的需求,按照现代农业产业化生产和经营体系配置要素和科学管理,在特定地域范围内建立起的科技先导型现代农业示范基地(陈阜等,2002)。

(4)农业科技园区是指在一个特定的区域,通过建设良好的软、硬件环境,使政府管理部门、农业科研机构、企业和农户联系在一起,形成一种新型的农业科技与经济组织,使新技术、新成果沿着"试验—示范—产业化生产—商品—市场"的轨道良性发展,从而达到推动农业科技进步、提高农民的组织化程度与收入水平、促进农村经济发展的目的(王朝全等,2002)。

(5)农业科技园区是指为了进一步探索现代农业组织方式和运行管理机制,集中实验示范农业高新技术,探索农业生产、农村经济和农村建设发展方向,以及展示现代化农业形象而产生的新型农业运营基地(杨白玫等,2003)。

(二)农业科技园区的定义

通过对各学者已有园区定义的整理分析和笔者对于农业科技园区的深入理解,本书将农业科技园区定义为:在具有一定经济实力的特定区域内,立足当地多种资源现状,由政府及多元投资主体参与,以目标市场需求为导向,采用高于当地农业发展水平的科学技术和先进设施,融现代农业工程设施体系、农业高新技术体系和经营管理体系于一体,从而实现园区及周边地区经济、社会、生态三效和谐发展的重要基地。

若进一步细致的定义,可叙述为:在农业科技力量比较雄厚、经济相对发达的城郊地区,划出一定区域,由政府、集体经济组织、民营企业、农民或外商投资兴建,以企业化方式进行运作,以农业科研、教育和技术推广单位作为技术依托,集农业、林业、水利、农机、工程等为一体,以国内外市场为导向,以孵化企业、调整农业产业结构、增加农民收入、提高农产品竞争力为主要目标,引进国内外高新技术,进行新技术、新品种、新设施试验示范,形成农业高新技术的开发基地、中试基地、生产基地,推进现代农业建设的一种经营方式和发展模式。

（三）农业科技园区的内涵

农业科技园区的内涵主要包括以下几个层次：

（1）是围绕新的农业科技革命开展的，以农业技术创新为重点，以高科技、高转化为特征，融现代工程设施体系、高新技术体系和经营管理体系于一体，代表当代农业发展水平的农业科技示范基地；

（2）是通过一定的制度安排和组织管理措施，使政府部门、高等院校、科研院所、各类企业以及专业农户结合在一起，从事高新农业技术的应用研究、示范推广及其产业化工作的具有良好自然条件的地理区域；

（3）是一种改造传统农业、发展农业产业化的新兴组织形式，是一种科技农业产业组织模式；

（4）是农业科技成果继承转化的试验、示范基地，是推进科技农业产业化的最佳社会单元。

三、农业科技园区的类型

我国农业科技园区种类繁多，根据园区的建设级别、投资主体、园区功能等，可以划分为以下类型。

（一）按建设级别分

按建设级别可分为国家级园区、省级园区、地市级园区和区县级园区。

1. 国家级园区

包括国家科技部、财政部、国家计委、国家农业综合开发办公室等立项的园区。

2. 省级园区

包括省（直辖市、自治区）级农业科技园区、省级农业现代化示范基地、省级高效农业园等。

3. 地市级园区

由各地市级政府投资立项的农业科技园区。

4. 区县级园区

包括已被县(区)各级政府机构认可的试验区、种苗基地、高产高效示范田等。

(二) 按投资主体分

按投资主体可分为政府兴办型、院地联营型、民间兴办型和民办官助型。

1. 政府兴办型

由中央或地方政府及有关职能部门直接投资建设和管理的园区。政府负责园区建设主要资金的筹措,出资额一般在总投资的50%以上。通常各种以社会效益、生态效益为主的生态保护型园区或某些关系国际名声的重大农业科技园区的建设,均采用政府兴办型,如:陕西杨凌农业高新技术产业示范区。

2. 院地联营型

以试验基地为基础,由高等院校或科研院所和地方合作投资兴建,共同开发农业高新技术成果的园区。科技部门把取得的农业高新技术成果直接转化植入地方的生产过程,形成科学技术与生产过程的有机结合,使农业高新技术得以迅速转化为生产力。虽然研究和生产分属两个独立行为的主体,但由于存在共同的经济利益,即对项目的开发研究和成果应用的共同投资,风险共同承担,利益共同分享,从而保证了农业科技园建设和生产过程的正常运行。如:由中国科学院、中国农科院与山东禹城市等共同建设的农业科技园区。

3. 民间兴办型

由集体经济组织、企业、外商、个人等投资兴办,多以股份制公司的形式进行经营管理。如:河南农民郭留成在中国农科院帮助下,在河南驻马店建立的农业科技园区。

4. 民办官助型

由集体经济组织、企业、外商、个人、农户等作为投资主体,政府及职能部门提供部分资金和信息服务支持,并帮助协调各种关系,保证优惠的政策环境,促使园区健康发展。政府下属事业单位也可以以技术入股、投资入股的形式合资联办,并参与管理。如:河南省唐河县政府从1997年以来,每年拿出922万元作为科技经费,引进中国农科院高新技术和专家,到唐河16个农业科技园进行高新科技示范,对唐河传统农业进行嫁接改造,带动唐河酥梨、无籽西瓜、黄牛等产业的升级,获得了显著的经济效益。

(三) 按园区功能分

按园区的功能可分为农业高新技术园区、农业科技示范性园区、生产性园区或农业产业园区。

1. 农业高新技术园区

此类型园区以玻璃温室、节能日光温室或塑料大棚等现代化农业设施为主题,结合节水灌溉技术、自动控制技术等农业高新技术,引入现代生物技术和组织培养技术等手段,采用工厂化方式生产农业精品,多以展示现代农业高新技术成果为主要功能。如:陕西杨凌农业高新技术产业示范区。

2. 农业科技示范性园区

此类型园区虽然也包括农业高新技术园区的部分功能和分区,但设施水平相对较低,在技术选用上主要注意投资少、见效快、能直接应用到农业生产的高新技术成果,特别是新品种的示范,并十分注意农业高新技术与常规农业技术的嫁接。园区兼顾经济效益、生态效益和社会效益,在功能上以农业实用技术的推广示范为主,注重科技含量高的精品农产品生产。如:北京昌平国家农业科技园区(原名北京小汤山农业科技示范园)。

3. 生产性园区

此类型园区在技术选用上以实用技术为主,在功能上主要进行高效农产品生产,在建设上以经济效益为中心,技术实用,维持成本低,单位面积产出较高,经济效益较好。一般县级以下的园区属于典型的生产性园区类型。如：河北宣化县江家屯农业循环综合开发园区、大仓盖万亩蔬菜种植基地等县级农业园区。

四、农业科技园区的功能定位

合理的功能定位是农业科技园区健康发展的前提条件，农业科技园区应以高效益为目标，通过实施高效农业项目，发挥示范、带动和技术辐射等功能，大力开拓市场，为农民提供全方位产前、产中和产后服务，以实现园区增效、农民增收的目标。我国农业科技园区的功能有以下几方面。

（一）技术创新与科技成果转化功能

农业技术创新与成果转化是农业科技园区的基本功能，也是我国最早建设农业科技园区的主要目的。这就要求它应具有与科研院所、高等院校类似的研究能力，又是技术的直接转化部门。其主要任务具体包括：将引进的农业生产先进技术与传统技术进行重新组装集成，形成适合地区特点的配套技术；农业新品种的引进、嫁接、改进；传统名优特产品的驯化、改良等。通过发挥其技术创新功能，一方面为园区技术资源贮备提供源源不断的新鲜动力，确保园区始终处于科学技术领先的地位；另一方面园区也将成为农业先进、适用技术迅速推广的扩散源、新知识传播源、经济技术信息源。

（二）企业孵化培育功能

目前我国农业科技成果转化率很低，只有30%～40%，缺乏中间转化环节是造成这种状况的主要原因。农业科技园可以将引进或自主创新的科技成果，通过良好的软件、硬件条件（如：设施条件、技术力量、市场信息、产品营销等），在园区内进行试验和示范，并实施运行机制创新，完成科技成果产业化的孵化和成熟。同时，汇集资金、信息、技术、人才、政策环境等条件，培育农业高新技术产品和农业高新技术企业，形成农业高新技术企业和产品的孵化器,最终使之成长为具有较强国际竞争力的现代农业企业或农业产业集群。如 2001 年以来,北京昌平国家农业科技园区内,相继有国有企业、上市公司、民营企业、股份制企业、台资企业入住,目前农业企业总数已达到 46 家。

(三) 农业科技人才的培训与集聚功能

农业科技园区改变了学院式按部就班培养人才的模式,采取在创业和开发中培养人才的新模式,并通过园区的不断发展培养本园区的技术人员、与园区联系的农业经营单位、专业大户和周边农民,逐步提高他们应用现代农业科技的能力,在此过程中通过人才、技术、信息的集聚,带动项目和资金的集聚,最终促进整个产业集聚程度的提高。高科技产业的集聚,又促使农业科技园区从外部吸收了大量的资金、技术和人才。

(四) 生产加工功能

现代农业科技园区的本质是一个经济实体,产品生产及其加工是其基本功能。它是园区其他各项功能得以实现的物质基础。但农业科技园区的生产加工有别于传统的生产加工,而是用最新品种、先进适用的农业生产技术和精细加工技术生产出来的优质精品,以适应和满足国内外日益提高的消费需要,并充分利用农业高新技术(如现代生物技术、组培快繁技术等)培育优良农作物,开发优质精品加工设施设备,使整个农产品生产实现标准化、优质化、系列化、安全化,全面提高农产品质量,提升区域农产品市场竞争力。

(五) 生态旅游观光功能

生态旅游观光是现代农业园区的拓展,是现代农业与旅游产业结合的新型发展模式。现代农业园区尤其是城郊型园区建设,都对旅游观光功能进行了考虑,并作为园区的一个重要内容。这种园区在建设过程中既保持了农业的自然属性,又有新型农业设施的现代气息,加上生态化、精品化的整体设计和常年进行名特优瓜果、蔬菜、花卉、水生植物和大田作物以及畜禽和各种鱼类的生产与示范,可以形成融科学性、艺术性、文化性为一体的人地合一的现代农业休闲观光景点。另外,园区内多设立展示农业的自然性、乡土性,以及集观赏性、参与性、知识性、趣味性于一体的休闲、浏览项目(如:百果园、自摘菜园、百花园等),形成以现代农业自然景观、浓郁的田园风光、现代生产设施与科学技术及安全优质的生态产品为特色的休闲观光旅游好场所。

（六）辐射带动功能

现代农业园区集中体现了现代农业装备、技术水平和优秀的科技专业人才,具有辐射新产品、高新技术、先进的科技成果与知识信息的作用,由此带动农业新技术的应用、农村生产力的发展和农村整体科技水平的提高。一般通过中心园区、示范园区、辐射园区三个层次方式进行辐射带动,以充分发挥各系统区域的功能作用。其辐射带动作用主要表现在:一是通过引进国内外优良品种进行工厂化快速繁殖,带动周边和辐射区名特优品种的普及和应用,促进农作物品种的更新和换代。二是通过一大批在园区锻炼成长后的科技人员到园区外领办、创办经济实体,承包、指导示范点、试验场,以人才的流动有效地扩散高新技术。三是以经济为纽带组织周边农民亲自参与种植业和养殖业中的生产,逐步形成以科技园区为龙头的产业化生产流通体系。四是依靠科研单位多、科技成果丰富、农业技术装备先进,进行综合技术组装集成,如滴灌技术、无土栽培技术、智能栽培技术、高效低毒的生物防治技术等的组合,形成产业链,带动配套企业或农村经济组织对先进技术和新产品的采用。五是通过后续服务在产前、产后方面的独特作用,解决技术扩散和推广过程中所出现的问题,提高新技术应用的到位率。

（七）教育示范功能

农业科技园区所应用的新技术、新成果、新的运行机制和新的管理体制都可成为其他各地、各农业企业和农业科技机构关注和参考的样板。同时,园区通过示范培训,可以培养农业科技人才,强化农业科技队伍建设,普遍提高农民的文化水平和生产基本技能,培养造就具有一定的科技水平、能基本使用现代技术、了解社会信息的新型农民。教育培训的对象和内容如下。

(1) 农业技术人员、农业管理干部进行研修,进行农业知识更新。

(2) 培训农民,传授新技术,提高农民的科技素质。针对农民科技人员在作业现场讲解、指导,进行科技培训活动。

(3) 农业院校学生进行教学实习。教学与现代农业技术实践紧密结合,提高课堂教学的质量,使学生了解现代农业的发展方向,学到先进的科学技术和管理知识。

(4) 中小学生进行科普教育。让青少年接触农业、体验农业生产和农业文化,在回归自然中获得一种全新的生活乐趣,并了解一些简单的农艺知识,接受祖国传统文化教育和民族教育。

五、农业科技园区发展的基本模式

目前,我国农业科技园区建设呈现多种模式并存,且不断发展变化的格局。在我国农业科技园区的建设实践中,基本探索出了以下主要发展模式。

(一) 政府引导模式

政府引导模式是在农业科研和教学单位密集的地区,由国家和地方政府引导创建、各有关部门共建、社会广泛参与的综合发展模式。农业科技园区具有良好的开发条件,工业基础雄厚、交通通讯便利、基础设施齐全、人文环境优越。因此,它强有力地吸引着科研机构、农业科技人员以及风险资本进入园区,孵化出大量的农业高科技企业、农业高科技产品以及农业高科技人才,对国民经济和生态环境建设具有重大推动作用。政府的作用主要是制定规划、确定目标、提供优惠政策和基础设施建设,营造创新、创业和招商引资的良好环境;各有关职能部门以项目的形式进行支持;农业科研院校进行科技支撑和人才支持；企业组成产业化经营的主体。

例如我国1997年建立的陕西杨凌农业高新技术产业示范区，由中央和陕西省人民政府共同筹办，有10个科教单位和其试验基地作为园区主体，常年开展小麦育种、旱作农业、节水灌溉、水土保持等多领域的研究与开发。同时建立中试基地、生产示范基地和高新技术产业基地，并初步形成良种、生物农药、新型饲料、专用肥、节水灌溉设备、植物生长调节剂、种苗脱毒快繁等13个主导产业。这种形式有利于产、学、研结合，试验、示范、应用结合，研究、开发、生产结合，对加速农业高新技术研究和其成果转化有重要意义。

（二）龙头企业带动模式

大中型涉农企业根据自身发展需要，立足于园区及周边地区的资源和产品优势，加大投入力度，多渠道、多形式地吸引外部资金，引进新技术、新设备、新工艺，在突出主导产业和重点项目的前提下，采取"公司＋基地＋农户"形式建立农业科技园区。此模式由投资业主直接与村组、农户打交道，签订土地租赁合同，将土地使用权租赁过来，实行独资开发、个体经营。园区以龙头企业为投资主体，以实现经济效益为目标，通过与科教单位的结合及建立自身的研发体系，不断提高科技创新能力和产业化经营水平，形成了以龙头企业为主体的产业链。其具体运作一般是园区内的科技龙头企业选择一种主导技术，开发主导产品，形成主导产业，把园区演变成生产基地，从而造就了科技成果产业化的经典模式。如山东龙口、广东新兴、新疆昌吉等科技园区均属此类模式。

（三）多方联合模式

该模式是指政府、科研单位、教学单位、生产企业、集体经济组织、金融组织、外商和个人等不同机构和个人在互惠互利基础上采取合作制、股份制、股份合作制等多种形式在园区中进行合作研究、合作开发和合作生产。具体联合方式包括技术转让、技术贸易、技术入股联营、合并开发、承包、合资办企业等。其联合途径有两种：一是以项目为中心，进行联合攻关和开发。这类园区是以实验基地为基础，由科研、教学单位和地方合作投资兴建，共同开发农业高新技术，研究部门把取得的农业高新技术成果直接植入生产部门的生产过程，形成科学技术与生产过程的有机结合。二是学校、研究机构、设计单位与生产企业、金融企业等结合，在园区内实行技、工、贸一体化，组建股份制或股份合作制企业。合作方式灵活，可以以技术、资金、土地使用权、管理等要素入股，共同把农业高新技术转化为农业高新技术产品。

例如，中国农科院郑州果树研究所在科技推广和农村工作中，进行了股份合作制高效农业园区建设的有益探索，取得了可喜成绩。在唐河县龙潭乡优质梨高效园区的建设中，采取了股份合作制的组建方式，园区由政府、技术专家及园区负责人三方以合同形式界定各自费、权、利，用共同的利益纽带组建园区。政府不参加直接经管，而是以国有土地等固定资产所有人代表的身份，把土地使用权按固定资产实物参股，行使股东职能；科研人员和专家以技术入股，负责技术引进、技术指导和技术服务等，并按股份分红；园区法人代表以资金入股。作为直接的投资主体，园区法人代表负责自主经营和管理乡镇的土地，有权自主选择技术合伙人和在所控股份额度内及经营规模中，吸收其他农户资金或劳动力联合，有权每年从园区产业化经营收入中按股分红。在股份的组成上，一般乡镇以土地等固定资产在园区中参股36%，专家团以技术在园区中参股15%、园区负责人一方享有49%的股份。专家团和园区负责人合占64%的股份，可起到决定性控股作用，共同决定园区的生产方向、科技应用力度、有形物化科研成果和商品购置等重大事宜。

（四）科技承包模式

是指由政府投资建设农业科技园，完成园区的基础设施建设后，政府逐步退出园区的管理，交给园区管委会代行管理，由园区管委会负责招商引资、物业服务和协调关系，向社会公开招租，引入企业进行功能区建设、项目承包和管理，并建立自主经营和自负盈亏的机制。企业则根据其承包责任大小等内容,一方面向有关部门缴纳一定的园区使用租金;另一方面又与承包范围内的农民直接挂钩,与农民签订农产品购销合同,通过合同形式组织农民进行生产。这种建园模式运用于生产型或展示型园区,它主要是把那些农民容易吸纳和接受的农业适用技术迅速转化为现实生产力,不具有研究开发功能。这是政府或集体协助的普遍推广应用型建园模式。

例如,许昌市在科技园区的建设实践中,把企业管理机制引入高效示范园区建设,创造性地实行了"运行公司制、投资业主制、科技承包制、联结农户合同制"的经济运行机制。其中,科技承包制是指组织农业院校和科研机构、农业科技人员和广大农民进入园区承包,从事农业高新技术的研究、应用与推广。目前,许昌高效农业示范园区已通过合同联结农户30.1万户,与农户签订合同36万多份。许昌的这种科技承包合同制既促进了农业科技的推广应用,调动了广大农企科技人员投身高效农业开发的积极性,又使承包农民从容地面对市场组织生产,减少了盲目性,获得了效益。

(五)集群式发展模式

所谓集群式发展模式,是指在一个特定的地域内,由不同投资主体建设的、相互联接的多个农业高新技术园区群体,这些群体中各个园区的功能基本相同或者补充,园区的生产围绕某种类型的产业进行,园区之间在产业链的联接上相互补充,从而使整个区域形成一个集农产品生产、加工、销售于一体的产业集群,这个产业集群是一个农业高新技术产业带,采用集约化、专业化和规模化的生产,并通过提高农业科技含量和规模化生产水平来降低农业的生产成本,使之在国内外农产品市场的竞争中处于有利地位,带动该地区经济的发展和农业产业的升级换代。

山东省潍坊市从1999年开始建设潍坊至寿光、青州、诸城、昌邑的四条"农业高新技术走廊"战略工程,建设产业集群,营建中国的"农业硅谷"。潍坊市的产业集群集中了272处农业科技示范园区，12万公顷农业综合开发、节水灌溉等各类项目区和示范区。四条走廊的建设状况，从潍坊至寿光长达50公里的公路两侧即可看见，长廊中集中了六大主导产业，以商业示范农场、生物工程中心和现代温室为代表的40多个高标准农业科技示范项目、1 000多个农作物新品种，组成了一个"农业硅谷"的雏形。

六、我国农业科技园区发展状况及趋势

（一）我国农业科技园区产生的背景

农业科技园区是在我国特定的社会经济背景条件下出现的，是我国社会生产力发展到一定阶段的产物，产生的背景有其必然性。早在1988年5月，国务院就正式批准设立我国第一个高新技术产业开发区——北京市新技术产业开发试验区，从而拉开了发展我国高新技术产业开发区的序幕。从20世纪80年代以来，随着世界农业科技革命的迅速发展，农业生产方式逐步由传统粗放型向现代集约型转变，农业科技园作为现代集约型农业和高新技术应用示范的窗口应运而生，呈快速发展的趋势。但农民收入增长缓慢的状况还没有根本改变，这使得农业结构的调整成为当前我国农村经济发展的必需环节，而建设农业科技园区是一个很好的试验。从1994年开始，我国农业科技园区作为连接科技、农民与市场的重要桥梁应运而生，并得到快速发展。各地在实施"八五"、"九五"、"十五"乃至"十一五"计划中，把建设现代农业科技园区作为重要内容，发展势头迅猛，建设热情很高。

（二）我国农业科技园区发展状况

我国从1994年开始经过10多年来的发展，初步形成了形式多样、层次分明、功能完善、区域特色明显、辐射带动力强的农业科技园区体系，为我国农业科技创新、成果转化及产业化、农业增效、农民增收和农业可持续发展做出了重要贡献。

1. 数量与规模

据不完全统计,到 2004 年年底,我国有不同类型、不同层次农业科技园区 4 000 多个,其中,国务院批准设立的国家级农业高新技术开发区 1 个——陕西杨凌农业高新技术示范区;科技部认定的国家农业科技园区 36 个;原国家科委正式立项启动工厂化高效农业示范区 15 个;财政部、农业综合开发办公室扶持的农业科技园区 600 多个;农业部扶持的农业科技园区 387 个;教育系统农业科技园区 58 个;省级农业科技园区 1 000 多个;基层农业科技园区 2 000 多个。

2. 地区分布

我国农业科技园区在地理空间上主要集中于华北、华东和东南沿海地区,尤其集中于沿海地带的北京、天津、山东、江苏、浙江、上海、福建、广东等地。以 36 个国家农业科技园区为例,介绍如下。

(1) 东部地区 东部沿海地区是我国高、精、尖、新产业和产品的聚集区,具有较高的农业生产水平和较强的农业综合实力,也是我国将农业高新技术及其成果向内陆扩散的发展极。这一地区共有北京、天津、上海、浙江等 12 个国家农业科技园区。

(2) 中部地区 以河北、河南为代表的中部地区是我国大宗农产品的主产区,具有丰富的资源优势和较强的农业科技实力,已初步形成具有强劲区域带动能力的主导产业带。这一地区有河北、河南、吉林和安徽等 11 个国家农业科技园区。

(3) 西部地区 西部地区较之中东部地区大都具有丰富的资源和广袤的土地,经济发展水平和科研水平相对较弱,发展潜力巨大。这一地区有广西、四川、云南、贵州、甘肃等西南、西北地区的 13 个国家农业科技园区。

3. 融资与入驻企业

资料显示,到 2004 年年底,36 个国家农业科技园区完成核心区建设面积 395.14 公顷,占规划面积(482.27 公顷)的 74.47%。共投入资金 56.92 亿元,其中各级政府投资 8.12 亿元,占 14%;企业投资 41.24 亿元，占 73%；园区自筹 7.56 亿元，占 13%。其生产总值 251 亿元，完成销售额 200.61 亿元，出口额 12.99 亿元，上缴利税 6.92 亿元，利润 38.18 亿元。到 2004 年年底，36 个国家农业园共入驻企业 2 245 家，平均每个园区 62 家。其中，东部 476 家，平均每个园区 40 家；中部 1 125 家，平均每个园区 102 家；西部 644 家，平均每个园区 50 家。

（三）我国农业科技园区的发展趋势

随着我国加入 WTO 以及市场化体系的日益完善，以农业科技推广的市场化、集约化、规模化、产业化为标志的农业科技园区必将会得到更快的发展，在我国社会经济发展中起到越来越重要的作用，农业科技园区的发展前景将更加广阔。其发展趋势主要表现在以下几个方面。

1. 规模与分布区域将进一步扩大

随着我国农业科技园区的进一步规范、市场化体系的逐步完善，以及农业经济与科技紧密结合需求的日益迫切，以展示现代科技成果、进行高新技术示范与产业化开发为主要内容的农业科技园区建设将会得到更进一步的发展，数量将逐渐增加。同时，发达地区将在原有建设的基础上逐步构建国家、省、地（市）、县以及乡镇级园区的多级化框架和市场化农业科技推广体系；西部一些欠发达地区在国家西部大开发等相关政策扶持下，园区建设也将有一个快速的发展。随着园区的建设与发展，将逐步形成全国多级科技示范网络和具有中国特色的农业科技推广体系。

2. 集成创新能力将进一步增强

创新是农业科技园区存在的基础和产业发展的动力源泉，而我国大部分园区都是以引进新技术、新品种的农业科技示范为主。随着农业科技园区对科技依赖的进一步增加，农业科技园区将不断加强与科研院所、大专院校的合作力度，构建产、学、研紧密结合的发展体系，将大幅度提高我国农业科技园区的集成创新能力，逐步实现农业科技园区由单一的农业科技示范向区域农业集成创新转变;由园区的自我循环向紧密结合当地农业生产实际需要和市场要求的区域农业经济的龙头转变;由仅仅依赖引进农业新技术、新品种向全面建设社会主义新农村转变。

3. 园区建设与管理日益规范化

随着园区的规范与发展,园区建设将逐步实现"政府指导、企业运作、中介参与、农民受益",分工明确、职责清楚、高效运转的运作机制。政府主要为园区的建设和发展创造良好的政策环境,进行宏观指导和组织协调,并对园内企业进行监督,保障农民利益;企业作为园区建设的主体,自主经营,接受政府指导;中介组织开展咨询、评估与培训,并提供各类中介和科技服务;农民以土地、劳动力、资金等入股或通过与企业签订产品购销合同等形式参与园区建设,接受技术指导与培训;科研机构及科技工作者则通过技术转化或技术入股或创办科技型企业,推动成果的产业化。同时,困惑农业科技园区发展的机制问题,政府、企业与农民的关系问题以及建设与管理主体等一系列热点、难点问题,逐渐得到明确和完善,使园区建设与管理逐渐步入规范与发展的轨道。

4. 园区龙头企业发展更加迅速

龙头企业是技术示范和转化以及产业带动的载体,没有一批市场竞争力强、经济效益好的龙头企业,农业科技园区的发展就没有前途。随着我国加入WTO以及市场经济的快速发展,农业科技园区的精品生产、加工与龙头带动功能将会得到进一步增强。园区的资金实力以及集约化生产、规模化经营能力在市场经济大潮中的优势将更加明显,一大批在国内外市场中具有较强实力的企业,诸如种子种苗、蔬菜、花卉、瓜果、加工、畜禽、水产、生物工程和配套农资等涉农企业将会在园区中脱颖而出,有的企业会在国际市场上占有一席之地,使园区真正成为带动区域经济发展和参与国际市场竞争的产业龙头。

5. 园区功能不断优化和完善

农业科技园区是在当前传统农业向现代农业转变的过程中应

运而生并迅速发展的。随着我国农业结构的不断调整和管理体制的不断完善,农业科技园区的功能已经由最初单纯的科技示范功能向旅游、教育、培训等功能扩展,并成为了我国农业科技成果转化的主要平台和载体。在建设社会主义新农村的步伐中,农业科技园区的功能将不断优化和完善,成为增强我国农业创新能力、提高科技水平的有效形式和途径;并将在农业结构调整、增加农民收入、促进农村经济发展、深化农村体制改革等方面发挥积极的作用。

第二节 农业科技园区规划

一、农业科技园区规划的理论依据

农业科技园区规划的过程是一个复杂的过程,涉及到多个学科和理论的知识,其理论依据主要如下。

(一) 农业区位理论

早在1826年,德国著名的农业经济学家和农业地理学家约翰·冯·杜能(J. H. Thunen)从地理的角度,从单一运输出发研究了当时德国社会环境中以城市为中心的区域农业生产配置问题,成为经济学中区域理论之父。杜能着重分析了土地位置差别引起的农产品生产成本差别,指出:在城市周围应根据距离城市的远近不同来划分不同的农业类型区,才能保证合理利用土地资源,并使农业经营者处于有利的经营地位。它划分农业区位的依据是:生产地距市场的远近、农产品市场价格和农产品生产成本。按照运费大小和收益等情况来确定某种农业类型的适宜范围,这是杜能农业区位理论的中心思想。杜能的农业区位理论是在交通运输不发达、传统农业技术占主导地位的时代提出来的,虽然从理论上来说,还有不少的缺陷,但其中的区位分析和经济学基本理论的运用,对于农业科技园区的空间布局、规划等仍具有重要的理论指导意义。

（二）农业集成创新理论

创新理论最早是由著名的美籍奥地利经济学家熊彼特于1912年在其成名之作《经济发展理论》中首次提出的。他认为，创新是建立一种生产函数，在经济活动中引入新思想、新方法，即把一种从来没有过的生产要素和生产条件的"新组合"引入现有生产过程，使生产技术体系发生变革。从具体意义上讲，创新是一项新发明的商业化应用，是技术发明的价值实现。他的定义强调了技术创新的突破性、跃进性和革命性。对于农业科技园区引进新品种、引进新技术、开辟新市场、建立新型的农技推广组织，实现传统农业向现代农业转型，实现科技、管理体制和运行机制创新具有重要的理论指导意义。

笔者认为将集成创新理论应用于农业科技园区，将有助于研究园区建设和发展中的新问题，开拓创新园区发展理念，从而推进园区和区域农业的持续健康发展。

（三）发展极理论

发展极理论是1950年由法国学者佩鲁首先提出，并由美国经济学家保德威乐、汉森等人做了进一步的阐发和引申。发展极理论是一种非平衡发展理论，主要是指在区域内建立或嵌入高起点的推动型产业之后，会产生"乘数效应"而带动整个区域经济发展的动态机制。具体讲，具有优势的地区随着产业聚集日益成为发展极，通过发展极产生的扩散效应，带动邻近地区的共同发展。实践证明，农业高新技术产业是一种推动型产业，而作为其空间载体的园区，正是当地农村经济发展的发展极。

在运用发展极理论指导农业科技园区规划时，首先要引导经济要素的聚集以形成农业高新技术产业的成长点。这个成长点可分为三个层次：一是高新技术产业功能区这类小系统型成长点，二是行业类高新技术产业成长点，三是园区产品系列成长点，体现着一个产业发展蓝图上的点、线、面三者关系。因此，把发展极理论应用到农业科技园区规划中,主要是考虑农业高新技术和园区生产力布局的相互关系,当园区经济实力得到充实和加强之后,就可以通过技术、组织、要素、信息等渠道向其周边地区扩散,从而带动当地及其周边农业发展。

(四) 复合生态农业理论

认为农业生态系统是由农业生物(植物、动物、微生物)、农业环境与资源(大气、土壤、水域)和农业技术经济(农业商品交换、农业组织管理、农业科技教育)3个二级子系统9个三级子系统组成,形成严格有序的结构,各子系统之间必须协同有序地运行。

这一理论对于农业科技园区这个复合系统的主导产业定位,明确发展的重点,以合理利用资源和可持续发展为目标,以合理增加农业科技投入为手段,使园区持续、稳定、高效、协调地发展具有重要的指导意义。

(五) 系统工程理论

系统工程是指运用系统理论和方法,借助运筹学、控制论、信息论等现代科技手段,解决具体问题,并使其性能达到最优的设计方法和技术。系统工程将研究对象作为一个系统来对待,注意认识对象的整体性、关联性、动态平衡性及时序性等基本特征,把握系统的层次、结构、演化规律,进而协调系统内各要素关系,使之达到优化目的。

农业科技园区是一个开放的动态的复合系统,政府、园区、企业、农户、市场以及多学科、多部门各要素之间协调运营,内部要素与系统外部环境之间相互协调发展,在系统工程理论的指导下,将有助于指导农业科技园区合理利用一切自然资源和社会资源,使园区取得最佳的生物产量和最好的经济效益。

(六) 农业高新技术产业化理论

南京农业大学刘志民博士2004年提出。认为农业高新技术产业化的本质是将农业高新技术成果转化为物质资料的生产、交换、分配和消费的过程。它以技术成果为基础,以市场为导向,发展农业高新技术产业实体,进行专业化、集约化、系列化的生产经营活动。它是21世纪农业科技发展的一个主要特征。

根据农业园区的目标定位和功能定位,农业科技园区应发展成为农业高新技术产业化的平台,应是农业高新技术产业实体的密集住所或活动基地。

(七) 规模效应理论

高科技园区具有一定生命周期,当其具有拥有独特资源禀赋的区位优势时,它能以最快的速度聚集各种创新要素,形成高科技产业发展的高地,率先发展起具有创新能力的主导产业,然后带动与之相关的前向、后向和旁侧部门发展,形成很长的产业链,逐步形成区域经济增长极。这些增长极达到一定的发展规模,并与周边地区形成梯度差异时,就会通过不同的渠道向周边地区辐射和扩散,最终带动整个地区的经济发展。这一理论对于农业科技园区改造传统农业、实现农业产业化发展具有重要指导意义。

(八) 园林学理论

园林学是研究如何合理运用自然因素(特别是生态因素)、社会因素来创建优美的、生态平衡的人类生活境域的学科。目前,园林学包括传统园林学、城市绿化和大地景物规划三个层次。其中,传统园林学主要包括园林历史、园林艺术、园林植物、园林工程、园林建筑等分支学科;城市绿化学科是研究绿化在城市建设中的作用,确定城市绿地率,规划设计城市园林绿地系统;大地景物规划是当前发展中的课题,其任务是把自然景观和人文景观当作资源来看待,从生态、社会经济价值和审美价值三方面来进行评价,在开发时最大限度地保存自然景观,合理地使用土地。

在农业科技园区的规划过程中,园林美学理论将对规划的布局、景观的营造、土地的利用及植物的选择有着重要的指导作用。

二、农业科技园区规划程序

农业科技园区的规划从开始的立项到最后的成果提交,是一个连续性、回馈性的过程,部分工作可以交叉或调换。在具体规划过程中,规划人员必须制定工作计划,明确任务和方法,统一思想,提高认识,明确各阶段工作任务、内容和要求。一般规划步骤包括四个阶段。

(一) 前期准备阶段

1. 了解政府方针政策

与规划项目承办方进行交流,了解当地农业发展政策以及对规划任务的要求和意愿。由于政府的意愿对农业科技园有很大的导向作用,还需与园区所在地主管部门进行沟通,把握园区的发展方向和定位。

2. 收集基础资料

多方收集与项目相关的基础资料,重点是当地政府规划部门积累的资料和相关主管部门提供的专业性资料。内容一般包括:项目区勘察资料、测量资料、气象资料、土地利用资料、交通运输资料、建筑物资料、工程设施资料、水源资料、土壤资料、植被资料、市场资料、当地政府相关政策法规及近期相关规划等。

3. 现场调研

规划工作者必须对园区的概貌有明确的形象概念,必须进行认真的现场勘勘。调研内容一般如下。

(1) 土地现状　如:建设用地、农业用地范围等;

(2) 现场基础设施条件　如:水源、机井(机深、出水量、水泵规格、布置)、电力(高压、低压线路、负荷、变压器、农业用电量)、电信(电信站、宽带、电话)、周边道路情况(交通状况、道路名称)、是否有设施农业(情况如何)等;

(3) 项目区土地利用现状　如:种植情况、养殖情况、农产加工业情况等；

（4）项目区周边情况　如：交通情况、周边用地情况、周边城镇（村庄）情况等。

4. 资料整理分析

这是调查研究工作的关键，将收集到的各类资料和现场勘察中反映出来的问题加以系统地分析整理，去伪存真、由表及里，从定性到定量研究园区发展的内在决定性因素，明确园区建设的优势条件和制约因素，找出发展中的关键问题和突出潜力，为研究园区发展战略、制订园区发展目标和设计方案提供科学依据，这是园区规划方案制定的重要前提。

（二）规划设计阶段

一般规划工作通常划分为概念性规划、总体规划、详细规划三个层次。每个层次可以单独成为规划内容，可按照甲方要求进行单独书写。

1. 园区概念性规划

概念是思维的基本形式之一，反映客观事物的一般的、本质的特征。概念规划可以体现在宏观层面规划中，又可体现在微观层面规划中。概念规划涵盖范围广，是对未来远景的一个描述和整体性认识，带有指导性。园区的概念性规划就是园区发展的战略部分，就是要在分析项目区的基本条件的前提下，提出战略目标、战略思想等内容，总体把握园区的发展方向。

2. 园区总体规划

园区总体规划是在概念性规划提出战略思想的基础上，对农业科技园区一定时期内（一般3~5年）的发展目标、发展规模、土地利用、空间布局以及各项建设综合部署的实施措施。其主要内容见表6-1。

3. 园区详细规划

农业科技园区的详细规划，是以园区总体规划为依据，对园区内的土地利用、空间环境和各项建设用地所做的具体安排。其主要内容见表6-1。

表6-1 农业科技园区规划阶段及编制内容

规划阶段	编制内容
总体规划阶段（规划期限一般为3~5年）	（1）论证基础资料和编制规划依据； （2）拟定园区的指导思想、发展目标和建设原则； （3）明确园区的功能定位、产业规划、项目规划、经营决策等内容； （4）确定园区的空间布局、用地规模，进行分区规划； （5）了解园区外交通的结构和布局，编制园区内道路系统规划方案，包括道路等级、广场、停车场及主要交叉路口形式； （6）确定园区给排水、供电、通讯、供热、燃气、消防、环保等设施的发展目标和总体布局，并进行综合协调； （7）进行综合技术经济论证，提出实施建议
详细规划阶段	（1）详细确定园区建设项目用地界线和适用范围，确定各功能分区的容量，比如环境容量、生态容量、建筑容量等，提出主要建筑（温室、畜禽舍等）高度、密度等控制指标，以及交通出入方位等； （2）确定各级干道红线的位置、断面、控制点坐标和标高等； （3）确定工程管线的走向、管径和工程设施的用地界线等； （4）制定相应的土地使用与建筑管理规定细则

（三）规划方案评估和报批

农业科技园区规划方案评估要有共同的评估标准和评估方法，来判断规划设想或规划方案构想的"优与劣"、"好与坏"，选出较为适当的方案。规划方案初步拟定后，邀请当地政府负责人、承办单位主管部门和专家，对规划方案进行评审或论证。然后规划工作者根据评审或论证意见，认真研究，做必要的修改调整，形成规划文件。

最后规划成果应按相关规定，报政府主管部门或承办单位决策机构审批，方具有实施的权威和效力。在实施园区规划方案过程中，要经常检查规划的可行性和实际效益，根据新发现的问题情况，对原规划方案做出必要的调整、补充或修改。

以上只是对规划程序进行系统划分,在实际工作中面对各种具体任务和内容,其规划步骤也有差别。由于农业科技园区规划工作的各个步骤、各个环节是互相关联的,是一个动态循环的过程,因此,规划工作应保持弹性,定期检查实施状况,随时做必要调整或修编。

三、农业科技园区的规划原则

(一) 因地制宜原则

农业科技园的开发建设应立足于中国国情,因地制宜。根据不同地区社会经济发展条件和生态类型,选择不同的建设标准,切忌盲目地贪大求洋、不切实际、追求建设的高标准。这就要求规划过程中要根据农业科技园区所在的地形地貌特点和土地利用现状,坚持因地制宜、综合利用的原则,按照农业产业链和生态链的特点,依据循环经济的原则,进行合理布局,各功能区既能相对独立又相互关联,形成各功能区在空间分布上的不同优势,达到前瞻性、包容性、和谐性的有机统一。

(二) 科技与创新原则

农业科技园区是知识密集、技术密集的经济实体。它不同于一般的生产组织形式,其宗旨是推进新的农业科技革命,肩负着农业高新技术创新、示范、转化和扩散的任务,是先进农业技术的聚集地和开发源,是科技成果的扩散源和转化器。因此农业园区的建设必须要在创新思维引领下,园区项目以实施科技成果的转化、示范和服务为先导,以引进现代农业科学技术为突破口,以现代经营管理和现代工业物质装备(设施和设备)武装为支撑,全面提升园区整体科技含量,促进园区的发展,同时对项目区周边地区的农业科技进步发挥示范带动作用。

(三) 可持续发展原则

可持续发展是在既满足当代人需要、又不损害后代的需要和发展条件下,采用不会大量消耗资源或危害环境的生产方式,减少农业生产对环境的破坏,维护土地、水、生物、环境不退化、技术运用适当、经济上可行以及社会可接受的农业发展战略。这就要求农业科技园区的规划必须运用生态经济学原理,遵循永续利用、生态循环的原则,严格履行环保要求,延长和拓宽生产及服务链条,促进各功能区产业间的共生耦合,以更有效地利用资源和保护环境,提倡节约农业,优化环境,节约资源,保持并增强农业的可持续发展能力,实现农业的可持续发展。

(四) 市场导向原则

面对新阶段我国农业及其外部环境发生的深刻变化,农业科技园区建设应当以市场为导向。农业科技园区是农民接受市场信息、了解市场行情和出售大宗农产品最便捷的渠道,也是农产品实行产业化经营的有效形式,对于促进农业生产的区域化、专业化,形成具有本地优势的主导产业和特色产品,具有直接的带动作用。农业科技园区的规划只有认识到当今世界农业发展趋势,符合国家和当地农业发展政策,在准确及时把握消费市场的前提下,以科学发展观和农业产业化思想为指导,分析研究产品的潜在市场需求量、价格因素、风险大小等情况,才能明确园区发展方向和目标,合理安排园区内部项目,提出切合实际的规划方案。还要重视对市场的研究和开发,根据市场的需要来发展农业科技园区,从过去的以资源开发为主,转向以资源开发与市场开拓相结合的发展模式。

(五) 突出特色原则

特色就是竞争力,就是生产力。突出特色原则要求规划时应从实际出发,发掘当地资源、市场、文化、区位优势,体现区域特色,立足特色资源,面向特定市场,按照"人无我有、人有我优、人优我特"的原则定位,优先选择效益最多的项目进行规划与实施,避免区域产业雷同和重复建设,充分考虑技术品种的发展潜力,并对其进行综合评价和效益分析。

(六) 效益统筹原则

园区建设必须兼顾经济、社会与生态效益。规划要始终以生态效益为先,以社会效益为前提,以经济效益为突破口和出发点,以最少的资源消耗、最小的环境代价实现可持续增长,走出一条科技含量高、经济效益好、资源消耗低、环境污染少、人力资源优势得到充分发挥的道路,实现当前效益与长远效益的结合。

四、农业科技园区规划内容

农业科技园区规划是园区经济建设的总体部署,涉及面广,但其规划工作只能针对重要、关键的问题提出解决方案。同时,不同深度的规划的内容也有所不同和侧重。一般的农业规划主要分为战略规划部分、产业规划与布局部分、硬件建设规划部分、保障措施部分及图纸部分。

(一) 战略规划部分

本部分是整个农业科技园区的灵魂,决定着农业科技园区的发展方向和发展道路,以及园区的成败,具有重要的意义。本部分主要包括目标定位、战略思想等内容。

1. 目标定位

要建好农业科技园区,首先要确定一个以科技创新、制度创新为动力,市场需求为导向,经济效益、社会效益、生态效益相统一的目标定位。目标定位需要规划人员从各参与主体的需求出发,做好需求分析才能确定。例如:政府、企业、科研单位、农户及中介机构作为园区主要参与主体,对园区都有各自的需求。政府需求表现在:通过园区的科技示范、辐射带动功能,把高新技术成果转化成农民可接受的实用技术,并向产前、产中、产后领域迅速渗透和扩散,形成新的农业产业链,促进科技与农村经济的紧密结合;企业需求表现在:园区较完善的基础设施和健全的服务机构,使高科技企业降低交易费用成为可能,为不同层次企业发展所需的各种资源的快速流动和融合提供环境、机会和手段;科研院校需求表现在:园区可以推动自身体制改革,优化配置学校和科研机构的资源,调动师生、科研人员的创新创业积极性;通过参与园区发展建设,与生产实际紧密结合,实现科研成果产品化、商品化和产业化,扩大社会开放度。

可见,不同的参与主体有着不同的目标,这就需要我们对这些目标进行综合,突出重点,最终确定农业科技园区的目标定位。一般可从以下几个定位入手:

(1) 农业高新技术成果示范园区;
(2) 农业科技转化、推广机制改革的试验园区;
(3) 农业科技人员与农业企业家的创业园区;
(4) 农业招商引资的开发园区;
(5) 农民和农技人员培训的综合服务园区。

目标定位确定后,可根据项目区的具体情况和要求,确定发展目标和具体经济指标。

2. 战略思想

战略思想通俗地说它解决了"做什么,该怎么做,做到什么程度"的问题,是整个园区发展的灵魂,也是农业科技园区规划的核心内容。农业科技园区的规划者,必须要对园区的发展目标有深刻的理解,经过宏观分析(经济环境、产业环境、技术预测)、微观分析(产业的需求与供应分析)、自身分析(SWOT——优势、劣势、机会和威胁分析)后才能最终确定战略思想,必须要保证农业科技园区战略思想的确定性、全面性、合理性、预见性和科学可行性。

(二) 产业规划部分

产业规划部分是明确如何通过选择适宜的农业产业来实现园区产业化发展,获得经济、社会、生态三效和谐的重要举措,主要包括功能定位、主导产业选择、项目设置、盈利模式等内容。

1. 功能定位

功能定位是农业科技园区规划的重点内容之一,也是园区建设的主要目的。功能定位要根据园区规划的指导思想、发展目标，按规划原则，突出重点，明确区分建设园区的主导功能和附属功能，而不应该强调面面俱到，应根据当地的自然、经济、社会特点及发展趋势，突出重点，形成特色的科学定位，选择能够贯穿园区整个运作过程中，产生较多经济效益，且具有继续开发潜力的功能，即农业科技园区的主导功能。我国农业科技园区的主导功能定位请参见本章第一节第四部分的论述。

2. 主导产业选择

普遍意义上，主导产业是指技术先进、产值大、效益高、自身保持较高的增长速度并对其他产业的发展具有较强的带动作用的产业部门。主导产业决定于园区主导功能，是园区在一定时期内整合当地农业产业资源优势形成的生产规模大、产业前景好、市场需求旺盛、经济效益显著、对相关产业具有较强拉动作用、能较大幅度增加当地农民收入和地方财政收入、具有继续开发潜力的产业。主导产业的形成及演化，受当地经济结构、市场取向、原有农业基础和资源优势等的影响，选择的原则如下。

（1）资源优势原则　农业科技园区主导产业只有具有相对集中的自然资源、良好的农业基础和一定的经济社会发展条件，在一个地区内能够使相当部分乃至大多数农民致富，才能在园区经营中发挥主导作用，在同其他园区的竞争中才能取得良好的效益。

（2）市场供求原则　园区主导产业的选择应遵循市场经济规律，突出当地的农业特色和优势，了解产品的潜在市场、需求、价格因素、风险大小等，提高园区主导产品的市场扩展能力。

（3）经济效益原则　提高经济效益是园区主导产业发展的重要目标。园区主导产业应是当地农业产值、农民人均纯收入和地方财政收入构成中具有较大份额、在地区间有较高的投入产出比和比较利益的产业。

（4）关联效应原则　园区主导产业应能带动当地及周边相关二、三产业发展，为其提供生产原料和消费品，推动当地农业产业结构调整。

（5）产业优势原则　园区主导产业应具有资源、市场、技术等潜在优势和广阔的发展前景,通过培养和开发能够形成当地农村或城乡经济发展的支柱,成为本行业、本部门的龙头或新兴产业。

（6）技术进步原则　园区主导产业应是当地技术领先或具有较多技术储备、能够顺应当今技术发展的潮流、推进当地农业产业高级化的产业。

（7）可持续发展原则　可持续发展观强调生态、经济和社会的协调发展,追求人与自然和谐共处。因此,在选择园区主导产业时,首先要强调把生态环境保护作为一个重要的衡量标准。

除了上述原则外,往往还要根据当地农业经济发展的实际情况,提出一些其他原则,比如低能耗原则、高附加值原则、"瓶颈"部门优先发展原则等。

3. 主导产品与项目的选择规划

农业科技园区的发展还是要落实到主导产品和项目的选择上来,它是农业科技园区发展的基础,也是园区核心竞争力的具体体现。因此,规划中主导产品与项目的选择至关重要,必须在遵循目的性、全面性、相对独立性和可行性原则的前提下,从价值贡献、产品特色、生产基础、生产潜力、发展代价和发展障碍等角度来构建示范园内主导产品的评价指标体系,对主导产品和项目进行选择。

4. 盈利模式选择

根据农业科技园盈利的途径和效应,可将农业科技园区的盈利模式划分为三种类型:以产品和项目为主导的盈利模式,以功能和能力为主导的盈利模式,混合盈利模式。在规划过程中,需要根据项目和产品的具体情况进行选择。

（1）以产品和项目为主导的盈利模式(直接盈利)　产品生产和服务提供是农业科技园直接效益产生的主要途径,农业科技园区通过生产绿色健康产品、营造生态景观和设施环境、提供个性化的便利服务,为客户提供园内和园外消费相结合、物质与精神消费相结合的多样化消费模式,以获得各类直接性的生产收入和服务收入,实现园区盈利。

(2) 以功能和能力为主导的盈利模式(间接盈利)　农业科技园区参与主体的功能培建和能力拓展是农业科技园间接效益产生的主要途径。农业科技园区通过强化和拓展承担主体的研发创新、成果转化、组织合作、展示交易、管理运营等业务能力,使项目承担主体的业务能力在农业科技园区内得以多维化扩展,资源利用效率大幅度提高,在更大范围内为农业科技园带来间接的经济效益、生态效益和示范带动的社会效益相结合的综合效益。

(3) 整体盈利模式　农业科技园在以项目运营为支撑、实现两类盈利模式的基础上,通过对园区内部的经营管理和对外整体运作园区,还可以产生以下多种整体盈利模式。

① 品牌效益盈利模式:培育和提升农业科技园的品牌影响力,可以带来各种衍生性效益。主要盈利点表现为:品牌可以大大降低农业科技园的市场宣传和营销活动的成本;品牌可以使得农业科技园在与其他伙伴开展业务合作时具有较强谈判力,降低采购、渠道等多方面的运营成本;品牌可以使得农业科技园在连锁扩张过程中大大降低进入风险和建立品牌形象的成本。

② 产权出让盈利模式:农业科技园可通过租赁制和股份制等形式转让土地使用权,实现规模经营,产生规模效益。将农业科技园分割为一定的单元,将每个单元以租赁或入股等方式出让给不同的客户,这样既能缩短投资收回期,同时又能通过对农业科技园进行集中管理和服务,收取管理服务费来获得经济效益。

③ 模式输出盈利模式:农业科技园发展到一定阶段,其经营管理理念、运作机制、经营体制已相对成熟,可以通过向园区管理集团发展,将其模式在全国范围内进行示范推广和拷贝扩张,同时农业科技园的人才、技术集成方案、循环农业和休闲观光农业的典型模式等也随之输出并推广,形成明显的网络化增值效应。

④ 产业集群盈利模式：农业科技园发展到一定阶段，可以通过与其所在地的相互之间具有密切联系的企业及其他相应机构组成的有机整体，形成产业集群，获得规模效益。向上游产业链延伸可以带动农业装备设施制造基地、绿色有机农产品生产基地，向下游产业可以延伸到农业装备设施贸易、旅游业、餐饮业、娱乐业等，以及与相关的商会、协会、银行、中介机构等形成产业集群。这是农业科技园区发展到一定规模以后的延伸盈利模式。

（三）功能分区与空间布局部分

农业科技园区的空间布局应立足于园区的总体战略思想、目标定位、功能定位、产业选择及项目的具体安排，来实现科研、教学、高新产业、农业生产等功能之间的均衡发展，为建设农业产、教、研一体化的示范区提供适宜的空间框架和用地保障。现代完善的农业科技园区是农业科研、教育和生产一体化的示范基地，是集农业生产与生活能力为一体的现代文明新区。一般来讲，应包括以下功能区。

1. 农业科研区

农业科研区是农业科技园区的生命力，是农业可持续发展的技术保证。它是以现有的农业院校和科研院所为基础，结合科研教育体制改革，适当扩大和调整用地，加强社会服务设施建设，整治和改善居住及科研环境，从而形成的综合性科研、实验、教学和信息中心。农业科研区要保持旺盛生命力，必须不断进行机制创新和科技创新。在机制创新上，建立一套较为完备的企业人员进入和退出机制。在科技创新上，首先要加强园区人才制度建设，建立科技发展基金；其次要与实力较强的农业院校和科研院所合作，促进科技创新。

2. 农业高新技术展示示范区

农业高新技术展示示范区是农业高新技术园区的灵魂，重点展示区内生物技术、节本高效栽培技术、现代设施农业技术、农产品加工技术和农业产业化成果，展示人工与自然相结合的环境改良成果,展示现代化乡村改造与建设成果,从而拉动和带动周边地区农业经济的发展,并使我国农业生产整体水平得到提高。

3. 农业高新技术推广区

农业高新技术推广区是农业科技与农村经济的紧密结合点,通过中试、生产、交易功能带动农业及相关产业的发展,从而拓宽农业领域。农业高新技术推广区可细分为三个区,分别是中试区、生产区和技术交易区。中试区主要承担农业科技成果推广示范和产业化职能,作为各种农业高新技术产业化的实验场所;生产区是农业科技企业组织经营开发和安排高档次、高环境要求产品生产的基地;技术交易区是技术转化为商品的市场,是园区技术发展的导向。只有在市场上有竞争力的技术、消费上供不应求的技术,才能研究和推广,否则再先进的技术,也不能发挥作用。

4. 农业科技培训区

通过对当地各级农业管理干部、农业技术人员、农民进行专项技术培训,使先进的技术和创新成果进入千家万户。它是科技成果转化为生产力、物化成经济效益的实效措施。通过电视教学、实地考察、现场示范及远程教学等方式,把高科技农业技术特别是实用技术,如:设施农业技术、节水灌溉技术、无土栽培技术、无公害蔬菜生产技术、立体栽培技术、工厂化育苗技术等进行推广,使园区成为当地传播农业高新技术的教学基地。

5. 农业观光和休闲区

利用较好的交通条件,通过全面改善环境,建设农业观光和休闲带,通过林、果、花卉等设施观赏性农业发展,丰富示范区功能,以吸引游客和招商引资。

6. 综合服务区

综合服务区是农业科技示范园区的枢纽,是园区能否正常运转的关键,也是园区对外的直接窗口。因此,它的服务质量、服务设施、服务功能是否周全到位,直接涉及到园区的技术和成果能否得以高效运用和展示。综合服务区用于安排行政管理机构、商业设施、会议展览中心和第三产业的各类设施。综合服务区的工作纷繁复杂，但创造良好的工作环境和生活环境是该服务区的最终目标。

（四）硬件建设规划部分

1. 道路交通系统规划

农业科技园区的道路交通系统应包括对外交通、内部交通、停车场地和交通附属用地等方面。其中，对外交通系指其他地区通向园区主要入口处的外部交通设施，通常包括公路、桥梁的建造、汽车站点的设置等。一般来说，对外交通不属于规划范畴，都由城市市政部门统一建设。

农业科技园区的内部交通主要包括车行道、步行道等。一般园区的内部可根据其宽度及其在园区中的作用分为：

（1）园区主路　园区主路是贯通园区主要区域及人流集散活动区的道路，在平面上构成园路系统的骨架。园区主路一般设置为可行驶机动车辆的环形路。路面宽度一般为 4~7 米，道路纵坡小于 8%。

（2）园区次级路　园区次级路要延伸至各主要建筑和经典，路面宽度一般 2~4 米，地形起伏可大于园区主路，坡度大时可做平台、踏步等处理。

（3）步游路　步游路为各功能分区内的游玩、散步的小路。布置比较自由，形式较为多样，对于丰富园区内的景观起着很大作用。

（4）停车场　为方便园区内游客及参观人员停车，园区内部必须设置停车场。停车场一般设置于交通比较集中的出入口处。停车场面积需根据农业科技园区的承载量决定。

值得注意的是，在规划内部交通道路时，不仅要考虑它对交通的组织作用，还要考虑其生态功能。比如廊道效应，特别是农田群路系统比较脆弱，稳定性不强，在规划时应注意其廊道的分隔、连接功能。

2. 园林绿化景观系统规划

园林绿化景观系统是农业科技园区的重要组成部分，主要包括以下几个部分：

（1）绿化系统　农业科技园区的绿化系统必须坚持生态优先、多样性的原则，以改善和调节生态环境为根本目标，在技术上以生态学原理为依据，营造出能够发挥最大生态效益的植被系统。同时，营造植物景观的多样性，充分利用现状条件，综合运用环境艺术处理手法，创造出层次丰富的植物景观。农业科技园区的绿化系统主要由道路绿化系统、种植区防护林系统、集中绿化区域及建筑周边辅助绿化组成。

农业科技园区的绿化树种选择要坚持适地适树的原则，规划要充分利用当地的植物资源进行园林造景，并强调对乡土树种的运用，特殊要求的区域可引用观赏价值高的品种（如热带风情园的植物选择）。植物的配置要遵从"互惠共生"原理，处理好乔灌花草、常绿与落叶、速生与慢生的关系。注意季节的搭配，以"三季有花，四季常绿"的原则指导实践。

（2）园林建筑　农业科技园区内为配合造景和游人的方便，需要有部分园林建筑的应用，主要包括：服务性建筑（如：茶亭、游船码头等）和休息性建筑（如：休息用的亭、榭、花架、桌椅等）。另外，有部分园林小品，如雕塑等。

（3）园林水景　农业科技园区内的园林水景，要充分考虑到水源、水深，并可巧妙利用水的经济作用，如垂钓、游船等。园区内的水景多由人工湖、灌溉沟渠、鱼塘、溪流、喷泉水池等组成。

3. 建筑工程规划

农业科技园区是个小型的社会，有着自己生产和生活的局部循环。同时，有的农业科技园区本身就具有孵化器的功能，可以孵化高科技农产品、孵化农业科技企业。这都需要一定数量的建筑作为支撑。农业科技园区的建筑规划要注意建筑用地的数量和容积率的具体要求，同时要注意建筑形式、外观与农业生态的协调性。园区的建筑主要包括生产设施和生活设施两部分。其中生产设施包括厂房、办公大楼、实验室等;生活设施包括员工宿舍、娱乐中心等。

4. 农业工程设施规划

现代农业科技园区与传统的农业技术推广和示范丛地不同,普遍采用大量现代农业设施进行生产。因此,农业科技园区内的农业工程设施主要指高科技农业的设施工程,主要包括生产性联动温室、生态餐饮温室、生态酒店、节能日光温室、养殖畜禽舍等,还包括大量的节水农业设施(如喷灌、滴灌等)。

5. 服务设施规划

农业科技园区是个功能齐备的社区,具备社会功能,必须具有配套齐全的服务系统和生活设施。农业科技园区内的服务设施主要包括停车场、餐饮服务设施、住宿服务设施、办公服务设施及一些福利设施。

6. 市政工程设施规划

农业科技园区内的市政工程设施主要包括给排水设施、废弃物处理设施、污水处理设施、电力电讯设施等。

(五) 保障措施

1. 确定园区管理体制

农业科技园的建设涉及面广、难度大、任务重,具有起点高、建设周期长、技术来源广泛等特点,是一项需要政府、企业、中介组织、农民等多主体共同参与的综合系统工程。近年来,在我国各级农业科技园区建设中,政府一般充当了园区建设的组织者和重要投资者的角色,对园区建设起到举足轻重的作用。但是,从当前园区的管理方面看,政府对园区的管理过度,政企不分,责权不明,导致园区成为政府部门的形象工程,使生产者和经营者缺乏积极性,缺乏生机和活力,影响了园区生产经营、技术创新和效益发挥,影响园区的持续稳定发展。因此,对园区建设与运行中政府的职能如何定位,政府、企业、中介、农民等多主体关系如何处理是园区今后能否快速发展并取得良好经济、社会和生态效益的关键所在。

（1）合理确定各相关主体位置　为了克服现有园区管理体制的弊端，遵循政府指导、企业运作、社会参与、农民得益的指导思想，要对参与农业科技园建设和发展的各相关主体角色进行合理定位。

政府是农业科技园建设的指导者和监管人。政府在农业科技园建设运行中的作用主要是对建设内容、发展方向等进行宏观指导，制定相关政策，协调企业和农户间的利益关系，保障农业科技园的健康发展。政府一方面可根据都市农业发展的需要，通过资金支持等方式，鼓励和扶持农业科技园内相关产业的发展；另一方面，政府还可通过招商引资等方式，为园区建设筹集资金。此外，政府还要对农业科技园的建设和运行实施监督，对重点环节进行把关，确保建设规范、有序，符合国家及地方的相关政策和法规要求，切实保证农业科技园内企业正常的经营不受干扰、农民的利益不受损害等。

企业是农业科技园的建设主体和经营管理者。承担主体作为农业科技园建设投资的主要主体和自负盈亏的经济实体，对园区经营管理享有相应的自主权，其生产经营要接受政府的宏观监督，经营内容应符合农业科技园建设总体规划的目标要求。可通过土地"反租倒包"、"订单农业"、招商引资等方式，吸纳农户、企业等主体参加园区建设与生产。

农民是园区建设的参与者和生产者。在农业科技园的建设和运行中，农民一方面可以通过与企业合作，以土地、劳动力、资金等入股的形式参与农业科技园建设；另一方面，可以在政府有关部门协调和农业科技园内企业指导下，通过与企业签订产品购销合同等方式，按照企业要求进行各种优质农产品的规范化生产，其产品由企业负责收购。因此，在园区建设和运行中，农民既可作为农业科技园企业的股东，也可以是园内企业的工人。

中介是农业科技园配套服务的提供者和各种关系的协调者。

中介组织在农业科技园建设中提供咨询、培训、推广、金融等各项配套服务,不仅起着连接政府和各级部门的作用,而且还与企业、农民发生直接关系,同时也是农业科技园与外界联系的重要桥梁。

(2) 选择合理投资与管理模式,培养自身造血功能　农业科技园遵循"自主经营、自负盈亏、自我约束、自我发展"的原则,逐步建立现代企业制度,选择合理的投资与管理模式,逐步培育和创造自身的造血功能。

在农业科技园发展前期,采取以政府主导、企业为辅的管理模式。由于初期所需投资量大,建设周期长,投资回收期长,经济效益不明显,对私人投资吸引力度小,由政府给予优惠政策、提供服务,企业筹集部分资金、管理运营园区。为促进农业科技园建设的快速发展,并获得预期目标和效益,政府应为园区发展制订相应的优惠政策,以吸引更多的企业投资园区建设,使企业在园区建设和经营中获得比到其他地方投资要高的效益;对园区建设与发展要营造适宜的政策环境,为园区建设提供信息、科技、资金、政策、法规、组织等方面的服务保障,促进园区快速高效发展;同时,政府应对园区人才引进与培养、技术培训、信息网络建设等方面给予资金支持。

在农业科技园发展中后期,采取以服务为导向、企业主导型的管理模式。政府主体和企业、协会、中介机构等市场主体、科研主体等各机构在互惠互利基础上采取合作制、股份制、股份合作制等多种形式,实现农业科技园的公司化运作。政府职能实现向服务型职能转变,市场主体之间建立良好竞争合作关系,共同维护和培育农业科技园的可持续性竞争优势。

2. 明确园区运行机制

(1) 高水准的技术运作机制　农业科技园区因地制宜地选择自己的技术体系,是体现农业科技园区特色的关键。农业科技园区技术体系的选择应遵循复合多元原则、智能原则、高产优质原则、资源节约原则。农业科技园区的技术选择主要包括:农业高新技术、具有重大推广价值的实用技术及具有龙头示范带动作用的技术三类。

其中,农业高新技术是指当前农业的高端技术,如现代生物技术、设施农业技术、农业信息网络技术等;具有重大推广价值的实用技术,是指推广前景良好、经济价值高的农业技术,如设施高效栽培技术、高效实用养殖新技术、农产品贮藏保鲜与加工技术等;具有龙头示范带动作用的技术,是指能够在当地提高科技园技术水平,易于形成产业化龙头的农业技术。如山东德州农业科技创新园选项时优先将蔬菜、花卉和瓜果的种苗繁育作为主要内容,因为这些选项对山东地方经济的发展具有带动作用;又如江苏徐州的银杏科技示范园,以银杏的种苗繁育和种植示范为主体,因为该地区有1.33万公顷成片的银杏园,示范园的建立对当地银杏业发展起了重要的龙头带动作用。

(2)科研创新与人才培养的融合机制　创建多主体参与的合作研发平台,吸引、开发并整合国内科技资源服务于园区建设。农业科技园区通过建立试验转化基地,在发挥承担主体自身研发创新优势的基础上,牵动政府、科教机构、企业共同参与培建"产业/项目牵引型"官产学研联合研发平台。农业科技园作为集成创新平台,将各自独立的创新主体(科研单位、大专院校、企业)、分散的创新要素(技术、知识、资本、资源、人才等)进行创造性融合和优化配置,在对先进技术和高新技术综合集成的基础上实现技术创新、模式创新和理念创新,使农业科技园的整体功能发生质的提升。

在研发体系建设过程中,以产业发展和市场需求提出的项目需求为核心,争取中央、当地政府的项目研发资金支持帮助企业承担部分研发风险和成本,由当地政府牵头推进服务平台和研发平台建设,为项目研发提供信息、机构、人员等各种服务,联合国内外在设施种植、养殖和农业装备设施方面有研究成果或在研项目的科教机构进行技术引进、吸收、集成和创新,选择具有一定实力的科技型企业作为项目运营的主体参与并实现研发成果的市场化和产业化过程。

创建将规划设计人才、产业运营人才、技术创新人才、服务转化人才的引进和培养有机结合的人才机制。农业科技园区通过试验转化基地建设,组织在研课题和项目与国内外科教机构、大专院校进行联合攻关,整合农业装备设施领域的创新型人才;通过展示交流基地建设,在园区建立国内外农业装备设施领域的专家信息库,聘请专家库中的专家定期或不定期地来园区进行指导;挖掘承担主体和社会的人才资源,重点加强对产业服务型和转化型人才的教育培训和开发;资助农业科研院校的学生到园区进行论文、课题、实用技术研究,为农业科技园区注入科技活力,培养优秀人才。

(3) 相关主体的利益调节机制　农业科技园区的利益调节机制是一种以利益为纽带,使各个参与主体对农业科技园区的投入得到公平的回报或收益的机制。合理的园区利益调节机制能够充分激发各主体参与园区建设与发展的积极性和责任心,保证园区持续稳定发展,使市场主体通过参与园区获得高于入园前的经济效益,政府主体更好地实现以园区建设和产业升级带动区域经济发展、社会和谐的业绩目标,科研机构实现科技成果向现实生产力转化的目标。

农业科技园区利益调节机制的构建要遵循效率优先、兼顾公平、互惠互利、科学分配、风险补偿原则,考虑政府财政补贴、转移支付、优惠政策、市场环境、产业风险等外部因素和园区各参与主体的贡献、投资、创新和承担风险程度、联合体性质等多种因素,重点对土地资源、基础设施、项目、资金、服务、人才和科技等七大要素进行合理配置。

政府加大政策扶持力度,为农业科技园内主体利益合理分配创造条件,通过非均衡补贴,向产业微利主体偏斜,改变主体利益分配系数、调节主体间自然利益分配不均状况,优化产业链主体间的合作关系。

按照"谁投资、谁建设、谁管理、谁受益"的原则，组织农业科技园区内的项目建设，实行权、责、利三统一的项目管理制度。

鼓励主体间建立紧密型的联结关系，使农业科技园各参与主体形成"利益共享、风险共担"的利益共同体，充分发挥强势主体对弱势主体的带动作用，共同创造出更多的新增利益，为合理利益分配提供组织保障。

运用控制力和信任形成间接的利益平衡机制，通过承诺未来优先、给予专家式帮助、给予某种授权或增加情感价值等形式巩固主体之间的关系，形成长效的利益合理分配机制。

（4）多元化、多渠道的投融资机制　加强政府财政资金运用。集中各级政府支农项目资金和其他来源，建立农业科技园发展基金，主要用于支持农业基础设施建设、科研开发推广、人员生产操作培训、检疫和抗灾、农业高新技术风险投资等，并制定相应实施细则，强化政府投资的有效运用和科学管理；通过税收优惠政策、资金信贷优惠政策、基本建设优惠政策、进出口优惠政策以及其他优惠政策和直接的财政资金支持，积极引导业外和区外资金进入农业科技园。

拓宽融资渠道。鼓励和引导民间资本进入农业科技园，吸引更多企业、金融机构、事业单位、民间组织等各方面力量参与投资，逐步增加农户、企事业单位、民间组织的投入。以股份合作制方式组建农业科技园民间投资信托公司，集中社会资金为农业项目提供支持；鼓励农民成为农业科技园建设和投资的主体，加大对农户参与园区建设的支持力度；对园区内产业化项目应争取特别扶持政策和特殊补贴，如适当放宽贷款抵押、担保条件，优先使用贴息贷款等；鼓励以股份制形式创建产业联盟公司；吸引国内外科研结构自带项目经费参与农业科技园建设。

建立农业科技园风险投资运行机制。对于农业科技园区内一些具有高收益、高风险的项目，可建立风险投资机制，保证风险资本的安全增值，提高投资风险的化解能力。具体可以由政府拨款、项目保险、企业、科研单位、社会捐赠等形式出资成立农业科技园区的农业高科技风险补偿基金；可由多方投资形成贷款组合，通过调整投资项目组合和结构分摊风险；还可以开拓风险投资保险项目，由保险机构投资或为风险投资项目实行联合保险。

(5) 现代化的企业管理机制　现代化的企业管理机制是农业科技园区运行机制的核心。农业科技园区无论采取哪种管理模式，都应遵循"自主经营、自负盈亏、自我约束、自我发展"的原则，并逐步建立"产权清晰、责任明确、政企分开、管理科学"的现代企业制度，不断完善市场导向与技术创新有机结合的科工贸、科农贸一体化的企业经营机制。根据不同的建园模式，会有不同的组织管理体制，主要包括管委会制、总公司制、承包管理制、混合管理制。

其中，管委会制主要针对开发区型农业科技园区，主要是由农业科技园区管理委员会来全面管理科技园区的开发建设经济信息搜集、处理和使用，为园区经济实体提供大量经济信息。管委会制的特点是园区管委会权力集中，有利于体制的改革与创新，有利于提高效率，但需要省市政府及权威领导人强有力的支持，并选好管委会带头人。

对于通过农业公司和多方联合模式成立的农业科技园区，其管理多采用总公司制。即由开发总公司来全面管理和开发科技园区，若成立了股份有限公司或有限责任公司，还应该相应成立股东大会、董事会、监事会和由总经理来规范运作。这种管理模式的优点是易于建立现代企业制度，直接企业化运作，缺点是总公司没有行政管理职能，在征地、规划、项目审批和劳动人事等方面没有主动权，使园区在发展过程中受到诸多方面的限制，且常常由于政府授权有限，开发公司无法解决园区改革和发展中出现的新情况、新问题。

对于科技承包型的农业科技园区，一般采用承包管理体制。政府或集体经济组织建好园区公共设施后，把园区生产经营设施和项目，通过承包制或租赁落实到农户和个人手中，农户严格按照标准化要求,经过培训后,从事园区的作业。承包管理制实行以家庭经营为基础、统分结合的双层经营体制,农民既是投资主体,又是经营主体,而且采取统一规划建设、统一品种、统一技术、统一品牌、统一销售,实现生产、加工、销售等多个环节的衔接配套。这既有利于把农户和园区发展紧密结合起来,调动农民积极性,又有利于农民精心管理,专一经营。农民既有稳定的租金又有劳务收入,增收明显,且学到了技术,农户积极性很高,是一种值得推广的管理体制。

混合管理制是指在园区内设置行使一定经济管理权限的园区管委会,管委会是政府的派出机构,另设工商、税务、物价等派驻机构行使园区内特定职权,而园区内的一些行政、社会性事务则由原行政区行使。混合管理型管理体制的特点是园区管委会行使的是一定经济管理权限,而其他的行政性、社会性管理权限仍由所在地行政职能部门行使,权责分明。

(6) 特色的市场开拓机制　高科技农产品的营销路线与一般农产品有明显不同,其根本区别在于,前者是满足现实需求,而后者是满足潜在需求。因此,在营销策略选择上,高科技农产品除了要综合运用一般农产品的营销策略外,还需有自己独特的营销策略。

第一,倡导绿色消费,推行绿色营销。绿色消费强调从消费开始到消费品最后消失的整个过程都要有利于人的健康和不污染环境,是人们对"高消耗、高增长、高污染"的传统生产方式和高消费的传统生活方式反思的结果,是一种新的理性消费观念。

第二,确立名牌战略,树立品牌优势。名牌是品牌的升华,一方面意味着该品牌所代表的产品本身品质好、质量高,被消费者广泛认同,且知名度和美誉度非常之高;另一方面则超出了产品本身的界限,扩展到整个地区的产业形象,形成区域经济发展的强大推动力。科技园区在高科技农产品的开发与营销中,要根据园区的比较优势,发展独具特色的产业项目,并培养、发展成为名牌,生产独具特色的农产品。同时,在市场竞争中,要不断地应用新的技术和加工工艺,不断地进行品质创新,坚持用科技开路,以扩大市场份额。

第三,加强产品的宣传和推介力度。为了提高产品的知名度,园区要通过在新闻媒体上登广告,召开产品推介会、订货会、观摩会、展示展销会等多种方式,宣传园区的产品,扩大产品的影响面。此外,园区内科技企业要搭上信息化快车,运用网上营销,构筑营销网络。企业可通过国际互联网建立网站,扩大营销网络面,传递商品信息,提高营销的效率。

3. 园区内部政策保障

(1) 加大园区科技能力建设

第一,建立与现代农业发展相适应的农业科技成果的引进机制。根据世界农业科技发展的特点与趋势,结合园区的发展特点,建立农业科技成果引进机制系统,利用科研院所、高等院校以及专家大院等机构和人员,大力引进国内外的农业高新技术和新品种、新成果,将引进的实用农业高新技术转化为园区的生产力。

第二,积极构建多元化的科研投入机制,加大科技项目的投入力度,提高科技项目在园区发展过程中的带动作用。一方面,通过与中央管理部门与地方政府的协调,整合中央有关部门的科技资源,引导农业科技项目进入园区,加大对农业科技园区的科技项目扶持力度,尤其是农业科技成果转化项目的扶持力度,以项目为载体,加强农业科技园区科技推广与服务体系的建设。同时,充分利用社会对农业科技的投入,制定优惠政策,以灵活的管理机制、合理的利益分配机制、完善的基础设施和实验设备吸引农业科技企业、高等院校、科研机构的科研人员到园区开展合作研究,或者把他们的科研项目拿到园区开展试验、示范。另外,集成各方的农业科技投入资金,各级政府采取优惠政策,引导三资资本进入园区,鼓励企业、私人投资于农业科研,同时,积极争取国家和地方政府资助园区科研项目,引导外来资金进入园区,从而形成园区多元化科研投入机制。

第三,加强农业高新技术的组装集成。园区应该充分利用已经熟化的高新技术成果,结合新引进的高新技术,建立技术组装集成网络,促进农业高新技术的转化。特别是要加强与园区所在区域现代农业发展需求相适应的生物技术、信息技术等的引进和示范,加快转基因技术、胚胎移植技术、现代设施技术、种苗生产技术、集约化养殖技术、农产品深加工技术等的组装和集成,逐步形成以农业高新技术为主体的现代农业产业聚集,通过高新技术成果的应用,加速园区产业的发展,提高农业科技园区的科技实力和经济效益。

第四,逐步形成适合本区域特点的技术模式。通过技术引进、推广和组装集成,逐步探索适合本地区自然条件的高新技术改造传统农业的道路,实现园区与周边地区经济的协调和系统的可持续发展。

(2)建立农业科技园区技术推广体系

第一,在园区内部,加强科技服务体系建设。农业科技园区的主要功能就是通过科技示范和服务带动周边地区农户致富。"十一五"期间,园区应该加强园区内农业技术推广组织、农民技术培训中心和农业专家大院建设。其中,农业专家大院作为农业科技园区的技术推广新的载体,自建立以来,已经在农业新技术的示范方面起到了不可替代的作用,因此,各级政府应该通过加大公共投入、项目扶持等方式,支持农业专家大院的建设和完善。以农业专家大院为龙头,逐步形成完整的园区农业科技服务体系,为园区内企业和农户提供有关农业生产资料、技术研发以及农产品销售等方面的技术服务。

第二,建立科技、信息和市场与农民之间的连接链,引导农民进入市场。现代农业是市场农业,由于个体农民进入市场的成本高,效率低,所以建设现代农业的主要环节就是促使农民进入市场,使农民的生产行为逐步以市场为核心。因此,园区应通过多种方式的培训,提高农民的科技素质、就业能力和自主创业的能力,促使农民从传统的农业生产方式下脱离出来。同时,农业科技园区应该在多方面为农民提供科技服务,构建园区与农民之间对接的有效通道,提高农民对市场变化的适应能力和本领。

(3)加强园区信息化建设,使园区成为信息农业的实验前沿信息是当今非常重要的生产要素之一,园区内的企业和农户需要大量的市场信息、人才信息、科技信息和产品信息。园区应该通过建立网络系统开展直接面向农村、农业企业和农民的信息服务,把信息传递到龙头企业、中介组织、农业科技示范大户,为园区龙头企业和周边农户提供市场、人才、技术和销售信息,引导企业和农户按照国家产业政策和市场需求调整产业结构,发展生产。

第一,建立信息传播系统。逐步建立园区信息网站、科技项目库、市场信息库和专家人才库,拓宽信息采集和服务范围。充分利用传媒和载体,建立从国内外市场、科研单位和大专院校到企业、农民之间的信息通道,加快信息的传播速度,使相关信息迅速传播到企业和农民,在园区内探索建设信息农业的道路。同时,园区应通过网络形式,定期向龙头企业和农民专业合作组织发布相关信息,以利于提高园区以及园区内企业的知名度,促进招商引资和市场销售业务的展开。

第二,加强园区与科研单位、大专院校的信息沟通和业务合作。科研单位和大专院校是园区发展的科技支撑力量,园区的长远发展离不开与科研单位和大专院校的联系,"十一五"期间,园区要进一步发挥其科技成果转化平台作用,充分利用园区这个农业科技成果转化载体,引导和鼓励园区与科研院所、大专院校共同承担国家和省市各类科技项目,通过技术合作等方式,吸引承担国家和省市相关的科技项目的单位进入园区开展科研,推动农业科技创新资源向园区辐射、扩散,提高园区整体科技水平。同时,园区应制定优惠的政策,鼓励科研院所和大专院校的科技人员到园区创办民营科技型企业和各类经济实体,积极探索设立"技术股"、"创业股"等办法,调动科技人员入园创业的积极性。选准农业科技成果转化的重点项目,到园区进行农业科技成果转化和产业开发,把国家农业科技园区建设成为大专院校、科研院所的科技成果转化、创新创业、服务"三农"的平台,不断提高园区自身的科技创新能力建设。

第三,加大与国外科研单位的合作力度。科技发展日新月异,园区的发展必须立足于时代前列,关注高新技术的发展前沿。所以,非常有必要加大国内外农业先进技术的引进、吸收和创新的力度,加强与国外相关单位的联系和合作,在园区建立农业科技研修基地和国际农业科技成果转化基地,开发和利用国际农业科技资源,开展国际农业科技交流,培训园区的管理人员和科技人员,构建一个吸纳国际农业科技成果及国际农业科技交流与技术合作的平台,使我国的农业科技园区逐步实现与国际先进水平接轨,提高农业科技园区的科技创新能力和国际竞争能力。

(六) 规划图纸部分

完整的规划除了规划说明外,必须有一定数量的图纸进行解说和指导规划的实施。根据规划深度要求的不同,对农业科技园区规划的图纸要求也有所不同。园区总体规划的图纸主要包括:项目区位图、建设地现状图、园区总体规划图、近期建设规划图、功能分区图、道路绿化系统图、绿地景观系统图、电力电讯规划图、给(排)水规划图等专业图,以及反映规划设计意图的透视图、鸟瞰图、平面效果图等,比例一般为 1/500~1/10 000;园区详细规划在总体规划的基础上,还包括专项详细规划图、竖向规划图、反映规划设计意图的透视图等,比例一般为 1/100~1/500。

第三节 农业科技园区案例分析

一、江苏南京汤泉农业科技示范园

汤泉镇位于南京远郊,素以花卉、苗木生产而闻名全国,苗木生产在该镇具有举足轻重的地位,同时对相邻乡镇也产生了积极影响。进入 20 世纪 90 年代,该镇苗木生产发展已近 700 公顷,并以雪松、龙柏、蜀桧、广玉兰"四大名旦"创出了品牌效应。

(一) 园区概况

汤泉农业科技示范园位于以温泉、花木著称的"江苏百家名镇"——汤泉镇西部,北临江浦至宁合高速公路连接线,西依宁合高速公路,南靠老山国家森林公园,区位优越,交通便捷,面积超过20公顷。基地属北亚热带湿润气候区,四季分明,日照充足,年平均降雨量1 000毫米左右,年平均温度18℃。土壤以黄土为主,偏酸性。基地曾是地方小流域治理工程示范区,土地平整,沟渠相通,现状多为苗圃和农田。另外,基地内有两处较大的水面,总面积约0.8公顷。

(二) 概念规划

1. 目标定位

在充分利用资源优势的基础上,以"四高"(高起点、高标准、高效益、高景观质量)和"三强"(科技基础实力强、适应市场能力强、示范作用效果强)为总目标,以市级示范园为起点,省级示范园为目标,力争建成"省内一流、全国有名"的示范园区。

2. 规划性质

汤泉农业科技示范园以科技为先导,立足苗木生产,以苗木新品种的引进、开发和新技术的示范推广为重点,融生产、科技开发、技术示范、观光旅游和新技术培训等为一体。

3. 指导思想

紧紧围绕绿化苗木品种的更新,着眼于新品种的引种、开发和高科技苗木生产示范,充分利用相关学科基础知识,因地制宜,统筹规划,在现有农田水利骨架的基础上,通过田园景观(苗木生产)与园林景点相结合,创造出集生产示范、景观示范、观光旅游、科技培训等为一体的新型现代农林生产示范园区。

4. 规划原则

(1) 前瞻性原则 规划立足当前,科学预测未来,讲求超前性。汤泉农业科技示范园作为汤泉镇以苗木为主的农业科技改革试点,应充分分析当前苗木生产和经营市场,并在此基础上做出科学预测,先行一步,起到带动作用。

(2) 市场性原则 科技示范园最终目标是以经济效益为突破口,带动社会和生态效益的共同提高,因此在规划上要强调市场性原则。例如在苗木新品种的引种、开发上就应充分了解市场,寻找市场前景广阔、辐射面广、目前有价无货且又能适应当地立地条件的新品种。

（3）示范性原则　示范园在经营过程中注重发挥新品种苗木和科技含量高的生产方式的示范作用,以点带面,起到带动作用,从而发挥更大的效益。

（4）特色性原则　在发展定位、经营方式和景观创造上均应突出特色,增强"生命力"和吸引力。

（5）因地制宜原则　规划过程中既要考虑整体造景的需要,同时还要考虑树种的生态习性和基地立地条件,因地制宜地进行布局。景点创造要充分利用原有基础条件,巧于灵活,以减少基础性投资。

（6）景观互补性原则　根据示范园的定性要求,全园在立足苗木生产的同时也要兼顾景观的创造。规划园区以田园风貌为主体,人工园林景点结合新品种景观示范为补充,同时注意充分利用现有的路网、水系骨架。

（三）总体及分区规划

示范园基地曾是小流域治理工程示范区,路网、排灌等基础条件较好。全园总体布局保留原有路网和水系框架,对道路做适当调整,使园内能环路相通,方便生产作业和游览。规划将示范园的主体部分用以生产,园林用地沿路、沟、水体呈点、线、面分布,形成田园景观与人工景点相互结合的景观特色。规划示范园设两个入口,全部临江浦至宁合高速公路连接线,主入口设在园区西北部,利用原有道路体系,同时兼顾宁合高速公路的观赏效果;次入口同一条穿园公路相连,位于园区中部,两个入口前均设有停车场(图6-1)。主入口以弧形花坛围合入口空间,左右花坛内对称设四根高度、色彩不同的彩色柱,分别象征新旧"四大名旦",中间以弧形拱架相连。规划全园共分为六个区,园区西部以色叶树种为主,红、黄为基调;东部以常绿树种为主,绿色为基调。

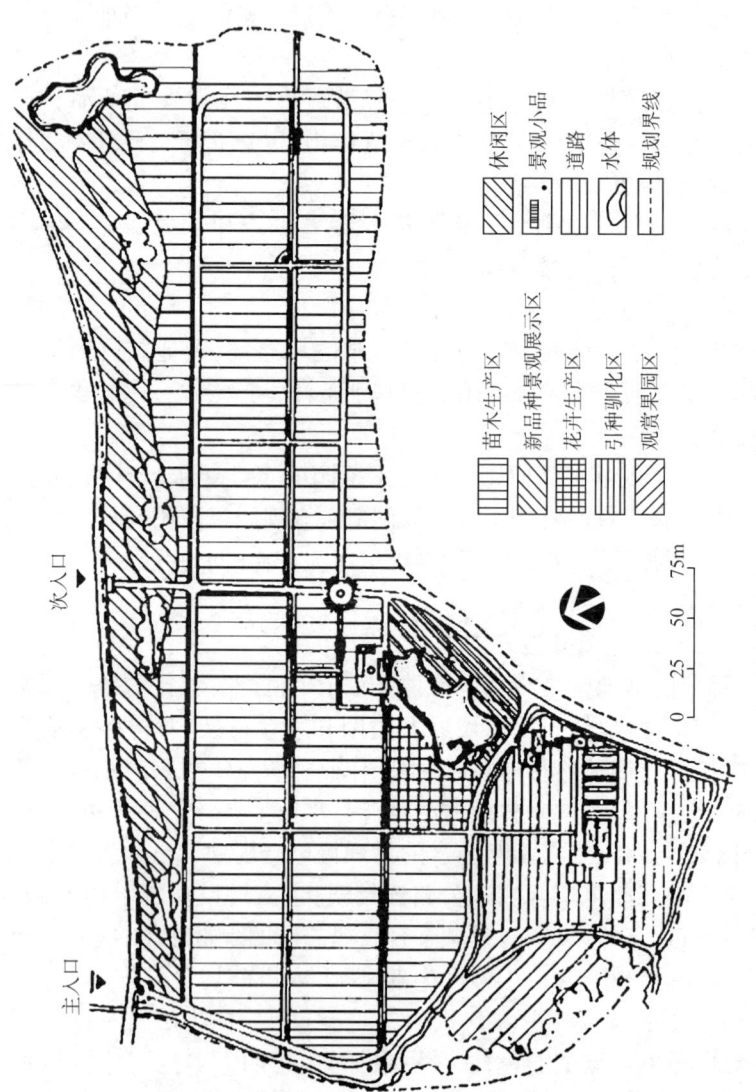

图 6-1 汤泉农业科技示范园总体规划分区图

1. 苗木新品种景观展示区

位于园区最北部，沿江浦至宁合高速公路连接线分布，占地面积约 2.7 公顷。该区恰好位于汤泉镇"十里花卉苗木观光带"规划控制范围内，因此，因地制宜将其定性为苗木新品种景观展示区。选用园内引种推广的新品种苗木进行配置，上层采用群落式、丛生式配置乔木，下层基础栽植呈流线型，沿路用色叶花灌木组成模纹图案，以地被植物作衬托。

2. 苗木生产区

位于示范园中心区，占地面积约 11 公顷，以生产为依托重点展示新品种苗木、现代化苗木栽培技术、现代管理模式等。全区按所生产苗木的类型不同又可细分为以下几个分区：①色叶花灌木生产区，面积 2.7 公顷，拟发展的品种有：湖北枸子、白鹃梅、粉花绣线菊、矮本紫薇等；②色叶乔木生产区，面积 3.3 公顷，拟发展品种有：无患子、日本槭、红栎等；③观花、观果类苗木生产区，面积 2.3 公顷，拟发展品种包括：复羽叶栾树、四照花、深山含笑等；④常绿乔木类苗木生产区，面积 1.4 公顷，拟发展树种有：山杜英、浙江桂、云杉等；⑤爬藤类苗木生产区，面积 1 公顷，拟发展品种有：五叶木通、香花崖豆藤、常春油麻藤、扶芳藤等；⑥水生植物生产区，利用园区的水系（池塘及沟渠）进行水生植物苗木的生产，面积约 3 330 平方米，拟发展品种有：黄菖蒲、水生鸢尾等。

3. 花卉生产区

花卉生产区位于园区中心部分，与色叶乔木生产区和引种驯化区相邻，占地面积约 0.7 公顷。该区紧靠休闲区，同时又是色叶植物向绿色植物的过渡区，景观上可起到协调作用，因此布置手法上注意形式和色彩的搭配，提高视觉质量。主要品种有：石竹、千日红、大花萱草、二月蓝、彩叶草、羽衣甘蓝、石蒜等。利用引种驯化区的温室和大棚，可适当发展一部分新品种盆花和微形盆景。

4. 引种驯化区

引种驯化区位于园区南半部，背靠山体，小气候条件较好，面积约0.7公顷,该区由一个引种驯化中心和外围新品种栽培地组成。引种驯化中心为全示范园的科研核心,负责引种、开发高、新、奇的园林植物材料,通过引种、反复杂交育种等手段培育出优良植物材料。引种驯化中心附属有温室、大棚、荫棚、管理室、工具室、扦插池等设施。规划温室采用连栋式,前期面积不易过大,大棚、荫棚、扦插池等面积可一次性到位,满足全园苗木生产的需要。

5. 观赏果园区

观赏果园区位于示范园西南角,占地面积约1.4公顷,包括邻近一部分山体。山下平地部分主要引种一些新、特、优的小杂果类,如雪枣、杏梅、李、石榴、樱桃等,以雪枣为主,生产结合观光,果熟季节可开展采摘等参与性旅游活动。山体部分考虑立地条件和远处从宁合高速公路观赏效果等因素,上层自然式栽植色叶树种,如柿树、黄栌、乌桕等,下层片植色叶花灌木,如白鹃梅、湖北栒子等。金秋时节,山上红果挂满枝头,层林尽染,营造出一种迷人的氛围,同时又做好了山体的水土保持工作。该区山体顶部结合灌水泵站设一观景亭,游人可沿山体步道拾级而上,到达亭内欣赏全园整体风貌。

6. 休闲区

休闲区位于示范园中心偏东处,包括接待中心、休闲中心、培训中心三部分,另外还包括一大型水面和部分疏林草地,面积约8 000平方米。原有水面经适当改造,沿水体布置接待中心和休闲中心,采用园林式建筑形式,在满足功能的同时又自身成景观。接待中心位于水体北部,整个中心为一园林式庭园,选用新品种植物材料美化庭院环境,主体建筑造型奇特,临水而建,亲水性强。该中心功能上集接待、管理为一体,规划正常接待能力80~100人/次。休闲中心位于水体西部,包括一座水上茶室,规划休闲中心为二层建筑,通过曲廊与茶室相连。培训中心设在水体南部,也是一独立园林式庭院,规划培训能力60~80人/次。休闲区既是示范园的中心,同时又是全园的接待、技术培训和营销服务中心。

(四) 树种规划

在苗木生产经营中,汤泉镇曾因过多发展单一品种,大量的成品苗被迫当柴烧,造成巨大的经济损失。为避免重蹈旧辙,切实做好苗木品种规划至关重要。目前,全镇正以"四大名旦"(雪松、龙柏、广玉兰、蜀桧)作主导产品,但市场已逐渐显出饱和的势端,品种的更新换代已成当务之急。规划示范园每5年左右推出一轮新"四大名旦"取代旧"四大名旦",正如主入口大门建筑所暗示,全园不断有新旧"四大名旦"的交替,从而牢牢掌握市场主动权。建议前期首先从色叶乔木、观花乔木、色叶花灌木、爬藤类苗木中各选一种组成新"四大名旦"逐步取代雪松、龙柏、蜀桧和广玉兰。

二、内蒙古乌海市海勃湾区高效农业示范园

内蒙古乌海市海勃湾区高效农业示范园是集科技、产业、基地、生态以及农业生产、观光旅游、休闲娱乐为一体的现代化农业示范区。园区以蔬菜、葡萄、花卉种植、奶牛养殖为主导,依托工业园区,转移剩余劳动力;依托园区,发展高效特色农业;依托基地,发展绿色产品集散中心。整个农业示范区按三期工程进行规划建设。其中一期工程已建成连体、住房180户,二期在建工程建设360户,三期工程拟建460户,达到安置移民1 000户,总占地面积10 000亩的发展规模。其中重点建设规模化、科技化、标准化绿色无公害果蔬种植区,并配以果蔬产品的加工、包装、储运及销售,构建绿色无公害果蔬产业链,同时适度开发都市农业生态旅游产业,提供富余劳动力再就业机会,带动周边农户生产,增加农牧民收入,推动乌海地区果蔬产业纵深发展。

(一) 建设地现状分析

1. 宏观背景

乌海市位于内蒙古自治区西部,总面积1 682平方公里,辖海勃湾、乌达、海南三个区,总人口约40万。乌海工业生产快速增

长,经济效益大幅提高,农业生产保持稳定,人民生活水平日益提高。

项目所在地海勃湾区辖新地乡、五一乡两个农业乡镇,共有20个行政村,农区居民24 461人,耕地面积2.2万亩,主要集中在城郊沿河一带,农田土壤肥沃,引黄灌溉十分便利。农业属典型的城郊型灌溉农业,以种植蔬菜为主,基本是近郊种蔬菜、远郊种粮,正常年份蔬菜种植面积占总播种面积的47%。

2. 地理位置

项目区位于乌海市海勃湾北郊,南距海勃湾城区12公里,北距蒙西工业园区1公里,西与新地乡三坝村耕地接壤,东距乌海市千里山工业园区1.8公里。

3. 气象条件

根据有关资料,项目区属于暖温带大陆性气候,日照时间长,太阳辐射强,昼夜温差大,气候干燥,风沙大,降水少,光能资源充沛,全年日照时数3 481~3 227小时,平均气温9.0~9.2℃,大于等于10℃的年平均积温3 600℃,无霜期160天左右,年平均降水162.4~168.5毫米,全年蒸发量3 841~3 496毫米,年均地温不足20℃,最大冻土深度在163~178厘米。特殊丰富的光热资源,非常适合水果、蔬菜等农作物的生长。海勃湾西北是乌兰布和沙漠,东边是桌子山,地处冷空气入侵门户,年平均风速较大,可达3.14米/秒,风向多为偏西北风或西北风,并且沙暴日数多,全年约为22~26天。

4. 地质条件

黄河乌海段年平均流量为890立方米/秒,径流量达281.3亿立方米,是农业灌溉主要的地表水资源。地下水资源丰富,含水层稳定,开采深度100~150米,单井涌水量120~250吨/个。水质好,矿化度为1左右,符合人畜饮水安全标准。

项目区属黄河冲积阶地和山前冲积倾斜平原,地势平坦。地表自然植被有白刺、沙蒿、苦豆等沙生植物,覆盖度在25%左右,土壤表层为风沙土,底层为灰漠土,有机质平均含量0.204%,全氮量0.103%,土壤肥力性状指标能够满足农作物生长需要。通过引黄灌溉和土壤培肥,撂荒地复垦能够转变为生产力中上等的基本良田。

5. 能源条件

乌海市是一座新兴的资源性工业城市,其矿产资源丰富,成组配套的工业利用价值高。已探明金属、非金属矿藏有37种,其中,煤炭已探明储量30多亿吨,以优质焦煤为主,占全自治区已探明焦煤储量的60%左右;铁矿石储量600多万吨;煤系高岭土储量在11亿吨以上,约占全国探明储量的1/5;石灰石远景储量在200亿吨以上,高品质的石英砂、石英岩总储量达50亿吨,白云岩、耐火黏土、硅石储量也很可观。邻近地区还有丰富的盐、碱、芒硝、太西煤等,这些矿产储量大、品质高、配置条件好,是发展化工、建材、高载能工业产品的重要原料。

6. 交通条件

乌海市距石嘴山50公里,距银川市150公里,东距临河市160公里,距包头市300公里,距离呼和浩特市650公里。

项目区属海勃湾区北郊,地处五一乡辖区北缘,毗邻飞机场和新地乡政府,机场路和通往乡镇的公路纵横交错,与110国道、新干线及正在修筑的高速公路互通。村村通三级公路,交通非常便利。

7. 周边环境

项目区位于乌海市海勃湾区城郊,紧邻乌海市飞机场,周围无高大建筑物,远离城市居民生活区,无大型煤炭、焦炭等污染严重的工矿企业。项目区及其周边自然生态环境良好,地表自然植被覆盖度在25%左右,距离著名的金沙湾旅游区仅5公里。园区内建设有"四位一体"的沼气池和沼气输配系统,既能够满足园区内居民日常生活用能,又可及时有效地处理农业生产废弃物,真正实现节能、环保、绿色、高效、现代化的农业生产。

（二）规划原则

1. 坚持经济、生态、社会三效和谐的可持续发展

规划始终以经济效益为突破口，带动乌海及其周边地区社会效益的全面提高，当前效益与长远效益有机结合，兼顾生态环境的开发与保护。

2. 因地制宜、以人为本，改善生态环境，体现乡土风情

在开发和保护自然生态环境的前提下，充分挖掘建园的优势条件，规划创意与都市农业主题、蒙族传统民俗与现代手法紧密结合，展现沙漠绿洲独特魅力，改善原有沙漠化的生态环境，营造具有较强吸引力的典型景观和趣味游戏。

3. 综合性、系统性与开放性原则

采用现代化经营管理体制，利用先进农业科学技术和现代化装备与设施，充分发挥资源优势和生态系统循环作用，借鉴国内外优秀实践经验，提高果蔬产品市场竞争力，创造良好的综合效益。

4. 统一规划、分期实施，建设与经营相得益彰

规划应站在乌海乃至内蒙古自治区农业发展高度，宏观把握、统筹全局。项目建设应集中精力、分期实施、稳步推进，减少前期基础性投资，增加可操作性。

（三）指导思想

以工业化理念、社区化模式、园区化管理谋划乌海农业发展，努力实现农业增效和农区居民增收，进一步加大农业投入，落实各项政策补贴，强化支农贷款协调工作，切实解决好农业发展资金问题。加快调整农业产业结构，大力发展无公害、绿色、特色种植业，增加具有比较优势的经济作物种植面积。

园区应以谋求更高经济效益、社会效益和生态效益为目标，借鉴并应用国内外先进适用的农业新技术、新设施、新设备，整合乌海地区多种资源，以工业化理念作指导，采用"公司+基地+农户"的经营管理模式，重点建设规模化、科技化、标准化绿色无公害果蔬种植区，配以果蔬产品的加工、包装、储运及销售，构建乌海

地区绿色无公害果蔬"种加销"产业链,满足北京和乌海高档果蔬消费市场,打出田野果蔬品牌,同时项目注重融合蒙族传统文化和民间艺术,突出乡土情趣和沙漠风光,在保护和改善生态环境的前提下,适度开发都市农业生态旅游产业,缓解乌海当地富余劳动力再就业压力,鼓励周边农户加盟参与,增加农牧民收入,推进农村生活环境改善和基础设施建设,带动当地及其周边农业和农村经济发展。

(四) 发展目标

项目将建成集科技、产业、基地、生态以及农业生产、观光旅游、休闲娱乐为一体的现代化农业示范区,是以规模化、科技化、标准化绿色无公害果蔬种植为其主导产业,农产品加工配送、技术培训等内容为辅助产业,具有一定规模和实力的内蒙古自治区龙头企业,真正实现明显的经济效益、生态效益和社会效益。整个园区规划到 2010 年,实现"五个二":温室面积 2 000 亩;奶牛养殖 2 000 头;葡萄种植 2 000 亩;肉羊养殖 2 000 头;居民人均纯收入 20 000 元。

(五) 园区定位

1. 功能定位

根据项目建设条件、规划思路和发展目标,坚持综合性、系统性、开放性、因地制宜、发挥比较优势的原则,高起点、多角度针对园区功能进行定位分析。

(1) 生产加工绿色无公害果蔬产品功能　充分发挥园区自然资源优势,以高档绿色无公害果蔬品种为纲,进行高质量、高效益的标准化、规范化生产,逐步把资源优势转变为产品优势,进而转变成经济优势。

(2) 市场开拓和品牌培育功能　以园区的绿色无公害果蔬优势产品为先导,不断开拓乌海及其周边地区高档果蔬销售市场,促成龙头企业的形成,打出沙漠果蔬品牌,建立生产技术体系,引导企业和农牧民标准化、规模化生产,共创名牌,共享效益。

（3）旅游休闲功能　以大规模、标准化、高效率的现代工厂化生产工艺流程，作为一种独特的旅游资源，让人们感悟西部未来农业高新技术的发展方向。同时努力营造独特的草原美景和刺激的沙漠游戏，开辟生态餐饮服务区，给游客创造一个随时品尝沙漠特色风味的机会，拉长果蔬产业链，提高经济效益，为农牧民增收发挥更多作用。

（4）改善生态环境功能　良好生态环境是园区生存的必要条件，因此项目建设必须注重园区环境保护，走绿色可持续发展道路。利用扶贫开发移民扩镇项目中的沼气工程，消除环境污染，使农业废弃物变废为宝、综合利用，进而可以改良土壤，增加农田肥力，同时解决农牧民生活能源，有利于生态系统的良性循环和农业持续发展。

（5）示范推广和教育培训功能　园区具备高新技术创新能力，通过对新技术、新品种的引入示范，向周围辐射、推广，不仅能为农牧民提供优良种苗，同时先进技术的引入潜移默化地改变着传统农牧民落后的生活习惯与生活方式。

园区利用全方位的信息网络资源，对农用物资、果蔬产品进行销售、购买，同时面向社会，为企业和农牧民提供绿色果蔬生产、销售、加工等方面的咨询服务，对外定期开展教育培训活动，加强企业与企业、企业与农牧民之间的交流沟通。

2. 产品定位

（1）技术优势型产品　项目单位应加强与知名科研机构、高等院校的技术优势的结合，研究开发优质绿色无公害果蔬品种和成熟先进的生产技术，为乌海及其周边农户提供良种和种植技术，为企业提供先进的加工、贮藏、保鲜等技术，以产品技术的先进性占领市场。

（2）资源优势型产品　项目在根据果蔬的需水期和需水量选择节水节能灌溉设施技术、合理适时进行灌溉的前提下，其当地的光、热、水、空气等自然资源是发展果蔬得天独厚的优越条件，因此项目应以特色无公害果蔬生产为基础,发展"人无我有,人有我优"的资源优势型产品,实现名牌战略,发挥品牌效应,以高档绿色无公害果蔬产品开拓京蒙地区市场。

3. 市场定位

以京蒙地区中高档消费群体为主导,配合中农大朝来农产品物流配送中心,重点拓展北京、乌海地区的高级宾馆酒店,大专院校、科研院所、政府机关、金融机构、高档住宅小区集中的超级市场及经济实力雄厚的企业集团购买市场。

4. 龙头企业

依托园区设施农业规模和特色农业基地建设,田野农科、民生奶业、忠华花卉、云飞葡萄、三金生态、佳奇果品、金田农业等加工、贮藏、流通型龙头企业和产业化组织落户园区,并形成蔬菜销售协会、奶牛养殖协会。园区采取"公司+农户+基地"的经营模式,充分利用龙头企业带动作用,树立绿色品牌战略,走新型产业化发展道路,立足国内外市场,打造一流绿色产业基地。园区的种植企业:统一育苗,统一技术,统一品牌,统一收购;养殖企业:统一提供贷款,统一疫病防治,统一饲料供给,统一收购牛奶。

(六) 空间布局

根据项目建设的基本情况、规划的指导思想、原则和发展目标等内容,从总体上进行宏观把握,既强调各区之间的联系,依靠快捷交通设施方便到达,同时又注重各功能分区的独立性与完整性,各分区可分期分批独立实施和经营。

出入口设置。主入口:位于园区北面,直接与中心区相连;规划入口道路为一级;要求大门形式现代、典雅、有气势、导向性强。次入口:园区北面分设两个,直接与果蔬种植区二期工程和加工配送区相连;规划入口道路为二级;要求大门建筑形式简洁而庄重。

园区划分为中心服务区、果蔬种植区、养殖区、加工配送区四部分。空间布局见图6-2。

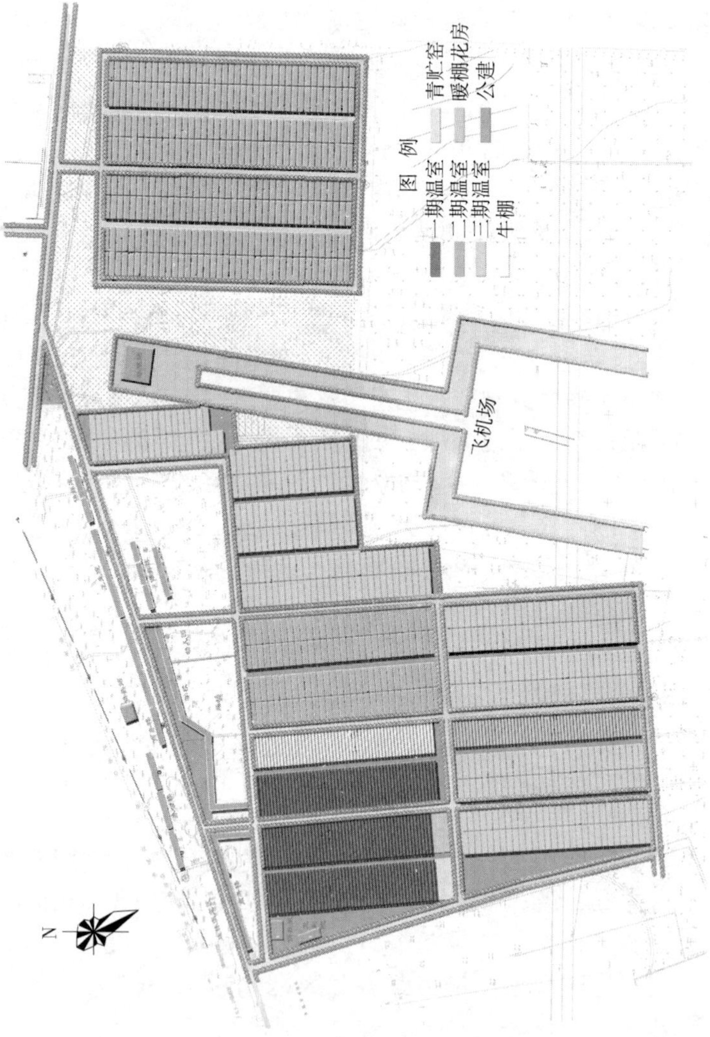

图 6-2 乌海市海勃湾区高效农业示范园分区图

1. 中心服务区

位于园区北部,与高速路相邻,规划面积约 200 亩,地势较为平坦。该区是全园的序幕与核心,结合海勃湾区扶贫开发移民扩镇工程,在园区主干道的两侧沿路规划建设学校、幼儿园、医院、培训中心和商贸物流中心,按照城市化建设要求,高标准配套园区水、电、路、通讯等基础设施,集中供热排污,科学规划绿地,做到美化、绿化、硬化、亮化四统一。

2. 种植区

位于园区北部,与中心服务区相邻,占地面积 1 000 亩,按"温室+住房+沼气池"一体的设施农业和生态家园分期规划建设,着力培植壮大反季节瓜果蔬菜、苗木花卉、葡萄、乳肉等四大主导产业和区域特色产业,以沼气为纽带,建设生态家园,从而实现家居温暖清洁化、庭院经济高效化、蔬菜生产无害化,这是本规划研究的重点部分。

3. 养殖区

为一期已建工程,位于一期、二期种植区之间,设牛棚 20 栋,主要进行规范化奶牛养殖和配套沼气工程。

4. 农产品加工配送区

位于园区北部,与高速路相邻,规划面积约 100 亩,建设内容包括恒温净菜加工包装车间、冷藏库、气调库、运输车队、常温周转库,并为周边农户提供产后服务,延伸乌海果蔬产业链,使之增产、增收、增效。

(七) 组织机构

海勃湾生态园的组织机构根据其自身的生产、经营、科研的运行规律以及指导、带动、组织周边农民加盟产业体系的需要设置园区管委会。组织机构框图如下:

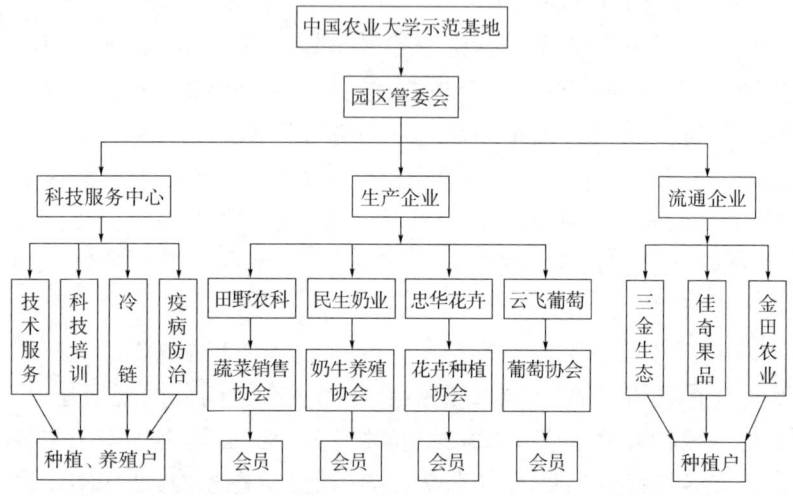

(八) 建议

(1) 在国家实施西部农业开发战略、加入"WTO"后经济快速发展以及社会对"绿色安全"食品的强烈需求的大环境下,建议项目单位尽快审批立项,使之在政策上得到必要支持,资金上得到重点扶持,发挥项目的经济、生态和社会综合效益。

(2) 建议项目单位在建成运营之前,深入理解产业方面相关国家政策,办理有关减免农林特产税、所得税的有关手续,争取国家税收优惠政策支持。

(3) 建议项目单位认识到自身技术力量薄弱的不利方面,在与技术依托及协作单位正式签订合作协议后,充分发挥技术协作单位的作用,同时注重自身技术力量的培养、提高,熟练掌握和有效运用相关技术,最大量地生产出合格产品。

(4) 项目土建部分所占比例较大,建议项目单位发挥龙头建筑企业的有利条件,精心组织,缩短工期,节约投资,提高效益。

(5) 由于项目生产周期长,产品时效性强,果蔬产品销售地区又在京蒙地区,营销工作量较大,建议项目运作上要特别注重产品市场的调查预测工作,适时调整产品结构,生产适销对路的产品,树立自身特色绿色无公害果蔬品牌,参与市场竞争。

(6) 配合技术依托单位和入驻企业,树立龙头企业形象,构筑乌海乃至全国范围的信息流网络和物流网络。

综上所述,项目建设市场前景可观,为了取得预期经济效益必须严格控制项目投资,加强产品市场的销售体系和宣传力度,要充分认识项目的投资风险因素,并找出对策,以确保较好的经济效益和社会效益。

三、上海金山现代农业园区

(一) 金山现代农业园区概况

金山现代农业园区(见本书彩色插页)是上海市市级现代农业园区。建于2000年,是上海首批建设的12个市级现代农业园区之一,也是金山区委二届五次会议确定的金山区"三区一线"重点发展区域之一,区域总面积2 132公顷,其中耕地面积1 328公顷。园区以绿色蔬菜生产和优质水果蟠桃生产为主导产业。区内设一个核心区、六个功能区和一个农产品交易市场。园区为集生产、加工、示范、推广、科研、观光旅游休闲于一体的综合性农业开发区。2003年8月,金山区委、区政府根据"城乡一体化、农业现代化、农村城市化、农民市民化"的要求,将金山现代农业园区与廊下镇实行"镇区合一"的管理体制,从体制和机制上对农业园区的功能开发起到了重要的促进和保障作用。

(二) 金山现代农业园区的空间布局

在产业规划和项目布局的基础上,上海金山现代农业园区形成"一心一环五区"的空间结构(图6-3)。

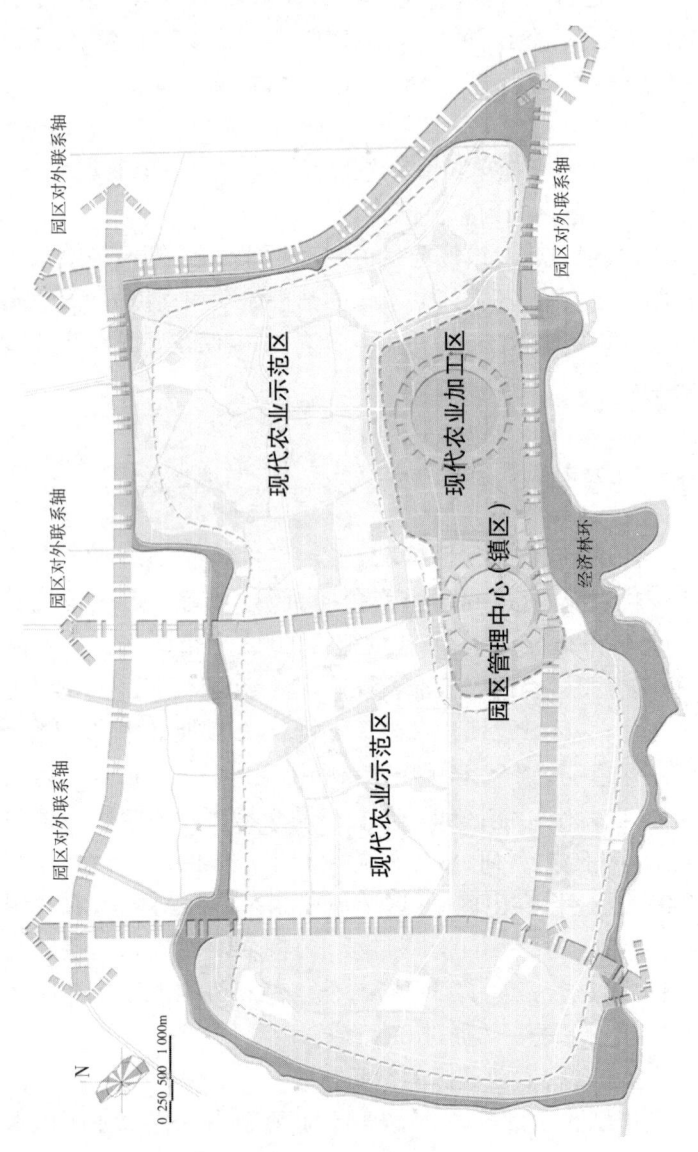

图 6-3　上海金山现代农业园区功能结构图

1. "一心"——园区管理中心(园区的主体)

规划园区管理中心以廊下镇为基础,以渐进滚动模式向镇北、西北方向发展,同时依槽廊公路和金廊路成组团式开发,在区域结构规划的指导下,在规划期限内最终形成一个配套齐全、有农业园区特色的中低密度新城区。

由于现状用地大都为农田耕地,在体现规划功能和要求的前提下,园区管理中心必须注重人口和产业的合理布局,中心的主要功能是办公、行政管理、商贸、居住以及为这些功能配套的商业服务,中心还将大力发展与农相关的第三产业,形成多层次、多功能的商业文化服务中心。

2. "一环"——外围生态林环(控制建设区)

以"林中造镇"而不是"镇外造林"的理念规划园区绿化带,所谓"林中造镇"即在林地背景下挖出个功能区,以林带分割不相关分区,以一个大型林带环抱整个园区的用地格局,并在条件允许处以绿锲的形式向园区内部延伸触角;环行生态林要保证一定的宽度,有助于生物多样性的培育和形成,真正达到生态净化涵养林的作用;环行林带既是园区的屏障和生态净化池,更能营造跑步、锻炼、自行车等运动场地与廊道,还具有野营娱乐等功能。

3. "五区"——农业科技孵化区、现代农业示范区、现代农业加工区、国际农业展示区、农业生态休闲区

孵化区、示范区和加工区分别位于园区中心的西、北、东面,与中心区一起构成园区的核心用地;产业园区以生物高新技术和现代种植为发展龙头,既是农业园区的产业支柱,又为园区提供技术支持和创新动力;孵化区是种苗研发的基地,示范区以绿色、无公害植物培育为方向,发展新品种、新技术,加工区以环保、绿色食品加工为产业导向。

国际农业展示园位于园区的东侧边缘,紧临 A6(同三高速),金石公路从其间穿过,是整个农业园区对外展示产品和理念的窗口。展示园主要展示国内外的农业科研成果,以及国内外先进的

农业生产设备和技术,是上海农业走向世界、世界农业进入中国的大型交流和合作的平台。

农业文化休闲区位于园区的西侧边缘,紧临朱平公路,休闲园以现代农业文化、金山特色文化为精神内涵,把农业文化宣传和休闲娱乐相结合,促进传统农业概念的转化和新理念的推广,以寓教于乐的方式传播园区生态概念。

(三) 金山现代农业园区的开发、管理

金山现代农业园区发展的阶段不同,采取的模式也应该有所区别。在开发区创建初期,在管理上以政府管理为主,民间结构一般不参与管理;当开发区进入成熟阶段,并具有一定规模以后,开始采取官、学、产共管体制。在这种管理体制下,开发区既能得到政府的扶持,又能发挥民间结构的积极性,向小结构、大服务转变。就金山现代农业园的建设模式而言,当前正处于从政府主导的模式向经济开发特区模式转变过程中。一方面,园区管理委员会利用各级财政资金和专项基金等全面负责园区规划、建设、招商引资以及运营等各项事物,这种做法的特点是能在短时间内积聚大量资金进行重点开发和建设,不足之处是投资主体单一,法人治理结构不健全,影响管理效率和经济效益,容易盲目追求高标准。另一方面,园区已经大致完成了总体规划和具体的功能区划分,对外批租土地、招商引资,通过各种渠道吸引国内外涉农企业来园区投资农业和食品加工业等。同时吸引娱乐产业公司进驻园区,开发园区内的旅游、观光、娱乐等项目,最终目的是将金山农业园区建成在国内富有特色,上海及周边地区独创的集农业生产、加工、旅游和涉农产业为一体的农业现代园区。当前管理过程中,重点制订了可进入园区的项目的立项原则:①符合园区的总体规划和功能分区规划是立项的基本条件;②环境生态标准是立项的先决条件;③项目技术水平属于国内先进或者填补国内空白是立项的技术保证;④提供购销合同或者意向购贷是立项的市场信号。按照以上原则,项目负责人向园区提出申请,并提供用户报告、成果转

化可行性分析报告、投入产出效益分析报告,稍后还必须提供市场调查报告。此后,由园区办公室组织技术、用户、银行等方面的专家进行论证,评估项目可否入园。经过一段时间的实践,对项目技术含量高、发展潜力大、但目前市场尚不明朗的项目,提出科研成果孵化的思路和实施办法,即对此类项目适量投放资金扶持,以具体政策和措施支持他们积极寻找用户,开发拓展市场。工作的重心正在逐步转向以项目管理为核心内容的制度建设,主要包括立项管理、资金的运营和管理、目标管理、过程管理、收益分配管理和后勤服务。

(四) 金山现代农业园区的运行特点

1. 树立全面的"亲商"理念

随着园区招商步伐的加快,园区管委会的"亲商"理念逐步形成,绝不是过去那种"客户是上帝"、"投资者高于一切"的空洞口号的简单翻版,而是抓住了市场经济中利益驱动资本这个核心,并使之落实到管委会工作人员行为的各个环节,这是园区招商引资的基本信条,已经采取了一系列行之有效的措施,保证每个工作人员以最大的热情帮助客户解决一切可以解决的问题,帮助他们把投资的成本降低到最低限度,回报率达到尽可能大的地步。具体措施包括,一是严格规范服务程序和方式,制作了一系列符合国际惯例的宣传介绍资料和接待服务方案,给投资商提供快速、便捷的服务;二是建立了定期走访制度,管委会领导定期带队走访客户,提取他们的意见、建议和要求,给客商解决具体问题;三是各个与客商相关的部门定期向客户提供有关管委会工作和政策的各种信息,增加工作的透明度,加强相互间沟通和协调,园区管委会力图做到政策和办事程序规范化、透明化、手续简便,并严格执行已经形成的各项政策和规划。

2. 行政管理主体和开发主体逐步分离

金山现代农业园区的行政主体是园区管委会,它是金山区政府的派出机构,代表金山区政府在园区行使管理权限,在园区行使

"治权",管理"开发者",服务于"开发者",逐步向园区公共产品的提供者过渡,在强化园区产业总体规划和功能规划的同时,注重引导,逐步剥离出并建立具有独立自主性的开发主体。该公司具体负责园区基础设施的开发建设、物业管理、招商引资,行政管理主体主要行使管理智能,为开发主体提供各种服务,强化园区的法规制定和法规执行,强化对开发主体行为的法规约束和绩效考核。以高新技术为主的投资商与以劳动密集型为主的中小投资商相比,对投资环境的要求更注重综合优势,行政主体的工作重点更应该侧重于:比较优惠、透明的各种固定税费;不可预见的开支减少到最小;基础设施完备又相对低廉的土地房产;出园区的快捷的通信系统,在园区内与各级政府快捷方便的信息传递、办事方便的信息化平台;高效而又廉洁的行政机构;健全、透明而又严格执行的法制,做到精简、统一和效能相结合,依法行政管理。

(五) 金山现代农业园区存在的主要问题

1. 园区功能定位需要完善

园区发展与当地经济建设、农业与农村发展结合不紧密,甚至脱节。具体表现为以下三方面力度不够大,作用不明显:对当地农村经济结构的战略性调整,先进、适用技术的推广与普及,产品科技含量的提高,产业的升级;带动广大农户,促进农民大幅度增收;农业与农村经济的可持续发展。从而导致园区展现出来的功能较为单一,层次亦不深,大多仅集中在展示、生产两项功能上,且停留在初级水平;服务、研发、生活等功能,或很薄弱,或者缺位。

2. 园区特色不够明显

金山农业现代园地处上海,上海是农业现代科技园发展比较早的地区,从农业科技园的主要模式来看,主要包括科研开发模式、示范推广模式、工厂化集约模式以及综合模式。从金山园区的发展实际和投入能力来看,短期看,不要说在全国范围内冒尖,在上海和浙江地区与其他园区相比,同构化现象非常明显,缺乏核心竞争力,对园区的投入还以政府投入为主,市场需求和因地制宜原则在园区建设过程中尚需完善。

3. 园区形象识别系统欠缺

在园区的发展和壮大过程中企业化经营、市场化运作是大势所趋。园区形象和企业形象一样,是依附于园区的身份识别符号,从国内外成功的企业形象来看,任何一个成功的企业总是有着一套体现企业文化、企业内涵、企业特色的形象识别系统,相比较之下,体现园区文化、内涵和特色的园区形象设计却被人们轻视或忽视。金山的园区建设过程中已经认识到园区形象识别系统的重要性,但做得还不够,还需要在进一步准确定位园区具体功能、形成特色的基础上构筑一套园区形象识别系统,作为园区的无形资产逐步壮大。

4. 需进一步重视农民问题

在园区发展过程中,尤其在园区建设的初期,政府的身份经常在企业家行为和政治家行为之间不停的变化;园区建设过程中,在具体的产业项目选择过程中,短期利益常常被强调,长期利益尤其是从园区内全体农民的利益出发的往往被轻视。

5. 园区信息化建设须加强

近年来启动了现代农业园区的信息化管理,完成了农业园区自身网站的建设,在金山区政府网站、上海农业网、金山农业网等媒体上刊载农业园区的招商信息,介绍园区的规划及建设情况。但是当前的园区信息化建设尚处于起步阶段,网站的对外宣传尚处于单向的部分信息发布阶段,对外的互动式、大信息量的信息交流局面尚未形成,以网络为平台以降低交易费用的体系尚未建立。另一方面,园区内部信息共享、基于园区内部人、财、物数据采集、整理、加工、整理和动态数字化的园区内部信息系统尚未有效建立。

第七章 农业旅游园区规划与案例分析

第一节 概 述

一、农业旅游园区的定义及主要类型

（一）农业旅游园区的定义

现代旅游业正逐步向多样化趋势发展，在旅游业涉及的范围日渐广泛、旅游形式和旅游内容也日趋多样化的今天，农业和农村就自然而然地成为新的旅游客体，随之也就有农业旅游的产生。

农业旅游概念是在2001年全国旅游发展工作会议上，国家旅游局把推进工业旅游、农业旅游列为2001年旅游工作要点时在我国正式提出来。2002年国家旅游局颁发的《全国工农业旅游示范点检查标准》中对农业旅游的定义是：指以农业生产过程、农村风貌、农民劳动生产场景为主要吸引物的旅游活动。

有学者认为农业旅游又称观光农业、休闲农业旅游或乡村旅游，是以农业活动为基础、农业和旅游业相结合的一种新兴的交叉型农业，是以乡村独特的景观和农业活动为吸引物、以都市居民为目标市场、以满足旅游者观光、娱乐、求知、体验农事和回归自然为目的的一种旅游方式。也有学者提出农业旅游是以大农业资源和农村特色为依托，集科研、观赏、娱乐、文化、购物、度假、健身等功能于一体的特殊的旅游活动，其目的是实现社会、经济和生态效益的高度统一，并将农业旅游分为观光农业旅游、农家乐旅游、乡村旅游、都市农业旅游四类。

目前关于农业旅游的概念和提法很多,许多学者从不同的角度进行了研究和界定,给出了不同的定义。在我国把"以有生命的动植物为主要劳动对象,以土地为基本生产资料,依靠生物的生长发育来取得动植物产品的社会生产部门"统称为农业。农业有狭义和广义之分,狭义的农业仅指种植业或农作物栽培业;广义的农业包括农业(农作物栽培,包括大田作物和园艺作物的生产)、林业(林木的培育和采伐)、牧业(畜禽饲养)、副业(采集野生植物、捕猎野兽以及农民家庭手工业生产)、渔业(水生动植物的采集、捕捞和养殖)。编者认为农业旅游中的"农业"不仅包含广义农业的各方面内容,而且还包含了农村、农民等一切与"农"有关的、可以作为旅游资源的各个方面。因此,农业旅游是指以农业、农村、农民为依托,以农业生产、农村风貌、农民劳动、农村生活、乡村文化和民风民俗等为主要吸引物,以城镇居民为主要对象,使旅游者能够享受田园自然风光、体验农耕生活、感受农村文化、购买农产品、品尝农家美食以及参与各种娱乐休闲的一种综合性旅游活动,从而达到丰富人民生活、促进民众身心健康、提高农业经济效益和农民生活质量、增强生态效益和社会效益的目的。

由于各地经济发展水平和人们的旅游需求的不同,农业旅游发展的形式多种多样,为吸引游客,突出特色,各地也有很多不同的称谓和叫法,如农业观光园、生态观光园、农业采摘园、农业休闲园、都市农庄、疗养农业园、农家乐、渔家乐等。编者认为总体上说农业旅游有两种发展形式——农业旅游园区和乡村旅游。

农业旅游园区是指在一定的范围或特定区域内以农业旅游为主要开发内容和目的的现代农业园区。农业观光园、生态观光园、农业采摘园、农业休闲园、都市农庄、疗养农业园等都是农业旅游园区不同经济发展阶段的不同表现形式。它们都有一定的地域范围,都是以农业旅游为开发内容和目的,只是其利用的农业旅游资源客体和旅游产品的侧重点不同,有些侧重于观光体验,有些侧重于民俗资源的开发,还有些侧重于娱乐休闲。如农业观光园主要是指以农业观光为主要旅游活动内容的园区,其内容侧重于游客对农业景观的观赏、游览引发心灵上的愉悦;农业采摘园主要是指以农作物果实采摘、品尝等为主要旅游活动内容的农业园,侧重于果实采摘的体验过程,让游客体会到收获的快感。

乡村旅游是农业旅游的另一种发展形式,其旅游吸引物仍然是一切与"农"有关的、可以作为旅游资源的各个方面,包括自然风光和人文风光,如"农家乐"、"渔家乐"等都是乡村旅游的特色形式,都属于农业旅游的范畴。农业旅游园区与乡村旅游这两种形式的主要区别在于旅游活动发生的地点不同。乡村旅游中旅游活动发生的地点是乡村社区,主要以乡村的自然性为吸引物,突出农户在旅游活动中的参与性与服务性。农业旅游园区中旅游活动发生的地点既可以是大都市、城市近郊,也可以是乡村。乡村的自然性是旅游客体的一部分,但旅游景观和旅游项目主要靠经营者精心的设计和规划,另外,农户在农业旅游园区的旅游活动中参与也较少。

(二) 农业旅游园区的类型

1. 国外农业旅游园区主要类型

前文提到不同地区农业旅游园区的发展也各有各的特色,从欧美、日本等农业旅游发展较早的国家和地区农业旅游发展的情况看,国外农业旅游园区主要有以下几种类型。

(1) 观光农场　国外农业旅游最普遍的一种形式。农场所有者开放成熟的果园、菜园、花圃、茶园等,让游客入内观光、摘果、拔菜、赏花、采茶,享受田园乐趣。

(2) 市民农园　由政府或农民将位于都市或近郊的土地出租给城市居民,用来种植花草、蔬菜、果树或经营家庭农艺。

(3) 农业公园　把农业生产场所、农产品消费场所和休闲旅游场所按照公园的建设思路结合于一体,面积有大有小,提供综合性服务,经常举办各种活动。

(4) 教育农园　兼顾农业生产与教育功能的农业经营形态。农园中所栽植的作物、饲养的动物以及配备的设施极具教育内涵,如特用植物、热带植物、水耕设施栽培、传统农具展示等。

（5）休闲农场　这是一种综合性的休闲农业区，游客不仅可观光、采集、采果，体验农作，了解农民生活，享受乡土情趣，而且可住宿、度假、游乐。

（6）森林旅游　伴随着回归自然浪潮的兴起，世界森林旅游热方兴未艾。森林公园多变的地形、辽阔的林地、优美的林相和山谷、奇石、溪流等，为人们回归自然、休闲、度假、旅游、野营、避暑、科考和进行森林浴等提供了理想场所。

（7）民宿农庄　在德国、丹麦等国家，农户经营的农场规模大约在二三十公顷，农场风光秀美，景色宜人，是很好的休闲度假场所。在日本，农民将废弃或多余的农舍加以改造，提供给都市休假者住宿，称之为"民宿"。

（8）民俗旅游　利用农村特有的文化或风俗作为农业观光休闲活动的内容，如农村民俗文物馆、乡土文化活动、民俗古迹、地方人文历史、童玩技艺、丰年祭、乡村博物馆等。

2. 我国旅游园区类型

根据我国目前农业旅游发展的水平来看，按照农业旅游园区开发的旅游产品类型，笔者将农业旅游园区分为以下几大类，当然目前很多大型农业旅游园区是多种旅游产品类型的综合开发（表7-1）。

表 7-1　　　　　　　　农业旅游园区类型

农业旅游园区类型	景点或活动示例	旅游资源
田园观光型	稻田、麦田、茶园、果园、竹林、草原、水田、梯田等	农业种植作物、种植方式、农作物生长载体或环境等
园艺观赏型	百花园、百果园、奇花异果园、盆景园、四季瓜园、四季菜园、沙漠植物园、热带雨林、瓜果长廊、蔬菜树、蔬菜森林、花卉蔬菜展览展销会等	现代农业生产设施（温室、大棚）、种植技术（无土栽培）、种植新品种（观赏瓜果新品种）、环境控制技术等

续表

农业旅游园区类型	景点或活动示例	旅游资源
动物观赏型	小鸟乐园、昆虫馆、奇珍异兽观赏、自拣生态蛋、动物饲喂、鸽子放飞、笨猪赛跑、斗鸡等动物趣味表演	养殖动物的品种、设施设备、养殖工艺等
设施参观型	工厂化水培生菜生产、工厂化育苗、蝴蝶兰花卉繁育、设施无土瓜菜生产、组培育苗室、规模化奶牛养殖、果蔬加工车间等	农产品、农业生产过程、现代农业生产设施设备,环境控制技术、种植栽培技术、生物防治技术、育苗技术及设备、畜禽养殖工艺、设备、农产品加工技术、工艺及设备等
农事参与型	蔬菜瓜果采摘、采茶、捕鱼、挤奶、踩水车、推石磨、骑马、耕田、插秧、收割、品尝、陶艺、剪纸、绣花等手工艺品制作,酿酒、加工豆腐等传统农产品加工等	农业生产过程、现代农业生产设施设备、传统农业生产工具、农产品加工制造工具、民间技艺等
科普教育型	科普长廊、农业科技馆、雄蜂科技馆、农史馆、农业博物馆、农机具展览、农田生产体验等	农业或农产品发展历史、文化、农业生产工具等
娱乐休闲型	农家饭、绿色餐饮、野味品尝、野炊烧烤、乡村别墅、农家小院、垂钓、民俗表演、浑水摸鱼、划船、温泉健身、水上乐园、儿童乐园、攀岩、漂流、蹦极、网球、高尔夫球等	民俗文化、基础设施及服务、现代娱乐设施、健身器材等

(1) 田园观光型农业旅游园区　欣赏农村自然风光,或利用现代科技改造传统农业所产生的大面积园区风光或特色景观而开展的观光活动,能够使游客放松心情、开阔视野。

(2) 园艺观赏型农业旅游园区　利用园区种植品种、生产设施和栽培技术上的优势,从形状、大小、色彩搭配等方面通过园艺设计和修整,赋予农产品以观赏性和艺术性,使之成为观赏价值极高的旅游产品,这类项目具有美化环境、烘托气氛、可观赏性强等优点。

（3）动物观赏型农业旅游园区　主要利用奇、珍动物品种或动物趣味性活动作为游客兴趣点。根据对北京观光农园的调查,动物观赏型项目为最受欢迎、最吸引人的农园景观之一。

（4）设施参观型农业旅游园区　组织游客参观、学习工厂化农业生产过程、生产工艺、劳动场面等的现代农业生产景观,加深对现代农业的认识,获得知识,增长见闻。

（5）农事体验型农业旅游园区　让游客参与到农业生产过程和劳动过程中,享受劳动的快乐和丰收的喜悦。这类项目是目前园区开展最多也是广受欢迎的项目之一,参与性、体验性、趣味性较强,可利用旅游资源较多,活动内容丰富。

（6）科普教育型农业旅游园区　向游客介绍现代农业科技成果、农业的发展历史等,提高公众对现代农业和绿色产品的认识,对青少年进行农业科普教育。

（7）休闲度假型农业旅游园区　利用生态农业营造的优美环境吸引游客,利用现代娱乐设施和服务设施向游客提供各种有益身心健康、趣味性较强的旅游活动。

二、发展农业旅游园区的意义

大力发展农业旅游园区对于促进农业结构调整和社会经济发展、解决"三农"问题和就业问题、培育农业经济新的增长点等多方面具有积极作用,同时对于整合资源、丰富旅游产品、增加旅游供给、进一步做大旅游产业也具有重要意义。

（一）有利于调整农村产业结构,促进农村经济多元发展

农业旅游园区的生存之本是其特色化,唯有与众不同才能吸

引游客。农业旅游园区的建设打破了以传统粮食作物为主的农业产业结构,发展特色养殖、林木、果树、花卉等产业,在农业园区的示范与带动下逐渐形成"一村一品,一家一景"的特色农村产业发展格局,形成区域农产品特色化。据调查,一公顷年产粮收入18 000元的土地,如果种植花木、兴办"农家乐",年收入可达45~75万元,经济效益提高25~42倍。农业旅游活动的开展大大加快了农民致富的步伐,有效地推动了农村经济的发展。

同时,农业旅游园区的发展也为农村第三产业的发展带来了新的生机,农业旅游带来的巨大客流必然拉动农业旅游园区周边地区的商业、服务业、交通运输业、农产品加工业等相关产业的发展,尤其是带动与之有关的食品、日用品、工艺品,特别是当地特色的农副产品、土特产的产销活动,从而促进商品交换、繁荣农村市场、促进乡镇企业的发展,达到"开拓一处景观,致富一方乡亲"的目的。

(二) 促进农村劳动力就业,提高农民收入

农业旅游与其他旅游活动一样,是一种服务性很强的劳动密集型产业,农业旅游园区内的度假村、饭店、餐饮、商店、游乐场等部门,需要大量的服务员、厨师、售货员、保安人员、后勤人员、维修人员等,无论合同工或旺季临时工都可优先在周边区域农民中招聘。根据乘数效应估算,一般认为,旅游业直接创造一个就业岗位,就将产生另外三个与之相关的就业机会。因此,一个农业旅游园区的建设将很大程度上解决其周边农村剩余劳动力的就业问题,尤其是农村妇女的就业问题,既降低了农业旅游园区经营成本,又提高了农村家庭直接收入。

另一方面,农业旅游园区带来的客流进一步推动了周边农村旅游的发展。近年来各地"农家乐"、"渔家乐"等以家庭为单位的旅游形式越来越受到人们的欢迎,尤其受到城市工薪一族的青睐,不少农村地区通过"农家乐"这一旅游形式摆脱了贫困,走上了致富路。例如位于西部地区的广西恭城县的红岩村,2005年80万

人次的游客给这个瑶族小山村带来了农户人均增收2 000元的效益,有些家庭的收入突破了10万元。即便是在经济发展水平已经很高的鱼米之乡江苏省常熟市蒋巷村,从2000年以来着手开发农业旅游,2005年接待旅游者50万人次,村民人均年收入已提高到1.5万元。农业旅游园区的发展为乡村旅游提供了新的旅游景点,为"农家乐"在餐饮、住宿方面提供了更加广泛的客源。

(三) 推动社会主义新农村建设,培育新型农民

农业旅游园区一般建设在城郊或城乡结合部,邻近村居民点。在新形势下农业旅游园区的建设必须与社会主义新农村建设规划结合起来,合理开发和整治土地,农业旅游园区的选址、布局、道路交通规划、建筑风格等都要符合新农村规划要求。农业旅游园区所形成的优美的自然环境、标准化的农业生产、便捷的交通条件在一定程度上改善了农村环境和农村风貌,方便了农民生活;农业旅游园区吸引着城市的人流、信息流和资金流,提高了当地的知名度,推动了农村村容村貌的改变,加快了新农村建设的步伐。

通过农业旅游园区,广大农民还可以学到先进的农业生产技术和管理手段,同时随着接触大量游客和现代文明,农民的信息通畅了、脑子活了、路子广了、思路宽了,不少农民学会了上网,了解到更广泛的农业信息,电子商务也逐渐走进了农民的生活。

(四) 缓解"黄金周"传统景点旅游压力,丰富旅游产品

随着"五一"、"十一"两大假期在人们生活中地位的提高,越来越多的人选择外出旅游来放松心情。可是从最近几年"黄金周"的旅游情况来看,尽管"黄金周"的大量客流促进了消费,增加了很多旅游景点的门票收入,但是很多专家也在呼吁,"黄金周"对传统旅游景点的旅游压力太大了,如故宫、长城、香山等景点,"黄金周"平均每天的接待量在3万人次以上,超出了旅游景点的最大承受能力,不仅对历史建筑造成损坏,并且引起严重的交通堵塞、人员拥挤,使很多游客乘兴而去,败兴而归,旅游质量有待提高。农业旅游园区的发展进一步拓宽了旅游资源,使得村庄、渔

场、林场、牧场都可以成为旅游吸引物,大大增加了我国旅游资源的基数。农业旅游园区满足了人们回归自然、返璞归真的个性化需求,同时具有健身疗养、休闲娱乐等综合功能,游客在景区内既可以参与娱乐、品尝美食,又可以亲自劳作、亲近自然、陶冶情操。因此,农业旅游园区越来越受到都市人的欢迎。随着客流量的增多,旅游"战场"逐渐由城市转移到了农村,这有效缓解了城市旅游带来的交通、住宿、餐饮等压力,同时也延长了旅游产业链,有利于农业旅游做大做强。

三、国内外农业旅游发展现状

(一)国外农业旅游发展现状

在国外农业旅游也有很多不同的形式和称呼,如观光农场、乡村旅游等。农业旅游活动20世纪中后期兴起于欧、美、日等一些经济发达国家。受土地私有制的限制,国外农业旅游园区主要分为两类:一种是休闲观赏型的度假方式,游客从城市来到乡村,住在农民家里,吃着农民自产自制的新鲜食品,闲暇时观赏乡间的自然风景和民俗风情。另一种是"乐农型",即参与型的度假方式,这种方式游客的参与性更强,除了一般的观光、品尝活动以外,还包括与农民一起参加各种农事活动。

1. 欧洲农业旅游的发展

根据1978年经济合作与发展组织(The Organization for Economic Cooperation and Development,OECD)的报告,欧洲高度工业化的国家中,有40%~60%的农民从事非农业性的兼职工作。同时,随着社会平均收入的提高和休闲时间的增多,旅游事业渐渐朝向乡野发展,农场观光已成为今日欧洲休闲生活的趋势之一。

西班牙是欧洲除瑞士之外的山区最多的国家,发展乡村旅游有着良好的自然条件。西班牙的乡村旅游在1986年前后开始起步,1992年以后快速发展,目前增长速度已经超过了海滨旅游,成为西班牙旅游中的重要组成部分之一。除国内游客外,一些来自欧洲其他国家的国际游客也开始到西班牙的乡村享受与大自然亲密接触的乐趣。

在西班牙,每一个地区政府都有乡村旅游方面的立法,从立法上确立乡村旅游的地位。西班牙国家和地方政府还就乡村旅游制定了很多标准,其中有一些是必须执行的强制性标准,从而从根本上确保了西班牙乡村旅游的质量。比如,对乡村旅馆,法律规定就必须是具有 50 年以上历史的老房子,而且最多提供 10~15 个房间,开业需要申请,经过政府审核合格,才发给开业许可证。

意大利是世界上旅游业最发达的国家之一,早在 1865 年就成立了"农业与旅游全国协会",专门介绍城市居民到农村去体验农业野趣,与农民同吃、同住、同劳作。如今,"崇尚绿色、注重提高生活质量的绿色农业旅游"也成为意大利人的新追求,意大利农业旅游强调"以人为本"和"绿色环保",经营类型多种多样,人们不仅可以从事现代的健身运动,还可以体验传统的农业生产活动、农艺制作、农家菜肴烹调、宠物领养等多种参与性活动。

意大利农业旅游的经营者非常重视基础设施、休闲娱乐设施和服务设施的建设。意大利现有 1.15 万家专门从事"绿色农业旅游"的管理企业,70% 以上都配有运动与休闲器械,供那些喜欢健身运动的游客使用;55% 的景区为游客提供外语服务,为外国游客解决语言不通的困难;50% 以上的景区提供包括领养家庭宠物在内的多种服务项目。

法国约 1.6 万户农家建立起了家庭旅馆。1998 年,法国农会常设委员会设立了农业及旅游接待服务处,并联合其他有关社会团体,建立了名为"欢迎莅临农场"的组织网络,包括了农场客栈、农产品市场、点心农场、骑马农场、教学农场、探索农场、狩猎农场、暂住农场和露营农场等九大系列,还出版了专门的宣传和指导手册,大力促销法国的农业旅游。这种新兴的"绿色度假"旅游活动方兴未艾,每年可以给法国农民带来 700 亿法郎的收益,相当于全国旅游业收入的 1/4。

法国葡萄酒名闻遐迩,所以以葡萄酒为主题的酒乡游非常吸引国内外游客,游客可以参观葡萄园、酿酒作坊、酒窖,参与酿造葡萄酒的全过程,了解酿酒工艺,品尝美酒,参加当地酒庆活动,甚至可以将自己酿好的酒带走,向亲朋好友炫耀。另外,法国还推出田园风光游,游客可穿梭于阿尔萨斯地区或卢瓦尔河一带,下榻乡村客栈,尽情享受远离尘嚣的安宁与恬静。

德国的农业观光旅游主要以市民农园的形式出现。在德国的都市或中小城镇中到处都有不同形式的市民农园,比如在 Menhen 市区就有约 8 000 个。德国人认为,在市民农园里参与农艺劳作是最高尚的休闲娱乐方式之一,很多家庭也为拥有一个农园而感到骄傲和自豪。

在 19 世纪后半叶正式建立市民农园的体制后,德国的市民农园主要转向耕作体验与休闲,而不是以生产经营为方向。市民农园法中有很多规定,其中一条就是在市民农园内,种花、种草、种水果、种菜等皆由承租人自己决定,但生产的农产品不能出售。市民农园的经营利用方式有花卉、果树、蔬菜、混合种植,也有单独种植的,还有养殖珍稀鱼类、迷宫式的植物栽培,可以说是匠心独运,各显神通,犹如一座座美丽的农业公园。

2. 美国农业旅游的发展

美国在 1997 年已有 1 800 万人前往观光农场度假,农场主为游客提供采摘新鲜瓜果蔬菜、绿色食品展览、乡村音乐会、破冰垂钓比赛等项目。

美国农业旅游的经营形式主要是度假农场及观光牧场,当苹果、梨子、葡萄、西瓜之类的瓜果快熟的时候,美国各家农场就在报刊上登广告,招揽游客去农场摘水果度假,城里人热烈响应,纷纷根据广告上的示意地图开车前往。

近年来,农业旅游在以沙滩和火山闻名的夏威夷得到了迅速发展,为该州旅游业增添了新的色彩,有力推动了当地的经济发展。2000年全州农业旅游产值已达到2 600万美元,其中1/3来自农产品的直接销售。全州5 500座农场从事农业旅游,另外84座农场也考虑加入这一行列,在不影响农业生产的前提下开展的旅游项目主要包括带领游客观光农场、直接出售农产品、安排住宿和骑马或组织娱乐活动。由于开展农业旅游给各地带来了直接的收益,地方政府对此表示支持,但州立法部门也担心农业旅游的发展会导致土地的过度开发。目前该州的法律只允许农场在不干扰正常运转的情况下以副业的形式经营旅游活动。

3. 亚洲农业旅游的发展

随着工业化和城市化的进展,在日本农村出现了许多观光农园。游客可以自由地在农园内参观、采摘和购物。近年来,在日本还兴起了"务农"旅游。东京旅行社每年以春天的插秧、秋天的收割为中心,组织参加者去农村体验农民生活,直接享受大自然的恩赐。去沿海地区的旅游团还可以参加捕捞虹鳟鱼和海带的采集及加工等活动。

为了发展农业旅游,日本观光农业经营者成立了协会,各地农场结合生产独辟蹊径,用富有诗情画意的田园风光和各种独具特色的服务设施,吸引了大批国内外游客。特别是每年的春耕秋收季节,有大批游客前往农村体验农民生活。日本农业省在2003年财政预算中拨出专门资金用于推动那些严重依赖农、林和渔业的村庄开展参与性旅游活动,目的是促进全国小社区经济的发展,同时满足城市居民对体验自然的浓厚兴趣。

在人多地少的新加坡,为了对有限的土地进行综合开发和高效利用,有关部门将高科技农业与旅游事业相结合,全国已兴建了10个农业科技公园。这些农业公园的建设都很理想,公园内不仅合理地安排了作物种植,而且精心布局了一些花卉展览、鱼类和珍稀动物的观赏、名贵蔬菜和水果的生产,还相应地建有一些娱乐场所。农业公园内应用最新技术管理,各种设施造型艺术化,视野开阔、景色宜人、设计科学、四季协调、鸟语花香。如养鱼池由纵横交错的"水道"形成,"水道"为圆形或椭圆形,并配有循环处理系统。菜园由一些新颖别致的栽培池组成,里面种上各种蔬菜,由计算机控制养分。同时在众多整齐的田间林荫大道旁栽种各种瓜果,游人不仅可漫步其中,而且可尽情品尝。

马来西亚早在1985年就建立了一处农林旅游区作为科技示范和生态保护的样板,并以此发展农林业旅游观光。该园位于吉隆坡至巴生高速公路区段,距吉隆坡35千米。区内设有鱼池、果园、菇房、稻田、花园、植物园、禽场、畜场、野餐区、灌木林区和雨林区等,兼具公园和迪斯尼等名园的部分特点,突出自然属性。如稻田一年四季都能看到从秧苗到收获的各个生长阶段,并有插秧船和收割机供参观者亲自动手。四季馆有温控四季农业景观,其中冬景馆对生长在热带的参观者吸引力最大。

(二) 国内农业旅游的发展现状

早在我国旅游业发展的初期,广大农村就依据当地特有的旅游资源,开展了形式多样的农业旅游活动。如河北涞水野山坡在20世纪80年代就依托当地特有的自然资源,针对京津冀市场推出"观农家景、吃农家饭、住农家屋"等项旅游活动,有力地带动了当地农民脱贫致富,农业旅游使当地农民掘到了第一桶金。

从20世纪90年代起,农业旅游在中华大地迅速兴起,成为旅游业的一个新亮点,1998年的"华夏城乡游"的推动使得农业旅游更加深入人心。随着大众旅游的兴起,游客需求呈多样化的趋势,因而农业旅游的内容也渐渐丰富,尤其注重了游客体验和参与项目的开发。如天津塘沽北塘镇推出的"做一天渔民"活动,北京、上海、成都、广州、深圳、珠海等城市周边开展的采摘游、民俗风情游等活动都深受广大游客的欢迎。

伴随新世纪的到来,人们更加注重绿色消费,农业走向生态农业、循环经济、可持续发展的道路,农业旅游项目的开发也逐渐与绿色、环保、健康、科技等主题紧密结合，更加注重项目的参与性、娱乐性和知识性。我国很多农业科技园区利用科技、设施、品种等优势挖掘园区的旅游功能，取得了较好的效益，如北京的锦绣大地、北戴河集发生态农业观光园、上海孙桥现代农业示范区等。

在各级政府政策的推动和引导下，目前我国农业旅游已基本上完成了规模扩张的任务，呈现蓬勃发展的势态。据北京市观光农业办公室调查，1996年京郊就拥有119个观光农业景点（区），共接待近300万人次的游客，获得经营性收入（不完全统计）3.2亿元。截止到2005年初，北京京郊各类农业观光园数量超过2 000个，从事民俗旅游和观光农业的农民近10万人，观光农业年收入突破30亿元，是1996年的近10倍。据统计2005年上海市有200多万人次的市民走出市区钢筋水泥"丛林"，涌向郊区游农村。以孙桥现代农业园为例，2005年接待游客60万人次，净赚利润300万元。上海农业旅游发展若干意见中提出，到2010年，上海将建成10个现代农业旅游服务基地，培育50处现代农业园、休闲度假地、"农家乐"等农业旅游点。上海市郊将有"渔家乐"、"果家乐"、"花家乐"、"林家乐"等特色鲜明的农家休闲度假旅游产品，年接待游客总量达到800万人次。根据重庆市旅游局、市农办等的联合调查统计，目前重庆现有农业旅游景点数7 305个，总接待能力2 200多万人。景点包含自然生态、森林、园林、水面、农家乐、养殖场、农田等几大类别，年收入达到5亿元。

2005年1月国家旅游总局正式公布了首批全国工农业旅游306个示范点名单，其中农业旅游示范点203个，遍布全国各地，2005年末，又有四川广安牌坊新村等156个单位成为第二批"全国农业旅游示范点"。国家旅游局已确定2006年全国旅游的主题为以"新农村、新旅游、新体验、新风尚"为口号的"中国乡村游"，进一步推动了农业旅游的发展。

四、当前农业旅游园区存在的问题及发展前景

(一) 存在问题

各地农业旅游园区在蓬勃发展的同时也暴露出很多问题,主要表现在以下六大方面。

1. 对农业旅游认识不足

不少农业旅游园区的领导者对农业旅游的认识不足,主要表现在两方面:一是只注重旅游功能,没有把农业旅游看作是建立在农业生产经营基础上的农业和旅游业有机结合的产物,无农业经营收入而是单纯依靠旅游或门票的收入来维持园区发展。由于没有农业产业的支撑,很多农业观光园尚停留在"好看"的层面上,花开完了,果结过了,游人少了,农业园也就失去了生命力。据有关报道,浙江省大多数的农业旅游园都处于惨淡经营的困境。另有数据调查显示,我国有90%以上的农业旅游园区亏损。二是农业经营者仅仅专注于土地本身大田耕作农业的单一经营思想,没有充分认识到发展农业旅游的意义,认为旅游业可有可无,如有些地方对旅游者的接待要视自家房屋的空余而定。

2. 缺乏宏观规划,重复建设严重

农业旅游具有投资少见效快等特点,一时成为投资的热点,近几年各类农业旅游园区在国内可谓遍地开花。但大多数农业旅游园区停留在小打小闹的"小农思想"支配状态,尤其是部分"农(渔)家乐"旅游点,靠山吃山,靠水吃水,规模小、档次低,由于缺少科学的规划和市场定位造成后继经营和管理困难,无法进行深度开发。

很多投资者,尤其是以农民为主的投资者,只看到眼前和局部利益,没有从长远、全区或全市的高度考虑旅游项目的设置,造成重复建设,"低档复制"的现象明显,还导致各区县间的盲目竞争。

例如北京郊区依托大都市,有着雄厚的经济基础和客源市场,发展农业旅游有着广阔的前景,但前几年郊区各县没有经过区域总体规划,一窝蜂争相上各种观光项目,如门头沟、房山、密云、怀柔、延庆、昌平、平谷、顺义、大兴等每个区县都有数十个项目,到处都是采摘节,到处都是垂钓园,仅靠时令农产品吸引游客,项目也大同小异,致使许多垂钓园门前冷落,很少有游客光顾,造成很大损失。

3. 旅游产品档次低,特色不鲜明

首先,不少农业旅游景点还停留在"春天看花,秋天收果"的传统低层次上,科技含量低。在景点建设上"农味"不足,人工化倾向严重,特色不突出。园区景观设计杂乱无章,环境状况令人堪忧,"晴天一身土,雨天一身泥";也有部分经营者为追逐短期利益大兴土木,过分城市化、人工化,将农业旅游景点建设成城市公园甚至是花园酒店,不但失去了农业旅游应有的乡土气息,更破坏了自然环境。

其次,项目结构简单,特色不鲜明。由于对农业旅游资源开发的广度和深度不够,使农业旅游项目功能不明确,内容单一化。如观光果园只供游人观光、采摘果实,垂钓园只供钓鱼,许多具有开发价值的资源未得到很好的利用。有特色的观光农业旅游项目尚不多见,各地开发模式雷同,开发的项目多为观光果园、森林公园、垂钓园等。如山东某县就建立了 20 个民俗文化村,"渔家乐"就有 700 个渔户,由于内容的雷同,游客重游率较低。四川大规模兴起的"农家乐"中,有不少呈现出千篇一律的"麻将 – 餐厅 – 厕所",因此,不少旅游者的感受是换个环境打麻将而已。

4. 旅游缺乏全年统筹安排

农业旅游资源季节性变化很明显,因而季节性对农业旅游活动的影响非常大,淡旺季反差十分明显。有些观光采摘园举办采摘节、赏花节前后仅持续十几天甚至几天的时间,旅游旺季特别短,不少旅游点一年只火一次,旺季时车水马龙,淡季时门庭冷落,造成了资产的闲置浪费,因而大多数开发者短视现象明显,不愿在基础设施上投入更多的资金,配套设施也十分简陋。因此,如何延长旅游时间、减小季节性影响是农业旅游急需解决的问题之一。

5. 基础设施水平低、不配套

目前我国大多数中小型农业旅游点的建设都存在建设水平比较低、基础设施不配套等问题。不少观光园景色虽美,但"吃、住、行、游、购、娱"等基础设施跟不上,游客累了没处歇脚,饿了没处用餐,甚至有的果园在门口挂个"欢迎采摘"的牌子就以"农业观光"名义对外营业,或者在农村郊区搭个草棚、烧些野味,就发展郊区休闲旅游。不少沿海垂钓点和水上活动的安全防护设施也很令人担忧。例如由于配套设施不齐全,就曾发生上海游客投诉,理由是"没有厕所"。

6. 经营与管理不规范

首先旅游景点自身的经营体制不健全,用人制度不完善导致内部管理混乱。其次是对农业园区旅游的立法管理还存在很多空白,经营行为不规范,资源保护和环境保护方面管制不严。经营管理的不规范导致有些农业旅游景点处在一种自生自灭状态,不少"农家乐"没有办理工商、税务、卫生、环保和治安等有关经营手续,一些小规模旅游点内的餐饮、娱乐等设施缺乏统一的服务标准和收费标准,存在着"蒙客"、"宰客"现象,服务质量良莠不齐,其卫生条件很难得到保证。

(二) 农业旅游园区的发展前景

农业旅游是农业发展中的一个新兴产业,发展势头十分强劲,我国各地大大小小、各种类型的农业旅游园区已经数不胜数,尤其是近两年在国家对工、农业旅游的大力倡导下,农业旅游园区发展前景将十分看好。

首先,我国发展农业旅游园区有着优越的条件。一方面我国地域辽阔,气候类型、地貌类型复杂多样,拥有丰富的农业资源,并形成了景观各异的农业生态空间,具备发展农业旅游的天然优势。另一方面农业旅游园区的建设可以就地取材,因势利导,建设费用相对较小,而且由于项目的分期投资和开发,使得启动资金较小,项目建设周期较短,能迅速产生经济效益,包括农业收入和旅游收入。

其次,飞速发展的旅游业为农业旅游园区提供了充足的客源。我国农业旅游园区的主要客源是国内城镇居民,根据国家旅游局的统计资料,2001—2004 年国内城镇居民的旅游消费情况见表 7-2。

表 7-2　　　2001—2004 年城镇居民旅游消费情况

年　份	2001 年	2002 年	2003 年	2004 年
出游总人数(亿人次)	3.74	3.85	3.51	4.59
居民出游率(%)	110.2	115.3	100.5	126.6
总消费金额(亿元)	2 651.68	2 848.09	2 404.08	3 359.04
人均消费(元)	708.3	739.7	684.9	731.8

如表 7-2 所示,除 2003 年受"非典"影响外,我国城镇出游各项指标都保持了稳定而高速的增长。2001—2004 年,出游人数增长了 22.7%,消费总金额增加了 707.36 亿元,提高了 26.7 个百分点,年均增长 8.9%。因此在旅游成为时尚的今天,在假日经济的推动下,城镇居民出游人数不断增加,消费潜力巨大,农业旅游园区有着充足的客源保证。

未来几年,我国农业旅游园区的发展将朝着旅游发展的更高层次——休闲、度假方向发展,参与性、体验性、娱乐性较强的旅游活动将越来越得到人们的欢迎,餐饮、娱乐将成为农业旅游园区发展的一大支柱产业,旅游园区建设将更加趋于向生态化、科学化、规模化、品牌化的方向发展。

第二节　农业旅游园区规划

一、农业旅游园区规划的原则

农业旅游园区的规划牵涉到政策、农业、花卉、景观、科技、住宿、娱乐、道路等多方面,是一个综合性的规划。规划首先要符合国家和当地发展的规划和发展方向,在此基础上突出旅游功能。笔者认为应注意以下原则。

（一）因地制宜原则

我国地域辽阔,各地有各地的地理环境和文化风俗,农业旅游园区的建设首先要尊重周边地区人们的生活和风俗习惯。因地制宜,因势利导,根据园区所在地农业产业发展的实际情况和当地的自然资源、文化资源优势以及当地人们的生活习惯和生活水平来确定农业旅游园区发展的方向。例如不少农业旅游园区利用当地高科技农业生产技术发展设施农业观光旅游活动,形成"南树北栽、南花北开"的"百花园"、"百果园"等奇特的景观效果。

（二）协调性原则

农业旅游园区的发展离不开农业生产,若抛开农业生产搞旅游,那么旅游也必将是无本之木、无源之水,旅游活动也只能是一时兴旺,不会持续稳定的发展。农业旅游园区的规划既要考虑到旅游活动对农业生产的影响,又要满足旅客的旅游需求,因此在规划中要权衡农业生产和旅游发展的比重,找好二者的平衡点,尽可能在不影响农业生产功能的前提下最大限度地发挥其旅游价值,适应旅游业务的开展。使农业生产和旅游活动相互协调、相互结合、相互促进是农业旅游园区规划的首要原则和最终目的。

（三）突出特色原则

特色是旅游发展的生命之所在,越有特色其竞争力和发展潜力就会越强。农业旅游园区最大的特色是拥有其他旅游形式无可比拟的科技力量和资源优势,因而农业科技园的旅游规划设计要与园区生产实际相结合,充分利用农业高新技术开发、整合现有的农业旅游资源,以高科技生态农业旅游作为突破口,使整个园区的特色更加鲜明,使园林景观规划更直接地为旅游服务、为园区服务。

(四) 经济性原则

投资者开发农业旅游园区的目的除了获得一定的社会和生态效益外,最直接、最关心的是农业旅游园区所产生的经济效益。农业旅游园区的观光、采摘、休闲、餐饮、娱乐、购物等旅游活动本身的盈利空间非常大,直接增加了园区的经济效益;另一方面,通过游客口口相传的宣传效应增加了园区的知名度,提高了公众对旅游园区产品和品牌的关注度和购买力,间接增加了园区经济效益。因此,旅游项目的规划要以提高园区经济效益为核心,以市场需求为导向,充分利用高科技设施农业的优势,做好农业生产淡季的旅游项目规划,促进园区旅游的可持续发展。

(五) 参与性原则

农业旅游园区空间广阔,内容丰富,极富参与性,其规划要紧跟旅游市场的发展方向。当前亲身直接参与体验、自娱自乐已成为旅游时尚,城市游客只有广泛参与到农业生产、生活的方方面面,才能更多层面地体验到现代农业生产及原汁原味的乡村生活情趣,才能提高游览兴致。例如:广州农业园让游客参与到植物组织培养和工厂化育苗的生产过程中来,使游客倍感新奇和刺激,对高科技农业旅游的兴趣也剧增。参与性活动要常换常新,让游客每个季节都能有不同的体验,以提高农业旅游园的重游率。

(六) 生态性原则

旅游活动势必会带来大量的污染,生态原则是指在规划中要减少旅游活动对农业旅游园区生产环境的影响和污染,保持园内环境的生态性和可持续性。园区的规划设计中要重视自然本身的价值,实现能源的循环利用,能源、交通、技术、商品、服务设施的设计要符合绿色标准,如利用清洁能源(沼气、太阳能等)、步行或利用畜力、固定建筑对环境改变最小化等。

(七) 文化性原则

在原始农业到现代农业的演变和发展过程中,无论是农业生产方式、农业生产用具还是各类农产品都有其产生的原因和发展历史,在进行农业旅游园区规划时要结合我国古代诗词歌赋、农村习俗及农产品的营养价值等多方面挖掘农业的文化内涵,并在旅游项目规划和景观设计中加以体现,增加旅游活动的知识性和趣味性,同时提升农业园区的文化品位。

(八) 多样性原则

农业旅游园区在规划和设计时要注意将高科技农业旅游项目、传统农业旅游项目、民俗旅游项目和现代娱乐健身项目等多种形式的旅游活动结合起来,为不同层次、不同年龄的游客提供多种自由选择机会。在安排项目线路、游览方式、时间选取和消费水平的确定上,必须有多种方案以供选择。农业旅游园区在开展旅游活动上有其特殊性,旅游项目的设置要能够让游客表现其独特的个性,多注重组织丰富多彩的参与性游乐项目。

二、农业旅游园区规划的一般程序

农业旅游园区建设必须坚持规划先行的原则。投资农业旅游项目不同于投资其他自然景观旅游项目,稍做修葺或建造就可以以优美的自然风景吸引游客,农业旅游园区的建设必须考虑农业的自然属性、农产品生产的季节性和长期性,因此要想建设一座具有持久效益的农业旅游园区必须经过缜密的论证和规划,经过严格规划设计的农业旅游园可以减少农园建设和发展的阻力,边开放边建设,实现滚动发展。

农业旅游园区规划工作的程序分为9个步骤,每一步都相互关联,缺一不可(图7-1)。

第七章 农业旅游园区规划与案例分析

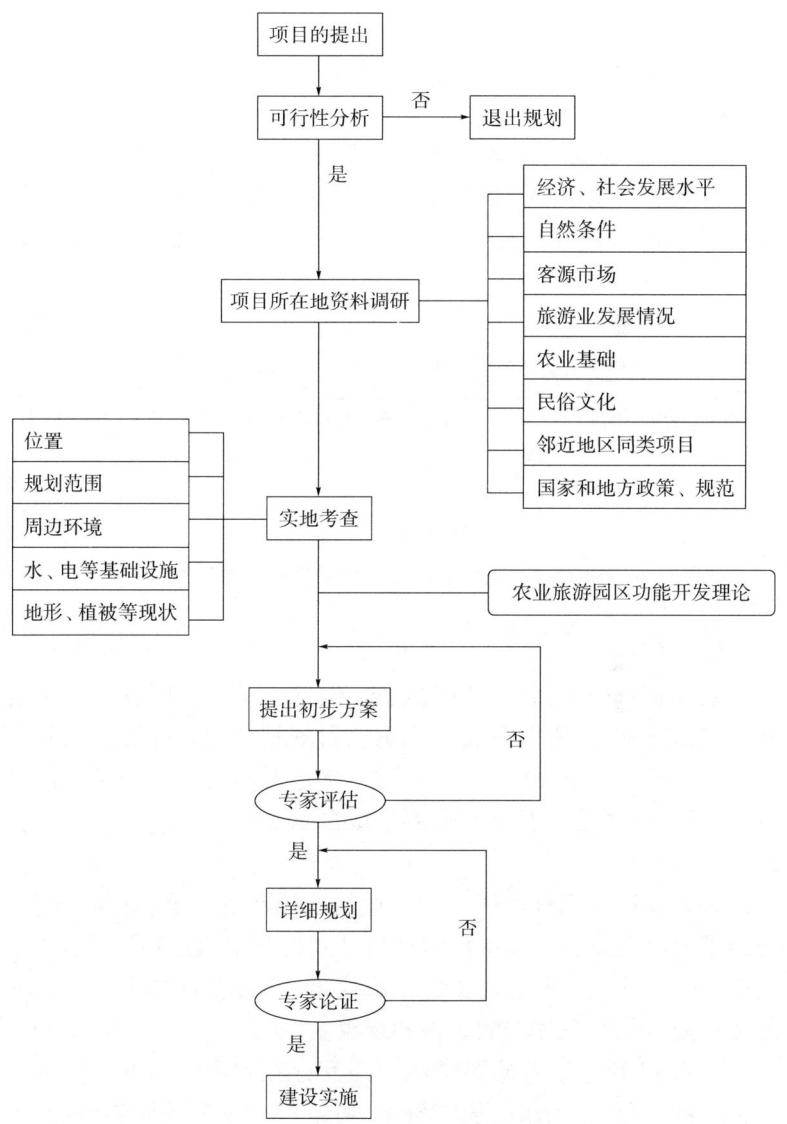

图 7-1 农业旅游园区规划程序

三、农业旅游园区开发思路和产品创新

(一) 农业旅游园区开发的思路

在确定农业旅游园区旅游项目的开发和建设具有可行性后,可按照图7-2所示思路确定农业旅游园旅游产品的开发形式,进行园区旅游规划。

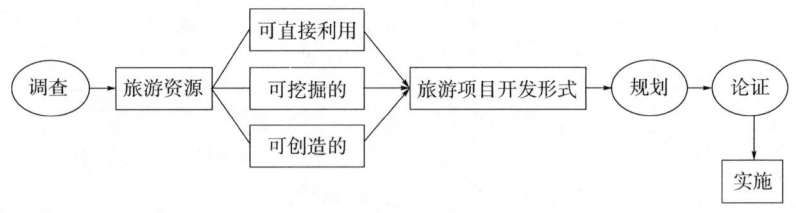

图7-2 农业旅游园区旅游项目开发思路

1. 调查

农业和农村可开发的资源很多,但并不是所有的资源都适合开发成旅游项目,所以在农业旅游项目规划之前首先要对项目所在地的资源进行全面的调查和分析,确定哪些是可以用于旅游开发的资源,哪些是不能用于旅游开发的资源。

2. 分类

编者通过对现有各种类型农业旅游园区的考察、分析、比较,总结了目前农业旅游园区旅游项目开发可利用的旅游资源有以下几类(表7-3),分类的对象包括稳定的、客观存在的实体农业资源和不稳定的客观存在的事物和现象。

表7-3所示农业旅游资源按照其存在和利用的方式又可以分为三种:可直接利用的旅游资源、可以深刻挖掘的旅游资源、可创造的旅游资源。

表 7-3　　农业旅游资源分类

主类	亚类	基本类型	农业旅游资源的构成	旅游活动或景观示例
农业生产	传统农业生产	田园风光	水田风光、林地风光、旱地风光、草原风光、平原景观、梯田景观等	云南元阳梯田观光
		地方特色种植、养殖品种	瓜果、花卉、茶、家禽等	采茶品茗、斗鸡、猪拉车
		传统生产、加工工具	犁、铲、锄头、水车、磨、织布机等	传统农机具展示
		传统生产方式	人力生产、畜力生产、小型机械化生产等	采摘、钓鱼、插秧、拖拉机驾驶
	现代农业生产	种植、养殖新品种	新、奇、特果蔬、名贵花卉、名贵中草药、珍稀动物、特禽养殖等	番茄树、百果园、百瓜园、孔雀养殖
		现代农业设施设备	智能连栋温室、节能日光温室、节水灌溉设备	南树北栽、生态餐厅
		现在农业生产技术	克隆技术、组培快繁、无土栽培、节水灌溉、基因工程、GPS定位、变量施肥等	克隆羊
		高科技农业生产工艺	现代农业水平的工厂化、标准化生产模式、保护地生产、工厂化畜禽饲养	生菜工产化生产、现代化养鸡场
农村风貌	村容村貌	农村聚落	渔村、水乡、牧村等	
		建筑风格	古建筑、现代建筑	
		居住环境	自然风景、人造景观	
		农村基础设施	道路交通设施、休闲娱乐设施	
	精神风貌	管理制度 服务制度 组织形式		华西村发展模式、管理制度等

续表

主类	亚类	基本类型	农业旅游资源的构成	旅游活动或景观示例
农民生活	物质生活	服饰	传统服饰、民族服饰	
		饮食	特色小吃、饮食习惯	
		交通	交通方式、交通工具	
		特色民居		北京四合院、窑洞、筒子楼等
	文化生活	民间文艺	民间传说、民间歌舞、民间技艺、民间音乐、民间手工艺等	河北梆子、潍坊风筝节
		节日庆典	法定节日、民族节日	春节、傣族泼水节
		婚嫁		
		礼仪		
		信仰		

可直接利用的旅游资源主要是指自然资源，园区位于著名旅游景区内，本身具有优美的风景或闻名的独特资源，只要进行保护和稍加开发就可以形成旅游景点或旅游产品。比如森林资源、温泉地热资源及梯田、丘陵等地文资源。

可挖掘的旅游资源主要是民俗文化资源，通过对园区所在地与农业生产或农民生活相关的民间传说、民间故事、人物掌故、民间技艺等文化资源的广泛收集、整理或重新编排表演，挖掘农业产品内涵而形成新的旅游资源，包括对古遗迹的保护与修复、对传统生产方式的重现或对传统生活设施的改造和利用等。

可创造的旅游资源分为两类，一类是利用现代农业科技在进行农业产业化生产时融入园林化、景观化、艺术化的设计理念而产生的农业景观，包括对传统农业进行改造时产生的田园景观资源，也包括现代农业科技和现代农业设施、品种相结合创造的现代农业"奇观"；另一类是利用建筑工程技术和旅游服务而创造的现代休闲娱乐资源,包括餐饮、健身、住宿、会议等服务和设施。在农业园区旅游开发时为了体现农业或乡野特色,通常在现代休闲娱乐项目设计中融入民俗或文化旅游资源,如采用传统的建筑形式、传统的健身娱乐活动等。

3. 确定旅游项目开发形式

根据对农业旅游园区所在地的实地考察,确定该园区在旅游开发中可以直接利用哪些旅游资源,依据当地民俗文化情况可以挖掘出哪些旅游资源,以及园区现有的资金、技术和人才情况可以创造出哪些旅游资源,形成资源开发和利用的初步设想。

4. 规划与论证

根据可供开发旅游资源情况来确定旅游发展的主题和方向,进行旅游项目规划,并对旅游产品和旅游活动等进行设计、创意和宣传策划。规划方案通过论证后,旅游项目即可实施。

(二) 农业旅游产品的创新

创新是事物发展的动力。农业旅游园区的旅游景点或旅游活动必须要不断创新才能吸引更多的游客,才能使园区旅游持续发展。一个农业旅游园区的旅游项目可能随时间、地域或设计者的不同而千差万别、千姿百态,但是其所利用的旅游资源在较长的时期内是相对稳定的,因此旅游产品的创新就是利用有限的旅游资源创意无限的旅游项目。差异是最好的旅游资源,农业旅游产品的创新就是要不断地制造差异性。根据笔者对农业旅游园区情况的分析、总结和实践感受,认为差异性的创造主要可以从以下几个方面考虑。

1. 创造或引进新的生产力因素

科学技术是第一生产力,农业科技的不断发展和农业新品种的不断引进为园区旅游资源的创新注入了源源不断的能量。农业园区是农业科技的孵化器,是新品种、新技术的引进、转化和推广的中心,新技术、新品种本身就与原有品种或技术形成了对比,产生了差异。每一个新项目、新技术、新品种的研制成功,只要充分地利用与设计,都会成为新的旅游资源和产品。例如西红柿水培项目就被成功开发成新的旅游产品。能结出10 000多个果实的西红柿树与常见的西红柿有哪些不同,长成什么样子?好奇心使人们产生旅游观光的动力。农业园要充分利用好奇心,不断开发新的旅游产品,满足游客需求,才能提高经济效益。农业园可以通过横向引进或纵向开发农业新技术、新设施、新品种等资源,经过旅游设计和创意来创造新的旅游项目。

2. 旅游资源的横向扩展

横向扩展是指充分利用某一旅游资源在品种、数量或规模上的增多或扩张来制造视觉差异,创造新的旅游产品。例如热带水果在北方生长和种植就会令北方游客有新奇的感觉;百花园、百果园等旅游景点就是利用在品种和数量上的优势产生"月月花开花不同"的景观效果;贵州省罗平县选择大面积种植油菜,形成我国第一个由油菜造就的旅游景观,吸引许多国内外游客;马来西亚利用规模种植的优势使稻田一年四季都能看到从秧苗到收获的各个生长阶段。

3. 旅游资源的纵向挖掘

充分挖掘农业和农产品的文化内涵以及农村生活中的民俗文化资源,通过重新收集、整理、加工、修葺等措施,对游客开放或展示,以提高旅游对农产品品质、营养价值的认识和对传统农业文化的了解。例如在对某一产品展示或销售的同时,介绍其起源、发展、营养价值、食用方法等知识;选择地域性、特色性农业生产和农民生活等方面素材,采用现代手法加以集中展示供游客参观、考察、学习、研究,可以建设综合性农业博物馆,也可利用特色资源建设专题展览馆。

4. 多种旅游资源的重新整合

尝试不同旅游资源新的组合方式,例如将温室设施与多种园艺种植方式和品种的结合形成的温室公园、蔬菜森林等景点,制造出"南树北栽、南花北开"的热带风情景观。拓展农业旅游资源新的用途,例如拓展温室新功能,将用于工厂化农业生产的温室设施与餐饮业相结合形成温室餐厅,让人们品尝各种绿色无公害美食,而且可以观赏美景、观看民俗表演甚至游园戏水;温室与产品展示销售相结合形成温室超市,使游客在鲜花和绿色植物点缀的自然生态环境中欣赏和购物;温室与体育活动相结合形成温室体育馆,在生机勃勃的环境中强身健体。

四、农业旅游园区规划的主要内容

农业旅游是农业和旅游业的有机结合,农业旅游园区的规划既要满足农业旅游发展的要求又要满足农业生产要求。借鉴区域旅游规划、旅游地景观规划、农业园区规划、项目规划的一般方法论,在实践的基础上,笔者认为农业旅游园区规划主要应包括以下几部分内容。

(一) 功能分区规划

农业旅游园区分区规划主要指功能分区。功能分区是突出园区经营主体、协调各分区的手段。在规划时要注意动态游览与静态观赏相结合,保护农业环境。农业旅游项目的开发是以园区内农业生产为基础的,功能分区时要尽量把握生产和旅游的平衡点。包含生产、科研、示范等主要功能的大型农业园区在规划时一般分为核心区、示范区、辐射区。核心区集中了主要的行政管理、科技开发、产业机构,是园区建设的核心和重点,是农业高新技术的科技和产业开发基地。示范区和辐射区是科技成果展示、示范和推广的区域,对园区生产科研影响较小,比较容易协调,因此,旅游项目一般在示范区和辐射区内开发。

规划一个完善的农业旅游园区时,按照功能定位和协调性原则,可分为三个区域。

(1) 观光休闲区　旅游开发的中心区。把生产与参观、采摘、野营等活动相结合,适当地设立服务设施。

（2）商贸服务区　分布在农业园的外围区域，主要为游人提供各种旅游服务，比如：交通、餐饮、购物、住宿、娱乐等。

（3）严格保护的生产区　限制或禁止游人进入，如科研试验基地、规模化畜牧养殖中心等。

（二）道路交通规划

对于园区总体来说道路是园区的骨架，连接着各个功能分区和旅游景点。农业旅游园区道路系统的规划和布置，首先要满足科研生产的要求，以规则式为主，并且要有一定的宽度，以保证车辆通行，同时也要照顾到旅游活动的方便和使用的舒适性，以及景观布局的艺术性，增设一些联系各景点和功能区的、适合游人行走的林荫小径，形成以科研生产用的道路为骨架、以游园林荫小径为脉络的道路系统。

道路交通规划包括对外交通、内部交通、停车场地和交通附属用地等方面。对外交通指由其他地区进入园区的外部交通，通常包括公路、汽车站点的设置等。内部交通是指进入到园区旅游接待中心及园区内部的运输、旅游交通。内部交通通道根据其宽度和作用分为：

主干道：连接园区内主要区域，满足游客到达各个景区入口，是园区生产运输的主要干道，路面宽度一般为 4~7 米。

次干道：主要用来联系各个景点，允许有一定的地形起伏，宽度一般为 2~5 米。

游步路：各景区内游玩、散步的小路，布置比较自由，形式较为多样。一般情况下可以考虑曲折变化，穿插在景点之间。

内部交通通道在规划时，不仅要考虑它对景观序列的组织作用，还要考虑其生态功能，比如廊道效应。特别是农田群落系统往往比较脆弱，稳定性不强，在规划时应注意其廊道的分割、连接功能，考虑其高位与地位的不同。旅游交通工具的选择要尽可能采用生态交通工具，如畜力交通工具、环保交通工具或者以步代车，避免使用对环境有害和干扰生物栖息的交通工具。

(三) 景观规划

景观是农业旅游园旅游功能的主要表达形式,也最能反映园区旅游发展的主题。农业旅游园的景观设计既要体现现代农业生产的现代气息和魅力,又要尊重自然环境和农业文化,规划要以农业景观和自然景观为主,切忌建设过多的人造景观,偏离农业旅游园绿色、自然的发展主体。

景观规划主要包括静态景观设计和动态景观设计。静态景观设计包括对地形地貌的处理和应用、静态景观小品或水景的设计、建筑方案设计等。静态景观设计时应尽量减少施工量,注意自然环境的保护和利用,建筑形式要与园区主体风格相符,农业生产性建筑应在满足生产要求条件下力求美观整洁。动态景观设计包括植物栽培、动态水体设计、动物景观设计及游人活动景观等。动态景观体现园区生命力和活力,设计时应尽量考虑项目的娱乐性和游客的参与性,为游客提供个性展示和能力拓展的空间,同时也要考虑到游客活动时的安全性。

(四) 绿化规划

绿化与景观不同,绿化是指通过有意识地种植或栽培某些植物来达到美化环境、净化空气的目的,当然精心设计的绿化也可以形成一道道独特景观。农业旅游园区绿化规划的基本原则是尊重自然、突出特色。绿化植物的选择要适合当地的气候、土壤等条件,以当地树种为主,要考虑绿化色彩的搭配和春夏秋冬四季景观树种的配置,有条件的地区也可以选择农作物作为主要绿化植物,以突出园区特色。

总体来说,绿化规划要参照风景园林绿化规划进行,原则是点、线、面相结合,乔、灌、草搭配,要求尽量模拟自然,不留"人工味"。

五、农业旅游园区的盈利模式

从各地蓬勃发展的农业旅游园区或农业观光园的经营现状

看,现阶段盈利模式总体上分为以下五种(表7-4)。

表7-4 农业旅游园区的盈利模式与相应服务内容

盈利模式	相应服务或活动
门票收入	观光、游览等
体验型消费收入	采摘、品尝、趣味比赛、农耕、工艺品制作等
休闲娱乐型消费收入	特色美食、文艺表演、游泳、温泉、健身、蹦极、攀岩、漂流等
商务型消费收入	会议、培训、展览、餐饮、住宿等
农产品销售收入	就地销售,农产品物流配送,观赏和装饰用农产品,农产品精、深加工,对外出口

(一)门票收入

这是目前各地农业旅游园区最广泛采取的一种盈利方式。门票的价格随地域和淡旺季而变动,价格一般在10~50元不等。对于多数农业旅游园区来说,门票仍然是其主要收入来源,占旅游总收入的50%以上。但也有个别农业旅游园区免收门票,如蟹岛度假村对所有游客一律免费,以吸引更多游客,促进园内其他旅游项目收入。

(二)体验型消费收入

通过在园区内举办各种节庆活动吸引游客前去进行采摘、品尝、耕作等农事体验活动,以达到就地销售农产品、增加农产品的附加值等盈利目的,如各地举办的荔枝节、樱桃节等活动。目前对于中、小型观光园或以一家一户为单位的采摘园来说,体验型消费收入是其主要收入形式。

(三)休闲娱乐消费收入

向游客提供特殊的活动、特定的场所、器械和专业的指导服务等,使游客在观光度假的同时还能够修身养性、强身健体。这种类型的消费人群主要是城市中收入较高的时尚人士,同时也非常受年轻人的欢迎,将会是农业旅游园区消费的发展趋势。

（四）商务性消费收入

主要是群体性消费活动。幽雅宁静的农业旅游园区是机关、企事业单位举行会议、培训等活动的最佳地点,也越来越受到各单位的欢迎。但该盈利形式要求农业旅游园区基础设施要相当完善,并具有一定的档次,光电、多媒体设备、食宿条件等能够满足团体的要求。商务型消费的利润空间非常大,是目前很多大型农业旅游园区追求和发展的方向。

（五）农产品销售收入

农业旅游园区生产的农产品,主要有以下四种销售形式。

（1）前文提到的体验型消费中,农产品的就地销售,或者在园区内开设农产品专营店为游客提供园区特色农产品。

（2）农产品物流配送。通过农业旅游园区的示范作用和技术指导,带动周边农户大规模生产园区的特色农产品,经过企业加工包装,形成统一的品牌,通过农产品物流配送系统销售到全国各地。这是目前大型农业旅游园区农产品销售的主要形式。

（3）通过现代技术、先进工艺和机械设备对农产品进行精深加工得到高品位食品,以及用农产品加工出来的观赏品、装饰品等,以增加农产品的附加值。

（4）对外出口产品。这种农产品销售形式主要是针对以外向型经济为主的园区来说的,通过便利的水、陆交通和航运条件对外出口优质农产品。这种销售形式对农产品的质量有着较高的要求,各项指标都要到达出口标准。

六、农业旅游园区规划中应注意的问题

根据各地农业旅游园区的发展情况,编者总结出现阶段农业旅游园区的规划和建设要注意以下几个方面的问题,仅供读者参考。

（一）旅游开发,规划先行

农业旅游园区在进行旅游开发前一定要做好园区旅游项目市

场调研和可行性分析,科学地制定旅游项目规划,对园区旅游的发展进行合理的定位,明确客源主体,确定农业旅游园区发展的方向和目标。在财力、物力、人力的投入上有一个长期的规划,减少投入的盲目性和无效性。

(二) 合理安排布局,充分协调农业生产和旅游发展的关系

农业生产是农业旅游园区旅游开发和发展的基本保障。农业旅游园区要想不断推陈出新,以独特、新奇的农业旅游产品抓住游客的好奇心,就离不开现代农业科技这个坚强的后盾。因此,不少农业旅游园区将农业产业化生产、农业科技实验等功能也作为园区发展的一部分。农业生产与农业旅游之间既相互联系、不可分割,又存在一定的矛盾。两者的矛盾主要表现在对资源的占用方面。在旅游业务开展过程中,很多时候为了体现高科技农业旅游的特色,必须借助农业高新技术和生产资源优势,但是由于管理不到位或旅游路线设计不合理等原因,目前很多园区科研生产的时间安排与旅游参观的时间安排不协调,影响了正常的生产工作,同时旅游参观会给农业生产或试验带来人为污染、破坏,甚至可能引发疫情。只有充分协调旅游活动和农业生产的关系,解决两者间的矛盾,才能使园区旅游业持续、稳定、健康的发展。

农业旅游园区的整体规划,例如项目分布、设施建设、道路系统、给排水系统、供电系统、景观系统、绿化系统的设计等,既要从农业生产、示范的角度考虑,强调农业生产示范的高效性和实用性,又要从旅游的角度出发,要求基础设施等的规划建设要以人为本,方便游客,满足景观功能、游览效果、人性化服务、游兴的调动、旅游路线的设计等方面的要求。有些园区现有的基础设施或服务设施不符合旅游发展规范要求,旅游接待能力较弱,生产设施建设时没有完全顾及旅游功能的全面开发,导致旅游活动对生产影响较大。也有些园区由于布局安排不合理,游客误闯误进生产区或实验区,对生产和实验也造成了影响。总之,农业旅游园区的整个规划设计和建设过程都要把相互结合、互为因果、扬长避短的理念贯穿其中,争取建设一步到位,避免农业生产和旅游活动之间可能出现的冲突或出现重复建设的现象。

(三) 突出优势,深度开发农业旅游产品

目前很多农业旅游园区效益低下甚至难以为继的一个重要原因是旅游产品单一,多数主要以参观、展示为主,娱乐性、体验性、参与性活动项目较少。农业旅游园区首先要充分认识和明确自身的资源优势和科技优势,并以此作为发展园区旅游项目的核心。从规划到建设,从旅游产品的开发到市场营销策略都应围绕资源和科技这两个核心,才能开发出有自身特色、有竞争力的旅游产品,才能在竞争激烈的旅游市场中占有一席之地。同时,围绕发展主题,整合多种旅游资源,多角度地开发旅游产品,满足不同游客的旅游需求。

(四) 合理定位,明确目标

农业旅游园区的主要客源是周边城市居民、大中小学生,因此农业旅游园区开发要以生态为基础,以农业科技为核心,以休闲为载体来定位。旅游产品的空间布局、产品体系的设定要符合城市居民休闲的要求,其营销策略应以传递农业科技新、奇、特的信息为核心,以体验农业、休闲农业为载体,引导农产品的绿色消费,展现现代农业科技的无穷魅力。同时大力发展科普旅游,并结合中小学生特点增加一些电教设施和能调动学生旅游兴趣和求知欲的项目。

在园内环境、设施条件不断完善的同时,深度挖掘农业生产技术和农产品的文化内涵,将现代农业中的新、奇、特产品或技术整合包装推向市场,增强农业旅游观光项目的吸引力,有条件的可增加更多的休闲娱乐设施,逐步开拓休闲度假游的客户群体,发展双休日旅游和"黄金周"旅游市场,打造农业观光、旅游的精品。

第三节　农业旅游园区案例分析

一、珠海农科奇观

（一）概况

珠海农科奇观是珠海市高科技农业园的一部分，位于珠海市前山梅溪双龙山，三面环山，环境幽雅，占地面积2 000亩（一期250亩）。珠海农科奇观以高科技农业为主题，分为观光区、休闲区、活动区和农科试验区四大区，共18个景点项目，有农业高科技实验室、组织培养室、生物工厂以及65座玻璃温室大棚，引进、繁育和周年种植世界各地名优瓜、果、蔬菜、花卉四大类100多个品种，形成奇特的高科技生态农业景观。

（二）形成背景

珠海农科奇观前身为珠海农业研究所，成立于1963年，最初主要从事以水稻为主的农作物良种繁育、试验、示范和推广工作。因城市发展需要，市政府在城乡结合部梅溪村划出247.9亩荒坡地作为市区征地补偿，初期靠5 000元的启动资金和一代农业工作者的辛勤努力，逐步形成了占地面积2 000多亩，集生产、科研、教育、娱乐、商贸等多功能为一体的综合型现代园区。珠海农科奇观的亮点和卖点是高科技农业生态旅游项目，该项目是通过对已有科研基地进行改造实现的。一是对基地环境进行全方位、大规模的绿化、美化、净化，对科研实验设施及生产大棚进行适当改造，以适应观光旅游的需要；二是增建一些为旅游服务的配套设施，如旅游餐厅、农产品展销厅、农具展示厅、农业高科技演示厅、双龙山庄等，穿插点缀一些可参与性强的休闲娱乐设施，如烧烤场、野炊园、钓鱼走廊、农家作坊及车水抓鱼、点瓜种豆、装盆栽花、组培实验等项目。

（三）效益

珠海农科奇观的建设和运营是成功的，它不但获得了较好的经济效益,而且也取得了广泛的生态和社会效益。珠海农科奇观已成为珠海市著名旅游景点,是珠海"一日游"的热点。目前,珠海农科奇观每年接待游客30万人次,创收1 200多万元。近几年来,有近130万国内外游客前来观赏"农科奇观"的神奇与奥妙。同时,珠海农科奇观利用科技和品质优势发展外向型经济,年创外汇1 300多万美元。

珠海农科奇观一直以优雅、和谐的生态环境受到市民的好评。2006年珠海农科奇观在国家旅游局的评比中,以广东省第一名的成绩通过验收,成为珠海第2家国家4A级旅游景区。

在自身发展的同时,珠海农科奇观大力发挥科技示范带动作用,宣传农业知识,带领周边农民科技致富。自1997年3月成立青少年农业科学教育基地以来,先后被授予"全国青少年科技教育基地"、"广东省科普教育基地"、"广东省环境教育基地"等多种称号,共培训学生50多万人次,广东省内有20多个县市的青少年参加,每年都组织科技人员深入基层,对3万多名农民进行农业技术培训,收到广泛好评。

(四) 运行管理模式

通过几年的实践,珠海农科奇观逐渐探索出了一套独特的运行管理模式。在宏观管理上注重分析国内政治、经济形式,及时调整经营策略;微观上采用灵活的运行机制,让利放权,允许经济实体和多种用工方式的灵活发展,实行独立核算,自负盈亏,大大调动了员工的积极性。

园区成立了专门的办公室,负责统一协调园区的各项工作,包括财务管理、人力资源管理、对外联络、招商引资、项目监督、后勤服务等管理工作,并成立各类专家决策机构,对园区内重大项目进行咨询决策。在旅游管理方面狠抓专业队伍建设,成立了旅游资源开发科,下辖导游部、餐饮部、客房部、产品展销部,并相应培训了导游接待、厨艺、服务、营销和园艺工程等旅游专业职工队伍,不断提高旅游服务和管理水平。

（五）成功因素分析

珠海农科奇观的成功并非偶然，仔细分析其有着以下几方面的优势和创新之处。

1. 优越的地理环境

珠海是座会议、会展、休闲度假的海滨旅游新城，处在珠三角城市群中，同时又是一国两制的交汇点，而珠海农科奇观位于城乡结合部，兼具城乡优势，背靠碧波荡漾的梅溪水库，环抱连绵起伏的凤凰山脉，位置适中，交通便利。

2. 广阔的客源市场

珠海被评为"中国旅游胜地四十佳"，并拥有"环保模范城市"、"优秀旅游城市"的称号，最近又被联合国授予"改善人类居住环境最佳范例奖"，因此吸引了大量的港澳台和周边地区的游客。此外，还有一个巨大的学生市场，作为珠海市学生农业科学教育实践基地，珠海市有中小学生十几万，澳门也有10多万，香港则有100多万，邻近的广州、中山、深圳的学生市场更为广阔。

3. 农业科技优势

珠海农科奇观现有科研人员70多人，建有无土栽培温室大棚65座，可种植100多个品种的瓜果、蔬菜和花卉，至今已获得35项国家、省、市科技成果，特别是无土栽培项目，技术水平和生产规模都居国内领先水平。基地引种的植物是世界各地的名优品种，主要是创造新、奇、特效果的观赏类作物，游客一年四季无论什么时候来，欣赏到的都是花的海洋、菜的世界、瓜果的天地，流连忘返。而高科技农业演示厅、传统农具展示厅、中心实验室、组织培养室、植物"克隆"工厂，都给游客带来意外的惊喜和收获。

4. 特色餐饮服务

游客在"农科奇观"不但可以看得入迷、玩得开心，还可以吃得惬意，满载而归。餐厅出品的菜肴原料都是基地自产的产品，以

"回归自然、营养保健"为特色,赢得了广大游客的交口称赞,回头客大增。不少旅行社把农科餐厅作为定点餐厅,慕名而来的食客更是络绎不绝。游客吃饱喝足,还可买上无污染、无公害的优质农产品带回家让亲朋好友分享。

(六)盈利模式

珠海农科奇观的盈利主要来自以下几个部分:

(1)门票收入,珠海农科奇观门票30元,儿童免费,每年门票收入近800万元,占旅游总收入的六成以上。

(2)餐饮、住宿收入。

(3)学生培训收入。

(4)农产品销售收入。

(5)出口创汇。

(七)不足之处

有游客反映住宿等基础设施过于陈旧,有待于进一步改善,现代休闲娱乐设施较少,满足不了不同类型游客的旅游需求。

二、北戴河集发生态农业观光园区

(一)概况

北戴河集发生态农业观光园坐落于风景秀丽的避暑胜地北戴河,距京沈高速公路北戴河引线500米,占地990亩,投入资金2 200万元。

观光园划分为特种蔬菜种植示范区、名优花卉种植示范区、特种畜禽养殖示范区、休闲餐饮娱乐区四个区域,建有百菜园、奇瓜园、空中花园、惊险桥、戏水摸鱼等30个景点。具有较强的观赏性、参与性、娱乐性、趣味性,为城乡居民营造了回归自然、返璞归真的休闲场所。观光园现已形成了产品系列化、种养生态化、环境园艺化的高效农业生产格局,突出体现"市场供应、示范推广、旅游观光、素质教育"四个主要功能。

园区内不仅能观赏现代农业（图7-3），玩竹排摸鱼，吃农家风味饭菜，购绿色食品，还可以解开北戴河由来之谜；同时游客也可以带走技术资料，可以选购种子和种苗，既方便了游客又提高了效益。

图7-3 北戴河集发生态农业观光园——丝瓜长廊

（二）形成背景

北戴河集发生态农业观光园是1994年在蔬菜生产基地的基础上，根据秦皇岛市委、市政府农业产业化经营的指示精神，按照发展高效农业的整体规划创办的。成立之初便充分依托北戴河的区位优势和资源优势，从引进、种植特色蔬菜、瓜果入手，不断应用无土栽培、植物组培等高新技术成果，大力发展特色农业、观光农业，于2000年6月18日正式被批准为生态休闲景点并对外开放。为迎合生态休闲旅游的趋势，在原来的基础上又加大投入，包装设计，新增设飞越戴河、戴河第一漂（图7-4）、水上乐园、戏水摸鱼等30个独具特色、极具参与性的景点项目。

图 7-4 北戴河集发生态农业观光园——戴河第一漂

（三）效益

北戴河集发生态农业观光园是国家 4A 级旅游景区，2004 年 7 月，被国家旅游局评为全国农业旅游示范点。优美的田园风光，独特的农业景致，使观光园一开园就吸引了众多省内外的游人，并成为省内外 50 多家旅行社主推的旅游景点。据统计，到 2006 年观光园已接待游客 500 多万人次。2004 年，观光园仅门票收入就达 3 200 万元，跃居河北省旅游景点收入的榜首。

园区在促进农业发展的同时，十分注重社会效益。为提高中小学生对现代农业的了解，加强科普知识的教育，园区成立了秦皇岛市第一家中小学生素质教育实践基地，免费向全市中小学开放，使中小学生充分了解农业生产的全过程，参与简单的农业劳动。自 2000 年 6 月 18 日正式开业以来，共接待中小学生 16 万人次，为促进应试教育向素质教育转变做出了积极的探索。

园区本身每年解决了近 200 名农民的就业问题，同时为生态农业观光提供配套服务，以观光园为依托提供"农家乐"服务项目的农民近 4 600 人，为农村劳动力的转移和农村经济的持续发展做出了较大的贡献。

(四) 运行模式

北戴河集发生态农业观光园的管理和发展模式是集发人不断探索出来的,也是时代发展的必然趋势(图7-5)。

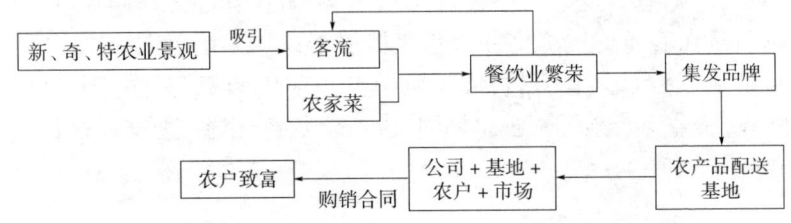

图7-5 北戴河集发生态农业观光园运行模式

首先北戴河集发生态农业观光园将旅游项目定位于依靠新、奇、特打造农业旅游之美,通过基质栽培、营养液栽培、智能化温室、热超导水温床、微滴渗灌等农业高新技术和设备,在景区内形成了形态各异、色彩斑斓、错落有致的农作物奇特景观。奇特的景观吸引了大量游客,新鲜、特色的"农家菜"带来了观光园餐饮业的繁荣。自"绿色生态餐厅"开业以来,吸引了许多游人和食客,尤其旅游旺季,不提前预订很难找到座位。2004年饭店收入达700余万元。"农家菜"衍生出新的旅游项目,旅游业又带火服务业。2004年观光园先后引进了戴河第一漂、蹦极等60多种娱乐项目,进一步增强了旅游业发展的势头。

旅游加餐饮,叫响了"集发"这个蔬菜品牌,于是集发人又在观光园内建起了河北省最大的无公害蔬菜配送中心,日均配送量达到10余万公斤。如此一来,集发的2 000亩观光园、3 000亩蔬菜基地的种植数量已不能满足需求。为此,他们又采取"公司+基地+农户+市场"的模式,同农户订立蔬菜购销协议,把无公害蔬菜种植扩展到了周边3 000户农民的3 800多亩耕地。几年来,签约农户每户年均增收3 000元到5 000元。通过这种运作模式,集发生态观光园逐渐实现了生态、社会和经济效益。

(五) 成功经验

北戴河集发生态农业观光园的成功离不开其优越的地理位置。北戴河是著名的避暑胜地,是驰名中外的旅游景点,旅游基础设施完善,交通便利,每年仅暑期的客流量就有500多万人次,这为集发生态观光园提供了充足的客源。

其次,北戴河集发生态农业观光园的发展离不开农业科技的支撑,基质栽培、营养液栽培、智能化温室、热超导水温床、微滴渗灌等农业技术的应用使得"西瓜上树、青菜绕树"成为现实。

此外,北戴河集发生态农业观光园的成功之处还在于旅游产品的不断更新,有明确的目标群体。

北戴河集发生态农业观光园的旅游产品没有在农业景观的观光上停滞不前,而是摆脱了传统观光的旅游模式,将南北方农村文化和农民生活,尤其是将南方地区的一些民俗风情与生活场景在北方展出,融入景观之中,满足了游客的好奇心。同时,加强参与性旅游产品的开发与建设,注重游客的参与性活动,开发了戴河第一漂、蹦极、水上行走等旅游产品,广泛受到年轻人的欢迎。

另外集发生态观光园非常重视网站建设和宣传活动,大大提高了园区知名度。

(六) 盈利模式

北戴河集发生态农业观光园的收入主要来自以下几个部分:
(1) 门票收入,票价20元。
(2) 农产品物流配送收入。
(3) 餐饮、住宿收入。
(4) 休闲游乐型消费收入。

三、龙寺农业生态园区

(一) 概况

无锡龙寺农业生态园区(见本书彩色插页)是无锡山水城旅

游度假区管委会以国有及集体投资为主体,投入3 500万元建设的一座融农业旅游观光、度假休闲、佛教文化于一体的现代农业生态观光园。生态园坐落于江苏省无锡太湖山水城旅游度假区中部、军嶂山南麓,占地面积100公顷。四周青山环抱,绿树成荫,植被丰厚,鸟类众多,原始生态环境保护较好。经过一期工程建设,调整了农业种植结构,完善了园内道路、水系等基础设施。园内遍植茶树、桃树、杨梅、柑橘、银杏、翠竹、板栗、柿子、石榴等,果、乔、灌、丛相得益彰,放养野獐、山鸡、孔雀、白鹅、野鸭、锦鲤等鱼禽鸟兽,野趣横生。

主要景点及可参与的活动为:南国风情热带植物园,种植槟榔、棕榈、垂叶榕、鱼尾葵、香蕉、椰子等60余种热带植物;太湖葡萄沟,园区内建有3 000多米长的葡萄景观长廊,种植上千株葡萄,并附有葡萄相关科普介绍(图7-6);另外还有珍禽动物观光、农家乐餐饮、茶果采摘、湖边垂钓、木屋品茶、野外烧烤等游乐活动。

图7-6 龙寺农业生态园区太湖葡萄长廊

(二) 效益

龙寺农业生态园区绿化树种采用了茶树、桃树、杨梅等多种经济林木,放养山鸡、孔雀等鱼禽鸟兽,保持了园内良好的生态环境,体现了良好的生态效益。2003年10月正式开园以来,已接待游客 35.6 万人，实现旅游收入 258 万元，经济效益、社会效益已经突显。2003 年 12 月被批准为国家 AA 级旅游景区，2005 年被国家旅游总局评为首批全国农业旅游示范点。

（三）优势和不足

龙寺农业生态园区的投资主体为国家和集体，园区本身的建设带有公益性质，园区主要收入为门票收入和农业生产旺季的采摘收入，旅游项目相对简单。但是龙寺农业生态园区获得良好生态、经济、社会效益的主要原因，在于龙寺生态园区拥有得天独厚的自然资源优势、农业资源优势和历史人文资源优势，并进行了资源的整合和综合开发。

自然资源优势：龙寺农业生态园区位于军嶂山南麓山坳内，四面皆山，地形由低至高，山上林木郁郁葱葱，四季皆绿，坳内气候温暖、空气清新，可利用的水资源十分丰富。同时起伏崎岖的地形营造出的山野风光、农林特色和生态氛围是开发观光旅游及休闲度假得天独厚的有利条件，"四面有山皆入画，一年无日不看花"，稍加开发便可以形成"园景、山景、水景、处处佳景；茶香、花香、果香、时时飘香"的优美景色（图 7-7）。

图 7-7　龙寺农业生态园区茶园景观

农业资源优势：龙寺农业生态园区占地面积 3 500 公顷，现有山林面积 1 667 公顷，其中公益生态林 800 公顷，经济适用林 867 公顷，年产林果、茶叶 6 290 多吨，非常适宜林果、茶叶的生长，是江苏省主要的果品生产基地之一。由于这一区域属丘陵地区，山体土壤层较厚，且紧临太湖，茶叶、杨梅、水蜜桃、柑橘、醉李、梨、枇杷、柿子、板栗、银杏等农林产品在本地区都有大面积种植。多年来，这一地区林果产品不但产量成规模，产品质量也得到各方的好评。拥有如此丰富的农业资源和坚实的农业基础，开发以林果、茶生产与农业生态旅游观光相结合的生态农业旅游似乎成了必然。

历史人文资源优势：龙寺生态园有着丰富的文化底蕴，园内有佛教文化名寺——龙寺，每年三月三吸引大批游客前往龙寺烧香求佛、逛庙会。园内还有近代名人薛福成墓、太湖游击队烈士陵园，以及保留完好的"下乡知识青年劳动点"等人文景观，这也为龙寺农业生态园区增添了不少看点。

不足之处为：区位优势不明显，园区所在地距离市区较远，交通不方便，不利于普通市民和散客旅游活动，淡季客流量相对较小。基础设施不齐全，尤其是旅游接待设施如餐饮、住宿设施较少，游客以"一日游"为主，对游客接待能力不高。

第八章 农业产业化园区规划与案例分析

第一节 概 述

一、农业产业化的意义

(一)农业新概念

要探讨农业产业化,就要探讨什么是"农业",从国内外的相关文献看,农业可分为小、中、大三个概念范畴。小概念的农业是指种植业,或仅指农作物的栽培;中概念的农业即通常指的农林牧副渔业;大概念的农业不仅仅包括农林牧副渔的生产,而且还包括为之提供服务和支持的产前、产后各个环节,例如加工、储存、运输、销售等。

此外,我国目前已意识到农业类型也要分为竞争型农业和公共型农业两类。过去,我国农业的特点就是自给自足,既有竞争和经营的功能,又有社会公益性的功能,但是各个功能最终都由每个农民家庭承担,这样不利于参与竞争,不利于持续增加农民收入。因此,农业产业化必须将竞争型农业和公共型农业区分开。竞争型农业是从产业的理念出发,通过市场竞争,促使农业规模化、集约化、标准化和国际化,与产业相连。它不同于我国传统农业的自给自足,而是以参与国际竞争、促进农民增收为目的的竞争型农业;公共型农业要考虑农民的生产条件、生活环境和社会稳定因素,例如承担生态保护、社会保障、农民就业等方面功能的农业,这类农业是公共性的,主要讲社会效益,因此,需要国家和部门扶持,通过政府的财政力量支持其发展。本文的农业产业化和农业产业化园区正是针对大概念农业的范畴进行讨论的,而且在后面篇幅着重介绍的是属于竞争型农业范畴。

(二) 农业产业化的意义

1. 农业产业化促进农业经营体制的革新

我国以"公司+农户"为主要形式的农业产业化经营,是对统分结合的双层经营体制的充实、完善和发展。农户家庭承包经营与农业产业化经营相结合,使农户找到了在市场经济条件下新的联合与合作的形式,是具有中国特色和时代特征的农业经营形式,是我国农村社会主义集体经济改革的新飞跃。

纵观世界合作经济发展的历史,从1844年第一个合作社诞生,到现在经历了约150年的时间。这期间,合作经济的发展大致可以划分为3个阶段:第一个阶段,是以英国的罗虚代尔公平先锋社为代表的早期自由资本主义阶段的合作社;第二个阶段,是二战以后,随着凯恩斯主义的盛行,合作社的发展也进入了一个国家干预色彩浓厚的新阶段;第三个阶段,是二战结束50多年后,随着世界经济一体化和贸易自由化的发展,国际、国内的竞争日益加剧,西方的合作社也开始对其自身的发展模式进行不断的调整。

三个阶段的特点和变化,非常值得我们注意。但是,中国不可能照搬西方合作社的发展模式。"公司+农户"、"公司+合作社+农户"这样一种农业产业化经营的形式有可能是现阶段合作社经济在中国的一种实现形式。产业化组织采用什么模式,归根到底要看是否有利于增强企业和整个农业的实力和竞争力。发展农业产业化经营,就是要通过一种新的形式,把一家一户的小规模农民有效地组织起来。

2. 农业产业化促进、引导农业结构调整

随着改革的不断深入,我国农村经济发生了深刻的变化,农产品供给短缺的局面已经完全改变,开始进入以需求和资源双重约束为主、中长期供求平衡的阶段。由于农户土地的分散经营,农产品市场处于无序和相对过剩的状态,产业结构调整滞后于市场经济的发展,农产品的生产、加工、销售严重脱节。加上我国加入世界贸易组织,农产品的竞争由国内转向国际,农业产业结构不合理的问题更加突出。我国传统的农业产业结构是以种植业为主,农产品科技含量低,优质农产品少,有品牌的农产品更少,农产品种植品种雷同,地区比较优势没有充分发挥出来。农业产业结构不合理,就不符合市场规则,就没有农业效益。农产品进入国际市场,要按照国际的需求进行生产和加工,这为我国农产品进入国际市场带来了机遇,同时也带来了挑战,即我们必须调整农业产业结构,根据国内国际市场需求,改变传统的初级农产品的生产与销售,应该向高产、优质、高效的农产品发展,多生产劳动密集型的农产品和深加工农产品,以争取更大的市场占有率。

农业产业化是引导和促进农业产业结构调整与优化的有效途径。农业产业化改变了农产品的初次加工,使农产品由初次加工向深加工方向发展。农业产业化的发展,促进了农业的专业化分工,促进了农产品的加工业、包装业和运输业的发展,延长了农业产业链条,促进了农业结构的优化。农业产业化是农户经营者和市场的桥梁,农户相对于龙头企业来说,信息是不充分的,根据农业产业化,龙头企业利用自身的优势,可以获得国际国内农产品市场上需要什么品种的农产品的信息,然后龙头企业把这些市场信息及时反馈给农户,农户就会根据市场进行生产,形成主导产业和区域规模。通过农业产业化,龙头企业和农户根据"利益均沾、风险共担"的原则,利用契约来保证农产品的销售。龙头企业有了稳定的农产品货源,农户也得到稳定的销售渠道。这就发挥了主导产业的优势,使农业产业结构调整向优质化发展。

农业产业化为农业产业结构调整提供资本上的支持。农业要调整产业结构,需要大量的资本注入。从目前来看,国家不可能拿出大量资金来支持农业结构的调整,农村"三农"问题还没有得到较好的解决,农户也没有过多的资金来投入农业产业结构的调整。农业产业化要求农产品适应市场需求,成本低廉,品质优良,只有这样,才能在国内国际市场上处于有利的地位。龙头企业为了获得优质的农产品,就会拿出一部分资金来支持农业技术的推广,为农户购买种子、化肥、农药等农业生产资料。随着农业产业化的发展,农户的经济收入有了很大的提高,为了获得更高的农产品收入,他们也愿意拿出一部分资金,进行农产品品种的升级和换代。农业产业化无论对龙头企业来说,还是对农户来说,为了获得更高的农业经济利益,都会支持农业产业结构的调整。

3. 农业产业化提高我国农业国际竞争力

产业化是农业市场化的必然结果,是提高我国农业市场竞争力的有效途径。随着经济全球化和我国加入世贸组织,我国农业面临着新的国际经济环境,农业产业化能够提高农业专业化水平,形成农业规模经济,降低农业生产成本,提高农产品的科技含量和深加工的水平,提升农产品的品质和国际市场竞争力。

有规模才有市场,有市场才有效益,有效益才有竞争力。目前我国农户经营缺乏规模经营优势,是农产品在国际国内市场竞争力不强的一个重要因素。实行农业产业化经营,可以在联产承包责任制基础上,实行土地的规模经营,建立农产品的生产基地,引导农户进行规模生产。农户的土地成为农业产业化的一个车间,龙头企业通过利益机制,对农业生产进行专业化布局,形成较大规模的产业群。农业产业化的发展,造就了一批有竞争力的市场主体。龙头企业通过组织农户,实行专业化、标准化和规模化生产,充分发挥家庭经营和农村劳动力成本较低的优势,依靠精深加工和提高科技含量,创出了一批有较强竞争力的名牌农产品,在国内外市场参与竞争。

决定企业市场竞争力的一个关键因素是产品质量,提高农产品的质量一定要有农业的标准化,而农业的标准化一定要有农业的专业化,农业的专业化又离不开农民的组织化。这一切,都与农业产业化有着密切的联系。

4. 农业产业化有利于农业技术的提高

产业化分工能够促进农业分工和提高专业化的水平,分工和专业化为农业生产技术的提高与先进技术的应用创造了条件。农业产业化经营中形成专业化生产,能够最大限度地采用先进技术,提高农业的集约化水平,延伸产业链,实现农产品的深度开发和多次增值转化,提高农业比较效益,促进农业形成自我积累、自我发展的良好循环机制。

世界农业科技创新步伐明显加快,生物技术不断取得重大技术进步并已经形成新型产业,信息技术和新材料等高新技术已经得到广泛的应用。我国农业科技和发达国家的农业科技水平相比,还远远落后。国家对农业的投资不足、农业的科研与市场的需求严重脱节、农业科技创新不强、农村的土地分散阻碍了农业科技的推广和应用。实行农业产业化的发展,有利于调动资金来加大对农业技术的投入,推动农业科技的发展。

农业产业化要求农业实行规模化、区域化和专业化生产,农产品的生产只是农业产业化生产里面的一个环节,农产品的加工、包装、运输也随之发展起来,科技可以在这些方面发挥更大的优势。在农业产业化过程中,龙头企业为了获得经济效益,就必须要求有高效优质的农产品,要求农业专业化生产和区域性布局;而农户为了生产出有销路、符合龙头企业要求的农产品,也会进行规模化和专业化生产,以降低农业生产成本,获得规模效益,借助龙头企业的服务和实力不断扩大生产能力,形成区域规模和产业规模。农业生产的专业化和一体化经营,为农村科技的发展和推广奠定了基础。

龙头企业和农户形成了利益共同体,在农业产业化过程中通过利益纽带连接起来。龙头企业为了增强其商品竞争力,提高市场的占有率和比较利益,千方百计地加快现代要素进入农业再生产过程,发挥自己资金、人才的优势,引进和使用国内外先进的技术设备,增加产品的科技含量,增加加工和包装上面的高附加值。

农户为了提高生产率,生产符合市场需求的农产品,也会积极地使用先进的技术和设备,增加自己的收入。农产品从种植、收获、加工到包装这一整个过程,都需要农业技术的推广和应用;龙头企业和农户为了获得农产品的平均利润,都会积极地应用农业先进的技术。正是农业产业化形成的聚合规模和新的利益机制,为专业化生产采用先进的农业技术和农业设备创造了条件,形成了一种高起点、高效率和高效益的现代科技成果的推广运用体系,从而大大缩短了农业科学技术的推广周期,节约了生产交易成本,提高了农业整体经济效益。这为农业技术的推广和应用提供了动力支持。

5. 农业产业化提高农民的市场意识和科技水平

农业产业化能够有效地联合农户,克服我国现有条件下农业生产的弱势,并使农村中的各产业要素得到充分利用和合理配置。农业经营主体参与市场竞争,首先必须面对解决市场问题,市场经济要求大规模的专业化生产。但是目前,我国的农业生产总体来说还是一种以小农户为主体的生产方式,生产单位数量大,规模小,经营分散,户数达到了2.2亿,而户均耕地还不到半公顷。在这种条件下,我国的农产品很难进入市场参与竞争。

农业产业化,增强了农户的市场观念。通过龙头企业、专业市场、中介组织,把农户与市场联结了起来,农户按照市场需求进行农业产业化生产、加工、销售等。比如我国山东寿光市,每年都通过农业产业化经营向国外出口大量的蔬菜,他们的做法是先研究国外蔬菜市场的需求,并根据市场需求引导和组织农户进行农产品的种植,然后由龙头企业统一进行收购、加工和包装,进入国际市场。在龙头企业和中介组织的带动下,形成较大的市场主体和商品批量规模,产生聚合规模效应,克服土地经营规模不经济的缺陷,使得农户有组织地与大市场联结起来,从而能够合理分享市场交易利益。

在上述过程中,农民潜移默化地受到教育,不断提高自己的科学技术水平和对市场的认识。

6. 农业产业化可增加农民收入

我国传统的农业生产过程中,农产品的初级生产、加工、销售、服务活动被分割为相互独立的环节,使农业生产仅仅是为工业部门和城市居民提供原料和初级消费品的初级生产部门,农业的产前、产中、产后环节严重脱节,被分置于不同的行政部门管理,破坏了农业产业链条诸环节的内在联系,切断了农业和其他产业密切联系的利益分配关系,大大降低了农业综合比较经济效益。

任何产业的发展都必须有相应的产业利益作为前提。在市场经济条件下,市场竞争和价值规律的作用会使产业利益趋于平均化,但是,产业利益平均化只是一个长期的趋势,在这个过程中,新兴产业的产生和发展往往是建立在比较利益的基础之上的。要提高农业的比较效益,增加农户的收入,使农业产业的各个环节链条连接起来,就需要一种新的组织形式。农业产业化,可以创造条件扩大农业的内部规模经营,又可以扩大农业的生产经营的外部规模,推动农业向第二、第三产业延伸,延长农业生产经营的外部链条。农业产业化要求土地规模经营,也就是所说的内部规模经营。土地的适度规模经营可以产生规模效益,降低农产品的单位生产成本,推动农业科技的推广和应用。农业产业化的外部规模经营,也就是农户与龙头企业通过利益机制,延长农业产业的链条,使农产品生产在向第二、第三产业延伸的过程中不断增值,并使农民直接参与增值利润的分享。另一方面,农业产业化经营可以促进农产品基地专业化生产、区域化布局,使农业朝着规模经营和集约经营发展,充分发挥各地区和农业产业各环节的资源优势,提高了劳动生产率和资源报酬率,进而提高农业比较效益,农民收入也可相应地得到提升。

二、农业产业化定义

(一) 国外对农业产业化的论述

农业产业化在西方国家被称为"农业产业一体化"或"农业一体化"(agricultural integration),是"农工商、产供销一体化经营"的简称。所谓农业一体化,按其最初的涵义,就是农业再生产中产供销三方面业务的有机结合或综合。它于20世纪50年代初期起源于美国,随后很快传到西欧和日本,美国哈佛理工大学工商管理学院德戴维斯和戈尔德伯格于1957年在《农业经营概念》(A Concept of Agribusiness,美国哈佛大学出版社1957年1月出版)一书中最初提出农业一体化概念,并将这种经营形式的企业定义为"农业综合经营"或"农业综合企业"(agribusiness)。意指:"农业生产部门与其有关的经济部门,即产前、产中、产后部门实行联合或融合的组织或部门"。农业产业化作为市场经济条件下发展农业的一种生产经营形式,20世纪以来在西方国家一直处于发育完善和日益成熟之中。商品性生产逐步取代自给性生产,分散的农村集市逐步发展为专业市场,农业专门化、区域化得以发展,以此为基础,农牧渔业分别形成各具特色的"产业链"或产业体系。

(二) 国内对农业产业化的论述

国内对农业产业化的概念持有不同观点,比较有代表性的有以下几种:

1. 山东潍坊观点

山东潍坊是最早提出农业产业化术语的地方,他们认为:农业产业化是确立主导产业,实行区域化布局,依靠龙头企业,发展规模经济。1992年,潍坊市委、市政府在认真总结诸城贸工农一体化、寿光靠市场牵动发展农村经济和寒亭"一乡一业、一村一品"等经验和做法的基础上,于1992年下半年开始酝酿,明确提出了农业产业化这一设想。1993年山东省在总结潍坊市提出的"确立主导产业,实行区域布局,依靠龙头带动,发展规模经营"的农业和农村发展经验时,作为农业发展战略首先提出这一概念。潍坊市的农业发展战略和理论总结,提出的"农业产业化"这一概念,引起了社会的广泛关注。1995年12月11日,《人民日报》发表了《论农业产业化》的社论,并就潍坊实施农业产业化战略连续发表了三篇述评。此后随着农业产业化在全国的兴起和发展,有关农业产业化的理论研究也空前活跃。

2. 官方论述

1995年12月11日《人民日报》社论《论农业产业化》指出:"农业产业化是以国内外市场为导向,以提高经济效益为中心,对当地农业的支柱产业和主导产品,实行区域化布局,专业化生产,一体化经营,社会化服务,企业化管理,把产供销、贸工农、经科教紧密结合起来,形成'一条龙'的经营机制。"同年,农业部在其主编的中国第一部农业白皮书《中国农业发展报告95》中,对农业产业化的基本含义是这样阐述的:在市场经济条件下,通过将农业生产的产前、产中、产后诸环节连接整合为一个完整的产业系统,实现种养加、产供销、贸工农一体化经营,提高农业的增值能力和比较效益,形成自我积累、自我发展、良性循环的发展机制。在实践中,它表现为生产专业化、布局区域化、经营一体化、服务社会化、管理企业化的特征。

3. 学术界观点

不少学者对农业产业化进行定义和解释,因研究视角不同,关注重点各异,至今对农业产业化的表述没有达成统一共识。例如:陈吉元教授在《农业产业化:市场经济下农业兴旺发达之路》一文中,列举的农业产业化的定义就达8种之多;国风在其《农业经济创新论》中这样描述农业产业化:在市场经济条件下,为解决当前一系列农业和农村经济发展的深层次矛盾和问题的现实选择,是有别于传统农业生产方式和组织形式的一种新机制。崔传义在《我国农业产业化的进展与组织创新》一文中,对农业产业化做了如下解释:农业产业化就是农村经济组织的创新过程,创新的目的即在于引进适当的中介组织和联结机制,以消除"小农户,大市场"的矛盾。牛若峰、丁力等人也都从不同角度对农业产业化的涵义、理论体系、运作机制、组织形式、政府宏观管理等方面做了大量研究。

(三) 农业产业化定义

关于农业产业化的理论基础,可概括为农业发展阶段理论、组织创新与制度变迁理论、规模经济理论、市场机制理论(包括比较效益理论、市场竞争理论、利益引力理论或平均利润理论)、分工协作理论以及利益共同体理论等。即农业产业化是农业阶段发展的必然结果,是自发的组织创新与制度变迁,能够扩大规模经济,提高农业的比较效益,改善农民的组织化程度,提高农民参与市场的竞争能力。农业产业化通过合理的分工协作,形成利益共同体,使得产前、产中、产后各环节的产业化主体都获得最大的平均利润率,在此基础上实现区域化布局、专业化生产、一体化经营,提高农业的整体竞争力,提高农业的经济效益。

当前,我国产业化发展过程中特别应该引导产业化主体结成"风险共担、利益均沾"的经济利益共同体。由于追求最大化利益是经济共同体的核心,利益共同体的存在使农户之间由竞争变为协作,由零散变为规模,由弱小变为强大,只有龙头企业与多元参与者结成了利益共同体,才算是真正实现了农业产业化,才能从整体上提高农业的经济效益。强调这一点对于我国十分重要,因为我国的农业产业化尚处于初级阶段,利益联结紧密的农业产业化经营还不是很多,而松散的结构经常不能保障农户的利益。

根据以上所述,并参考国际农业产业化发展状况和中国实际,笔者认为:农业产业化是以当地优势农业资源为基础,以市场为导向,将农产品的生产、保鲜、加工、贮存、销售和服务等各环节协调组合,融入先进的产业理念、科学技术和管理模式,构成一个规模化、现代化的产业体系,以创造出优质产品、高的经济效益、社会效益和生态效益。

三、建设农业产业化园区的意义

产业园区一般是指政府或企业为实现工业发展目标而创立的特殊区位环境，从而获得更高的生产效率和竞争优势。波特认为，"产业在地理上的集聚，能够对产业的竞争优势产生广泛而积极的影响。"与传统农业比较，农业产业园区是提高农业产业化竞争力的一种高级形式，它具有规模化、专业化、特色化的特点，能够发挥集聚经济效应，对提升当地农业产业整体综合竞争实力、增加农民收入、实现城乡统筹发展有明显的优势作用。

近年来，国内外的实践也证实农业产业园区是一种提升农业综合生产能力和农产品竞争力的有效方式。中央一号文件关于调整农业和农村产业结构问题，明确提出要大力发展特色农业，立足各地的资源优势建设专业化农产品产业带，形成具有竞争力的产业体系。

从优势区域布局和产业化的关系来说，我们讲的园区（区域），如加工区域、生产区域、销售区域、科研区域，在整个农业体系、国家系统内，甚至在全球化的范围看，是一种跨区域的产业体系，今后很有可能进一步发展为跨国的产业体系。农业产业园区有别于农业产业化（农业产业化概念前已论述）和传统的农业生产基地，它是在大力推进农业载体园区化、经营规模化、生产标准化、产业特色化、产品品牌化，发展现代农业的背景下产生的。

四、农业产业园区的定义

虽然我们对农业产业园区的特点和重要意义有了较为准确的把握，但是鉴于国内农业产业化发展水平较低，国内外农业特点和农业产业发展战略及农业产业园区模式等的不同，我国农业园区分类复杂，名称混乱，农业产业园区的兴起尚处于起步阶段等原因，国内尚无相关的准确定义，为此，笔者参考相关农业发展规划、国内已建各种农业产业园案例、国外农业综合体系（国外农业产业体系），以及借鉴国际农业产业发展历史、经验和我国农业特点，把农业产业园区定义为：农业产业园区是依靠当地独特的农业优势，如农业资源优势、农产品加工优势、销售地理位置优势、科研优势或农业区域地理位置优势等，投入较高资金，投建或引进有规模的、相互有密切关联的农产品生产、加工、销售、研发、金融等企业以及配套服务机构，形成现代化产业体系，发挥聚合辐射效应，对当地和周围地区产生重要影响和带动的产业区域，这个区域具有良好的生态环境和高的经济效益。

简而言之，农业产业化园区就是在一个适当的区域内开展的农业产业化活动。

从宏观角度看，农业产业化园区有利于区域内合理布局和分工，提高农产品生产能力，提高生产效率，增加抵抗市场风险的能力，提升农业综合竞争实力；从微观角度看，农业产业园区建立在专业化的分工协作基础上，以优势产业为主导，形成复合型的产业网络，创造了独有的竞争优势。

农业产业园区在功能上除具备安全农产品供给的基本功能外，还兼具生态保护、生活休闲、科技示范、教育培训、促进就业等综合功能。

五、农业产业化园区国内外发展概况

（一）国内农业产业园区发展概况及特点

1. 发展状况

农业产业园区的产生和发展是我国所特有的，它是我国农业产业化发展同现代农业园区建设结合的特殊产物，是我国农业近年来具有革命意义的农业发展的创新之举。农业产业园区的建设始于20世纪90年代,随着我国农业结构的调整和农村经济的发展,国内兴办的各类农业产业园区如雨后春笋般涌现。农业产业园区建设以其"专业化、规模化、特色化"为我国解决农业问题开辟了新的途径。

早期,我国农业园区名称各异,大都是综合园区,而且,多以科技产业为主,采用"一区多园"的模式,具有生产加工、示范、培训、孵化器、生态观光等功能。比较有代表性的有以下几个园区:

(1) 济南市高新农业开发区 创建于1993年6月,是省级农业高新技术产业示范区。园区1 000公顷规划面积被划分为五个功能区:现代种植区、双代养殖区、科研服务区、观光旅游区和加工贸易区。到1998年底,完成投资2 400万元。经过五年开发建设,区内高科技企业和企事业单位达23家,区内企业完成产值3亿元,利税1 200万元,新增社会效益3亿元。

(2) 陕西省杨凌农科城 这是我国建成的唯一的"农科城",1986年由陕西省政府、西北农业大学(现西北农林科技大学)、陕西农科院、咸阳市人民政府联合组建,是我国最大的农业科教基地和促进西北农村经济发展的战略要地。1997年经国务院批准,杨凌又成立了我国农业方面目前唯一的国家级农业高新技术产业示范区,由科学园区、集中新建区和若干试验基地组成,主要针对西北农业发展问题进行科研。它对西部大开发战略的实施将起到积极推动作用。

(3) 厦门闽台农业高新技术园区 福建省农科院和厦门市农科所,利用厦门特区对台、对外联系的有利条件联合建成该园区,占地36公顷,开展以农业高新技术为重点的引进、创新和开发及促进农业高新技术的商品化和产业化的科研活动。园区具有研究、引进、开发、经营、贸易、培训、游览、学术交流和科技合作等八大功能,并相应创设六个分区,是一个综合性的农业高新技术园区。

(4) 山东省聊城地区农业科技园 1989年由中国科学院山

东聊城地区黄淮海平原农业开发办公室和聊城市政府牵头组建,占地5 400公顷。该园区以科学技术为先导,以企业化管理为手段,以公有制为主体,多种经济成分并存,开展研究、试验、示范、推广、生产、经营、培训等多种活动,通过政策引导、科技投入,创造科技兴农的良好环境。

随着农业产业化的不断深入,尤其是党中央将"三农"问题作为全党工作的重中之重,出台了一系列有力措施,推动了农业和农村经济的较快发展。国家和各级政府部门在建设农业产业化和农业产业化园区这一问题上不断探索和实践,伴随着我国现代农业园区的建设和发展,我国农业产业园区的发展在起点、规模、类型及层次上都有明显的变化,全国范围内涌现出一批先进、高效的特色农业产业园区。例如:

(1) 中国农科院国际农业产业园 该产业园位于河北省廊坊市万庄镇,北与北京市经济技术开发区(亦庄)接壤,东靠京津塘高速公路,处于京津冀金三角地带。园区总投资为34.23亿元。产业园立足创新试验、示范和产业孵化三大功能定位,根据国际经济科技发展新趋势和我国农业和农村经济发展新要求,以市场需求和市场机制为导向,以全面提升我国农业和农业科技综合竞争力、加速农业现代化进程为目标,以产学研相结合为立足点,创建国际一流的农业高新技术创新试验、成果展示、人才培训和产业孵化的多功能综合平台,打造具有强辐射带动作用的现代农业硅谷。

(2) 东莞市农业产业园区 该农业产业园区的建立为广大市民提供放心菜、放心鱼。在农业园区内,绿色食品和有机农产品得到积极的发展,在农产品的整个生产过程中,都按照安全、优质、环保、高效的要求,通过农产品质量标准体系和农产品质量安全监测体系的建设,使园区出产的农产品至少达到无公害农产品的质量标准。同时被纳入全市基本生态控制线和城市绿地系统,力求农业园区的建设和城市发展、生态保护相一致。

(3) 南京市浦口农业产业园区 该园区近年来已形成了农业类、蔬菜类、畜牧类、林业、园艺与旅游类等 29 个不同类型、不同档次的农业产业园和农业基地。涌现了许多集农业科技试验、示范与培训于一体,生产、加工、销售一条龙的产业园区,部分园区已开发融入都市农业、具有旅游农业特色的产业园区。

(4) 内蒙古乌海市农业产业化园区 该产业园区是以工业化思维谋划农业,结合当地移民工程、生态工程,以城市内建设高效农业产业园为突破口,使农民向园区集中,发展现代农业。通过引入、培育一批有实力的龙头企业,目前,园区内已形成葡萄产业、肉牛产业等具有国际竞争力的优势产业。

(5) 上海市现代农业园区 根据上海市委和市政府的总体战略部署,上海市郊农业规划建设 12 个不同类型、各具特色的市级现代农业园区。其中,10 个郊区县(区)各建一个,市属农工商集团总公司建设一个,上海实业集团建设一个。除位于崇明东滩垦区的上实集团现代农业园区面积较大,总面积达 80 多平方公里,其他各园区规划建设面积一般控制在 10~20 平方公里。园区建设自 2000 年上半年陆续进入实质性启动阶段,至今,已经发展建设了上海孙桥农业园、嘉定农业产业园等知名产业园区。

2. 我国农业产业园区的特点

(1) 现代性 农业产业园区的基本特点应充分体现现代农业的内涵和基本特征,即它的现代性。主要体现在三个方面:

第一,基础设施和设备的现代性。在基础设施建设上要求达到"土地平整、排灌畅通、路桥配套、绿化成网、装备合理、标志齐全"六条标准,现代农业装备应满足提高生产效率、提高产品质量、保障产品安全的要求。

第二,科学技术的现代性。园区注重新技术的利用和推广,坚持科技是第一生产力的宗旨,将高科技企业引入园区。以高科技支撑园区各个产业区的建设,现代生物技术、信息技术、电子技术、农业工程技术得到了广泛的应用,充分发挥农业科研积聚优势,积极推进对传统农业的改造,培养现代农业新的生长点。在设备引进强调"高精尖"的同时,园区建设也非常注重技术更新:加快现有科技成果的转化,重点推广新型高效农作制度和轻型简化、省工节本、高产栽培技术的应用;加强农业科研结合,加强科技攻关,在农业技术的基础研究、应用研究等方面有所突破,技术推广体系不断健全、完善;加强引进、消化、吸收国外先进农业技术,提高实用技术应用水平。另外,信息技术、生物技术有机结合的高新生态技术在设施园艺、集约养殖、农产品品质优选、加工增值产业化工程中不断得到推广。

第三,管理方式的现代性。园区管理与现代市场经济接轨,按照政府扶持、部门支持、企业运作的思路,构筑市场化的运行机制,使资源利用率和产出率及经济效益大为提高,社会效益、经济效益和生态效益高度统一,向着集约化、产业化、现代化技术控制型方向发展,推动农业经营形式的改革乃至组织创新和制度创新。

(2) 综合效益性　现代农业园区的规划与建设应以经济效益为中心,使资源利用高效合理。园区的设计和运行应体现高起点、高效益运行的基本特色。坚持以经济效益为中心,并与社会、生态效益相统一,在园区内不仅选择有突出优势的农业高新项目,而且还要选配和组装农业产前、产后的相关项目,以便有利于形成市场、技术、资源一体化组织的整体优势,有效带动农业走向集约化、规模化、产业化经营之路,从根本上提高农业发展的持续性和效益性。

(3) 聚合性　在园区中,各地注意整合资源,聚合人力、物流、技术和信息加速其向主导产业汇集,使优势产业实现产业集群态势,延长园区产业链,丰富相关产业体系,不仅获得较好的经济效益,而且创造产业园区品牌,通过聚合使园区进一步壮大,形成良性循环。

(4) "磁场"性　园区具有"磁场效应",对周边农区和广大农户有着较强的辐射和带动作用。

（5）特色性　园区产业（产品）具有特色性。抓住特色就是突出农业产业园区的亮点，是农业产业园区的开发优势产业的前提。随着"一村一品"的战略发展，农业产业园区呈现出遍地开花的繁荣景象，促进了园区农业结构战略性调整、农业科技成果转化应用、规模特色农业及产业化发展，在推进现代（都市）农业发展中起到了很好的引导和带动作用。

（6）多功能性　产业功能是园区的主要功能。广大农民正是依赖这一功能实现增效增收，园区企业依赖这一功能实现经济效益最大化，园区依赖这一功能提高竞争力。此外，展示引导和教育培训等服务功能满足公益性体系建设；旅游观光是满足人们内心享受的生活功能；生态循环功能满足可持续和都市绿化需求。

（二）国外农业产业园概况

国外没有农业产业园区这一名称，他们与农业产业化相关的概念为"农业一体化"。与农业园区有关的概念主要有两种。一种是以推广先进适用技术为主体的试验示范基地，称为"Demonstration farm"。如以色列，从20世纪70年代以来，通过科研单位和生产基地的结合，针对干旱和沙漠化的生产条件，建立了多个以沙漠农业和节水农业为主体的试验示范农场，并通过创办专门的基金支持试验示范农场的建设与运营。另一种是以进行农业观光、休闲为主体的农业示范基地，称为"Holiday farm"。主要是以农业新技术、新品种、农事活动的展示示范和农业休闲为主要内容。如20世纪70年代发展起来的日本爱知县海部十四山村的"空中菜园"，美国和新加坡等国的"耕种社区"、"市民农园"等，这些园区每年均吸引数十万的游客观光游览。

因此，本部分将主要介绍国外农业产业化的发展情况。在农业产业化的定义部分已经介绍过，农业产业化经营在世界发达国家一般称作农工商一体化、农工一体化或者农业一体化（后面将统称农业产业化）。发达国家的农业产业化，是在专业化、社会化高度发展基础上,农业生产与非农业生产在组织上联结起来的发展结果,是现代农业各产业之间组织形式的概括,并非是各国经营组织的具体名称。一般来说,"农业合作社"才是许多国家农业产业化的载体,是一种最基本的组织形式。但对农业产业化也有其他命名的国家,如:日本的综合性农业产业化组织叫"农协",澳大利亚的"小麦局"则是以某一品种形成的产业化组织。不论各国对农业产业化的组织称谓如何,但它们的本质特征和功能以及对农业经济所产生的巨大作用却都是类同的。

世界各国农业产业化的组织形式的形成都与其国情密切相关。各国农业产业化的发展体现了各国环境的差异。发达国家的农业不仅包括为农业提供生产资料的农业产前部门,而且包括农产品加工、贮藏、运输、销售等农业的产后部门。所以,在这些发达国家的农业产业化或农工商产业化是指在农业专业化、社会化基础上农业生产与其产前和产后的工商业部门有机结合,是现代农业各产业之间组织形式的理论概括。严格地说,农业产业化既不是农工商综合经营,也不等同于农工综合体或农工联合企业,它是一个动态的经济范畴,用来概括以各种组织形式表现出来的现代农业各产业联系方式的变化。农业产业化主要是在市场力量的作用下自发推进的,由于各农业部门的自然条件和经济条件不同,它们在技术和组织上采用工业化方法进行改造的程度也有差异。一般来说,在生产过程易于实行工艺专业化、产品易于进行大批量生产、集约经营潜力较大、产品不易保存、销售数量大且要求标准化、成品化的一些部门,农业产业化的发展较早,水平也比较高。因此,农业产业化在畜牧业部门比种植业部门发展快。在种植业中,生产果品、蔬菜和工业原料的部门产业化水平又比较高。

1. 美国

美国自然资源丰富,发展农业有着得天独厚的条件,其农业产业化起步于20世纪50年代,到今天,布局区域化、生产专业化、经营一体化、服务社会化的农业产业化大格局已全面形成：①生产布局区域化。美国农业普遍采取集中生产、分散供应的模式，在全国形成了几个专业生产区。如加利福尼亚州以生产水果、蔬菜为主，得克萨斯州以畜牧业为主，粮食生产则主要集中于特拉华州等中部地区。②生产高度专业化。美国的农场一般只生产一种或几种产品，甚至只从事某种产品的某一生产环节的工作，而其他生产环节则由其他企业去做。这样不但可以扩大生产规模、提高生产效率，而且可以保证产品质量、降低经营成本。③经营一体化。这是农业产业化的核心。即通过一定的产业化经营组织形式和利益调节机制，使农业生产的供、产、加、运、销等部门间形成"利益均沾，风险共担"的利益共同体。

美国农业产业化体系是建立在大规模家庭农场基础上的。1994年，美国有204万个家庭农场，其平均规模为193.4公顷。目前，私人业主或家庭农场占86%，合伙农场占10%，公司农场占3%，其他占1%。由于许多合伙农场和公司农场也是以家庭为依托的，所以约99%的美国农场实际上都是家庭农场，家庭农场的特点是集约化、工业化、商业化。随着农场规模的扩大和农业生产力的发展，在农业和其他产业领域内相继出现了大批为农业服务的各种组织和公司，从而把农业从农用生产物资的生产和供应、农业生产、农产品收购、储运、加工、包装一直到销售等所有环节组成了一个有机的整体，形成了一体化的农业体系。其组织形式主要有以下三种：①农民协会。农民协会是农民自发组织起来的群众服务组织，例如小麦协会、谷物协会等。协会为生产服务，也为农民提供商业信息，不以盈利为目的。②农业公司。美国的农业公司基本是产、加、销一体的。美国的农业公司经营规模较大，一家公司可以拥有几家农场或工厂。美国的一些专业公司还为小农场主和小公司提供专业服务，如耕地服务、防病虫服务、收获服务，以减轻小农场购买专业农机具的不必要高额费用支出。③农产品的期货交易。美国的农产品经营其中主要途径之一是依赖于契约、合同的交易,即农场与经销者以契约(合同)的方式,建立一种农产品的产销关系。这种契约关系也可以通过期货的方式来实现,经销者在取得了契约书后就取得了农产品收购的权力,农场取得了供应农产品的责任和义务。而经销者的收购权力可实行有偿转让。但无论转让给谁,这种关系仍然是靠契约来维系的。美国通过契约方式经销农产品的农场只占11%,但占市场份额的40%。但美国已逐步减少了对期货和现货市场的依赖,逐步转化并实现生产与销售的联合及一条龙生产,形成自成一体的生产系统,即农业的工业化和商业化。这种系统集生产、供应、加工、销售一体化,大部分以农场主的联合组织、农业公司的方式运行。

2. 法国

法国是唯一国有经济比重较大的西方国家,政府在农业产业化经营中起重要作用,即政府在农业中的干预程度较高。除教育外,法国还成立了农业信贷银行,以扶持农业结构调整、供应农业现代化农资和直接投资国有农机和化肥厂。法国的农场规模中等,平均39公顷。与美国比,法国的公司与家庭农场的关系更为密切,更为固定。合作社是促进法国农业产业化经营的重要力量,占有半壁江山,它们以供销、服务、协会、专业产品联合会等形式进行组织,农民自愿参加。每一合作社为垂直一体化的联合体,分散的合作社联系在一起形成全国网络。如1990年,法国粮油合作社收购了全国的71%、出口量的50%的粮油。

3. 日本

在资本主义经济极为发达的日本,小农经济在农村占绝对的优势,与欧美国家完全不同,这与日本的自然、社会条件有关。日本的耕地面积仅占世界耕地面积总数的0.4%,人口却占世界的2.2%左右,加上农田的零星分散,土地经营的规模就难以扩大。由于传统农业一家一户分散经营的格局越来越不适应农业生产力发展,农业产业化是农业经营方式的改革。日本农业产业化是在20世纪70年代前后实现的。日本农业产业化建设走的是"内源式"的发展道路,即充分发挥当地资源优势和充分利用现有的人力、物力和财力,面向国内国际市场,依托基层农协组织,注重加强农工商的合作。

在日本农业产业化体系中,市场、企业、农户三者关系比较特殊,基本只有一种关系,即"市场-农协-农户",企业作用不明显。在日本每一个农民都加入农协,而且"农协"遍及农业生产、信贷、农资供应、销售、保险、农民的医疗、生活等各个方面,是个不一而足的大网络,形成一体化联合体。农协为农户服务,并与农户结成经济利益共同体,基本上做到了农户需要什么服务,就提供什么服务。农协设有营农指导员,在生产、经营方面给农民以指导。产前由营农指导员按专业把农户组织起来,根据农协提供的信息以及各个农村家庭的实际情况,帮助农户编制生产与经营计划,并给以具体帮助,如取得信贷资金、开发引进低成本高收益的技术、推广优良品种及制定合理的耕作制度。产中按规划供应农药、化肥以及其他生产资料,并进行具体的技术指导。产后接受农户委托,对农产品分级包装并运往市场。日本的农业产业化经营组织形式有:加工企业+农协+农民,主要存在于畜产品、糖、蚕茧行业中;批发市场+农协+农民,存在于80%~90%水果、蔬菜行业中;农协兴办的垂直一体化联合体,如存在于牛奶等行业中。

4. 加拿大

加拿大是农业高度发达的国家,也是世界第七大粮食生产国,加拿大政府在农业和乡村发展中起着重要作用。法律规定了政府在农业领域的基本职能。联邦政府主要负责全国性的农业项目、跨省的农产品和服务流动、国际合作项目和农业科学研究。加拿大农业食品部是最早成立、也是最大的行政主管部门之一,代表联邦政府行使具体的农业行政管理职能。农业食品部还承担全国范围内的农业安全生产、检验检疫和检测监督的职能。加拿大政府十分重视农业,加拿大联邦和各省政府共同管理并资助了一系列的国内农业支持项目。这些项目的目标主要是增加农民收入、稳定价格、对市场进行调控以及减少地区发展不平衡等。加拿大联邦和各省政府对农业的支持分别占55%和45%。

加拿大是一个成熟的市场经济国家,政府在各个领域都十分注重发挥行业协会等中介机构的作用,通过立法确立了行业协会的合法地位并赋予其相应的职能。农业行业协会是农民自愿发起组织起来的中介组织,承担了组织农民面向市场、提供信息服务、进行配额管理等职能。省农业部设立了一个部门专门负责协会的管理,协会可以向政府方便快捷地反映农民的意愿和农业生产中亟待解决的问题,在政府与农民之间建立一个桥梁和纽带。除上述职能外,农业行业协会还起着收集、分析、传播市场信息、组织参加贸易展销及交流、开拓新兴市场的作用。加拿大是一个高度工业化的国家,农业在国民经济中所占的份额不足3%,但加拿大政府高度重视农业的基础地位,积极推进市场化、机械化、现代化,农产品以市场为导向,在满足国内消费需求的同时,重点发展优势农产品出口,在国际市场占有相当的份额。如加拿大是世界上最大的粮食生产国之一,是世界第二大谷物出口国。加拿大农业机械化程度和劳动生产率水平很高,每个农业劳动力一年可提供20万公斤粮食。

5. 荷兰

20世纪60年代初,荷兰畜产品、蔬菜、水果出现大量过剩,但没有销售市场。主要原因有两个:一是欧洲各国有自己传统的进口渠道;二是其生产成本高,在世界市场上经不起美国、加拿大等国农产品的竞争。于是在各成员国共同利益要求下,欧共体彻底实施农业一体化。在此进程中,荷兰农业生产向产业化、集约化和机械化发展,使有限的土地产生了可观的经济效益。

目前,荷兰已经成为农业产业化高度发达的国家,主要表现在:①生产的专业化。1995年荷兰全国从事专业生产的各类农牧场占农场总数的82.33%。生产专业化使农产品高度商品化,1995年,荷兰农业劳动力仅占全国人口的1.9%。生产的主要农产品不仅满足国内市场需要,还大量出口,出口率均在80%以上,商品率近100%。②经营一体化。荷兰大多数农户实现了一体化经营。把种养加工、产供销、贸工农有机地结合在一起,提高了农业的增值能力和比较效益,形成了自我发展、自我积累机制。③服务社会化。农业生产、加工和销售等环节全部实现了社会化服务,全国形成了农民自愿参加的合作社体系,对农业的产供销进行"一条龙"全程服务。④管理的企业化。每一农户、每一个农牧场都是依法注册的经营性公司,独立法人实体,追求利润最大化,按企业化进行科学管理和成本核算。

荷兰农业产业化经营的基本模式主要有3种:①"市场+农户"模式。这是荷兰农业一体化经营的重要形式,具体表现为"拍卖市场"与农户连接和超级市场与农户连接两种模式。"拍卖市场+农户"是荷兰农业一体化经营最富特色的模式,在国际上亦享有盛誉。除"拍卖市场"为中心的一体化经营外,以"超级市场"为中心的农业一体化经营在荷兰也很盛行。②"合作社+农户"模式。荷兰的农业合作社不仅存在于农业生产领域,而且广泛存在并发挥作用于农产品加工、销售、贸易和农业信贷、农业生产资料供应等领域。合作社在农业技术交流、农产品加工和销售等方面发挥着重要作用,通过合作社的加工、销售活动使农户与合作社之间形成了紧密联系,发展了农业一体化经营。③"企业+农户"模式。在这种模式中,一些大的农产品加工企业或贸易企业,直接与农户联结,进行农产品生产、加工和销售的一体化经营。由于拍卖市场的发达,使得这种经营模式未能成为荷兰农业一体化的主要模式。

六、农业产业园区的类型

根据现有的农业产业园区分类情况,对农业产业园区主要从园区级别、投资主体、主导产业、市场目标、产业链、产业集群、产业园功能等方面进行分类,详见表8-1。

表 8-1　　　　　　　　农业产业园区类型

分类方法	类型	注解
按园区级别分	国家级	国家部委立项批准的农业产业园区
	省级	省级主管部门审批的农业产业化园区
	地、市级	各地市级政府立项、审批的农业产业园区
	县、区级	各地县区级政府立项、审批的农业产业园区
按投资主体分	政府	由中央和地方政府及有关职能部门针对农业产业园区项目直接投资建设管理,主要是示范作用
	企业	由一些转型国有企业、私营企业、合资或外资企业等投资兴建,其目的是追求"利益最大化",机制灵活,产品市场竞争力较强,科技水平较高,具有较强的生命力,在我国园区建设中处于主流趋势
	科研	科研院所和高等院校为进行高新技术成果转化,利用自身技术、人才等优势资源投资建设,主要是新技术创新、推广作用
	自发	由农村组织或个人投资建设,以增加农民收入、深化农村改革为首要目标,注重生产效益,机制灵活,但其产品和技术缺乏市场竞争力
	综合	由上述不同投资主体组合创办
按主导产业分	食品	以种植业、养殖业、食品加工业、餐饮业、流通业、农业包装和教育、科研等农业食品产业链条相关产业中某个或若干产业为主导,也可以是绿色食品产业、有机食品产业等。一般来说,大多以食品加工业为主导产业
	工业用纤维	以纤维产业的种植、前期加工和销售、服务(不包括后期的服装业)为主导产业的园区
	饲料	以饲草的种植、加工为主导产业,结合养殖业及畜产品加工形成的产业园区
	农业装备	以农业装备的研发、生产、零件加工、销售及配套服务产业为主导的园区
	综合	由上述不同产业有机结合,形成紧密的产业链条,乃至产业集群的产业园区

续表

分类方法	类型	注解
市场目标	外向型	以出口创汇、开拓国际市场为目标,进行国际市场贸易,并向基地和加工延伸,例如:开发传统名优农产品出口,引进国外先进的设施技术和优良品种及旅游等
	内向型	立足国内或当地市场,结合地方农业特色,开发优势资源,打造农业品牌(包括农产品和观光旅游等文化产品)
	综合型	通常具有一定经济实力、产品优势或地理优势,兼有外资背景,其目标市场涵盖国际国内市场
产业链	完整	园区内产业链完整,将优势资源通过若干产业层次不断向上下游延伸,直至到达消费者,而且产业关联程度强
	不完整	园区内产业链相对不完整,抓住产业链中的优势环节,进行开发
产业集群	集群式	农业产业园区内的企业群体,包括了生产、流通、服务、金融等企业,它们之间具有竞争与合作关系,有交互关联性。集群式产业园区又可分为产业本身集群式发展和不同产品的集群式发展两种
	单一型	相对于集群式产业园区而言,单一式产业园区企业数量少,相互之间关联弱;园区产业集中在某个优势环节或某个产品
产业园功能	农业科技产业	以现代农业技术示范、新品种引进推广、区域性产业带动为重点内容兴建园区
	农业观光产业	通过现代农业技术、农耕文化的展示,结合趣味性农事活动、特色餐饮,并配套相应园林景观,来满足城市居民的休闲观光和青少年教育需求
	物流型	建立在交通便利、有一定农业物流基础的大中城市边缘地区,以企业运作模式进行农业生产资料采购、农产品深加工、储运、分销等活动
	农业文化产业	园区文化产业的主要内容是与当地文化紧密结合,为社会公众提供文化产品、文化传播服务和文化休闲娱乐活动有直接关联的用品、设备的生产和销售活动,以及相关文化产品的生产销售活动

七、几种农业产业园区建设分析

基于农业产业园区内企业(群)形成方式的多样性、农业产业园区分类的复杂性,笔者认为,农业产业园区的发展不宜照搬某一类型或某个成功模式,而应当结合实际情况,因地制宜,根据该区域内已经具有的农业产业基础或者可能形成的龙头企业(企业群)来加以引导和扶持。农业产业园区的发展模式可以有多种模式,如下。

(一) 以资源和市场为依托,建设农业产业园区

企业、产业的成功与否最终取决于市场。市场的规律可以促成企业、产业的发展,即社会分工,消费需求通过市场刺激了生产的集聚。内蒙古乳都——呼和浩特的蓬勃发展就得益于市场的发展。在内蒙古,奶产业的专业化的生产与贸易相得益彰。例如,内蒙古有得天独厚的牧场,奶牛养殖场(专业户)很多,伊利、蒙牛等龙头企业在此建立养殖基地、奶站等收集优质鲜奶,并在大城市建立销售网点。生产集群和专业化的市场联动发展是乳都发展的显著特点之一,这是特色产业园区发展的一种可选模式。

(二) 突出的优势环节,建设农业产业园区

地区特有的经济、技术、社会、文化基础决定了该地区的竞争优势。在产业链上基于优势环节形成的企业集聚是发展农业产业园区的又一可选模式。例如,以大连雪龙集团为龙头的肉牛产业园区,虽然与五丰福成集团均是立足肉牛产业,并在当地和周边地区建立产业基地,但福成主要来源于整体产业链,大连雪龙则集中于高档肉牛产业化和规模化生产,而且在销售渠道、技术创新上采取激励措施,甚至牛肉的分割方式也与福成不同。从自身优势出发,合理定位,而不是单纯模仿福成模式,是大连雪龙肉牛园区成功的经验,也值得其他农业产业园区借鉴。其实质是专业化与一

体化。国外在这方面做得很好,以美国为例,棉花农场专业化的比例为76.9%,大田作物农场为81.1%,果树农场为96.3%,牛肉农场为87.9%,奶牛农场为84.2%。

(三) 依托优势产业,发展农业产业园区

产业园区建设要优先选择现有的或具有形成优势产业可能的区域,要充分考虑具有支撑产业发展的独特优势的地区。单纯依靠优惠政策吸引一批所谓龙头企业难以达到产业园区发展的目的。更为重要的是,在经济全球化时代,靠优惠政策构建的优势将会减弱,农业产业园区的竞争优势只能够建立在具有独特区域优势的产业上。

八、我国农业产业园区存在的主要问题

由于农业产业园区是我国特有的一种以加快农业产业化、提升竞争力、实现农民增收为目的的途径,其历史短、发展快,可借鉴的国外先例少,加之农业产业园区多样性的特点和农业产业的综合性,导致农业产业园区存在一些问题,主要表现如下。

(一) 缺乏科学规划

首先,我国农业产业园区规划目前还没有统一的规范、标准,尤其是农业产业园区规划涉及多学科、多领域,学科交叉性较强,导致规划编制单位和成果内容五花八门,风格迥异。其次,有些地方政府、企业为政绩、形象而盲目跟风,缺乏科学、系统、务实的规划作指导,导致产业园区功能定位不准确,发展目标不明确,为国家和地方经济、生态造成损失。

(二) 低水平重复建设现象严重

目前,各地积极发展农业产业化,大力推进农业产业园区建设,增加农民收入,但是有些地方出现重复建设的现象。这主要来源于两个方面:一方面,思想认识有待提高,缺乏科学的产业园区规划;另一方面,主要是受农业产业化政策和体制的局限。

（三）产业优势不突出，科技转化率低

农业产业园区建设要体现"产业特色化、功能生态化、设施现代化"，要以市场为导向，以建设现代农业、推进农业增效和农民增收为目标。但是，一方面，由于政企不分、职能不清等原因，导致园区缺乏集聚效应，产业水平低，功能性结构不合理；另一方面，农业产业园区科技瓶颈制约日显突出，缺乏科技创新，高新技术成果转化率低，建设档次低，难以实现农业的多元化、多功能性及生态循环的发展目标。结果在项目开发、主导产业和产品、功能定位、市场定位的选择上有雷同现象发生，也存在经营特色不够鲜明、产业结构趋同的问题。从内容上看，偏重于发展蔬菜等园艺作物的园区较多，而发展粮棉作物的园区少。在大多数园区都开发了都市型休闲疗养观光农业，它们的服务对象、观光种类、游憩设施都差别不大，在产品定位上没有形成注册品牌的名特优势产品。

此外，还存在产业总量较小，对区域经济的贡献率不足，没有形成有效的产业链和较强的产业群等许多深层次问题。

（四）建设资金不足，经营管理模式单一

目前已建产业园区大多是由政府单一投资或企业和科研单位自筹资金，由于渠道单一，导致资金不足，加之管理体制不完善、经营模式单一、缺乏协会组织等因素，导致各园区都非常注重基础设施建设，相对而言对产业开发的重视程度偏低，进度缓慢，投入的人力、物力、财力力度不够，造成产品开发与市场开发只是纸上谈兵，无法落实发展，可操作性差。其结果是造成有的园区低效运用，达不到预期的目的；也有的与园区投入成本过高有关，从而导致脱离实际、高档设施运转不正常、能源消耗大、产出回报低。

此外，我国农业投入的补贴很少，如日本农业投入补贴为70%，美国为55%，荷兰为30%~40%，我国却少于30%。

由于产业园区基础投入小，基础建设与产业开发不协调，严重影响了产业园区发展潜力。

（五）对农业产业园区认识不足

农业产业园区是适应市场的新生事物,要从理论与实践的结合上正确把握,需要新的认识角度、新的思想观念。但是,由于人们长期受计划经济时期思想观念的影响,对农业地位存在"忽视"和"误解",也由于学者及政府部门对农业产业园区的研究和概括不够,所以目前对农业产业园区有许多简单化、片面化的认识和误导,甚至是"一刀切"的做法,具体表现在对知识、人才、素质的不够重视,对文化发掘的漠视,很难突出亮点、形成品牌,必然影响园区的发展。

第二节 农业产业园区规划

一、农业产业园区规划指导思想

笔者认为农业产业园区规划必须有助于提高园区产业竞争力,必须强调生态可持续的循环经济模式,只有这样才能引导产业园区形成高效和谐的功能与结构,从而实现推进农业产业化升级、提高农业竞争力、增加农民收入、繁荣农村的战略目标。

规划应以产业为其核心,围绕产业这个核心,展开园区的功能布局、组织结构,并且决定园区的运行模式和运行机制。具体而言,规划围绕动植物优良品种繁育、生物高新技术、蔬菜与花卉、畜禽养殖、水产养殖以及农产品加工这六大产业来进行,园区的功能布局、组织结构和运行模式必须符合这六大产业的生产特点。同时,在此基础上加以延伸、演化,开发农业生态产业、农业旅游产业、农业文化产业等优势产业;随着产业转移,与农业产业相关的其他行业也可以考虑在产业园区规划里,例如养殖奶牛-奶产业-包装业等。

产业园区的建设要进行明确的功能定位和产业分工,结合当地产业结构调整和产业升级的改造,符合经济发展格局。

农业产业园区是农业产业化的产物,隶属于农业活动范畴。

所以，园区一方面受经济规律影响，必须适应生产力和生产关系；另一方面受自然因素制约，地域性差异较大。因此，农业产业园区规划也必然受到自然资源、农业基础、经济条件、社会条件及园区现状的综合作用的影响。本章节则将重点放在园区规划如何培育优势产业、优势区域、优势企业、优势科技、优势农民以及政策设计等方面，通过发掘优势，突出产业规划，达到提升园区综合竞争力的目的。

通过规划使各类资源向优势产业、优势区域、优势企业、优势科技、优势农民集中，形成亮点，以点带面，促进农业产业园区的综合竞争实力提升。如前所述，农业产业园区内的产业体系门类多，涉及面广，需要多学科综合知识，而规划单位和规划编写人员的专业背景和知识不可避免地存在局限性，不可能面面俱到，但是可以通过对几个"优势"的集中，完成园区规划，这也是作者在此独立章节论述的原因所在。

（一）培育优势产业

优势产业根据竞争力大体可以分为两大类：一类是在国内外市场均有较强竞争力的产业。例如牛羊肉、禽肉、蔬菜、花卉、水果等。这些产业在国内的基础较好，是成熟产业，如果发挥优势，对园区大规模增加农民收入的作用是非常明显的；另一类则是国际竞争力相对较弱，但在国内市场需求量比较大、生产条件比较好的产业。例如棉花、大豆、猪肉等。这些产业可以在突出绿色、无公害等方面提升竞争力。对于这类产业，产业园区可以结合当地特点，整合产业，强化各环节，提高竞争力。例如，通过绿色产品基地建设、农产品加工、高科技注入等方式方法将其与科技、文化等产业有机融合，将优势产业搞好。

以上两类产业都需要向现代的产业运作体系方向靠拢，例如规模化生产、集约化布局、标准化管理、产业化经营等。还要重视这些产业之间的产业关联。比如单独搞饲草种植，开发价值不大，但是如果和畜牧养殖结合，形成产业关联，就可以找到销路。此外，还要注意其他相关配套产业的发展，只有这样才能把优势产业搞好。

（二）培育优势区域

农业生产受区域的影响非常大，农业产业园区也受地域差异的影响。但是本文强调的是优势产业并不局限在园区内。通常大家熟悉的农业区域往往就是指农业生产区域，例如前面提到的农业部建设的产业带。而在农业产业园区规划中强调的区域包括：优势生产区、优势加工区、优势研发区、优势销售区。为什么这么说呢？这主要是因为作为园区产业的承载者——龙头企业越来越多地呈现出跨区域发展的趋势和特点，仅仅局限在园区内部不利于企业的壮大，不利于优势产业的发展。而且通过产业链的延伸，有利于培育优势企业，有利于农民增收。例如内蒙古乌海岱山肉牛产业园，其养殖基地、屠宰加工企业、销售企业并非都在产业园内，养殖基地主要分布在周边适宜肉牛养殖的区域，销售则主要在全国各大城市，只有屠宰加工企业在园区内，这样的布局能够更好地发挥优势区域和市场带动作用。

（三）培育优势企业

优势企业是在农业产业园区内起到创新和辐射作用的龙头企业。在前面的园区类型中提到，农业产业园区内的产业不仅仅是农产品生产、加工、流通业，而是更广泛地包括农业信息业、农业休闲旅游业、农业生态保护业等方面的企业，尤其是产业园区内应当培育农业科技企业。因为，从我国龙头企业的发展来看，那些起着带头作用的大型现代化企业无一例外在设备和管理上都与国际接轨，甚至高于发达国家标准，这样的科技型农业企业会为园区带来非常大的整体效益。

而且，在培育优势企业的规划里面有很多空间需要规划设计单位和人员发挥，因为任何一个农业企业在运作过程中都离不开市场和农户，在这里演绎出很多模式，例如：企业＋农户、企业＋协会组织＋农户、企业＋基地＋农户、企业＋基地＋合作组织＋农户等,他们各具特色,也都有各自的适用范围,因此在规划设计过程中务必要因地制宜地为培育优势企业设计发展模式。

(四) 培育优势科技

建设好农业园区要搭建四个平台:一是进行科学规划,形成特色,突出优势,打造目标平台,以提升农业产业园区的综合竞争力为目标,加速从单一的种养业集群向延伸至农产品加工集群、流通集群、配套集群的产业集群发展,扎实推进农业产业园区的规模化、集约化、市场化、外向化、现代化;二是突出优势产业发展,加快科技创新与转化,提高园区档次,打造精品平台,按照现代性、聚合性、特色性、多元性、市场性的要求,依靠科技,整合资源,高效能地建设好农业产业园区,使之成为现代农业发展的新高地、农业产业化的新基地、休闲观光的新胜地、农业增效和农民增收的新园地;三是优化市场环境,壮大龙头企业,打造核心平台,培养并激励龙头企业积极参与农业产业园区的建设,抓住龙头企业壮大这一核心,辐射带动农户;四是探索多种形式的运行机制,提高产业园区、产业基地综合效益,打造支撑平台,建立合理的体制和灵活的机制,保障农业产业园区健康持续发展。

(五) 培育优势农户

我国有九亿农民,他们是我国农业发展的基础。农业产业园的发展需要优势农户。优势农户有两个含义:一是指园区的种养殖大户、经纪人、具备农业专业技能的技术型农民及各类能人;二是具备思想开放、产业意识强的农民。他们是农民中间的精英。在规划设计中应当注重对农户的重组、培训和提高,通过合作组织、企业、市场来提高农户的组织化程度。

二、农业产业园区规划原则

农业产业园区规划是对园区产业发展布局、农业产业结构调整、项目建设、目标定位等进行整体布置和规划,根本目的是确定产业园区在一定时期内的发展目标,并制定一系列实现这一目标的途径。可见,农业产业园区规划对园区的发展,甚至成败,有着非常深远的重要意义。然而,规划的现状是:一方面,缺乏农业产业园区规划的统一规范标准,农业产业园区的综合性特点导致规划内容、角度、层次各不相同;另一方面,由于农业产业园区规划学科交叉性较强,容易受人为局限性和学科壁垒的影响,因此,需要规划编制单位和规划编制人员提高思想认识,从实际出发,遵循国家农业产业化政策、市场需求、因地制宜、多重效益、发展循环经济和以人为本等原则,对产业园区进行规划。

(一) 符合国家有关政策和市场需求原则

如前所述,专业化、规模化、特色化和产业化是世界农业发展的一种趋势。从国际范围看,农业产业的特点主要是:多功能、需支撑、不平衡。随着全球经济一体化的发展,农业产业化发生了深刻变化,不仅体现在农业产业市场变化、产业升级加快、产业区位转移,而且在经营方式和运作体制及支撑体系等方面均发生了深刻变化。因此,农业产业园区规划必须注重开发农业的多功能,向农业的广度和深度进军,促进农业结构不断优化升级。同时,立足当地自然和人文优势,培育主导产品,优化区域布局,只有认识到现代农业发展的主要趋势,与国际农业发展结合,符合国家和当地农业发展政策,才能用发展的、动态的思路去继续发展和继续演进农业产业园区。

农业产业园区发展的显著特点就是与市场发展紧密结合,是缓解"小农户与大市场"这一矛盾的有效途径。而且,市场是为买卖双方提供公平交易的场所,也是经济信息最集中的资源地,市场通过价格这只"看不见的手"来有效地组织农民进行商品生产,通过交易服务将农户有效地组织起来。尤其是市场体系中的产地批发市场,对提高农业产业化和农民组织化程度起着基础性的、不可或缺的作用。因此,市场是农业产业园区生存和发展的基础,必须把握市场的最新需求,以市场为导向,科学合理地进行定位,明确功能、类型、特点及其细分市场,有针对性地组织农户生产,开发产品。

因此,农业产业园区规划要在准确及时把握市场的前提下,围绕相关政策,分析现代农业产业化发展趋势,研究产业潜在市场容量、风险大小等情况,才能明确园区发展方向和目标,提出切合实际的建设方案。

(二) 因地制宜原则

我国幅员辽阔,南北、东西跨度很大,地理环境、自然资源、气候条件有很大差异。进行农业产业园区规划必须根据本地的实际情况,确立自己的发展方向与目标,立足本地的环境优势、资源优势、产业优势,开发具有现实需求和长远潜在需求的产品和产业。例如在内蒙古地区进行农业产业园区规划,就可以从本地实际出发,充分利用自治区横跨三北地区,有便利的交通,又有与蒙古、俄罗斯接壤的区位优势;利用耕地、草场、森林、淡水面积都居全国前列的资源优势;利用空气、水质、土壤保持良好洁净水平的环境质量优势;利用劳动力价格低的成本优势;利用肉牛、奶牛产业带的产业优势,大力发展绿色食品产业,以绿色食品"龙头企业"带动园区,园区连农牧户,最终通过产业化进程以高附加值的优质农畜产品进入市场,像草原兴发、伊利那样,以整体优势开拓市场,促进农牧业产业化进程,帮助农牧民脱贫走上富裕道路。遵循因地制宜原则,在合理有效利用资源的基础上,使农业产业园区不断发展壮大。

(三) 高起点、高标准原则

农业产业园区作为农业现代化的龙头,是地方农业产业化、标准化、国际化的重要载体;是项目推进和招商引资开发农业的新平台;是农业发展新成果的展示窗口;是现代农业高新技术示范的样板;是农业产业化发展和农民持续增收的新亮点。因此,农业产业园区规划要高起点、高标准,发挥规划的导向和规范作用。高起点,就是要有战略高度,能够突出特色,形成优势,提升竞争力;高标准,一方面是指规划的内容要满足相当一段时间的领先要求,另一方面是指规划设计本身要参照现有的规划设计规范要求,为当地长远发展考虑,规划突出开放性、科学性和生态性。

在规划中选择适合当地情况和企业发展的农业优势产业,以便集中各种资源,进行重点突破。坚持市场为导向,促进优势产业发展;坚持以效益为中心,促进农民增收;坚持以技术创新为动力,采用高新农业技术;坚持以优势产业为主导,做到标准化、规模化、集约化,用现代产业理念集合生产流程、生产要素、生产标准,把农业产业园区建设成为具有生产、加工、销售、教育、培训、休闲、示范和科技成果转化等多种功能的农业现代化基地,发展成为农业科技现代化、运作机制市场化、农业经营产业化和农业生产专业化的农业现代化载体。

(四)生态循环、可持续发展原则

生态环境保护规划内容是提高园区竞争力的另一支柱,也是体现产业园区规划有别于其他园区的重要之处。鉴于目前我国生态循环的思想在农业产业园区规划中多数情况下还只是一种空洞形式或者一种理想目标,缺乏实质性内容和具体实施步骤,因此真正能把生态循环规划发展思想在园区建设发展中具体体现出来,对制定园区规划方案的高效实用性提出了更高要求。从产业层次建立多种链条,有利于充分利用资源,使园内各产业之间互补共生,相互促进。能源利用政策方面,鼓励节能和使用可再生和清洁能源。规划强调把园区建设与生态循环农业结合在一起。

因此,农业产业园区在规划设计的整个过程中都应当从实际出发,发掘当地优势资源、市场、文化,突出特色,以提升农业综合竞争力为根本目标。同时,园区重视生态保护,充分发挥农业的生产、生活、生态、科技、服务等多项功能,实现农业产业园区的经济效益、生态效益、社会效益的完美统一。

(五)以人为本原则

以人为本原则即风景园林设计三大原则之一的人本性原则,

这是人类在改造世界过程中一直追求的目标,是规划设计发展的更高阶段,是对规划工作者提出的更高要求,是人类社会进步的必然结果。将以人为本原则引入到农业产业产区规划中来主要是基于以下几点:

首先,农业产业园区建设的战略目标是服务好"三农"问题,其根本目的是为了增加农民收入,提高农民生活水平。同时,以人为本的考虑是有层次的,其中心不能是片面的考虑个体,而是综合考虑不同群体,要同地域、文化、社会、效益等结合起来,体现以人为本理念的内涵。为此,农业产业园区也要满足消费者和旅游者的物质文化需求,而且,农业产业园区在规划设计的过程中必须从宏观到微观、从整体到局部进行全面的人性化的规划设计。

其次,农业产业园区以人为本的理念必须要考虑到园区的参与主体对园区不同的需求,并且协调好不同需求之间的关系,其实质是政府、企业、科研、服务等机构围绕产业开发和建设的协调工作与利益共享。

(六) 可操作原则

农业产业园区的规划设计最终必须通过建设管理工作来落实。在新农村建设中,人们越来越重视规划的引导作用,强调通过合理的规划引导,指导和规范农业产业园区的健康发展。因此,我们在规划设计成果中要力求体现"可操作性"原则,避免规划条件过于空泛、无法将规划措施落实到具体建设步骤上的现象,我们应当提高控制条件的明确性,将各项规划要点、规划指标、控制性数据等图表化,以避免太大的模糊度,造成实施中的政策失真。

三、农业产业园区规划内容

农业产业园区规划时要考虑的最主要的内容包括基础资料分析、发展目标、功能布局、项目规划以及组织运行模式六个方面(图 8-1)。

第八章　农业产业化园区规划与案例分析

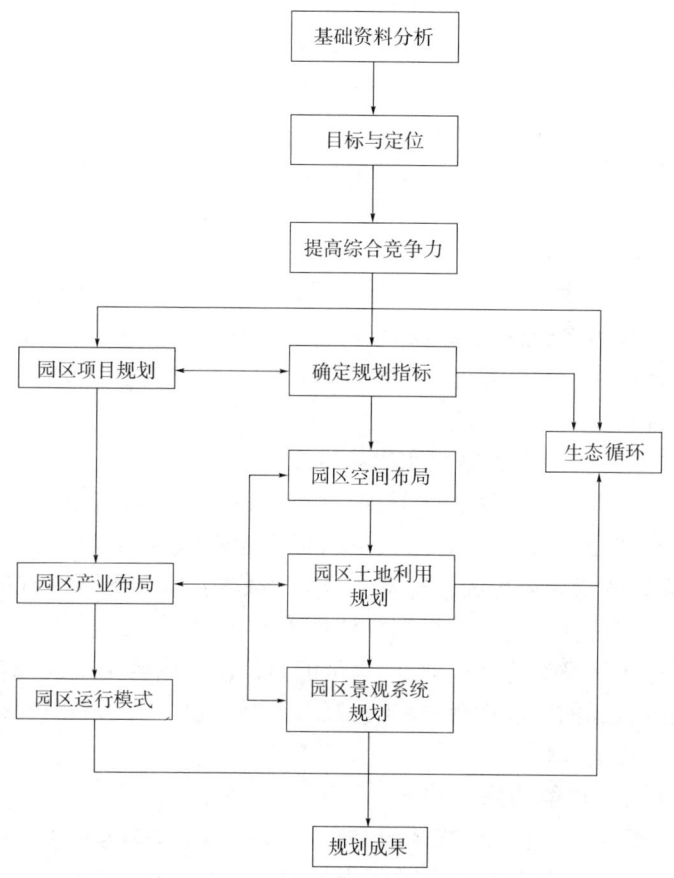

图 8-1　农业产业园区规划流程图

（一）基础资料分析

基础资料分析的内容主要包括：①园区所在区域所做的该区域农业园区宏观布局规划的成果（如没有，可以收集相关的文件或导向性政策以及现有的相关研究成果）；②当地农业现状（生产力水平、技术水平、主要产业等）；③园区农业现状，主要包括：园区所在地自然条件(包括环境污染程度)和园区所在地社会条件。通过对园区农业现状的分析,确定农业产业园区所在地的农业资源情况以及农业生产的整体水平,为农业产业园区的定位提供依据;④市场需求分析(包括地区、全国乃至相关的世界市场);⑤园区农业产业目标和技术需求;⑥园区农业结构调整方向。对市场需求以及园区农业产业目标和技术需求进行分析以确定农业产业园区的优势产业。

通过对基础资料的分析能够对园区有个整体的把握,有助于制定园区的指导思想和战略目标,主要包括三个方面:园区的性质与规模;园区的主要功能与发展方向;园区的发展阶段及每阶段的发展目标。

（二）确定指导思想和战略目标

农业产业园区规划是项目研究和明确的过程,其指导思想是整体规划设计的逻辑起点,发展目标决定着园区的战略方向。因此,规划的指导思想和目标应当立足当地实际,大到国情省情,小到村情户情,因地制宜,根据具体环境条件,选择规划建设内容,指导产业园区发展优势产业,实现战略目标。其内容主要有:确定实现园区目标的可能途径;找出提高农产品竞争力的核心因素;制定园区发展的战略。

（三）功能布局

功能布局是产业园区规划的重要内容,影响园区功能布局的因素很多,但以产业为园区规划核心的角度来考虑,这些影响因素主要包括土地利用现状、土地利用的效益水平、产业关联程度、功能相似性、总体规划的要求以及对园区的定性定位方面。根据产业园区内产业布局,确定若干功能区、景观及经济轴线、划定产业带、划定核心区、示范区以及辐射区的范围。功能布局要根据产业园区规划的指导思想、发展目标,根据规划原则,突出重点、体现亮点、全面协调地确定园区在当地应发挥的作用及其影响。

（四）项目规划

农业产业园区的项目规划主要指产业规划以及与产业规划内容密切相关的其他项目设计。其中，产业规划是农业产业园区规划的主要内容，需要明确如何通过选择适宜的优势农业产业来实现园区产业化发展，获得经济、社会、生态三效和谐的重要举措，主要包括支柱产业选择、产业规模、产业链发展思路、产业组织、保障措施、效益分析等内容，涉及到种植业、养殖业、加工业、销售业、研发、物流及观光旅游业等领域。其他项目设计主要是针对园区产业的配套、服务项目的设计，主要包括建设目的、项目规模、关键技术、工艺流程、保障措施、风险评估、效益分析等内容，通常依据园区功能设置项目类别，比如培训推广项目和基础建设项目等。此外，园区项目规划工作在开展过程中还必须与土地利用指标、人口发展指标以及生态循环规划相协调。

（五）园区运行模式规划

确定优势产业在园区中的根本地位只是一方面，产业的正常运行和发展还离不开一整套的管理和运行机制。对园区的资源、资金投入、技术、管理制度以及产业特点等进行分析后提出一种适合于园区发展和建设的运行模式是园区规划的重要环节，它与园区项目规划共同构成规划的两个重点。具体而言，这部分规划工作主要围绕组织与管理模式以及园区运行机制两大块展开，其中运行机制包括：资金筹措机制、土地流转机制、科技研发与应用推广机制，以及园区经营机制和风险保障机制等。

（六）其他内容

园林景观设计、基础设施规划都是比较具体的内容，是为园区产业规划、项目规划的落实服务的，非本章的重点，在此不作详述。

值得注意的是，园区规划内容的最终确定，需根据建设单位的要求和具体需求有所侧重。这就要求规划部门与建设单位进行及时沟通交流，以确定合理务实的规划内容，促进园区规划工作顺利实施。

第三节 农业产业园区案例分析

一、乌海岱山肉牛产业园区

（一）背景分析

园区位于内蒙古乌海市海勃湾区海北生态区（距市区 6 公里），西距黄河 2 公里，北距乌海飞机场 5 公里，南距乌海火车站 10 公里，包兰铁路、110 国道、京藏高速公路从项目区的边缘南北横穿而过，交通便利，通讯网络发达。

乌海市地处宁（夏）蒙结合带，受乌兰布和、库布其和毛乌素沙漠的三面包围，沙漠化日益严重，生态环境日趋恶化。同时，乌海市黄河沿岸和周边农村、牧区有近万户农牧民，收入较低，大量的农村富余劳动力急需寻找就业岗位，脱贫致富。

为此，"十一五"期间，乌海市政府将全面贯彻落实工业反哺农业、城市支持农村和"多予、少取、放活"的方针，构建"产业为龙头、基地为依托、科技为先导、生态为目标"的现代农业。乌海市海勃湾区岱山林牧业有限公司肉牛产业园区就是在这样的背景下产生的。政府将园区定位成林牧产业功能区。为了符合政府产业定位，岱山公司遵循"以林养牧、以牧哺林、林牧互补"的发展思路，以改良 1.3 万亩荒地作为首要方向，主要种植经济林、用材林、牧草等来构建强大的绿色屏障，遏制沙尘暴的侵害；在此基础上，同时开发建设牲畜养殖加工综合项目，提高企业经济收益水平。

内蒙古乌海岱山林牧业有限公司是集生态林业、高效农业、饲草种植、饲料加工、肉牛养殖与科学研究、生产、屠宰及深加工于一体的民营企业，拥有独立进出口资格。公司基地位于乌海市海勃湾区海北生态区，是乌海市农牧业产业化龙头企业，注册资金 500 万元人民币，总资产 6 500 万元人民币，50 年承包期限的土地 1.3 万亩。该公司的发展原则是建设循环经济、保护生态、建设生态、可持续发展,并以高起点规划、高标准建设、高质量生产、高效益经营、高效率管理为理念,运用"公司+基地+农户"的产业化运作模式和高科技技术措施来进行园区项目的建设开发。

(二) 优劣势分析

项目区属于暖温带大陆性气候,太阳辐射强、日照时间长、昼夜温差大、风沙天气多,是本区域的主要气候特征。当地紧靠黄河,有大型火力发电厂,而且煤矿资源极其丰富,因而煤、水、电费用低廉,为项目奠定了坚实的基础。

项目所在地的乌海市是典型的资源性工业城市,以能源、化工、建材为主导产业。2005 年全市 GDP 达 120 亿元,而农业 GDP 只有 2 亿多元,所占比重非常小;政府财政收入 18.6 亿元,人均财政收入约 4 000 元,为加大工业反哺农业、城市支持农村提供了有力的财政保障。

园区建设的主导产业为肉牛产业,岱山公司初次涉足肉牛及相关配套产业,在现有的传统牛肉产品市场领域,与国内发展多年的竞争对手相比,处于明显的竞争劣势。因此,岱山公司应避开传统发展模式和中低档产品市场竞争领域,走高科技、高标准、高质量、高档次、高收益的突破型产业发展模式,采取创新差异化竞争战略。但发展过程也伴随着高风险,风险控制将是公司发展成败的关键。

1. 优势产业

以肉牛产业为核心,形成与其他产业相配套的林牧产业体系。因此,岱山公司在牧业方面应首先选择发展肉牛产业,重点投资建设肉牛的养殖屠宰加工项目,作为园区内主导产业,形成以肉牛屠宰加工为主业和龙头,肉牛养殖、林草种植为配套和原料供给的产业业体系。

在林草业方面,首先发展为肉牛产业提供原料供给和配套服务,然后发展成为具备自身产品市场功能的技术密集、知识密集型林草种植产业,既满足园区内部需要,又拓展外部市场,成为园区内新的利益增长点和产业领域。同时利用当地独特的自然条件，发展中药材，既可作为功能性产品对外销售，也可作为兽药研制生产的原料，形成园区内独特的肉牛品质。

林木产业的协调发展，一方面通过实施育肥牛工厂化圈养模式，可使牛粪肥田，改造土壤，促进林草生长，保护生态。林草又作为饲料反哺牛的饲养，避免了放牧对生态的破坏，有效地保护了环境，同时发展功能性产品提高了公司整体效益，实现大力发展农业循环经济和建设资源节约型社会。

2. 技术支撑

运用科技手段进行优化组合和品种改良，培育适合国内消费需要、具有高附加值的商业品种。同时推广配套的科学饲养方式和营养饲料体系，推动传统育肥向现代育肥方式的转变，为把基地建设成为内蒙古自治区乃至全国最高效的肉牛育肥基地奠定基础，形成集良种推广、良法推广、活牛流动、农牧民培训于一体、产学研紧密结合的综合生产育肥新体系。

3. 盈利方式

园区建设将中国农业大学的技术人才优势和岱山公司的经营运作能力结合起来，创造先进农业技术市场化和产业化的运作机制和经营模式，通过机制和模式嫁接不断扩大岱山公司经营领域，通过示范效应对外不断进行扩散和延伸，吸引更多经营主体加入到公司的经营领域中来，形成集空间扩展、技术研发推广和模式示范于一体、生态保护与功能性产品开发并行的产业集群。

（三）效益分析

1. 生态效益

岱山公司对肉牛产业园区开发建设，通过治理沙化、种植林草、改善生态环境来构建强大的绿色屏障，遏制沙尘暴的侵害，培育、拓展、强化乌海市海勃湾区北郊生态功能，对乌海实施西部大开发、科学有效配置资源、发展特色经济具有深远意义。

2. 经济和社会效益

乌海市黄河沿岸和周边农村、牧区有近万户农牧民，收入较低，大量的农村富余劳动力急需寻找就业岗位，脱贫致富。园区内农业项目的开发和建设将为社会提供大量工作岗位，可安排大量的农村富余劳动力和城镇待业、下岗职工就业，实现农村富余劳动力的转移；同时通过"企业＋基地＋农户"的模式对乌海本地、周边地区农村和农民有巨大的辐射作用，逐步推动周边地区的农业向农村工业化转变，不但为当地农民增收创造条件，而且带动了一大批农牧民走上科学化、规模化从事农业生产的道路，使一大批农牧民脱贫致富，国家增加财政税收，在产生巨大的经济效益的同时，又具有巨大的社会效益。

二、南京市浦口区农业产业园区

（一）背景分析

按照十六届五中全会精神和构建"和谐南京"的要求，"十一五"期间南京农林业的发展定位是建设"都市型现代农业"，坚持用品牌的理念指导农林工作，把绿色南京、旅游农业、质量安全、公益性体系建成南京都市农业的特色，做出显著成效，培育和建设农业产业品牌。

为此，根据《浦口区城市总体规划（2002 年—2020 年）》、《浦口区近期建设规划（2004 年—2007 年）》等规划，浦口区将加快发展都市型农业，建设社会主义新农村，继续做大做强苗木花卉、蔬菜瓜果、畜牧水产、农业旅游等特色主导产业，推进高效农业规模化，加速农业产业化进程，促进农村发展模式的根本转变，争做全市乃至全省区域统筹发展示范区。

（二）现状与问题

1. 具有一定的数量和特色

目前，全区已建立不同类型、不同档次的农业产业园区、产业基地 29 个，总面积 1.4×10^4 公顷，养殖规模 200 多万只，其中市级产业基地9个,面积0.267×10⁴公顷。

（1）农业类5个,面积0.87×10⁴公顷。即:桥林无公害鲜食玉米产业基地;石桥、星甸特用山芋产业基地;石桥、星甸、桥林优质西瓜产业基地;乌江无公害小香瓜产业基地;以盘城、永宁等为主的无公害稻米生产基地。其中,桥林鲜食玉米被列为市级农林产业基地。

（2）蔬菜类8个,面积0.133×10⁴公顷。即:顶山无公害防虫网蔬菜产业基地;顶山特色水生蔬菜产业基地;乌江无公害大棚蔬菜产业基地;顶山田藕产业基地;珠江水生蔬菜芡实产业基地;永宁韭菜产业基地;乌江毛豆产业基地;珠江芦蒿、韭菜产业基地等。其中,顶山防虫网蔬菜、顶山田藕产业基地被列为市级农林产业基地。

（3）畜牧、水产类8个,养殖规模200多万只,面积0.2×10⁴公顷。即:星甸宁华波尔羊基地;苏农食品肉鸭基地;盘城现代化蛋鸡养殖基地;永宁珍珠养殖基地;永宁青虾养殖基地;石桥草肉鸡养殖基地;沿江绿水湾水产养殖基地;盘城观赏鱼养殖基地等。其中,盘城现代化蛋鸡养殖基地、永宁青虾养殖基地、盘城观赏鱼养殖基地被列为市级农林产业基地。

（4）林业、园艺与旅游农业类8个,面积0.2×10⁴公顷。即:汤泉大吉苗木产业园区;乌江帅旗农庄产业园区;珠江艺莲苑水生花卉产业园区;石桥赭落山有机茶园;永宁千禧产业园区;星甸雨竹山庄产业园区;星甸龙井苗木产业园区;桥林林业示范科技园等。其中,汤泉大吉苗木产业园区、乌江帅旗农庄产业园区、珠江艺莲苑水生花卉产业园区为市级科技示范园区及产业基地。

2. 存在的主要问题

农业产业园区、产业基地发展势头很好,取得了显著的成效,但也存在不少问题。一是农业产业园区、产业基地规模不大,档次低,科技含量不高;二是缺少整体规划与整合力;三是农业产业化经营程度低,龙头企业数量少,产业发展的带动能力还不强,品牌还不够响,企业运作机制有待规范和完善;四是投入少,人才缺乏,对技术、管理、人才等软件的引进重视不够。

(三) 发展思路和目标

发展思路:以促进农业发展、农民增收、农村进步和提高农民生活质量为目的,依托本地资源优势,重点培植区域主导产业、特色产业、优势产业,着力提高产业园区、产业基地的建设规模、科技含量、产业档次和管理水平,追求经济、社会、生态效益的有机统一,力求把产业园区、产业基地建设成为具有一流水平的科技示范园、现代农业的亮点工程、精品农业的展示窗口、高新技术的孵化基地、外接市场内联农户的产业龙头,促进农业产业升级、农业增效,带动农民增收致富。目标和要求:"一流水平,两个创新,三个领先,四大功能"。

一流水平:以高效、生态、特色、观光为特点,集生产、科研、推广、旅游于一体,突出高起点规则、高标准设计、高水平运作,尽快建成一批具有省内一流水平和具有较高科技含量的现代农业科技示范园区、产业基地。

两个创新:一是机制创新。园区的运作机制要新颖,采用现代企业管理制度,用工业生产的思路开发农业园区,实行法人主体、多元投入,园区管理企业化,合作各方产权明晰。二是技术创新。园区特色明显,技术水平先进,能体现国内外现代化农业生产水平,坚持可持续发展的原则,大力发展生态农业、绿色无公害农业。

三个领先:一是产业领先。园区能充分利用当地生产、自然等优势,把特色产业做强做大,拉动当地经济的增长。二是科技领先。园区有较强的科技创新能力,能瞄准国内外农业生产最新科技成果,广泛运用既代表当代科技发展水平又是目前农业生产急需的先进科技。三是效益领先,以较少的人力、物力、财力,生产出更多的优质农产品,达到降低生产成本、增强市场竞争力的目的。

四大功能：一是示范展示功能。通过加大新品种、新技术、新材料、新的种植模式等集中试验、示范，展示农业高新技术成果，并突出其技术完善、实用性强、见效快、农民易掌握等特点。二是带动功能。通过"园区(基地)+企业(公司)+农户"等多种产业化经营模式，带动农户，滚动发展，辐射扩张，形成一个产业，致富一方农民。三是生态功能。实行无公害标准化生产，使终端产品成为无公害农产品、绿色食品或有机食品。四是休闲观光旅游功能。休闲观光旅游农业符合现代都市农业发展的要求，以农业新技术、新品种的展示和参与农事生产活动为主要内容，融科学性、艺术性、文化性为一体，吸引游客观光游览和休闲娱乐。

(四) 发展对策与措施

1. 科学规划，形成特色

围绕区域优势，按照科学规划、合理定位、形成特色的原则，制定好产业园区、产业基地发展规划；通过优质化、专业化、规模化有重点地建设培育主导产业。丘陵地区以苗木花卉、经济林果、特用旱杂粮、优质西甜瓜、良种畜禽养殖等为主；沿江、沿河地区以设施蔬菜(包括水生蔬菜)、优质粮油、特用玉米、特种水产养殖等为主，并发展生态农业展示区、生态农业旅游区等体现现代都市农业特点的园区。汤泉、星甸、珠江重点建设现代高档花卉设施、特色苗木和观光旅游经济园区；乌江、桥林、石桥重点建设高效设施栽培、无公害特色蔬菜、瓜果、鲜食玉米园区、产业基地；沿江、沿涂的珠江、盘城、永宁重点建设特种水产养殖、休闲渔业、水生蔬菜园区、基地。

在具体项目选择上，应兼顾行业，全面发展，统筹规划，既要体现各行业的发展要求，又要体现农林结合、农牧结合、农水结合的特点。做到：一是园区、基地规划与农业现代化、城市建设的规划相结合，避免浪费或重复建设；二是园区、基地规划与当地产业发展的主攻目标相结合，体现区域主导产业特色和发展方向；三是园区、基地规划与高新农业科技相结合，体现技术特色和发展水平；

四是园区、基地规划与农产品深加工、龙头企业相结合,推进农业产业化发展。

2. 加快科技创新,提高建设档次

现代农业产业园区、产业基地的最大优势在于科技创新。要以园区、基地建设为载体,以科技创新、机制创新为切入点,实现科技与经济、产品与市场对接,促进农业科技和产业全面升级。加快农业科技成果进园转化、开发、应用步伐,瞄准国内外最新科技成果,加大引进、吸收、消化和创新;加快引资、引知、引技步伐,抓好设施建设和新品种、新技术引进、技术研发、示范推广,把园区、基地办成农业龙头的开发区,真正成为农业科技示范的窗口、辐射的动力源,提升园区发展的科技内涵。鼓励农技推广、科研院所技术人员进园开发。要在科技项目上给予支持,推行农科教、产学研相结合的开发模式。发展无公害、绿色食品和有机食品以及标准化生产,做大、做响品牌,促进整体效益的提高。

3. 突出产业发展,拓展发展空间

培育园区、基地龙头企业,是提升农业产业化水平的重要环节。一要大力兴办、联办农产品深加工龙头企业,在加大农业招商引资力度,吸引国内外农产品加工、贸易企业进园建园,实施产业化项目集成的同时,要进一步加大对现有园区、基地龙头企业的投入,扩大其规模,增强对园区发展的拉动作用。二要推进龙头企业的技术改造和产业升级,逐步向科技企业和高新技术企业转变,主动与国际质量标准接轨,在品种、技术、产品、安全等各个方面推进农产品的标准化。与此同时,还应增强品牌意识,打造名牌,加强名牌宣传力度,创造名牌效益。三是强化生态环境建设,发展参与、体验、休闲、采摘型的旅游农业,融入现代都市农业,使农业产业园区、产业基地成为具有农业高新技术的展示示范、观光休闲、名特优新农产品的生产、加工和出口创汇以及龙头带动的功能,集产业化生产、科技示范、观光休闲、科普教育等功能为一体的现代农业产业园区和产业基地。

4. 探索多种运行机制，提高综合效益

合理的体制和灵活的机制是园区、产业基地健康持续发展的根本前提。一是建立多层次、多渠道、多形式的投资机制，形成政府引导，集体、民资、外资等多元投入格局，通过法人参股、职工购股、技术入股、外资嫁接等多种方式实现投资主体多元化。二是建立土地流转机制，通过土地租赁、承包、入股等形式，实现土地的合理流转，推动园区规模经营的发展。三是制定优惠政策，鼓励农户、农业大户、私营企业、外商企业进园开发，积极利用园区、产业基地的良好环境，大力发展招商引资型农业科技示范园区。探索多种形式的运行机制，对科技开发型园区，应建立"产权清晰、责权明确、政企分开、管理科学"的现代企业制度来管理园区，采取股份制、股份合作制等多种灵活形式来经营园区。生产、展示式园区、基地，条件成熟后应积极运用现代企业制度管理；条件不具备的，可采取承包制、租赁制等形式经营。园区、基地采取"园区（基地）+企业（公司）+农户"等发展形式，建立起企业化运作的生产示范基地，通过园区的企业化运作，力争培植几个大型企业，使示范园、产业基地建设走上自主开发、自主经营、自主积累、自我发展的良性发展轨道，逐步建成产业化运行机制，做到经济效益、社会效益和生态效益同步增长。

三、长春市农业产业园区

（一）背景

长春市是全国粮食和畜产品的主产区。连续多年来，粮食的总产量、人均占有量、商品量、净调出量等 4 项指标居全国大中城市之首，畜牧业的人均产值、人均肉类占有量等六项指标均居全国大中城市前列。为将资源优势变为产业优势和经济优势，长春市按照"一区多园"的思想，在市区西北部 60 平方公里的区域内以粮食加工和转化增值为主线，建成了大成玉米开发

有限公司、皓月清真肉业股份有限公司和新月绿色食品加工厂等三大产业园。

三大产业园的建设与发展，在促进长春市玉米、肉牛和蔬菜等核心产业的发展、增强企业对农民增收的带动能力，提高农民的科技意识和生产能力等方面发挥了重要作用。但由于缺乏科学的战略规划和有效整合资源的产业、研发和服务平台，三大产业园均不同程度地出现了市场开拓能力和龙头企业研发水平提高缺乏支撑、资源利用能力和利用率有待提高、生态环境保护和改善缺乏投入等问题。从有效解决这些问题的角度出发，长春市于2000年6月以三大产业园为核心建起了吉林省的省级农业科技园区。为进一步发挥农业科技园区对促进长春市、吉林省乃至整个国家农牧资源优势向商品优势、产业优势和经济优势转化的积极作用，应对加入WTO后的冲击与挑战，长春市政府根据国家科技部于2001年8月颁布的《农业科技园区指南》与《农业科技园区管理办法》的精神，决定将市区西部3个农业科技产业园所在地建设成为国家级农业科技园区。

（二）条件和基础

长春市是吉林省农产品资源和科教资源最为丰富、农业产业化经营基础最为雄厚、现代农业龙头企业最为密集的地区，以中心城市为依托，建设具有区域代表性和引导、示范、带动作用的国家农业科技园区具有优越的条件。这些条件主要是：农产品资源丰富、地方特色产业突出，为园区建设奠定了坚实的资源和产业基础；地理位置优越、区位优势明显、生态环境优良，有利于人才的吸引、凝聚及绿色无公害生产的实现；科教资源丰富、产学研结合基础好，有利于技术的研发、组装、集成与转化；农产品加工龙头企业实力较强、农业产业化经营基础好，有利于园区产业平台的建设；科技推广体系较为健全、信息服务网络比较完善、会展经济发展迅速，为创建服务支撑平台打下了良好的基础；地方政府重视、企业等社会参与力量强、开发区建设与管理经验较丰富，为园区建设提供了可靠的保障和有益的借鉴。

除了具备以上六方面的良好条件外,三大产业园也提供了坚实的基础:一是以国家农业产业化重点龙头企业长春大成玉米开发有限公司为核心的玉米产业园。该产业园联合长春市内外的企业、科教机构以及原料玉米生产基地,组成了集农、科、工、贸为一体的跨地区集团。目前大成玉米开发有限公司已达到年加工玉米50万吨的生产能力,在省内外36个乡镇建设了3.7万多公顷的玉米原料基地,带动玉米种植农户5.8万户。二是以国家农业产业化重点龙头企业长春皓月清真肉业股份有限公司为核心的肉牛产业园。该产业园以肉牛屠宰加工为基础,从养殖、饲料开发、屠宰、熟食加工、皮革加工、生物制药到复合肥,实现了品牌战略下的农牧产业系列开发。目前皓月公司已具备年屠宰肉牛20万头、羊10万只的生产能力,建成了年出栏10万头的绿色生态优质育肥牛养殖示范基地,并在吉林省35个县(市)区建立了肉牛饲养基地,带动肉牛养殖户4万多户。三是以国家农业产业化重点龙头企业新月绿色食品加工厂为核心的蔬菜产业园。该产业园每年可加工净菜1 400吨、速冻食品1 500吨,并在周边10余个县市建立了稳定的绿色蔬菜生产基地。

已形成了两个研发机构:一是长春大成玉米开发有限公司与长春市农业科学院联合组建的大成农科院。该院已研发出多个特优专用玉米新品种,并采取公司加农户及订单农业的方式在农村大面积推广,为玉米产业园提供了优质专用玉米原料,也带动了农民致富;二是长春皓月清真肉业股份有限公司和吉林大学生命科学院共同组建的高科技生物制品开发中心。该中心应用现代生物技术,从牛血等副产品中提取超氧化物歧化酶等73种生物制品,这些产品科技含量高、投资少、效益大。

已建成了长春农业信息网等服务设施。市政府投资600多万元,在长春市农业科学院建设了长春农业信息网。该信息网外连国内外的农业网站,内连县乡村户的终端,由农业生产管理信息、市场信息、科技信息三大基础信息网和领导决策支持系统、农业生产专家系统及农业远程教育系统组成。

（三）规划指导思路与发展目标

园区建设面临的主要问题是需要通过完善市场体系，解决农产品及其加工品销售渠道和市场空间拓展的问题；通过整合资源，解决农业高新技术研发能力不强和农业产业化科技、经营人才匮乏的问题；通过推动科教体制改革和产业组织与机制创新，解决园区科技龙头企业缺乏的问题；通过对园区的发展战略和规划进行有效管理，解决资金、人才、水资源短缺、土地使用结构失衡、成本上升、生态环境恶化等问题。

在充分认识建设目的、环境条件和面临问题的基础上，确定园区规划思路为：充分利用产业平台，重点建设技术研究开发平台，全方位、多层面、大力发展服务平台；吸引技术、人才、资金、信息、政策等投入要素和政府、企业、科教机构、村集体、农户、中介机构等建设主体；聚集园区内外的科教、产业和经济资源；分阶段建设7大类重点项目；逐步提高对园区可持续发展有重要影响的9大类社会、经济、生态效应。

在明确规划思路的基础上，确定园区发展总体目标是：未来5～10年内，在产业、研发、服务3大平台的支持下，建设1个科学园、3个核心功能区、6个产业核心园、9个生态特色村、10余个农产品加工示范区、上百个专用生产基地、7类基础设施等重点项目，将园区建成省内领先、国内先进的生态型农业科技园区，成为国内玉米、大豆等资源深度转化的典范。并根据总体目标确定产业体系、园区体系、分期效益、组织建设、运行机制等分目标。

（四）功能定位与产业发展分析

为了解决园区产品结构雷同、区域产业带动能力差等问题，运用区域经济学和产业经济学理论，以区域资源优势为基础，以发挥比较优势为原则，分层次对园区功能定位、分区域和时序对产业发展定位进行研究。园区以带动吉林全省玉米、大豆和畜牧产业发展为主导功能,以农业高新技术的研发、创新、组装、集成和农业科技企业孵化为重点功能,兼具技术示范推广、人才培训交流、产品流通贸易、城市生态景观构筑和农业观光旅游等附属功能。并根据园区空间结构对核心区、示范区、辐射区的各级园区和基地进行分层次功能定位。

将玉米、大豆、肉牛和蔬菜精深加工业确定为示范区近期主导产业;将肉鸡、肉鹅、生猪、梅花鹿的精深加工业确定为辐射区近期主导产业;将生物制品、奶品加工、农业废弃物资源化利用、中草药加工现代化等产业确定为园区发展的中长期主导产业;将花卉苗木、生物制品、奶品加工、农业观光旅游等产业确定为园区近期建设的新兴产业。

(五) 空间结构、功能分区与总体布局

为了解决区域辐射带动能力差和各级农业科技园区功能定位不清的问题,以农业区位、中心地、新经济区、增长极和技术转移等理论为指导,根据地理位置、产业基础、影响能力等条件,采用多核结构和点轴式结构,在区域范围内对核心区、示范区、辐射区及市域内其他农业园区进行园区体系空间结构规划,即以长春园区为核心园,以环城高速路西侧3个具有一定特色产业的乡镇为第一层次的辐射区域,形成环绕扩散园区;以长春市域5个县市的中心城镇为第二层次的辐射区域,形成农安、德惠、九台、榆树、双阳5个独具特色、规模适当、功能互补的副中心园;沿长吉、长哈、长沈、长双等交通干线,构成4个发展轴,利用发达的交通和各自的产业基础与发展重点,带动众多下一级扩散园区的发展,形成第三层次的辐射区。从而形成结构清晰、层次分明、功能互补的园区空间结构体系。核心区和示范区位于长春市西北郊,经过省级园区的建设,已形成玉米、肉牛、大豆、牛奶、蔬菜等产品精深加工和花卉与绿化苗木生产等大中型农业产业化企业聚集地,在市农科院建成了长春农业信息网。综合考虑园区的基础现状、发展目标、功能定位、城市规划等因素,将

核心区和示范区分为以下功能亚区，形成"三区、六园、九村"带动百余个加工与种养基地的架构，突出核心区的技术源动力与示范区的产业示范、带动、辐射功能。

三区：在核心区内建成技术研发、综合服务、农业商贸3个核心功能区，为园区的产业和企业发展提供技术支撑和会展、信息、培训、创业、管理等高层次全方位的服务，并从贸易方面带动园区的建设与发展。

六园：利用原有产业优势，在示范区内重点建设玉米、蔬菜、畜牧、豆奶、花卉与绿化苗木、中药材6个以精深加工和营销网络建设为主要功能的产业核心园。

九村：在示范区内按照以点连线、以线带面的布局，根据突出优势、特色和持续发展的原则，重点建设9个具有一定规模和特色的示范村。

两带：根据城市总体规划的生态建设和绿化景观需要，沿长春市三环路外侧和环城高速公路两侧，分别建设城市生态农业休闲观光旅游带和绿化与特色经济林带，形成两带环抱"三区、六园、九村"的整体格局，促进城乡的可持续发展。

（六）分区规划、支撑体系与保障措施

为了建设和组织管理需要，规划还从分区规划技术支撑体系、基础设施建设、组织管理体制与运行机制创新、资源环境平衡和规划实施保障措施等方面进行专项研究。

（七）短评

农业科技园区总体规划的主要思路是：凸显功能定位准确、优势产业突出、空间结构清晰、区域城乡联动的发展理念，重点构筑产业、技术和服务三大平台，吸引技术、人才、资金等多方位的投入要素和政府、企业、科教机构、村集体、农户等多元化的建设主体，聚集区内外各种资源，培育龙头企业，带动区域农业和农村的发展。规划研究的重点内容包括建设目的和环境条件分析、规划总体思路和发展目标确定、园区功能和产业/产品市场分析定位、空间结构体系构建、功能分区和总体布局、分区规划和支撑保障体系的建立。笔者认为这一思路和研究内容对功能复杂的综合性农业科技园区的规划工作具有较强的针对性,在今后的研究中,将进一步完善和发展。对于特色和专业型园区的规划,应该针对各自特点,进行分类研究,提出相应的规划内容和方法,并以此为基础,提出能指导我国农业科技园区建设的规划理论和方法。

第九章　生态农庄规划与案例分析

第一节　概　　述

一、生态农庄的研究背景

（一）我国现代农业的发展历程

第一阶段是建国初期到 20 世纪 70 年代末，以解决温饱为主的粮食生产主导阶段。基本特征为：农业以种植业为主，种植业中粮食生产占据了绝对优势，片面强调粮食生产，轻视其他生产与生态环境保护。这一时期，在制定农业政策上脱离了中国国情，提出一些不切合实际的措施，如在公社化运动中强调"一大二公"，违背了按劳分配和等价交换原则，破坏了生产力和生产关系的辩证关系，因而农业没有得到健康、稳定的发展。

第二阶段是 20 世纪 80 年代到 20 世纪 90 年代初期，以生产经济为主导阶段。农业开始出现"农、林、牧、副、渔"全面发展的局面。在这一阶段，党的十一届三中全会制定了一系列农业政策，大大解放了广大农民和农村干部的思想，激发了他们大胆探索的信心，各种各样的农村合作经济组织如雨后春笋般地涌现出来。农业高速增长，农民收入提高，市场体系初步形成。由于农村经济的改革，促使了农村社会的分化，逐步地改变了原有的社会结构，而代之以新型的社会结构，新的社会基层组织体系逐渐建立。

第三阶段是 20 世纪 90 年代中期以来，农业发展步入生态经济发展的起始阶段，其基本特征主要为：多数农产品供给已由长期短缺转为总量基本平衡、丰年有余。农业的发展已从"谁来养活中国"演变成"谁来购买中国（农产品）"。随着农业经济的快速发展,生态农业与可持续发展问题日益受到重视。在生态农业建设过程中,针对不同生态区域的农业自然条件和社会经济条件,采取不同的发展策略,研究并实施了不同生态经济类型县域发展生态农业的基本途径和技术策略。如生态脆弱且经济贫困区域、生态资源丰富而经济欠发达区域、农业主产区域、沿海及城郊经济发达区域等四种类型的生态农业县建设的基本途径和技术策略。全国各地农村根据本区域的具体特点,选取有利于改善自然生态环境和经济发展的基础条件,进行经济与自然环境、生态环境良性循环的生态农业项目的开发和建设,如：①建设以水土资源高效利用、高产稳产农田为目标的农田生态建设工程；②以治理水土流失、土地退化、荒山、荒坡等为主的生态环境综合治理工程；③以农村第二、第三产业为主的乡镇企业资源开发型工程；④以农业科技投入为主的农业观光园建设工程,它集农业生产、科技示范和观光休闲为一体,形成了规模较大、专业程度较高、带动能力较强的优势主导产业。

（二）农业可持续发展战略的提出

20世纪50年代以来,对农业的高投入也称为"石油农业"或"能量集约式农业"的兴起,对提高农业生产力、增加农产品的产量起了很大作用,作为当代农业的重要方面而影响着全球的发展。特别是第二次世界大战后,发达国家先后进入农业现代化阶段,为了进一步扩大财富,更加疯狂地征服自然、掠夺自然,以实现其高水平的农业现代化,逐步发展了"高投入、高产出、高能耗、高污染"的经济发展模式。发展中国家为了生存和发展,仿效发达国家,也大规模地毁林开荒、乱垦滥伐、广种薄收,致使出现大面积水土流失、土地沙化、耕地盐碱化和荒漠化。经过半个多世纪的实践与反思,人类终于领悟到了不珍惜自然、不保护环境、一味地征服改造,反受其自然之力报复的真谛。在农业工业化过程中,同样表现出工业文明制约农业发展的征兆与端倪。化肥的长期使用造成了土壤的板结,降低了土壤肥力;石油农业等造成的大气污染、水土污染,使农作物的产量和质量大大降低;被称为"白色革命"的塑料地膜已积累成严重的"白色污染";象征文明的烟囱排放的大量废气,不仅污染了大气,危害了人体健康,而且形成众多的酸雨,影响农作物的生长;工业废水影响农业生产的事件更是比比皆是;地下水过度开采,造成地下水位下降,水资源减少,不仅影响了农业生产的发展,而且造成土地的沙化、盐碱和沉降变形。面对严峻的现实,许多国家的一些有远见的学者早已开始了深入的反思,提出了不少新的改进措施和发展模式,现在形成的可持续发展战略已经成为当今世界的必然选择。

"可持续农业"一词是在1985年由美国加利福尼亚州的科学家首先提出的,之后加州大学成立持续农业研究所。这一具有创新思维的农业发展思路迅速受到了全世界的关注和重视。1986年美国加利福尼亚州议会通过了《可持续农业研究教育法》,1987年世界环境与发展委员会提出了《2000年转向可持续农业的全球政策》,1988年2月美国农业部把"低耗可持续农业"列为重点研究项目,1988年联合国粮农组织制定了《可持续农业生产对国际农业研究的要求》的文件,1989年联合国粮农组织第25届大会通过了有关可持续农业发展活动的第3/89号决议,1991年4月联合国粮农组织在荷兰召开农业与环境国际会议,并发表了《可持续农业和农村发展的丹波宣言和行动纲领》(简称SARD),1992年联合国环境与发展大会在巴西召开,并发表了《里约宣言》和《21世纪议程——可持续发展》。至此,可持续发展战略已经为大多数国家所接受。各国都在不断加紧调整自己的发展战略,一方面适应人口、资源、环境、能源的压力,另一方面在竞争中探索自己的新出路。"可持续农业"(sustainable agriculture)已成为当今世界各国农业发展的趋势。我国的"生态农业"(ecological agriculture)、日本的"自然农业"(natural agriculture)、德国的"生物动力农业"(biodynamic agriculture)以及最近美国提出的"替代农业"(alterative agriculture)等发展模式就是对可持续农业的有益探索。

(三) 我国生态村建设概况

20世纪80年代以来,随着我国生态农业、生态农业试点县建设的逐步推进,在生态农业建设的层次上,逐渐形成了生态户、生态村、生态乡(镇)、生态县、生态省等不同层次上的生态农业建设体系。

村庄是农村最基层的社会单元,随着经济的发展、社会的进步,村庄也发生了巨大的变化,生态村的建设就是其一。生态村作为生态农业体系中的一个建设主体单元,是解决我国"三农"问题的有效途径之一。生态村是一个相对独立而复杂的社会－经济－自然复合生态系统,涉及经济结构、社会生活、精神文明、文化传统、教育、住宅、生态环境建设等方面。目前,生态村建设在我国已取得了很大成就,全国各省区基本都建有很多不同级别的生态村典型。自1984年以来,全国有7个生态农业村、乡被联合国环境规划署授予"全球500佳"的称号,成为全世界农业持续发展成功模式,他们是北京市大兴县留民营、浙江省萧山县山一村、浙江省鄞县上李家村、浙江省奉化县滕头村、江苏省太县河横村、安徽省颍上县小张庄、辽宁省大洼县西安生态养殖场。

我国的生态村与欧美等发达国家的生态村有一个比较大的区别是:欧美国家的生态村更多地强调居住功能,而且其村内一般没有第一产业,而我国的生态村除了强调居住功能外,更强调生产功能。也就是说,我国的生态村是现代化持续农业体系的重要组成部分,实行"四农"相辅、"三生"并进策略,即农业生产高度发达、农民生活较为富裕、农家环境整洁规范、农村各业良性循环,在绿色村庄建设和农业经济发展的整体上得以整合,达到"生产、生活、生态"的高度统一,取得生态、经济、社会三大效益的统一。在这种情况下,我国的生态村建设,不应仅仅是采用了某类的生态技术,或只有特定经济意义的村庄建设。它也不应是引导农业经济与农村建设的单一性的观念、技术、制度、规章和政策。从宏观意义上认识,生态村应是由生态农业技术体系、生态农业经济体系、生态农业法规体系和生态建筑体系等综合集成起来的一个涵盖自然、经济和社会等诸多领域的复合生态经济系统。

随着我国农村工业化、城市化进程的逐步推进,我国农村在社会经济文化等方面将会获得快速发展,生态村的建设也将突破生态农业的范畴,将逐步发展生态工业、生态建筑、生态旅游等生态产业。可见,生态村建设和生态村研究不仅地域分布广泛,而且涉及的领域宽泛,内容丰富,对推动我国农村的社会、经济、生态协调发展,逐步扩大生态社区的范围,为生态乡(镇)、生态县的进一步发展建设提供借鉴,推动人类向生态文明的社会进步具有重要的理论意义和实践意义。

二、国内外生态问题研究概况

(一) 国内外生态村研究概况

1. 国外生态村研究概况

20世纪90年代初,一些发达国家开始对于环境破坏、不可再生资源的过量消耗、栖息地的污染与生活方式的不可持续性产生认识与反省。生态村在发达国家及发展中国家的研究及实践的兴起,始于1996年6月3~14日联合国在伊斯坦布尔召开的世界居住地第二次各国首脑会议,会议主题讨论了如何使人类在地球上保持可持续的居住地、如何保护环境及未来的城市文明。

西方国家的生态村(eco-village)概念最早是由丹麦的一位学者Robert Gilman在他的报告"生态村及可持续的社会"中提出:"生态村是以人类为尺度,把人类的活动结合到不损坏自然环境为特色的居住地中,支持健康地开发利用资源及能持续发展到未知的未来。"1991年丹麦成立了生态村组织,并给出了如下的生态村的概念:"生态村是在城市及农村环境中可持续的居住地,它重视及恢复在自然与人类生活中四种组成物质的循环系统:土壤、水、火和空气的保护,它们组成了人类生活的各个方面"。由丹麦最先提出的生态村概念、内容、观点被其他一些国家所认可。由全球生态村网络(GEN,http://gen.ecovillage.org/)的资料显示,目前,全球生态村运动遍布世界七大洲,共有253个生态村。欧洲拥有生态村的国家最多,有25个国家,南美洲有7个国家,亚洲有5个国家,北美洲有4个国家,大洋洲和非洲各有2个国家。美国是世界上拥有生态村最多的国家,有66个之多,澳大利亚有23个,德国18个,加拿大15个,意大利11个,西班牙10个。

欧美发达国家早已经完成了城市化过程,大部分人口生活在城市里,在这种情况下,生态村的发展模式,主要是在一些公共土地(open space, public space)、未开发土地(natural space)新建一个村庄,或者是在私人农场的基础上扩建一个村庄。也有一些城市街区和城市近郊的居住区,经过引入生态技术进行改造,形成生态街区或生态居住地,也被称为"生态村"。在发达国家,人们创建生态村的目的有三种:生态化、宗教精神化和社会化。生态化的含义是环境的可持续发展,且强调自然与人文的融合,以及食物生产和能源上的自我维持;宗教精神化的含义是反对西方传统宗教的教条、狭隘的思想,宣扬尊重信仰、文化遗产、独立性和个性;社会化的含义是反对传统教育造成的个人情感的疏远、家庭的衰落以及对社会残疾成员的歧视。终极目标是使人们相互之间及人们与自然界协调地生活在一起,建立一个可持续的社会样板。其主要内容包括:区域化、本地化的有机食品生产;生态化的建筑;自然环境的保护与恢复(如土壤恢复);集约、可更新能源系统;减少运输,充分利用现代通讯;生态村的大小及社群的决策。Kazuhiko Takeuchi(1998)将生态村的典型模式,根据城市和乡村的关系密切程度分为三个不同的类型:城市边缘型、典型乡村型、偏远山区型,并对三种类型的生态村的生态系统的特点、要素禀赋分别进行分析,使其达到各自不同的功能:①城市边缘型强调城乡居民的直接交流。②典型乡村型注重自然资源的利用和生态环境的保护。③偏远山区型注重居住功能。

在发展中国家及在南半球的生态村运动同发达国家有所不同。南半球生态村运动的主要任务一是为减少大城市的负荷,又可以吸引人流,在大城市周边建立可持续的生态村;二是为维持和重建现在农村社群的持续性,包括创造就业和城市化建设。

总之,国外生态村的目的是可持续的居住地及生态村经济的发展,强调农业生产的有机方式和自给自足,以及文化传统和决策的多样性,并重视现代科技的作用;再者,国外的生态村运动侧重于理论与思维方式上的探讨,主要是由非政府组织发起和支持,有一些是农场自愿参与。到目前为止,该运动尚未得到社会大众的广泛认同与支持。

2. 国内生态村研究概况

在我国,虽然生态村的研究始于20世纪90年代,但我国生态农业的特点决定了村落生态系统一直是生态农业研究的重要内容之一。西方国家对生态农业的研究主要围绕农田营养问题和害虫及杂草控制两方面进行(卞有生,1988),其研究对象主要是农田生态系统;而我国的生态农业研究一开始就将农田生态系统和村落生态系统看作是一个整体进行研究,关注这两个系统之间物质、能量的循环与交换,以及它们的协调发展。如:开始于1982年的留民营生态农业系统研究,就包括了生态住宅、庭院生态系统、农村生物废弃物综合利用、生物能开发利用等方面的研究(卞有生,1988);钱塘江南岸的萧山市山一村,从1984年开始,对山、水、田、林、路、村进行综合治理,使全村生产与生态建设同步发展,促进村庄经济、环境良性循环(华永新,2000)。而现在广泛开展的生态村研究,也是将农田生态系统和村落生态系统看做是一个整体进行研究的。所谓生态村,就是在一个较小的行政区域内,运用生态经济学原理和系统工程方法,对全村社会经济发展和生态建设进行总体规划设计,妥善处理社会经济发展和生态建设的关系,科学安排农、工、商、建、运和农业系统内部的农、林、牧、渔、副的发展比例,不断提高社会生产力和自然生产力,以增加社会物质产品、提高生态经济效益为目标,而且要不断建立更高层次的生态经济平衡,推动经济发展和社会进步,实现可持续发展,最终建成一个经济繁荣、环境优美、生态良性循环、文化发达、精神愉快的新农村(李来定,朱键荣,2002)。

我国的生态村研究是围绕生态村建设展开的,或者说主要是为生态村建设服务的。生态村建设的内容广泛,主要包括民居、村庄规划与发展、农业和相关产业、文化、生态环境、村庄组织管理等。

(二) 国内外生态旅游研究概况

1. 国外生态旅游研究现状

生态旅游(ecotourism)一词由国际自然保护联盟(IUCN)特别顾问、墨西哥专家谢贝洛斯·拉斯喀瑞(H. Ceballos Lasurain)于1983年首次提出,并在1986年于墨西哥召开的一次国际环境会议上被正式确认,得到世界各国的重视。

科学的规划是生态旅游成功开发的前提与基础,而功能分区是生态旅游规划的一个重要内容。普遍认为最早的分区模式是美国景观建筑师理查德·福斯特(Richard Forstor,1973)提出的"同心圆"模式,将国家公园从里往外分成核心保护区、游憩缓冲区和密集游憩区。在此基础上,戈恩(C. A. Gunn, 1988)提出了五圈层国家公园旅游分区模式,将公园分成重点资源保护区、荒野低利用区、分散游憩区、密集游憩区和服务社区,被广泛应用于加拿大国家公园。纽开普(L. B. W. Nieuwkamp, 1996)将生态旅游地分为四大区域:野生保护区、野生游憩区、密集游憩区和自然环境区。一些学者还就生态旅游规划的原则、生态旅游区界限的划定进行了探讨。如世界旅游组织顾问爱德华·英斯基普(Edward Inskeep，1997）曾提出严格保护、限制容量、就地取材、控制路径等生态旅游规划原则。赫伯特·戈林克（Hubert Gulinck，2001）等人认为生态旅游区界限的划定主要考虑景观多样性、文化资产、当地利益优先等方面。

合理地开发与管理生态旅游，是近年来国外研究比较活跃的一个方面。麦斯伯格（B. A. Masberg）和莫瑞尔（N. Morales，1999）提出生态旅游开发的5个成功因素及相应的24个策略。谢瑞尔·罗斯（Sheryl Ross）和杰弗瑞·沃尔（Geoffrey Wall，1999）构建了一个生态旅游开发的理论框架，认为生态旅游开发必须协调好当地社区、生物多样性与旅游三者之间的关系，而三者之间关系的协调要靠合理的管理，并提出了一系列的生态旅游管理策略，如制定有效的管理计划、实施监测、制定社区参与规划、对旅游者的管理、制定有关法规等。斯蒂芬·戈斯林（Stefan Gossling，1999）认为成功的生态旅游应采取教育、控制等综合管理措施，游客数量可通过提高门票价格等方式得到有效限制。

社区参与问题的研究也日益得到学界的重视。阿曼达·斯宙沙（Amanda Stronza，2000）认为当地居民一旦参与生态旅游开发，他们会按照游客的期求来主动保护自然资源、环境和当地的传统文化。一些学者还就参与的程度、参与的模式等方面进行了较多的研究。马沙·蜡内（Martha Honey），罗吉那·沙文斯（Regina Scheyvens）认为当地居民应从经济、心理、社会、政治等多方面参与生态旅游开发。苏德海内·谱莱蒂威（Sudhiani Pratiwi，2000）对社区参与生态旅游开发的优势进行了分析，并通过73个案例研究，探讨了社区参与的规模、水平、参与者的特征与生态旅游开发目标实现程度的关系，研究表明在大多数生态旅游开发中，当地社区很少参与，参与者主要是那些所谓的"杰出人物"，这样，生态旅游开发的目标很难实现。斯宙沙（2000）将当地社区参与生态旅游开发的模式分为两种形式：一种作为雇员,另一种作为决策者,并通过秘鲁的马德雷德迪奥斯地区的实际研究发现,不同的参与方式会导致不同的结果,并强调了社区参与决策的重要性。斯温·汪德(Sven Wunder,2000)以厄瓜多尔的库亚贝诺野生动物保护区作为案例,对保护区内5个地方居民的收入结构、参与模式、对环境保护的态度等进行了研究,认为当地居民的参与模式有自主经营和作为雇员两种,不同的参与方式对其旅游收入影响不大,但对环境保护影响很大,自主经营更利于环境的保护。

2. 国内生态旅游研究概况

虽然旅游和环境这个与生态旅游密切相关的问题早在20世纪70年代初就引起了旅游界的注意,但是"生态旅游"这一概念是经由国外传入我国并逐渐被接受的。直到1993年9月,在北京召开的"第一届东亚地区国家公园和自然保护区会议"上通过了《东亚保护区行动计划概要》的文件,才标志着生态旅游概念在中国第一次以文件形式得到确认。

1995年在西双版纳召开了"中国首届生态旅游研讨会"。此次大会是由中国旅游协会、生态旅游专业委员会与有关单位共同组织的,有118位学者出席了会议。会议就生态旅游的定义、内涵;生态旅游与自然旅游保护的关系;如何在生态旅游中开展环境教育;中国生态旅游资源的综合评价和持续利用的总体战略;生态旅游线路的优选等问题进行了研讨,会上还发表了《发展我国生态旅游的倡议》,标志着我国对生态旅游的关注和生态旅游研究的起点。研讨会后,有关生态旅游研究的文章在各个刊物上频频发表,使"生态旅游"这一概念迅速在国内被普遍地接受。

在此后的近十年中,有关生态旅游研究的大量文献和资料大多集中在对生态旅游概念的界定、内涵的解释、功能的探讨、特征的描述等基础理论研究方面,很多专家和学者根据中国国情,赋予"生态旅游"概念以中国特色。国内出现的"生态旅游"的定义有几十种之多,有些概念和定义还引起了广泛的关注甚至是争议,一时间对生态旅游的内涵众说纷纭。

近期更多关注的是中国生态旅游的实践。在对实践的研究上,大致形成了两个热点:一个是对我国开展生态旅游条件的判断和注意问题的研究;一个是针对特定区域的生态旅游规划案例研究。

三、生态农庄的发展及其意义

2007年1月29日,新华社受权播发《中共中央国务院关于积极发展现代农业扎实推进社会主义新农村建设的若干意见》,这是继2004年中央一号文件"增加农民收入"、2005年"提高农业综合生产能力"、2006年"建设社会主义新农村"之后,连续第四年锁定"三农"工作的中央一号文件。2007年的中央一号文件,聚焦在"积极发展现代农业"上,明确提出发展现代农业是社会主义新农村建设的首要任务,将获得国家多项政策支持。其中,在开发农业多种功能、健全发展现代农业的产业体系部分指出:"农业不仅具有食品保障功能,而且具有原料供给、就业增收、生态保护、观光休闲、文化传承等功能。建设现代农业,必须注重开发农业的多种功能,向农业的广度和深度进军,促进农业结构不断优化升级。"

(一) 生态农庄的发展

生态农庄并不算是新鲜事物,其雏形来自于国内外的乡村旅游的理念,是现代生态理念和传统农庄理念的完美结合,它将生态和农庄这组概念有机地结合在一起,完全符合现代都市人追求自然、崇尚生态的生活理念。近几年,生态农庄在全国各地掀起了一阵农业旅游的高潮,各个地方也在积极地根据当地的具体情况来筹建自己的生态农庄。对生态农庄的需求热,从经济、社会、政治和心理学等方面进行综合的分析,我们不难发现有以下几点原因。

1. 城市环境不断恶化，生态旅游应运而生

近几十年来，城市人口的迅速增长和经济的高速发展引起了一系列的环境问题：水体污染问题突出；城市大气质量严重恶化；固体废物泛滥成灾、垃圾围城现象严重；噪声扰民现象普遍存在。对生活环境质量的担忧，使得人们想暂时远离喧嚣的城市，在生态农庄中充分享受美好的生态环境和田园风光。所以，正是基于以上的问题，人们越来越倾向于选择一些环境条件优异的地方出游，享受大自然的美好。生态农庄在自然生态环境方面的独特优势满足了人们在这方面的需求。

2. 周末休闲需求导致郊区出游人数升高

目前，不同学者已对北京、上海、西安、长春、长沙、昆明等大都市郊区进行了郊区游憩开发与规划的相关实证研究，以"一日游"、"周末游"等短程游憩活动为依据，以郊区游憩开发与规划的模式与战略为主要研究内容。在他们的相关研究中，均指出了城郊乡村旅游的主要客源为本市居民，旅游目的大多为观光和休闲。生态农庄的游憩项目内容多样，涵盖了观光、休闲、娱乐、健身和疗养等多元化的功能，满足了都市人们郊游的心理需求。

3. 食品安全问题促进绿色、有机食品消费增加

近些年，随着食物和食品生产的机械化和集中化以及化学品和新技术的广泛使用，新的食品安全问题不断涌现。表现为：非生态农业导致的畜禽、水产品、农作物产品等残留重金属、抗生素、农药、激素等有害物质不断增加，瘦肉精中毒、滥用非食品加工用化学添加剂（甲醛水产品）、生产劣质奶粉等事件屡见不鲜，严重影响了人们的食品消费欲望。生态农庄一般都制定了自身的农业生产体系，很少使用农药、化肥和添加剂等化学品，并有着严格的农产品生产和加工体系，所以，它能为人们提供健康的食品以及当地的土特产，满足了人们在这方面的需求。

4. 农业科技进步使农业比较综合效益提高

最近几年,农业科技和农业机械的广泛应用对我国现代农业发展的促进作用越来越显著。在农业科技应用方面,我国科技进步对农业增长的贡献率已达到48%,极大地提高了我国农业的产出效率,节约了耕地、水资源,满足了消费者的多方面需求。在农业机械应用方面,农业机械的应用不仅节约了劳动力,克服了农业劳动力局部短缺的问题,而且大大提升了农业劳动生产率,增强了农业竞争力。现代农业技术的进步,带给旅游生态农庄更多的发展空间,它可以利用当前先进的农业技术来组织自身的农业生产,可以实现农产品的部分或者完全自我供给。

(二)发展生态农庄的意义

1. 有利于农村产业结构调整和农村剩余劳动力的就业

我国农业目前仍然以种植业为主,农业结构不合理,农业第三产业比例太小,农业经济效益低下,城乡差距很大。如果在充分利用现有农业资源的基础上,合理规划设计开发生态农庄项目,把农业建设、农业科技示范园、农艺展示、农产品加工和旅游者的广泛参与融为一体,就必然会带动农村商业、服务业、交通运输、建筑等相关产业的发展,促进农村产业结构的调整。生态农庄的进一步发展,势必扩大农产品特别是农副产品、土特产品、手工业品及旅游产品的生产和销售,必然能为农村剩余劳动力提供更多的就业岗位,从而逐步缩小城乡差距。

2. 促进现代农业和旅游业的发展

随着城市化进程加速,绿地减少、环境污染、拥挤喧闹、生活空间缩小、生活节奏加快,人类开始对工业化和城市化所带来的"文明"进行思索。都市人希望能从快节奏、污染的环境中暂时解脱,以求大自然之沐浴,身心之松弛,所以暂时远离城市、回归田园生活成为市民的追求与渴望。他们利用双休日以及城市周边便利的交通条件,到生态农庄或一些特殊的农业景观区,陶冶情操,圆绿色之梦。

3. 改变传统农业的生产模式,提高农业生产的综合效益

农业作为第一产业是我国国民经济的基础,是人类生存的物质保障,它不仅给我们提供粮食和各种生活资料,而且给我们提供清新的空气和优美的环境。其社会效益和生态效益是其他产业所无法比拟的。同时,农业又是天然的弱势产业,它受自然条件变化影响大,季节性强,供求价格弹性小,再加上我国农业技术相对落后,经营规模小,抗风险能力差,这就造成我国农业风险大而比较利益低。

生态农庄不仅可以加快市场流通,提高农产品的转化率,同时可以把农业的生态效益、社会效益转化为合理的经济收入,增加农业的附加值。通过扩大农业的生产经营范围,提高农业的经济效益,增加农民的收入,加快传统农业向现代新型农业转变的步伐。其中生态农庄的建设使生态农业与旅游业融为一体,大大提高了农业生产的综合效益。

4. 保证农业可持续发展

在农业生产方面,生态农庄普遍采用了现代生态农业工程技术和手段,大力发展生态农业,生产绿色和有机食品;在农业旅游方面,生态农庄普遍开展了生态旅游,注重挖掘农业文化遗产,提升了农业的综合价值。总之,生态农庄的建设和开发有利于农业的可持续发展,能够在农庄内实现循环经济,使得农业生产和旅游活动能够有机地融合在一起,相互促进,实现共赢。

四、生态农庄的定义

(一) 生态旅游

生态旅游(ecological tourism)是 1965 年 Hetzer 在反思当时文化、教育和旅游的基础上提出的旅游发展思路(Fennell,1997),他认为生态旅游有四个要点:减少环境影响,增强对当

地文化的尊重,让当地居民受益,满足参加者的娱乐需求。而正式把生态旅游(ecotourism)作为一个独立术语是由世界自然保护同盟(IUCN)生态旅游特别顾问 Ceballos - Lascurain 于 1983 年提出的。

我国生态旅游市场于 20 世纪 90 年代中期兴起,而"1999 环境生态游"和 2002 年"国际生态旅游年"活动将生态旅游推向新的高潮。关于生态旅游的概念,旅游学术界至今尚无统一意见,仅卢云亭在相关著作中列出的定义就达 73 种,国内外关于生态旅游的概念达 100 多种。从本质上讲,其基本含义是人们为了了解和观赏自然风景、野生动植物及其栖息环境、地区的文化风貌以及娱乐休闲、探险、科研等目的,而不干扰、破坏或污染自然生态系统或自然区域的旅行。

林步欢(2004)概括的生态旅游概念包括以下四方面的内涵:第一,生态旅游的对象是自然区域,以及与当地自然环境相和谐的文化;第二,旅游者的行为不对或尽量少地对生态环境造成危害;第三,注意当地居民的参与性,尊重他们应有的权力,改善当地人民的生活水平;第四,生态旅游应具有生态环境的教育功能,能提高甚至改变游客的环境观和生活方式。

(二) 农庄

从国内外园林的发展史来看,园林与农庄有着密切的联系。在一定程度上,可以说现代园林脱胎于旧时生产性的农业庄园(农庄)。随着农耕文化的消退和社会经济的不断发展,国内外园林的发展逐渐脱离了农业生产,开始以观光、休闲和娱乐为目的,并转向以城市为中心。

我们这里所讲的农庄指的是:在一个特定的区域内,它有着不同于一般城市所拥有的资源——农业生产资源、乡村景观资源和农业文化资源等。当然,农庄的规模可大可小,大到一个行政村,小到一个私家庄园,只要它符合一定的条件,均可称之为农庄。笔者经过大量调研,总结出符合农庄内涵的条件如下。

(1) 具有一定的农业生产能力,能为人们提供一定量的农产品;

(2) 具有美好的田园风光和农业生态环境;

(3) 具有民俗、民风和农业文化资源;

(4) 具有一定的基础设施,能为人们提供衣食住行。

(三) 生态农庄

1991年丹麦成立了生态村组织,并给出了如下生态村的概念:"生态村是在城市及农村环境中可持续的居住地,它重视及恢复在自然与人类生活中四种组成物质的循环系统土壤、水、火和空气的保护,它们组成了人类生活的各个方面"。

我国学者提出的生态村的概念如下:所谓生态村,就是在一个较小的行政区域内,运用生态经济学原理和系统工程方法,对全村社会经济发展和生态建设进行总体规划设计,妥善处理社会经济发展和生态建设的关系,科学安排农、工、商、建、运和农业系统内部的农、林、牧、渔、副的发展比例,不断提高社会生产力和自然生产力,以增加社会物质产品、提高生态经济效益为目标,而且要不断建立更高层次的生态经济平衡,推动经济发展和社会进步,实现可持续发展,最终建成一个经济繁荣、环境优美、生态良性循环、文化发达、精神愉快的新农村(李来定,朱键荣,2002)。

生态农庄是近些年才逐渐提出来的概念,2002年农业部科技教育司向全国各地征集生态农业模式,在观光生态农业模式及配套技术中正式提出了生态农庄的概念:"一般由企业利用特有的自然和特色农业优势,经过科学规划和建设,形成具有生产、观光、休闲度假、娱乐乃至承办会议等综合功能的经营性生态农庄,这些农庄往往具备赏花、垂钓、采摘、餐饮、健身、狩猎、宠物乐园等设施与活动。"

生态观光村的概念:"专指已经产生明显社会影响的生态村,它不仅具有一般生态村的特点和功能(如村庄经过统一规划建设、绿化美化环境、卫生清洁管理,村民普遍采用沼气、太阳能或秸秆气化,农户庭院进行生态经济建设与开发,村外种养加生产按生态农业产业化进行经营管理等),而且由于具有广泛的社会影响,已经具有较高的参观访问价值,具有较为稳定的客流,可以作为观光产业进行统一经营管理。"

生态农庄是生态和农庄两者的有机结合,简单而言,就是保持生态性的农庄。它不同于一般意义上的生态公园,既不是以优美的自然环境为特色的自然景点,也不是以纯粹人工雕琢为特色的人造景点。笔者总结出了生态农庄的定义如下:生态农庄是指在一定面积的地域单元内,通过运用生态学原理和工程技术手段来实现循环经济和景观建设,形成了以农业为基本主题,能够满足农业生产、生态涵养和旅游观光的功能地域单元,是都市农业和城郊游憩活动的重要实现形式。

五、生态农庄的基本特征

1. 具有生产功能和旅游功能的耦合性

农业是我国的第一产业,旅游业则属于第三产业,原本两者没有必然的联系,互不相通。但是,随着人们对生活环境质量的关注和追求返璞归真热情的高涨,一种和农业、农村及农事活动相结合的农业生态旅游或农业观光旅游、乡村旅游逐渐成为国内外旅游市场上一个新崛起的旅游类型。生态农庄既具有生产功能,又具有旅游功能,是两者的有机结合。它一方面能为人们提供物质产品,另一方面,又能以其独特的田园风光、民俗风情,让人们充分享受到回归自然、返璞归真的乐趣。

2. 具有自然风光和旅游景点的结合性

一般而言,生态农庄大都位于旅游资源丰富和自然风光比较优异的地区,它对所在地的自然资源和社会经济状况都有一定条件的要求。虽然生态农庄拥有一般农业所具有的田园风光特色,但比较单调和乏味,所以,一般都会因地制宜,结合所在地的地形、地貌等条件,进行适当的规划和改造,添加旅游项目,加强发挥其旅游功能,使自然风光和人工环境更好地融合在一起。

3. 具有物质价值和精神价值的互补性

传统的农业生产,其主要目的是为人们提供农产品等物质资料,体现出了物质生产的价值。而生态农庄已经将农业和旅游业有机地结合了起来,使传统农业也具有了旅游业的观光娱乐属性,能为人们提供更多精神上的享受,体现出了高度的精神文化价值。在生态农庄的开发过程中,人们都很注重挖掘其潜在的农业文化内涵,使其在提供物质产品的同时,也能体现出它的文化性,从而提高物质产品的附加值,实现两者的互补性。

4. 具有现代文明和传统文化的双重性

生态农庄一方面注重对现代科学技术的应用,比如:采用最新的农业生物技术和工程手段来进行农业生产,采用最新的游乐设施和装备提供休闲娱乐服务等;另一方面注重对传统文化的挖掘,比如:农耕文化、饮食文化、民俗文化和娱乐文化等。生态农庄能使人们体验到现代文明与传统文化的交融,通过观赏田园风光、参与农事活动、品尝乡村风味、分享民俗乐趣等方式达到陶冶情操、开阔视野之目的。

六、生态农庄的功能

1. 生产功能

生态农庄能够根据都市市场需求及其变化,生产各种特色农副产品,满足都市人们的物质需要。生态农庄具有农业生产的科技化、农业经营的产业化、农业结构的市场化和农业营销的专业化等特征,提高了农业的商品化率,能一年四季为人们提供有机、绿色食品和特种蔬菜、瓜果及肉蛋产品等。

2. 生态功能

一般而言，生态农庄都建在自然资源比较丰富的地区，拥有着各自不同特色的田园风光和优美的农业生态景观，有着保护自然生态、涵养水源、调节微气候、改善人类生存自然环境的作用。随着生态学的发展与渗透，在许多学科中出现了"生态"一词。基于对生态学的认识和理解，我国学者将生态定义为："生态＝生物＋生物所在的环境"。我们这里所说的生态包括自然生态和人文生态两个方面，自然生态主要是指区域生态系统内部能量的流动和物质的循环，即尽可能减少外部物质和能量的输入，实现系统内部的自我维持；人文生态则是指一种生态文化，即人与自然协同发展的文化，人们有自觉的生态意识和环境价值观，提倡节约能源和资源的"绿色"生产方式和消费行为。生态农庄则体现出了其生态性的特点，是自然生态和人文生态的有机结合，在一定程度上能替代城市绿地的部分生态功能。

3. 旅游功能

随着旅游业的成熟和游客消费层次的提高，游客参与观光旅游的初级阶段已经逐渐被度假旅游、休闲旅游、体验型旅游等较高层次的旅游活动所取代。生态农庄通过开发农业旅游项目，为都市人们提供观光、休闲和娱乐服务，增加了城市的游憩资源，提升了人们的生活质量。北京市已建成十几处各具特色的农业旅游区，一般农业旅游区内，公共服务设施占地面积不超过总面积的10%。如北京留民营生态农场通过开展老北京民俗旅游和休养度假项目，人们可以亲身直接地参与农业生产、生活的方方面面，体验乡村文化和田园生活乐趣。

4. 教育功能

生态农庄可以让都市人们，特别是青少年接触农业、体验农事劳动和农耕文化，在回归大自然的过程中受到了教育，了解了农业生产的过程，体会到了农家生活的乐趣和艰辛，使其更加珍惜现在和热爱生活。生态农庄可以向都市人们出租土地，向其传授农艺技术，使其参与农业生产的全过程，享受农业劳动带给现代人的乐趣。除此之外,生态农庄还可以与学校和社区进行合作,打造青少年教育基地,培养热爱劳动的思想观念。

5. 辐射功能

生态农庄将在农业科技和思想观念两个方面对周边区域产生辐射作用。一方面,生态农庄依托都市的经济实力、农业基础和技术优势,在农业科技开发和推广方面起到示范带动作用;另一方面,生态农庄的经营理念和管理制度将对周边农民和相关企业起到转变思想观念、增强创新能力的作用。

生态农庄除具备以上主要功能外,还具有开展科研、会展、商务、疗养等活动的辅助性功能,在此不再详述。

七、生态农庄的基本类型

生态农庄的分类方法很多,依据不同的标准,有不同的划分方法。笔者在大量调研的基础上,征集了相关专家的意见,并借鉴了国内外乡村旅游和观光农业的分类方法,最终归纳出了属于自己的生态农庄分类方法。在此分类方法的指导下,总结出了生态农庄的基本类型,见表9-1。

表 9-1　　　　　　　　生态农庄的基本类型

划分依据	基本类型	主题特色	典型示例
主导产业	种植业支撑型	农业生产系统以种植业为主	郑州丰乐农庄生态园
	养殖业支撑型	农业生产系统以养殖业为主	招宝刘老根生态农庄
	加工业支撑型	农业生产系统以加工业为主	烟台张裕卡斯特酒庄
	旅游业支撑型	以发展特色旅游业为主	上海番茄农庄
旅游功能	观光采摘型	以观光和采摘为主题	北京瑞丰农庄
	休闲娱乐型	以休闲和娱乐为主题	广东长鹿休闲度假农庄
	科技教育型	以农业科技展示为主题	霞雯教育农庄
地域类型	都市郊区型	以某一大中城市为依托	北京蟹岛生态度假村

续表

划分依据	基本类型	主题特色	典型示例
地域类型	景区周边型	以某一风景区为依托	北京十渡周边乡村
	特色村寨型	以特色建筑和民俗民风为特色	福建永定县客家土楼村落
组织形式	社区集体经营管理型	以社区集体投资和运营为主	北京留民营生态农场
	企业自主经营管理型	以企业投资和运营为主	北京锦绣大地农业观光园
	农户自主经营管理型	以农户投资和运营为主	北京怀柔"虹鳟鱼一条沟"
开发形式	自然村落型	以自然村落为基础进行开发建设	无锡滨湖原生态休闲山村
	园区型	以园区为基础进行开发建设	无锡唯琼生态农庄

在上表中，我们只是依据划分条件的不同，对生态农庄的基本类型作出了分类。然而，在现实中，大多数生态农庄都是以上各种基本类型的复合体，比如：大多数农庄既有种植业，也有养殖业。所以，我们在对某一生态农庄的类型进行定性分析时，主要依据占主导统治地位的基本类型来对其进行总体的类型判断。

八、生态农庄的开发现状调查与分析

（一）现状调查与分析

据不完全统计，目前全国各地规模不等的生态农庄大概有几百家，笔者通过大量的搜集和整理，集中对具有典型代表意义的10家进行了实例分析和综合比较，从农庄的基本情况、功能定位、主导产业、功能分区和环境保护情况等方面进行了具体的分析。具体情况见表9-2。

表 9-2　生态农庄典型案例调研分析

名称	基本情况	功能分区	农业生产情况	环境保护情况
北京怀柔鹅和鸭农庄	位于北京市怀柔区桥梓镇北宅村。占地近 2.0 平方公里,几乎全部被绿色植被覆盖	以餐饮娱乐和休闲度假为主导功能。农庄以自然风光为依托,几乎全部被绿色植被覆盖。分为 3 个区:畜牧养殖区、休闲度假区和餐饮娱乐区	山上种植各类果树,有梨林、桃林、苹果树林、核桃林、柿林、葡萄园、树莓园等;山川间种植有瓜果蔬菜;河湾里有鸭、鹅养殖基地	农庄以自然风光为依托,几乎全部被绿色植被覆盖。农庄内住宅、基础设施、娱乐设施均按照相关生态标准进行建设
北京朝来农艺园	位于北京市朝阳区来广营,占地 2.7 平方公里	以高科技生产、净菜加工、休闲娱乐、旅游观光、科普教育为主导功能。分为 5 个区:高科技示范区、生产采摘区、净菜加工区、休闲观赏区和生活娱乐区	0.27 平方公里的大型连栋智能玻璃温室和 48 栋高标准日光温室保障园区内农产品的正常供应;养殖有观赏性的野生动物:鸵鸟、路驼、孔雀、梅花鹿等和家禽:山羊、小毛驴、乌鸡、三黄鸡、柴鸡、鸭子、大白鹅、小白兔等	以观光农业为纽带,加强园区内的生态环境建设,农业生产做到了无公害,园区内的废弃物进行了分类收集和无害化处理
广东顺德长鹿休闲度假农庄	位于广东省佛山市顺德区伦教镇三洲建设东路,毗邻珠江干流,占地 0.4 平方公里,总投资 3.75 亿元	以经营具有岭南水乡风情的高档会所为目标。整体采用"前河后街"的布局,分为 4 个区:综合管理服务区、农业特色娱乐区、餐饮娱乐区和休闲度假区	农庄旅馆周围设有少许菜地种植区,共 1 320 平方米,主要功能在于营造田园氛围和提供采摘服务,除此之外还有一处动植物观赏区,主要是一些珍奇的动植物	以国家 4A 级风景名胜区的标准来对农庄进行生态环境建设,各项住宿、餐饮、娱乐、休闲等设施和服务都以生态性为原则

第九章 生态农庄规划与案例分析

名称	概况	分区	主要特色	生态模式
郑州丰乐农庄生态园	位于郑州市北部的黄河滩区,西依郑邙公路和岱山游览区,南临黄河大堤,东接花园口风景区,北连黄河,占地1.9平方公里	整体分为丰乐葵园和现代农业示范园两个区。丰乐葵园为农业综合观光旅游区,主要以种植世界名葵为主;现代农业示范园主要种植特种蔬菜	丰乐葵园为农业综合观光旅游区,占地面积0.7平方公里,种植世界名葵"日本巨无霸"达百万株以上;现代农业示范园占地0.7平方公里,园内建有10000平方米大型智能温室,50栋日光温室,50栋钢骨架塑料大棚,66667平方米遮阴防虫设施和现代化育苗车间	农庄大力发展生态农业,采用现代农业工程技术来进行农业生产,农业综合观光旅游区以生态农业为基础,开展了生态旅游
福建招宝刘老根生态农庄	位于福建省永定县,占地面积不详	目前已发展成为集特种养殖、名优种植、加工、餐饮、旅游、休闲为一体的大型生态休闲农庄。分为4个区:畜禽养殖区、果树种植区、休闲娱乐区和住宿餐饮区	特种养殖:特种野猪、特种野兔、野鸡、绿壳蛋鸡、鸳鸯、大雁等一系列特种养殖。名优种植:台湾大青枣、日本双季板栗、牧草、中草药等	在养殖过程中,招宝农庄将珍贵粪便使用EM制剂发酵后喂野猪,动物粪便通过沼气池产生沼气及野猪保温和农庄生活能源,沼液连同沼渣又是台湾青枣、食用仙人掌果树、苗木的优质有机肥。种植园用买饲料、苗木不用买化肥的低成本经营成为现实,最终实现了循环经济
江西赣州芦荪农庄	位于江西省赣州市章贡区水西镇赤珠、湖边镇石人前之间(105国道旁),距市区3公里,交通便利,占地近0.7平方公里,总投资1.8亿元人民币	目前已基本完成集六大区域(即生态农业观光区、休闲度假区、娱乐区、动物园区、别墅区、垂钓区)	0.3平方公里整个农庄的农业生产、光园和观光采摘区,为游客提供优质的农产品	以生态农业建设为依托,实现了有机废弃物的资源化利用

续表

名称	基本情况	功能分区	农业生产情况	环境保护情况
江苏无锡唯琼生态农庄	位于无锡市太湖丘陵山区,东邻龙山余脉,北接阳山水蜜桃基地,南依马山国家太湖旅游度假风景区,西靠锡宜高速公路,距无锡市区人口处,具有独特的区位优势,占地面积约22.2平方公里	以农业科技旅游资源(产品)的开发为主,自然景观为辅助,民俗文化资源开发为点缀的旅游开发模式,主要以设施,园艺观赏及休闲度假项目为主。分为绿色农产品生产区,农产品加工配送区,专家公寓区(休闲度假区),景观娱乐区,山坡观光区,高科技农业展示区,农科创新中心,职工生活区,沼气处理区,农家乐休闲区及辐射带动区共十二个部分	绿色农业生产区占地2.2平方公里,是园区绿色果蔬种植,家禽养殖,水产养殖的主要生产区。高科技农业示范区建设面积约10 000平方米的生态观光温室一栋至3 000平方米的生态观光温室。另外还有农产品种技术试验区和农产品配送中心	采用生态土壤深度处理技术处理污水,中水出水质可满足用于冲厕,园林绿化,清洗道路,洗车及景观用水对水质的严格要求(共13项指标);利用建筑雨水储留供水系统,设置建筑雨水收集将雨水以自然或人工的形式加以储备,经过简单净化后,再利用为生活杂用水,可以用来洗车,灌溉,绿化等;建有太阳能路灯系统和太阳能热水系统,充分利用可再生能源
上海番茄丽丽农庄	位于上海市松江区黄浦江上游美丽的茄塘港旁,占地约0.2平方公里	以"回归自然、休闲度假"为功能定位,以"生态旅游"为发展方向,以体现亲水、近绿为核心,力求打造成为"山、水、林相协调,人、景、物融为一体","富有民族风度假特色的休闲旅游胜地。度假村由六个风情各异的村落:内蒙村、苗族村、西北村、江南村、西藏村、新疆村组成	农庄内生态链进行生态农业建设,自然生态环境良好,以自为"农家乐"和"渔家乐"提供优质的农产品	番茄农庄立足于原生态自然环境,无噪音、无污染、无有害化学物(声音、空气、水、光、食物等)。农庄以生态种植、生态养殖技术为依托,提供绿色食品和生态旅游,对农庄内废弃物进行集中处理

第九章　生态农庄规划与案例分析

北京蟹岛绿色生态度假村(见本书彩色插页)	位于北京市朝阳区东北部的金盏乡,交通条件十分便利,占地面积2.0平方公里左右,90%为农业用地,10%为旅游休闲用地	以有机农业为依托,以休闲度假为手段,实现"农游合一"的发展模式,分为4个区：前店后院"的整体格局,分为4个区：种植园区、养殖园区、旅游度假区和废弃物处理区	日光温室大棚100余栋,通过有机栽培技术,种植黄瓜、西红柿、茄子、青椒等多种有机蔬菜和瓜果。小型畜禽场饲养猪、牛、羊、马、驴、骡、鸡、鸭、鹅等十余种家畜家禽。另外还有水产养殖、养有鱼蟹等十余种水产品。此外还设有一处野生动物救护站	蟹岛农庄建有沼气站,污水处理厂,太阴能采集和环保生物净化湿地,这一系列设施形成了整个园区的物质循环核心,做到了整个园区无垃圾、污水,类便的排放,既节约能源又保护环境,使生态农业得以良性循环和持续发展
北京留民营生态农场	位于北京市的东南郊大兴县境内,距北京市区25公里,柏油路直接和通黄路,京津塘高速路相通,距离只有3.5公里,占地约1.4平方公里	以生态农业为根本,以产销"有机食品"为最大特色,以餐饮、娱乐、健身为载体。分为4个区:农业观光区、畜牧养殖区、无污染工业小区和农民生活区	成功塑造了"中国生态农业第一村"的品牌,具体有无公害有机蔬菜示范基地,沼气、太阴能综合利用示范地等	大力开发利用新能源,保护生态环境,调整生产结构,形成了以沼气为中心,串联农、林、牧、副、渔的生态系统

(二) 短评

对表9-2中的10个生态农庄进行分析后,我们可以得出如下几点结论:

(1) 从生态农庄的地域分布和客源市场定位来看,它们大都位于大中城市的近郊,交通条件极为便利,通常都以某一城市或者周边的几个城市为目标市场。它们的消费群体有的以团体和各自的会员为主,有的则以散客为主;旅游方式多为"一日游"或者"两日游",为放松心情和体验乡间乐趣而来。

(2) 从生态农庄的农业生产情况来看,大多数生态农庄的农业生产能力不强,有的甚至几乎很少涉及农业生产领域。如:广东顺德长鹿休闲度假农庄几乎没有农业生产用地,多为乡村景观的人工营造。另外,生态农庄的农业生产多采用设施农业技术,进行高效生产,并通过种植名优品种和养殖特色畜禽来提高农业的附加值。如:招宝刘老根生态农庄通过特种家禽的养殖发家,并以此为特色来综合发展。北京朝来农艺园通过特种蔬菜瓜果的种植和观赏性特种畜禽的养殖取得了良好的经济效益。

(3) 从生态农庄的旅游开发情况来看,乡间情趣浓郁和参与性强的旅游项目备受游客的喜爱。生态农庄不同于一般园林和公园的最大特色就在于它的"土"——浓郁的乡间情趣和深厚的乡村文化。如:上海番茄农庄通过构建风格各异的村落,以此来营造原生态的乡村村落文化和田园景观;北京留民营生态农场通过开展老北京传统民俗活动来吸引游客。

(4) 从生态农庄的投资和经营主体来看,一般可以分为三种基本类型:农户自主经营管理型、社区集体经营管理型和企业自主经营管理型。除此之外,还有其他一些演变类型,比如:"企业+农户"、"基地+企业"、"基地+企业+农户"等。马山养身文化区多采用企业自主经营管理和"企业+农户"两种基本类型;唯琼现代农业示范园区则基本采用企业自主经营管理和"基地+企业"两种基本类型;原生态休闲山村则采用农户自主经营管理型和

"企业+农户"两种基本类型。

（5）从生态农庄的组织形式来看，一般可以分为三种基本类型：一是在自然村落基础上发展起来的乡村型，比如原生态休闲山村；二是在农业科技园区基础上通过强化旅游功能发展起来的园区型，比如唯琼现代农业示范园区；三是在城乡交错地带通过合理规划由企业负责经营管理的企业型，比如唯琼现代农业示范园区。

（6）从生态农庄的盈利模式来看，其收入来源一般为：一是农产品销售收入，比如：销售有机蔬菜、水果、绿色食品和一些初级的农产品加工产品（如：泡菜、咸菜、豆腐干等）；二是传统的手工艺品的销售收入，比如：风筝、年画、木雕、石刻等；三是各种不同档次和类型的餐饮和住宿类的收入，比如：特色餐饮、农家饭、烧烤、农家住宿、野营等；四是各种休闲娱乐设施使用费的收入，比如：各项拓展运动项目、乡村运动项目、农事体验项目等。不同类型的生态农庄可以根据自身条件、开发现状和市场需求来合理地选择经营项目，不必面面俱全，要有所侧重，突出自身的特色。

第二节 生态农庄规划

一、生态农庄规划的理论依据

生态农庄是生态旅游与农业生产有机结合的产物，其规划理论主要涉及两个方面：区域旅游规划和农业区域规划。结合生态农庄自身的内涵和基本特征，将其规划的理论依据总结为以下四个方面。

（一）景观生态学原理

景观生态学（landscape ecology）是研究在一个相当大的区域内，由许多不同生态系统所组成的整体（即景观）的空间结构、相互作用、协调功能以及动态变化的生态学新分支(何东进,洪伟,胡海清,2003)。如今,景观生态学的研究焦点是在较大的空间和时间尺度上研究生态系统的空间格局和生态过程。景观系统的功能与其组成结构特征的密切关系是景观规划与设计的基础,也是指导原则。通过景观要素的有序组合,提高景观的容量、效率、稳定性,使景观功能最大化、最优化,是人类对管理景观的主要要求。我们可以利用相关原理,在生态农庄中,通过生态合理的"廊道"-交通线或绿化带-与景观的其他"斑块"以及"基质"协调组成一个有机整体。

(二) 可持续发展原理

可持续发展源于人类所面临的生态危机,本质上为一种生态化发展模式,以人与自然关系的协调发展为基本内容。当前人们对它的研究已突破"经济-科技-政治"等实践层面,开始进入其基础结构"观念-价值-文化"等认识论、价值论领域。世界上尤其是发达国家在其农产品过剩而经济增长缓慢的背景下,先后出现了如"有机农业"、"生物动力农业"、"自然农业"等种种模式,其核心内容就是反对化肥农药,提倡自然循环和自然生态、保护生态环境的可持续农业和可持续农业与乡村发展。根据吴忆明和吕明伟的《观光采摘园景观规划设计》中的可持续发展原理,笔者也总结出了生态农庄的"三个可持续性":一是生产可持续性,即保持新鲜农产品的稳定供应;二是经济可持续性,即通过开发农庄的综合服务体系来实现其经济效益;三是生态可持续性,即通过合理地开发和规划农庄内的景观和休闲娱乐项目达到保护农庄生态环境的目的。

(三) 区域生态规划原理

区域生态规划就是运用生态学原理、生态经济学及其他相关学科的知识与方法,从区域生态功能的完整性、区域资源环境特点以及社会经济条件出发,合理规划区域资源开发与利用途径以及社会经济的发展方式,寓自然系统环境保护于区域开发

第九章 生态农庄规划与案例分析

与经济发展之中,使之达到资源利用、环境保护与经济增长的良性循环,不断提高区域的可持续发展能力,实现人类社会经济的发展与自然过程的协同进化。生态规划的方法与流程可以包括生态调查、生态评价与规划方案分析三个方面、七个步骤,如图9-1所示。

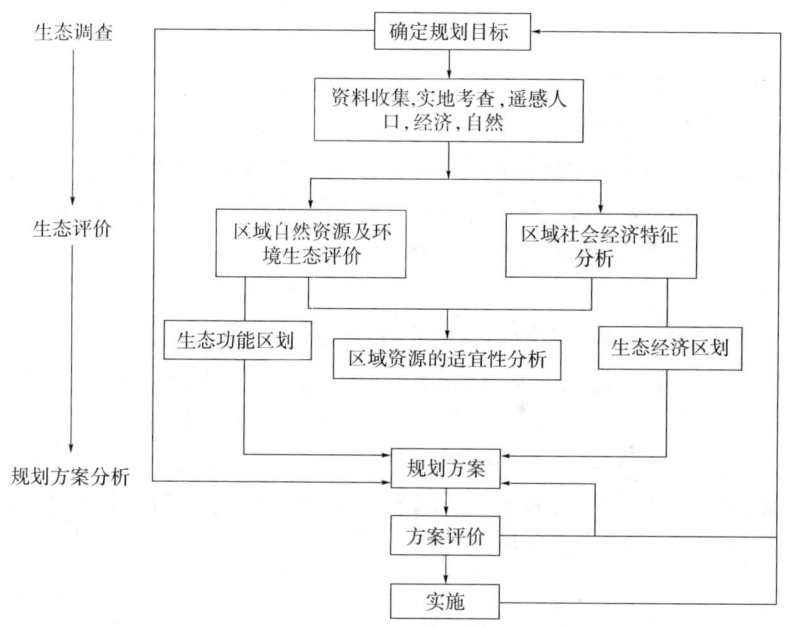

图 9-1 生态规划流程

(四) 旅游生态学原理

旅游生态学是伴随着现代旅游的发展而逐渐发展起来的一门边缘性学科,是在人们认识到了旅游发展所带来的一些生态学问题之后,才开始用生态学的观点去考虑旅游业的发展,用生态学方法去解决旅游所带来的生态学问题。因此,旅游生态学的产生可以说是现代旅游业发展的产物。旅游生态学的主张大致表现在以下六个方面:发现、共同性、选址、历史真实性、潜力和促进社会发展。有关旅游生态学的概念目前还没有一个统一的说法,但大多数学者对旅游生态学内涵的理解是基本一致的。旅游生态学是生态学应用的一个新领域。毛振宾、曹志平、赵彩霞等认为,旅游生态学就是在生态学原理的指导下,研究人类的旅游活动、各种与旅游有关的经营开发活动、旅游资源,以及它们之间的相互关系的一门交叉学科。

有关旅游生态学的研究内容,不同学者提出了不同的看法。有的学者认为,对旅游自然景观的生态学评价、旅游活动的生态后果分析以及运用生态学原理对旅游自然景观进行规划和管理,是旅游生态学的主要研究内容;而吴必虎则认为,旅游生态学的研究内容主要包括三方面:①旅游者和旅游经营者的行为对生态系统的影响;②旅游区环境对旅游活动的影响;③旅游生态学的应用研究。

旅游生态学强调旅游规划的生态设计原则和多层次系统化规划模式。在规划过程中强调从生态学角度出发进行旅游区划、旅游区的功能分区、旅游项目的生态化设计;强调旅游发展规划、旅游区规划、旅游地规划、旅游项目规划等有针对性的不同层次的规划。从宏观到微观,多层次、系统、全面地对旅游活动进行科学规划,以保证旅游业的可持续发展。

二、生态农庄规划的基本原则

1. 生态性原则

生态性原本就是生态农庄的一大特色,在规划时必须考虑环境的综合治理,使得农庄日常的生产和旅游所带来的污染物能够得到妥善的处理。生态农庄要具备一定的废弃物自我处理能力,能够将一定容量的废弃物进行无公害处理。

2. 因地制宜原则

生态农庄的规划必须结合农庄所在地的资源特点、地形、地貌等,因地制宜,通过自然景观和人文景观的有机融合,突出农庄的特色和主题。特色是旅游发展的生命力,因此在规划过程中一定要选准突破口,做到特色鲜明。

3. 体验经济原则

目前,亲身体验和自娱自乐已经成为观光休闲农业的一大发展趋势。生态农庄在规划时必须要考虑人们的广泛参与性,开发出更多的休闲娱乐项目,可供人们参与农事活动,体验乡间乐趣。

4. 协调性原则

生态农庄的规划必须要坚持协调性的原则,一要处理好农业生产与农业观光的矛盾;二要处理好旅游观光与环境保护的矛盾;三要处理好风光旅游与文化旅游的矛盾。针对以上三方面的矛盾,结合规划地具体的实际情况,找出矛盾双方的平衡点,使得生态农庄内的各类资源都能得到最大限度的利用。

5. "公众参与"原则

在生态农庄的规划过程中,坚持强调"公众参与",使得公众利益能够在规划中得以体现。通过开展广泛的调查研究与公众进行及时的沟通,获得公众的广泛支持。只有让公众享受到规划成果,规划项目才能获得广泛的公众支持,从而有利于其可持续发展。

6. 经济性原则

在进行生态农庄规划前,必须对生态农庄的类型和潜在的目标市场进行准确的定位,对农庄所在地的市场行情和市场容量进行调研分析。在追求效益的时候,要坚持以经济效益为中心,兼顾社会效益和生态效益。

三、生态农庄规划的主要内容

1. 生态农庄的选址

生态农庄选址的好坏直接影响到其投产运行后的综合效益，也关系到它的功能定位、规划布局和项目规划等内容。因此，我们必须结合生态农庄自身的特点和项目所在地的具体情况，根据其规划原则做出合理的选址。

2. 生态农庄的功能定位

对生态农庄的资源优劣条件进行分析，从自然地理条件、市场需求、社会人文环境和政策环境等方面对生态农庄的发展条件作出科学的评价。根据评价结果，因地制宜，依据其优势资源对生态农庄进行主体功能定位，从而为其产业规划和项目选择提供导向作用。

3. 生态农庄的产业规划

生态农庄的功能定位是指建设生态农庄的目的，它决定着整个农庄的发展类型和产业规划。产业规划则是通过选择合理的农业产业链来实现整个农庄的产业化发展，从而实现其功能定位。产业规划主要涉及到种植业、养殖业、加工业和旅游业，我们可以根据农庄所在地的具体情况做出科学的规划。

4. 生态农庄的功能分区规划

生态农庄依据其不同的功能定位，可以做出不同的功能分区规划。借鉴于一般风景园林和农业科技园区的功能分区原理，笔者总结出生态农庄典型的四大功能分区：种植园区、养殖园区、旅游度假区和废弃物处理区。

种植园区具有生产和观光两种功能，主要种植一些粮食作物、蔬菜瓜果、花卉和林木，负责整个农庄的农产品的供应；养殖园区也具有生产和观光两种功能，主要养殖一些常规家畜禽和观赏性的珍奇动物，饲养方式以圈养和散养结合为主，负责整个农庄的肉蛋产品的供应；旅游度假区通过基础设施建设和旅游产品设计来满足游客餐饮、住宿、观光、休闲和娱乐的需求；废弃物处理区承担着整个农庄内的废弃物的无害化处理和循环利用的重任，能有效地实现整个农庄的循环经济。

5. 生态农庄的生态规划

常规的城市规划与城市建设会相对考虑周边环境的自然生态条件及生态资源的利用问题,却很少考虑规划区域内原有的自然生态过程及规划建设对原有生态体系的影响。生态规划的实践,就是要通过理解规划区域的自然生态过程,使规划建立的人居环境体系与自然体系相协调,并保持规划对原有自然生态过程及自然演进框架的尊重。生态农庄的生态规划以生态控制为目的,实行地域生态分级,防止人类聚居区域的建设和活动对自然系统的破坏和干扰,使两者协调发展。

6. 生态农庄的景观规划

生态农庄的景观规划主要包括以下几个方面:基础设施(建筑)景观规划、道路水系景观规划、农业工程设施景观规划、作物(畜禽)生产景观规划和绿化环境景观规划。生态农庄的景观设计可以参照一般风景园林的景观设计标准,以自然性和原生态为要点,营造出属于生态农庄自己的特色景观。

7. 生态农庄的游憩规划

生态农庄的游憩规划就是要依据农庄现有的游憩资源和目标市场需求,来规划和设计出各种游憩项目,从而来实现生态农庄的旅游功能。生态农庄的游憩规划可以从其餐饮、住宿、观光、休闲和娱乐等方面出发,注重突出生态农庄的自然生态和乡土文化的特色。

8. 生态农庄的道路交通系统规划

道路交通系统规划包括对外交通、内部交通、导游解说系统、停车场地和交通附属用地等方面。

对外交通指由其他地区进入园区的外部交通,通常包括公路、汽车站点的设置等。

内部交通是指进入到园区旅游接待中心及园区内部运输、旅游交通,包括主干道、次干道和步游路。内部交通道在规划时,不仅要考虑它对景观序列的组织作用,更要考虑其生态功能。比如廊道效应,特别是农田群落系统往往比较脆弱,稳定性不强,在规划时应注意其廊道的分割、连接功能,考虑其高位与地位的不同。

导游解说系统的建设对生态农庄旅游功能的发挥有着重要的作用,通过农庄内的道路指示牌和导游路线的制定来完成。

另外,旅游交通工具的选择尽可能采用生态交通工具,如畜力交通工具、环保交通工具或者以步代车,不宜采用对环境有害和干扰生物栖息的交通工具。

9. 废弃物处理规划

生态农庄的废弃物处理规划主要是为了对生态农庄内的各种废弃物进行无害化和资源化处理,从而保护好生态农庄的生态环境,实现可持续发展。我们可以对生态农庄的废弃物进行收集、分类和集中处理,一方面对不可回收或者农庄自身不具备处理能力的废弃物要及时运出农庄,在城市污水处理厂或者垃圾处理厂进行处理;另一方面规划和设计出生态农庄的废弃物处理工程,对有机废弃物进行处理和回收,实现循环经济。

10. 公共基础设施工程规划

生态农庄的公共基础设施工程规划的主要内容包括给排水规划、电气规划、消防安全规划和餐饮、住宿、娱乐设施规划等。生态农庄的公共基础设施工程的规划,一方面要严格遵循国家制定的行业标准,另一方面在具体实施过程中要注重突出生态农庄的主题特色,与农庄的自然、人文环境保持协调统一。

11. 生态农庄的环境评价

环境评价通常被狭义地称为"环境质量评价",是对一切可能引起环境发生变化的人类社会行为,包括政策、法令在内的一切活动,从保护环境的角度进行定性和定量的评价。广义说来是对环境的结构、状态、质量、功能的现状进行分析,对可能发生的变化进行预测,对其与社会经济发展活动的协调性进行定性或者定量的评估,主要包括环境污染源评价、环境质量评价、环境影响评价、战略环境评价和区域环境影响评价等。生态农庄的环境评价主要是借鉴国家风景名胜旅游区的一些相关标准,构建出生态农庄的环境评价的指标体系和标准,利用定性和定量相结合的方法,重点对生态水平、环境质量和环境容载力三方面进行评价。生态农庄的具体环境评价指标见表9-3。

表 9-3　　　　生态农庄的环境评价指标

指标类型	指标内容	评价标准
生态水平	水资源利用率(%)、植被覆盖率(%)、能源利用率(%)、污水集中处理率(%)、垃圾无害化处理率(%)、农田有机肥施用百分比(%)	依据各个不同的地域,参照生态城市的评价标准
环境质量	水环境功能区达标率 空气污染指数优良天数(天/年) 环境噪声平均值	水环境分五级 大气质量分三级 环境噪声国家标准
环境容载力	自然环境容量 社会环境容量 经济环境容量	优势度、 潜力度、 饱和度、 协调发展度、可持续度

四、生态农庄规划的一般程序

1. 规划的资料准备阶段

开展基础资料的搜集和整理工作是生态农庄规划的第一个环节,也是至关重要的一个环节。基础资料准备的全面、准确与否直接关系到日后规划工作开展的是否正确,直接决定着生态农庄总体规划和详细规划方案制订的质量高低。应搜集的基础资料主要包括以下几个方面:自然资源条件、社会经济状况、生态环境状况、土地利用现状和潜力分析,以及诸多相关规划标准。

2. 规划方案的初步制定阶段

通过对所搜集的基础资料进行认真的整理和分析,结合以前的案例分析和规划地的具体实际情况做出初步的规划方案。初步的规划方案应包含以下内容,如表 9-4 所示。

表 9-4　　　　生态农庄初步规划方案表

规划阶段	规划内容	规划图纸
总体规划	①编制规划原则、规划依据和规划指导思想;②明确农庄的功能定位、产业规划和项目规划;③制定农庄的空间布局,进行分区规划;④进行农庄的交通道路系统规划和景观规划;⑤确定给排水、通讯和供暖等基础设施建设方案;⑥对各项方案进行技术经济可行性论证,确定最终总体规划方案	建设地利用现状图、总体规划图、近期建设规划图、功能分区图、道路绿化系统图、绿地景观系统图、电力电讯规划图、给(排)水规划图等专业图,以及反映规划设计意图的透视图、鸟瞰图、平面效果图等,比例一般为 1/500~1/1 000
详细规划	确定农庄内各项工程的具体施工方案和土地利用详细情况	专项详细规划图、竖向规划图,反映规划设计意图的透视图等,比例一般为 1/100~1/500

3. 规划方案的论证和审批阶段

规划方案初步拟定后,邀请当地政府负责人、承办单位主管部门和专家,对规划方案进行评审和论证。然后规划工作者根据评审和论证意见,认真研究,做必要的修改调整,形成规划文件。最后规划成果应按相关规定,报政府主管部门或承办单位决策机构审批,方具有实施的权威和效力。

4. 规划方案的具体施工阶段

在规划方案的具体施工过程中,要经常检查规划的可行性和实际效益,根据新发现的问题情况,对原规划方案做出必要的调整、补充或修改。

综上所述,总结出了生态农庄规划的一般流程图,如图 9-2 所示。

第九章　生态农庄规划与案例分析　　·389·

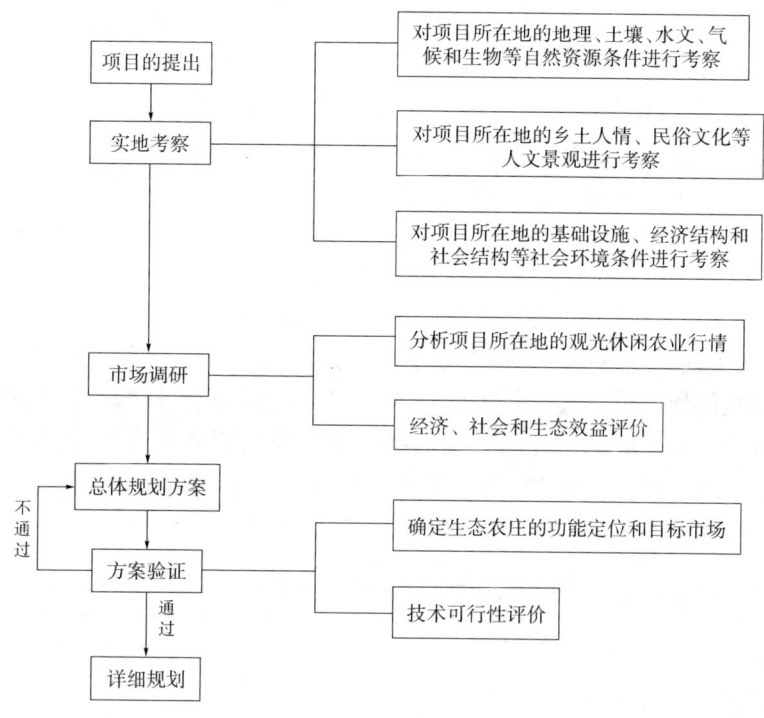

图 9-2　生态农庄规划流程图

五、生态农庄的规划方法

(一) 生态规划方法

1. 生态调查

生态农庄的生态调查是指为了了解生态农庄的资源环境及其周边的社会经济、文化和政治特征而进行的前期调查研究。通常资料的搜集包括生物(植被、野生动物等)、非生物(地理、地质、气候、水文和土壤等)两个要素,可以从自然生态环境和社会经济环境两个方面着手进行:自然生态环境的调查包括对农庄所在地块的土地状况、水文、气候、动植物、能源等自然资源的调查,以确定农庄的生态阈值,了解农庄发展的有利因素和不利因素;社会经济环境的调查,主要是通过农庄所在社区的各项技术指标(社区的人口结构、产业状况、现有设施状况、民俗文化等),以确定农庄现有的生态位,即农庄为满足人类生存所能提供的各种条件的完善程度。

生态农庄的生态调查主要采用实地调查、历史资料收集和计算机技术的应用。实地调查可以获得第一手资料,在调查中要强调公众参与,深入了解人们所关注的焦点问题,以便在规划设计中体现公众的意愿。历史资料的收集主要从相关政府部门(如规划局、土地局、统计局和旅游局等)获得,注重对其时间和空间格局变化的研究。计算机技术的应用可以使区域环境、资源、人口、经济等方面的时间与空间数据的综合处理与分析成为可能,使区域发展规划成为一种动态的调控过程。其中,生态调查指标体系的构建可以参见国家级生态村的创建标准,见表9-5。

表 9-5　　　　国家级生态村的创建标准

	指标名称	东部	中部	西部
经济水平	1. 村民人均年纯收入(元/人/年)	≥8 000	≥6 000	≥4 000
环境卫生	2. 饮用水卫生合格率(%)	≥95	≥95	≥95
	3. 户用卫生厕所普及率(%)	100	≥90	≥80
污染控制	4. 生活垃圾定点存放清运率(%)	100	100	100
	无害化处理率(%)	100	≥90	≥80
	5. 生活污水处理率(%)	≥90	≥80	≥70
	6. 工业污染物排放达标率(%)	100	100	100
资源保护与利用	7. 清洁能源普及率(%)	≥90	≥80	≥70
	8. 农膜回收率(%)	≥90	≥85	≥80
	9. 农作物秸秆综合利用率(%)	≥90	≥80	≥70
	10. 规模化畜禽养殖废弃物综合利用率(%)	100	≥90	≥80
可持续发展	11. 绿化覆盖率(%)	高于全县平均水平		
	12. 无公害、绿色、有机农产品基地比例(%)	≥50	≥50	≥50
	13. 农药化肥平均施用量	低于全县平均水平		
	14. 农田土壤有机质含量	逐年上升		
公众参与	15. 村民对环境状况满意率(%)	≥95	≥95	≥95

2. 生态评价

（1）区域生态系统生产潜力分析　区域生态系统生产潜力可以分为四个层次，包括光合生产潜力、光温生产潜力、气候生产潜力及土地承载力。

（2）生态足迹评价　加拿大生态经济学家 William 和其博士生 Wachernagel 于 20 世纪 90 年代初提出用生态足迹（ecological footprint）测度生态可持续发展状态。它从需求方面计算生态足迹的大小，从供给方面计算生态承载力，通过二者的比较，评价研究对象的生态可持续发展状况。

生态足迹的分析是通过测度人们用于自我维持的生物面积来完成的，它的计算基于以下两个简单的事实：① 人类可以确定自身消费的绝大多数资源及其产生的大部分废物；② 能够将这些资源和废物转换成为相应的生物生产面积（biologically productive area）。

（3）生态适宜性分析

① 形态法：形态法是最早使用的适宜性分析方法，主要用于土地利用规划（图9-3）。其工作流程主要包括四个步骤：第一步，根据实地调查或遥感资料，将规划区域划分成不同的同质小区，划分标准通常根据地形、地貌、植被等地表特征；第二步，根据土地利用要求，制定资源利用的适宜性评价表，并定性地描述每一小区的潜力与限制；第三步，分析每一小区对某特定土地利用的适宜性等级；第四步，根据规划目标将不同土地利用的适宜性图叠合成区域综合适宜性图。

形态法的主要缺点为：一是要求规划者具有很深的专业修养和经验，因而限制了其应用的广泛性；二是作适宜性分析时，缺乏完整一致的方法体系，因而，易流于规划者的主观判断。

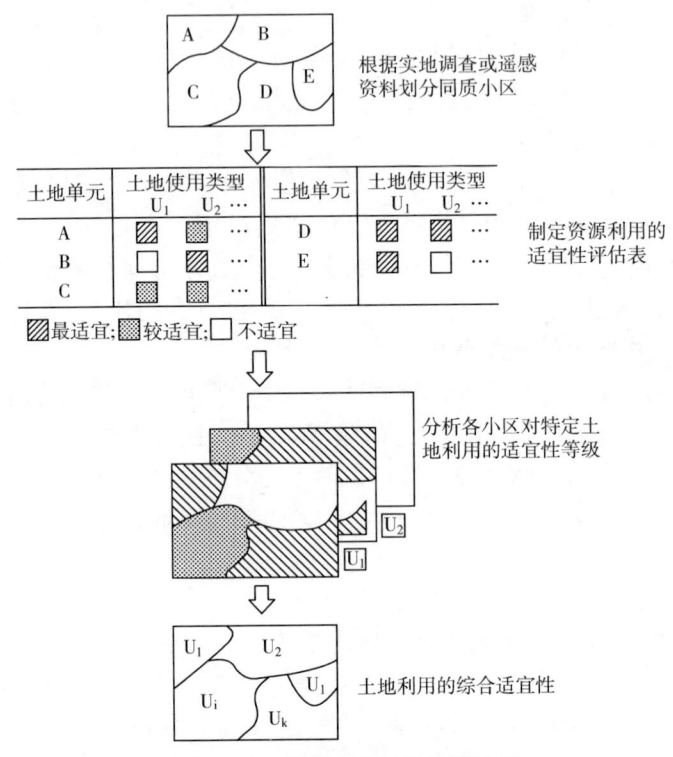

图 9-3 形态法适宜性分析过程

② 因素叠加法：因素叠加法的主要特点在于，首先根据各相关因素的潜力与限制分别分析其适宜性等级，然后各因素的适宜性叠加，以得到综合适宜性图。其流程主要包括五个步骤：第一步，根据规划目标，列出各种规划方案和发展策略，建立各个方案与区域自然资源、环境的关系矩阵；第二步，分析各种规划方案对资源环境的要求，并依此建立每个自然因素属性适宜性等级；第三步，将各种自然因素对特定方案的适宜性的空间分布特征描绘在地图上；第四步，将各单一自然因素为基础的适宜度叠加产生区域综合自然因素对某一规划方案的综合适宜性

图;第五步,将第四步产生的各方案的适宜性图再叠加产生区域发展综合适宜性图。

因素叠加法的主要缺点为:一是将不同量纲的因素相加,违反了数学原理;二是相关因素的重复计算问题;三是将所有因素不分主次、平等处理,导致有时与实际情况有较大的偏差。

③ 生态农庄的生态适宜性分析(表9-6)。

表9-6　　生态农庄的资源环境条件定性相关矩阵示意表

条件	因素	农业生产			旅游开发	
		种植业	养殖业	加工业	观光采摘类	休闲度假类
自然地理条件	光	2	2	1	2	2
	温	2	2	1	2	2
	降水	2	2	1	2	2
	地形	2	2	1	2	2
	土壤	2	0	0	2	0
	植被	2	0	0	2	2
	水源	2	2	2	2	2
	地理位置	0	1	2	2	2
经济地理条件	基础设施	1	2	2	2	2
	市场	1	1	2	2	2
	政策环境	1	1	2	1	2
	历史文化	0	0	0	1	2
	经济状况	1	1	2	2	2
灾害风险	干旱	2	1	0	2	1
	洪涝	2	1	0	2	1
	荒漠化	2	1	0	2	1
	盐碱化	2	1	0	2	1
	水土流失	2	1	0	2	1

注:0表示不适宜;1表示基本适宜;2表示适宜。

(二) 空间布局规划方法

1. 区位

区位在 1886 年被译为英文"location"。区位同位置不同,既有位,也有区,还有被设计的内涵。区位的主要含义是某事物占有的场所,但也含有"位置、布局、分布、位置关系"等方面的意义。针对生态农庄而言,主要是指生态农庄的具体位置以及与其周边地理空间所建立起来的各种联系。

2. 区位因子

区位因子或称区位因素是指影响区位主体分布的原因。韦伯称之为区位因子(standortsfactor),哈特向与格林哈特称之为区位因素(location factors),艾萨德称之为区位力量(locational forces)。从本质上讲,区位因子主要是指经济活动由于在特定的场所进行时所表现出来的生产费用的差异。针对生态农庄而言,区位因子主要是指影响生态农庄最佳区位选择的重要影响因素。笔者通过对大量生态农庄进行调研,并借鉴区位理论的相关研究成果,总结出影响生态农庄的主要区位因子如下。

(1) 土地因子　任何经济活动都需要以一定的空间作为依托,生态农庄的开发和建设也必然存在使用土地的问题。最近几十年,盲目的小城镇化发展模式和农业集约化经营方式已经导致了传统乡村景观中生物栖息地多样性的降低和自然景观的破碎化,土地利用和土地覆盖方式的变化使得乡村景观的美学和生态效益遭受严重损害。土地具有自然属性和社会属性,自然属性主要是指土地所处的空间位置、地形、地貌、地质条件等;社会属性则主要是指土地所处的经济区位。在生态农庄的开发过程中,必须要综合考虑土地的自然属性和社会属性,选择好生态农庄的区位,解决好以下几个问题:一是土地的用途类型;二是土地利用的方式;三是乡村旅游用地与农业用地的关系。

(2) 交通因子　交通在社会经济发展过程中起着重要的作用,交通技术与手段决定了人们空间活动的深度与广度。在生态农庄的区位选择中,交通因子起着至关重要的作用,直接决定着生态农庄的可进入性,从而影响其功能定位和项目的选择。交通网一般是由基本的点和线组成相互联系的网络,可以由密度和结构来表述。其中结构可以用连接度、通达性来表示。一般情况下,密度大、连接度高、通达度好的交通网络是完善的交通网络。所以,大多数生态农庄均位于都市边缘地带,并靠近交通沿线。

(3) 市场需求因子 经济活动的最终目的都是为了满足消费者的物质与精神需求,所以一切经济活动都必须考虑市场需求因子。其中,市场规模和市场特性是两个十分重要的影响因素,市场规模的大小直接决定了区域内生态农庄的规模大小,另外,不同区域内消费者的消费需求习惯也不尽相同,生态农庄的规划设计也必须得考虑不同层次的消费者的消费偏好。总之,生态农庄必须按照目标市场的需求来进行规划设计,合理地进行项目选择和产业布局,才能获得良好的经济、社会和生态效益。

(4) 自然环境因子 生态农庄作为人们休闲和观光的场所,对其所在区位的自然环境资源有着较高的要求,一般需要建在自然景观资源丰富的地区。生态农庄大多数旅游项目的设计均需要优美的自然环境作为依托,以此来满足人们回归自然和猎奇的心理需求。

(5) 社会环境因子 政府行为和政策环境对生态农庄的区位也同样有着重要的影响。政府通过规划和政府对特定区域的基础设施的投入,可以引导经济活动在空间上向某一地区集聚。政府可以通过制定相应的政策、法规来鼓励和引导农业旅游活动的合理开展,并可以通过税收优惠以及财政补贴的经济政策的实施来鼓励相关企业投身到乡村旅游的经营中去,从而实现生态农庄的产业化经营管理。

3. 生态农庄的区位条件

笔者通过对现有生态农庄的大量调研,总结出两大方面的选址依据:景观资源和区位交通。

景观资源主要包括自然景观资源和历史人文景观资源:自然景观资源主要包括山岳风景景观资源、水域风景景观资源和生物景观资源;历史人文景观资源则包括民俗文化资源和农业生产资源。另外,生态农庄要依托美好的田园风光和城市的客源市场,所以,其一般都位于城市近郊或者交通极为便利的远郊村镇。生态农庄具体的区位条件见表9-7。

表9-7　　　　　　生态农庄的区位条件

区位条件	区位及目标市场	特　点	实　例
依托自然型	(1)距大中城市30公里以外,但交通便利; (2)以多个大中城市为目标市场	(1)农业基础较好,地貌类型齐全; (2)以独立完整的农业自然景观单元为依托; (3)范围广阔	广新农业生态园 长鹿休闲度假农庄 太仓艳阳农庄
依托城市型	(1)距大中城市30公里以内; (2)以一个大中城市为目标市场	(1)借助一定的农业基础; (2)主要通过人工构造农业景观,以某一大中城市为依托; (3)范围较小	郑州丰乐农庄生态园 赣州宝葫芦农庄 北京蟹岛生态度假村

4. 生态农庄的功能分区规划

生态农庄的功能分区是指各种项目活动在农庄区域内的空间分布状态及空间组合形式。生态农庄的功能分区是否合理直接影响着各项经济活动的有效开展,一方面各种经济活动的产生需要把分散在地理空间上的相关要素组织起来,形成特定的经济活动过程;另一方面,各种经济活动之间需要相互联系、相互配合,但是它们对区域内的资源禀赋的要求并不一致。

生态农庄内包含有农业生产、餐饮住宿、观光采摘、休闲娱乐、商品销售等各项活动,这些项目在农庄范围内的布局有着各自不同的要求，比如：农业生产对土地条件的要求较高，需要占据地势平坦、土壤质地高的土地；商品销售一般位于交通要道两边，对交通条件有着较高的要求；休闲娱乐活动则一般需要安排在自然景观资源丰富、风景优美的区域。总而言之，生态农庄的功能分区规划必须要实现要素的空间优化配置和经济活动在空间上的合理组合，从而克服空间距离对经济活动的约束，降低成本，提高综合效益。

生态农庄的功能区划一般采用定性分区和定量分区相结合的方法进行边界红线的划分，应综合考虑利用山脉、河流、植被等自然特征与行政边界。功能区划一般采用三级分区：一级区划时，应注意区内的相似性和区外的差异性，保持区内气候特征的相似性与地貌单元的完整性；二级区划时，应注意区内生态系统类型与过程的完整性以及功能定位类型的一致性；三级区划时，应注意生态环境敏感性和次级功能定位类型的一致性。

笔者对我国现阶段的生态农庄进行了大量的调研，并结合农业园区空间布局方面的研究成果，总结出了生态农庄的空间结构模式，见表9-8。

表9-8 生态农庄的典型分区与布局方案

分区		用地要求	构成系统	内容组成	功能导向
种植园区	生产	地势平坦，土壤、气候条件较好，有灌溉、排水等基础设施作保障	(1)大田种植；(2)设施栽培	(1)粮食和经济作物；(2)瓜果蔬菜和珍奇花卉；(3)各种果树和经济林木；(4)草坪、灌木等绿化带	农机站、农场院、明渠、水车等观光项目，体验农事劳动，享受田园乐趣
	观光				
养殖园区	生产	地势平坦，土壤、气候条件较好，有灌溉、排水等基础设施作保障	(1)畜禽养殖；(2)水产养殖	(1)家畜禽和珍稀畜禽养殖；(2)水产养殖和垂钓园	体验乡间养殖乐趣，见证农产品加工过程
	观光				

续表

分区	用地要求	构成系统	内容组成	功能导向
旅游度假区 餐饮 住宿 娱乐	环境优美，餐饮、住宿项目建在靠近农庄内外的主干道上；娱乐休闲项目应充分利用地形的复杂多变	(1)客房区； (2)餐饮区； (3)娱乐区	(1)标准间、商务套间、农家小院、野外露营； (2)温室餐厅、特色小吃、野外烧烤； (3)运动场、疗养中心、水上乐园、乡村集市、民间工艺作坊	提供农村、农民生活体验，享受民俗文化和风土人情
废弃物处理区	土地条件较差，视线的盲区，封闭管理	(1)厌氧发酵工程； (2)好氧消化工程； (3)变废为宝	(1)厌氧、好氧消化工程； (2)废弃物的资源化利用	体验循环经济

（三）产业规划方法

生态农庄的产业结构就是指农庄内各类产业之间的内在联系和比例关系，它是农庄进行资源配置和实现资源增值的载体。在这里，笔者将借鉴经济地理学方面的相关研究成果，总结出生态农庄的产业规划方法，即其主导产业、关联产业和基础性产业三部分的规划。

1. 主导产业

生态农庄的主导产业是指依据生态农庄的功能定位、资源禀赋和市场需求，按照自身的比较资源优势形成的生产规模大、经济效益高、发展前景好，并对农庄内相关产业有推动作用的产业。生态农庄主导产业的选择应该遵循市场供求原则、比较资源优势原则、经济效益原则和关联效益原则，具备以下特征的产业才能作为主导产业。

（1）高比较集中系数

$$\text{比较集中系数} = \frac{\dfrac{a}{A}}{\dfrac{b}{B}} \tag{9-1}$$

式中　a——某产业的产值；
　　　A——某区域所有产业的产值；
　　　b——全国该产业的产值；
　　　B——全国所有产业的产值。

如果比较集中系数大于1，则该产业在产出规模上具有比较优势；反之，该产业在产出规模上不具备优势。

（2）高产业关联度

$$\text{感应度系数} = \frac{a}{A} \tag{9-2}$$

式中　a——某产业横向逆阵系数的平均值；
　　　A——全部产业横向逆阵系数的平均值的平均。

$$\text{影响力系数} = \frac{b}{B} \tag{9-3}$$

式中　b——某产业纵列逆阵系数的平均值；
　　　B——全部产业纵列逆阵系数的平均值的平均。

如果一个产业的感应度系数和影响力系数都高，那么它就是主导产业的最佳选择；如果其两者中一个高，一个低，则有可能成为主导产业；如果两者都比较低则不能成为主导产业。

（3）高需求收入弹性系数

$$\text{需求收入弹性系数} = \frac{x}{S} \tag{9-4}$$

式中　x——某产业产品的需求增加率；
　　　S——人均国民收入的增加率。

如果需求收入弹性系数大于1，则表明是弹性的；反之，则是非弹性的。需求收入弹性系数越高越有可能成为主导产业。

（4）高产业创新能力　主导产业在生态农庄中起着组织和带动作用，只有具备高创新能力的产业才能成为主导产业。所谓创新是指对资源、资金、技术和劳动力等生产要素进行新的组合,创造出新的方法和新的产品,或者对企业管理制度进行改革,最终大力提高了综合效益,并开拓出新的市场。

2. 关联产业

生态农庄的关联产业是指与其主导产业在产前、产中和产后存在着密切的生产联系、具有高度集聚效益的产业。在生态农庄关联产业的选择中,要因地制宜,不必面面俱到,自身不具备发展条件或者比较优势差的产业应该从生态农庄外部来解决产业配套问题。

3. 基础性产业

生态农庄的基础性产业是主导产业和关联产业发展的重要保障。在生态农庄的发展中应该处理好专业化和综合发展的问题,搞好生态农庄的基础设施的建设,比如:交通道路、给排水、供电、通讯等。

综上所述,生态农庄的产业结构情况见表 9-9。

表 9-9　　　　　生态农庄的产业结构情况

序号	主导产业	关联产业	基础性产业
1. 种植业	有机(绿色)蔬菜 有机(绿色)瓜果 观赏花卉 经济作物 饲料作物+牧草	观光采摘 初级加工业 农产品销售	水、电、交通、通讯等
2. 养殖业	家畜禽 珍稀畜禽 渔业 观赏性动物 宠物	动物观赏 动物喂养 初级加工业 肉蛋产品销售	水、电、交通、通讯、废弃物处理等
3. 加工业	果蔬加工 肉蛋加工 肥料加工	种植业 养殖业	水、电、交通、通讯、废弃物处理、物资供应等

续表

序号	主导产业	关联产业	基础性产业
4. 旅游业	餐饮服务 住宿服务 观光体验类 民俗体验类 健身疗养类 娱乐休闲类	旅游商品销售 科普教育	水、电、交通、通讯、废弃物处理、物资供应及各类公共游乐设施等

(四) 乡村景观规划方法

1. 乡村景观要素的规划

(1) 基质(matrix) 基质是景观中面积最大、连通性最好的景观单元,其主要的空间特征表现为:面积上的优势、空间上的高度连续性和对景观总体动态的支配作用。一般而言,生态农庄的基质以绿色的农田景观为主,其中镶嵌有异质性较大的各类斑块和廊道。基质的空间特征一般用孔隙度和边界形状来描述。空隙度(porosity)指单位面积的斑块数目,是景观斑块密度的度量,与斑块大小无关,对生态系统内部的能流、物流有着重要的影响。边界形状通常用周长与面积之比来衡量,如果周长与面积之比很小,那么圆形就是系统的特征,有利于维持生态系统内部的稳定性;反之,如果周长与面积之比很大,那么凸凹的边界比较大,有利于与外界进行物质和能量的交换。

生态农庄基质景观要素的确定要坚持整体性的原则,注重从总面积、边界形状、与斑块和廊道的空间联系三方面出发来进行规划设计。"集中与分散相结合"格局是 Forman 基于生态空间理论提出的一个具有高度不可替代性的景观总体布局模式,被认为是生态学意义上最优的景观格局(图9-4)。它包括以下7种景观生态属性:①大型自然植被斑块用以涵养水源,维持关键物种的生存;②粒度大小,既有大斑块又有小斑块,满足景观整体的多样性和局部点的多样性;③注重干扰时的风险扩散;④基因多样性的维持;⑤交错带减少边界抗性;⑥小型自然植被斑块作为临时栖息地或避难所;⑦廊道用于物种的扩散及物质和能量的分布与流动。

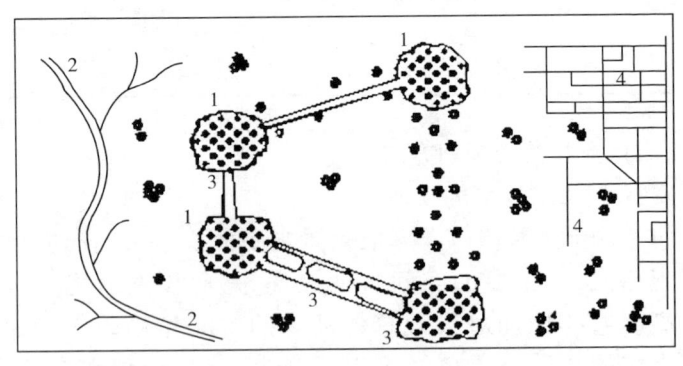

图 9-4 "集中与分散相结合"的景观总体布局

（2）斑块（patch） 斑块是指在外貌上与周围地区（本底）有所不同的一块非线性地表区域,其空间特征（如大小、形状、数量等）对单位面积生物量、生物多样性和各种生态过程都有重要影响。生态农庄的斑块景观主要包括居民生活区、休闲娱乐区、种养殖生产区等不同类型的功能斑块。

① 斑块大小：斑块的大小通常能够影响物种的分布和生产力的布局形式,大型斑块比小型斑块内有更多的物种,能提高碎裂种群（metapopulation）的存活率,更有能力维持和保护基因的多样性;小型斑块不利于斑块内部物种的生存和物种多样性的保护,但占地小,可分布在人为景观中,提高景观多样性,起到临时栖息地的作用。最优景观是由几个大型自然植被斑块组成,并与众多分散在基质中的小斑块相连,形成一个有机的景观整体。

② 斑块形状：斑块的形状不仅影响生物的扩散和动物的觅食以及物质和能量的迁移，而且对径流过程和营养物质的截流也有显著影响；斑块形状的主要生态学效应是边缘效应。斑块的边缘效应是指斑块边缘由于受外围影响而表现出与斑块中心区不同的生态学特征的现象。斑块在生态学上的最佳形状应为一个大的核心区加上弯曲的边界和指状突起，其延伸方向与周围流的方向一致（图9-5）。

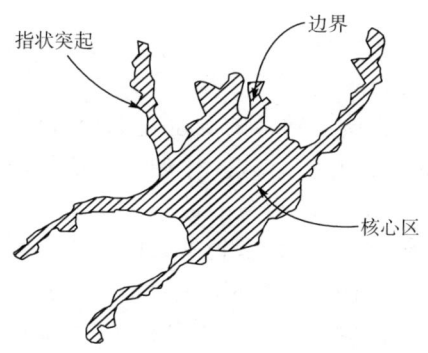

图 9-5 斑块的生态学最佳形状

③ 斑块数量：一般而言，斑块数量越多，景观和物种多样性就越高；反之，斑块数量越少，就意味着物种面临灭绝的可能性越大。所以，为了维持生态农庄内生态系统的稳定性，有必要增加一定数量的斑块，并且斑块间的空间相对位置要尽量集中。

（3）廊道（corridor） 廊道是指不同于两侧基质的狭长地带，可以看作是一个线状斑块，如河流、道路、树篱等。廊道的作用是双重的，可以是物种迁移的通道，也可以是物种和能量迁移的屏障。相邻斑块利用类型不同，廊道构成也不同。绿地廊道最好以本地植物种类为主组成，乡土树种适应性强，可以使绿地廊道的连接度提高，有利于物种的扩散与迁移，有利于种群乃至生态系统的稳定。

① 廊道宽度：生态农庄廊道景观的规划要结合农庄内的道路交通、农业沟渠、河流和绿化带建设来确定适宜的廊道宽度。如进行保护区设计，针对不同的保护对象，仔细分析保护对象的生物、生态习性，廊道宜宽则宽、宜窄则窄，若保护对象是一般动物，廊道宽1公里左右，而大型动物则需几公里宽。

② 廊道形状：目前，生态学家对斑块内的物种如何在景观中迁移，是沿直线、曲线、还是随机迁移，知之甚少，此项研究须对特定物种进行长期的定位观测，对廊道形状的规划有待进一步深入研究。

③ 廊道数量：廊道数量的确定要综合考虑廊道的类型、功能及其与相邻斑块的连接方式。比如在均质性较好的大片基质景观中要尽量减少异质性廊道的数量，以保护其生态稳定性；相反，在斑块数量较多、景观要素较破碎的景观结构中应该相应地增加廊道数量，用于连接各个孤立的斑块，增加连接度。生态农庄的一级廊道数量应控制在3~4条即可，农业生产区域内除灌渠、道路等必要的廊道设置外，应避免设置廊道以保证生物物种的稳定性。

2. 乡村景观类型的规划

从地理学的角度看，乡村景观是具有特定景观行为、形态和内涵的景观类型，是聚落形态由分散的农舍到能够提供生产和生活服务功能的集镇所代表的地区，是土地利用粗放、人口密度较小、具有明显田园特征的地区。从景观生态学的角度看，乡村景观是指乡村地域范围内不同土地单元镶嵌而成的复合镶嵌体，它既受自然环境条件的制约，又受人类经营活动和经营策略的影响，嵌块体在大小、形状和配置上具有较大的异质性，兼有经济价值、生态价值和美学价值。从生态农庄的角度出发，其所包含的乡村景观可以分为三种基本类型：现代农田景观、乡村型园林景观和乡村庭院景观。

(1) 现代农田景观　现代景观农业认为,现代农田景观不仅只具备生产功能,而且还具备生态功能和观光功能。我们可以通过对传统的单一农田景观进行改造,通过合理地规划作物品种,采用轮作、间作和套作等栽培方式,最终形成同时具备经济价值和观光价值的现代农田景观。现代农田景观结构可以由连接成片的大田种植和设施栽培构成基质,建设用地构成斑块,灌区、道路和河流等构成廊道,从而形成基质-斑块-廊道的基本景观结构。

农田中不同的种植方式、耕作制度、作物搭配均是一个地区民族文化、传统观念和民间习俗的具体体现。笔者认为,现代农田景观主要受作物种类、地貌特征、种植方式和耕作制度的影响,我们可以从经济效益和景观美学两方面出发,因地制宜,根据不同的地貌单元来配置作物品种,最终通过人工营造出一幅美好的田园景观。

(2) 乡村型园林景观　18世纪法国杰出的资产阶级启蒙思想家、哲学家、教育学家和文学家卢梭曾告诫人们:"总有一天人们会厌恶毫无乡野气息的公园"。与城市里的风景园林景观相比,乡村型园林景观则更能突出其原生态和蕴涵的乡村文化内涵。乡村型园林景观的营造可以以果树为主要的植物群落,蔬菜、花卉和粮食等作物为次要的植物群落,按照生物学上互利共生的原则,采用间作和立体栽培技术,形成乡村型园林景观所特有的植物群落。除此之外,还要利用自然地貌和人工构筑的道路、亭子、奇石和水域等园林要素,形成集生产、观光、休闲、娱乐等于一体的乡村型园林景观。

(3) 乡村庭院景观　乡村庭院景观是一类比较特殊的农业景观类型,它不仅包含农村居民的住房和围墙,还包括乡村庭院内小型集约化经营的农林牧副渔各业,比如:温室大棚、畜禽舍、果园、池塘等各种景观单元。由于目前农村住宅中每户的宅基地都有一定的标准和使用要求,因此农村住宅的庭院景观设计既要结合住宅平面设计,取得合理的布局方式,又要尽可能地节省建筑面积。乡村庭院的功能分区要体现出宜种则种、宜养则养、宜加则加的特点,使得生活空间和谐统一,解决好农村的生态环境问题。当前国内庭院生态经济的研究认为,缩小住宅面宽,加大进深,使瓜、菜、禽、畜用地占宅基地面积的40%左右,经济效益最显著。

(五) 游憩规划方法

1. 游憩空间规划

大都市郊区游憩是指发生在大都市郊区范围内的主要针对本市居民,围绕以农业文明、完整、独特的自然生态环境和地方文化积淀为特色的地域景观而开展的区域性游憩活动。工业化改变了乡村资源利用的方式、程度和广度,改变了乡村经济产业的发展重点和经济景观的形态特征。城镇化改变了乡村聚落景观的形态与规模,改变了经济要素的空间集聚结构与规模。对开放空间景观资源的不合理利用、工业化形成的乡村污染、城镇化形成的"千村一面"和土地浪费成为乡村开放空间景观活动中存在的重要问题。游憩空间规划必须一方面要保留原有的乡村特质;另一方面又要为游客提供各项基础公共设施和服务。所以,为了达到两者的完美结合,必须综合考虑乡村景观与环境设计的完美配合(表9-10)。

2. 游憩项目规划

依据生态农庄的区位条件,从宏观上,可以将其游憩项目规划分为三层同心环结构:①城市近郊区最接近城市目标市场,可以大力发展观光采摘、农耕体验和市民农园等项目;②城市中郊区农业旅游资源最为富集,可以大力发展观光休闲和农业教育等项目;③城市远郊区自然景观优美,可以大力发展生态旅游、休闲度假和健身疗养等项目。

笔者总结了目前国内生态农庄的游憩项目,将其归纳为以下六大类:

第九章 生态农庄规划与案例分析

表 9-10 乡村景观类型与环境设计配合的关系

景观类型		全景景观	特色景观	焦点景观	围闭景观	框景景观	瞬间景观	细部景观
说明		如整个村落、整个山谷等	如稻田景观、传统聚落景观等	如一棵大树、一间庙宇等	村庄中的巷道、大树隐蔽的林间	如墙洞、或植栽所形成之框景	如气象之变化，如下雨时打在荷叶上的露珠	如莲雾花之特写、果实之剖面造型等
可能发展活动	育	地理解说景观保育	游览体验景观保育	焦点解说景观保育	围闭率空间感	所框景观介绍	景观出现时地	细部之介绍
	乐	拍照	拍照	拍照	休息场所	拍照	惊喜	拍照
	视	地景之欣赏	特色景观之欣赏	焦点景观之欣赏	视觉被部分封闭	如赏画	各种气象的变化	细部之欣赏
	感	登山而小天下	感受农业之形态	艺术品欣赏	安全感	如赏一幅画，实时欣赏	赞叹造物者鬼斧神工	—
环境设计		引导游客登山步道或观景台	引导或作为背景	视轴之设计；无遮蔽物	休憩场所之利用	端景之利用	如观雨亭、赏云楼、制作昆虫栖息地等	步道通过，造形巧思运用

（1）观光采摘类　观光采摘类是生态农庄中一类最为普遍的游憩项目，由最初的小规模的观光果园形式发展到统一规划的集观光、休闲、娱乐、教育为一体的有组织的观光农业园区的高级形态。观光采摘园的旅游活动以观光和采摘为主（图9-6），主要负责供应无公害、绿色和有机农产品，所以观光采摘园的规划设计和旅游开发是以农产品的高效种植和园林景观设计为基础的。观光采摘园的树种选择主要以果形、树形美观，果、花、叶颜色艳丽，果实品味优良的果树为主，并注意早、中、晚熟品种合理搭配，达到一年四季均有花果供应，以满足观光游客的需要。

图9-6　上树摘果

（2）动物观赏类　从养殖方式来划分，则包括畜禽养殖和水产养殖两个组成部分。其具体的养殖内容主要包括四部分：①家畜禽的养殖生产；②珍稀畜禽和观赏性动物的养殖生产（图9-7）；③水产养殖生产；④水产养殖中垂钓园的经营。其功能主要有两个方面：一方面进行养殖生产，为农庄提供必要的肉蛋产品，是整个农庄的物质输出部分；另一方面进行农业景观的营造，是生态农业旅游的基础组成部分，起着科技示范、观光娱乐、农事体验等休闲娱乐功能。具体游憩项目包括:珍稀动物观赏、饲养小动物、肉蛋产品销售、垂钓和狩猎等。

图 9-7 小猪跳水

(3) 餐饮服务类 生态农庄的餐饮服务要注重突出原生态和乡土特色,注重对就餐环境、就餐内容和就餐服务的精心规划。从功能定位和餐饮内容上可以将其分为四大类:①温室生态餐饮类;②自助烧烤类(图9-8);③"农家乐"餐饮类;④特色风味小吃类。其中,温室生态餐饮类是指餐饮服务主要在餐饮温室(或

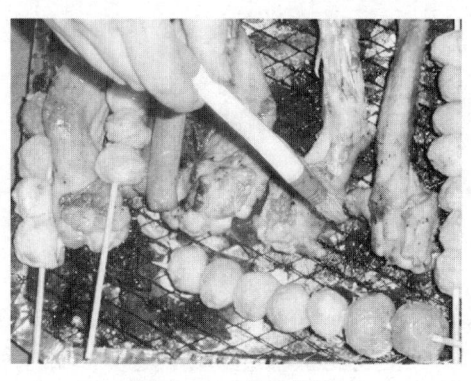

图 9-8 美味烧烤

其他生态建筑)进行,是现代设施农业和绿色餐饮的完美结合,它是利用温室工程、微缩园林景观设计、种植技术来营造出一种优美的生态自然景观环境,以人为本、餐饮为主、环境为辅的一种大型的温室类建筑。自助烧烤类包括室内和野外两种形式,具体操作时要以保护好自然生态环境和食品安全为前提。"农家乐"餐饮类主要是指在农家庭院中进行,以吃"农家饭"为主要形式。特色风味小吃类则要依据地方特色,以提供传统的各种地方风味小吃为主。

(4)住宿服务类　生态农庄的住宿服务要注重突出自然和乡土特色(图9-9),从功能定位和住宿内容上可以将其分为五大类:①标间类;②农家大铺类;③野外露营类;④林间小木屋类;⑤乡间别墅类。其中,标间类似于城市里酒店标间的规格,有着统一的基础设施和配置,但要注重其建筑风格与生态农庄的整体环境和谐统一,避免"建筑污染"。农家大铺类多是农家庭院里一种供多人居住的居室设置,供游客们体验集体生活,有着不同的规格,如:四人间、八人间和十人间等。野外露营类多为游客们体验野外生活而设置,由游客自带或者向农庄租借帐篷、睡袋等装备。林间小木屋类多建在生态农庄里地形

图9-9　水上楼阁

多变、植被良好的林区，多由简易的竹木结构建成，可供游客体验大自然的乐趣。乡间别墅类是一类高级别的住所，多建在自然环境幽静、景观优美的区域，是一类高档次的消费场所，可用于商务会议、小型宴会和疗养等。

（5）休闲娱乐类　生态农庄的休闲娱乐项目多种多样，大体上可分为三大类：①水上乐园类；②康体健身类；③拓展运动类。其中，水上乐园类主要是生态农庄内的水上活动中心，包括游泳馆和各种水上娱乐项目（图9-10）。康体健身类主要为游客提供健身疗养服务，包括疗养中心、健身馆和各种运动项目，注重突出乡村特色。拓展运动类则是组织基本的训练科目，通过参与竞技和挑战项目来提高学员们的意志品质和团队协作精神，此项活动可以通过与企业和学校等单位合作来联合开展（图9-11）。

图9-10　水上乐园

（6）民俗体验类　民俗体验类是生态农庄内最具特色的一类游憩项目，大体可分为3大类：①民俗节目表演与欣赏；②民间手工艺品制作与销售；③农耕文化体验（图9-12）。其中，民俗节目表演与欣赏要结合当地的民俗和民间文化，设计出灵活多样的节目表演形式，可让游客参与其中，自娱自乐。民间手工艺品制

图 9-11 极限运动

图 9-12 传统农机具展示

作与销售可以复兴传统的民间手工艺品,让游客亲身体验手工艺品的制作过程(图 9-13)。农耕文化体验要注重挖掘农业文化的内涵,采用灵活多样的形式组织游客参与其中,如:农事体验、菜地出租、传统农机具展示等。

(六) 废弃物处理

1. 污染源的调查

凡是产生(或排放)污染环境物质的发生源都称之为污染源,一般指向环境排放有毒有害物质或对环境产生有害影响的场所、设备和装置。按照污染物的来源可将污染物分为天然污染源和人为污染源两大类。天然污染源是指自然界自行向环境排放有害物质或造成有害影响的场所,如正在活动的火山、地震源、泥石流等。人为污染源是指人类社会活动所形成的污染源,是生态环境规划管理和控制的主要对象,如工业污染源、农业污染源、生活污染源。对污染源开展全方位的调查工作,可以为污染物排放量和废弃物处理工艺流程的确定提供科学依据。

图 9-13 制陶体验

2. 污染物排放量的确定

(1) 物料衡算法 物料衡算法的基本原理是物质不灭定律。在生产过程中,投入的物料量应等于产品中所含这种物料的量与这种物料流失量的总和,如果物料的流失量全部排入外界环境中,则污染物排放量就等于这种物料的流失量。

(2) 经验计算法 根据生产过程中单位产品(或万元产值)的排污系数进行计算,求得污染物排放量的计算方法称为经验计算法。经验公式为:

$$Q = KW \tag{9-5}$$

式中 K——单位产品经验排放系数,千克/吨;

W——单位时间的产品产量,吨/小时;

Q——单位时间污染源的排污量,千克/小时。

一般,各种污染物的排放系数国内外文献中给出很多,它们都是在特定条件下产生的。因此,在选用排放系数时,一定要综合考虑区域差异、生产条件差异等,选择最权威和具有广泛代表性的排放系数,有时也可根据实际情况进行修正,不能盲目照抄、照搬。

(3)实地监测法 实地监测法是通过对某个污染源的现场测定,得到污染物的排放浓度和介质流量(废水、废渣、废气等),然后计算出排放量,计算公式为:

$$Q = CL \qquad (9-6)$$

式中 C——实际测得的污染物平均排放浓度,千克/立方米;

L——介质流量,立方米/小时;

Q——单位时间污染源的排污量,千克/小时。

实地监测法所得到的污染源的排污量比较准确,但费事、费力、成本高。所以,在实际操作中应结合以上两种方法进行,作为对估算的补充。

3. 环境污染的评价指标

(1)排放强度指标 排放强度指标是单位时间内污染源排放某种污染物的绝对数量,主要反映污染源对环境的污染程度,计算公式为:

$$W_i = C_i Q_i \qquad (9-7)$$

式中 C_i——实测某种污染物的平均排放浓度,千克/立方米;

Q_i——某种污染物介质排放量,立方米/度;

W_i——某种污染物的排放强度指标,千克/度。

(2)检出率 检出率是指某一污染源的某种污染物的检出样品数占样品总数的百分比,计算公式为:

$$B_i = \frac{n_i}{A_i} \times 100\% \qquad (9-8)$$

式中 n_i——某污染物检出样品个数;

A_i——某污染物样品总数;

B_i——某污染物的检出率,%。

(3) 超标率　超标率是指某污染源的某种污染物超过排放标准的样品数占该种污染物检出样品数的百分比,计算公式为:

$$D_i = \frac{f_i}{n_i} \times 100\% \qquad (9-9)$$

式中　f_i——某种污染物超过排放标准的样品数;

n_i——某污染物检出样品个数;

D_i——某种污染物的超标率,%。

4. 有机废弃物处理模式

对生态农庄内的废弃物进行分类收集,将不可回收的废弃化学物质及时从农庄内运送至指定的垃圾压缩中转站。

为实现生态农庄的生态环保功能,促进农庄的可持续发展,做到废弃物的零排放,规划中农业废弃物、植物残枝、部分生活垃圾及污水处理可在农庄内的废弃物处理区得到集中的处理,使之无害化和资源化,从而形成整个农庄内部的物质、能量流,实现循环经济。

(1) 有机废弃物排放量的确定　有机废弃物处理是使生态农庄实现生态化、走可持续发展道路、实现循环经济的关键所在。生态农庄内的有机废弃物主要包括以下三方面:

① 人畜禽粪便量:人畜禽粪便量的确定主要由经验估算得出,人类粪便量主要由生态农庄内的总人数(包括常住人口和游客)和平均每人每天的粪便排泄量来进行估算(比如:1.2千克/天),从而确定出某一段时期内的粪便排泄总量。畜禽粪便量主要由畜禽饲养总量、单个畜禽粪便排泄量(表9-11)、饲养工艺、清粪方式(干清粪和水冲粪)等因素来综合确定。

② 农作物秸秆类废弃物:农作物秸秆类废弃物主要由农作物收获后所残余的枯枝、烂叶而产生,比较难于确定其产生总量。

常用的方法是根据农作物的种类、单个农作物的残余量、种植面积、栽培方式等来进行估算,也可根据对特定地域面积某一时期的农作物秸秆类废弃物总量进行实测,从而用于对同类地区农作物秸秆类废弃物总量进行预测。

③ 餐饮污水等生活废弃物：餐饮污水等生活废弃物的总量预测可以根据农庄内的人居规模、生活习惯、餐饮业的规模、农庄的给排水设计标准等因素来进行测算。具体餐饮污水的产生总量可以依据农庄内各个主要餐厅一定时期内餐饮污水的产生量来进行估算。

表 9-11　各种家畜禽粪尿的排泄量(原始量)

畜别	饲养期(天)	每头(羽)日排泄量(千克)			每头(羽)年(饲养期)排泄量(吨)		
		粪量	尿量	总计	粪量	尿量	总计
榨乳牛	365	30~50	13~25	45~75	14.6	7.3	21.9
成牛	365	20~35	10~17	30~52	10.6	4.9	15.5
育成牛	365	10~20	5~10	15~30	5.5	2.7	8.2
犊牛	180	3~7	2~5	5~12	0.9	0.45	1.5
成年马	365	10~20	5~10	15~30	5.5	2.7	8.2
种公猪	365	2.0~3.0	4~7	6~10	0.9	2.0	2.9
乳母牛	365	2.5~4.2	4~7	6.9~11.2	1.2	2.0	3.2
后备母猪	180	2.1~2.8	3~6	5.1~8.8	0.4	0.8	1.2
出栏猪(大)	180	(2.17)	(3.5)	(5.67)	0.4	0.6	1.0
出栏猪(中)	90	(1.3)	(2.0)	(3.3)	0.12	0.18	0.30
羊(山、绵羊)	365	(2.0)	(0.66)	(2.66)	0.73	0.24	0.97
兔	365	(0.15)	(0.55)	(0.70)	0.05	0.20	0.25
产蛋鸡	365	0.14~0.16		0.14~0.16	0.06		0.06
肉鸡	50	(0.09)		(0.09)	4.5kg		4.5kg
肉鸭	55	(0.10)		(0.10)	5.5kg		5.5kg
蛋种鸡	365	(0.17)		(0.17)	62.1kg		62.1kg
蛋种鸭	365	(0.17)		(0.17)	62.1kg		62.1kg

（2）三种处理模式　在这里，笔者主要来讨论有机废弃物的处理问题，通过大量的调研，总结出了生态农庄的三种废弃物处理模式——"堆肥还田模式"、"沼气发酵模式"和"达标排放模式"。

① 堆肥还田模式：有机废弃物堆肥是一种传统的、经济有效的粪污类处理方法，可以实现有机废弃物的零排放。其优点为实现了零排放、投资省、不耗能、基本无运行费用；缺点为处理废弃物的规模小、有恶臭、不卫生和易对环境造成污染。堆肥还田模式的适用条件为：有机废弃物规模不大、当地劳动力价格低、大量使用人工清粪和有大量的土地可供消纳肥料。

其工艺流程如图9-14所示。

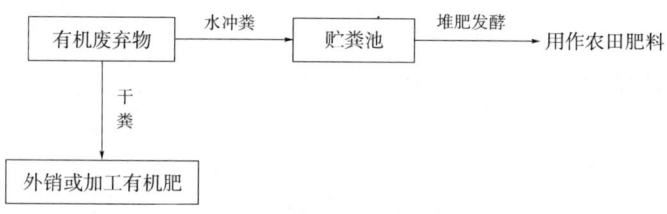

图 9-14　堆肥还田模式工艺流程图

② 沼气发酵模式：沼气发酵模式以厌氧消化为主体工艺，结合氧化塘或土地处理等自然处理系统，可以使处理出水达到排放标准，厌氧处理后的沼渣、沼液可以全部还田。其优点为：投资较省、可回收能源（沼气）、不需复杂的设备；缺点为：后期处理需要占用大量土地和有污染地下水的可能性。沼气发酵模式的适用条件为：有机废弃物规模适中、当地劳动力价格低、以人工清粪为主、水冲为辅和有大量的土地可消纳肥料。

其工艺流程如图9-15所示。

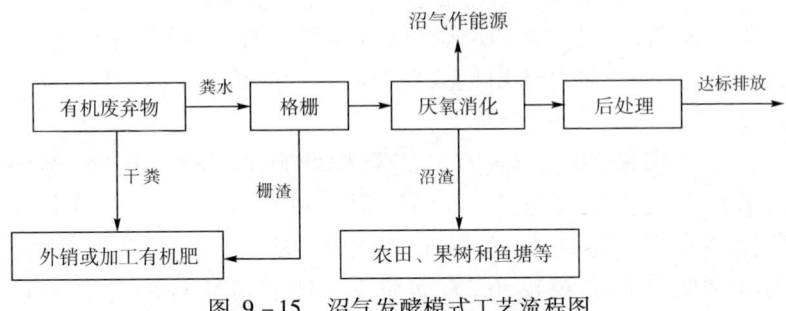

图 9-15 沼气发酵模式工艺流程图

③ 达标排放模式：达标排放模式由预处理、厌氧处理、好氧处理、后处理、沼气利用等组成，需要较为复杂的机械设备和要求高的构筑物，其设计、运转均需要受过较高教育的技术人员来执行。其优点为：适应性强、占地少和可达标排放；缺点为：投资大、能耗高和运行管理费用高。达标排放模式的适用条件为：有机废弃物规模大、土地短缺、劳动力价格比较昂贵和以水冲清粪为主。

其工艺流程如图 9-16 所示。

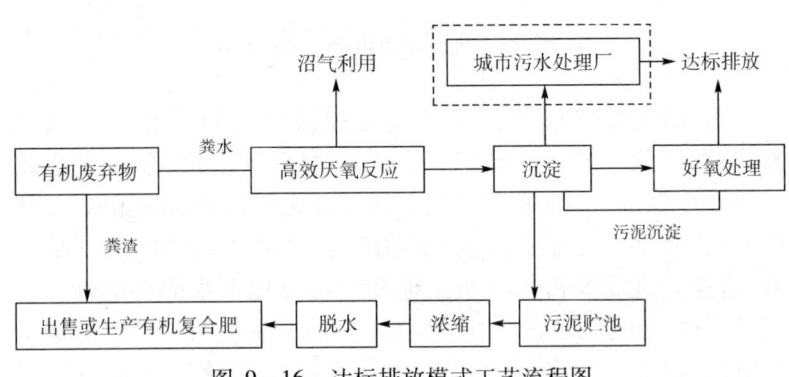

图 9-16 达标排放模式工艺流程图

第三节 生态农庄案例分析

一、江苏省无锡市滨湖区原生态休闲山村

(一) 项目背景

无锡市滨湖区地处长江三角洲腹地,位于江苏省东南部,无锡市西南部,东临上海,西接南京,南依太湖,北靠长江,自古就有"鱼米之乡"的美誉。全区总面积631.5平方公里,耕地面积7 833.33公顷。境内土地肥沃,物产丰富,青山绿水,景色优美,经济繁荣兴旺,是近代民族工商业和现代乡镇工业的发祥地和中国"吴文化"的发源地之一(来源:《滨湖区概览2005》)。

规划区位于无锡市滨湖区滨湖镇,红沙湾至漆塘沿太湖片区,包括吴塘、西吴塘、张桥村、康山头、吴塘门、山庄里、白旄前湾、白旄后湾、小丁里、羊歧等村落。规划区总面积约587公顷,包括太湖十二渚中的庙山渚、羊歧渚、杜景渚、白旄渚、亮河渚及康山渚6渚,环太湖岸线约8.3公里,东部为海拔90~240米的山地,森林覆盖率达88%,南侧为红沙湾观光农业区,北侧为水浒、三国娱乐城、鑫湖度假村等旅游景点。区内盛产杨梅、醉李、水蜜桃、柑橘、枇杷、葡萄、茶叶、银杏等。

规划区域内湖光山色、风光秀丽、环境幽雅、民风淳朴、林果资源丰富,形成了"原生态休闲山村"的自然氛围,也将是提升传统农业产业、实现"以旅促农"的最佳创新试验区。在原有村落及现状的基础上,立体提升价值,按照"主体回归农民、效益回归农业、发展回归农村"的"三回归"原则,积极探索集约高效利用土地、依法有效保护土地的新形式,以及进一步改善生态环境、"以旅促农"提高农民收入的新途径。

(二) 经营模式

规划区的经营,可以由农民、企业、政府等参与者结成"风险

共担、利益共存"的利益共同体。可以按农民意愿结合旅游开发类型组成多种形式的经营模式。可吸引企业进驻,采用"公司+协会+农户"的模式进行管理;也可集体投资按照"合作组织+农户"的运作模式,以农户为单位进行具体操作,农村合作组织进行管理;还可以考虑采用"股份制龙头企业+基地+入股农户"的形式,村民变股民,企业与农民按照股份制原则兴建龙头企业,按股分红,共担风险、利益均沾,形成先进、完整的产业链。

规划区内的一级组织者和实施者,要对农户进行规范化管理,建立服务质量评定标准。

首先对农家旅游农户应具备的基本条件进行控制,包括从业资格、卫生状况、经营服务场地、接待服务设施、经营管理等五个方面的要求。

将具备农家旅游资格的农户进行等级划分,从低到高依次为:一星级、二星级、三星级、四星级、五星级。等级划分标准包括:①经营服务场地;②接待服务设施;③环境保护;④服务质量;⑤服务项目设置;⑥卫生条件等内容。

对符合等级评定标准的,将发予相应的服务质量等级标识,还要对"农家乐"旅游服务质量等级实行动态管理。对达不到服务质量等级标准的,应当限期整改,逾期仍不能达到服务质量等级标准的,应降低服务质量等级或取消旅游从业资格。

另外,要对以农户为单位的从业人员进行从业素质的培训,提高从业农民的接待、服务水平,同时注重农业特色项目的开发和包装工作。

(三) 效益分析

1. 生态效益

规划始终强调生态的重要性和优先性,各个功能分区的建设及项目的设置都在符合生态规律的前提下进行。将区内原生态乡村资源、太湖滨湖资源优势转变为经济优势,促进规划区生态的可持续发展、人文资源的可持续发展、乡村经济的可持续发展和核心竞争力的不断提高。并通过经济效益的提高,增加对生态的投入,不断改善规划区内环境质量,提升生态价值,实现生态环境的良性循环,最终形成有无锡滨湖特色的高效低耗、原生态的乡村生态旅游模式。

2. 社会效益

规划坚持走生态旅游与文化旅游相结合的道路,注重农业文化的开发与提升。以农耕文化、太湖渔文化、茶文化为着眼点,发挥农业在生态保障、观光休闲、文化传承等方面的特殊功能,更新村民观念,促进文化品位的提高,推动精神文明建设的发展。同时,用科技和创新的理念促进农业产业结构调整,统筹乡村旅游资源,建立"以旅促农、以城带乡"的长效机制,培育农村经济新的增长点,将农户自主经营、企业股份制投资等形式融为一体,加上生态乡村旅游带动的相关产业发展,将提供就业岗位 1 000 个以上,大幅度拓展劳动就业面。

3. 经济效益

规划的实施,将改变原有农村盈利模式,整合乡村旅游资源,形成"以旅促农"的提高农民收入的新途径。同时能够带动农村商业、饮食业、旅馆业、文化娱乐业、交通运输业、建筑业、旅游商品、纪念品加工业等相关产业的发展,从而形成"一业带百业,一业举而百业兴"的联动效应,推动农村第一、第二产业的发展,带动产业结构的调整,最终实现农民收入的大幅度增长。预计可实现规划区内农民增收15% ~20%。

(四) 优缺点分析

1. 优点

该项目充分利用了规划区内各种自然和人文景观资源,在原有自然村落的基础上通过土地整理和空间重组,实现了自然景观和农耕文化的完美结合,从而实现了"以旅促农"的功能定位。

2. 缺点

该项目地农业基础较为薄弱,产业结构也较为单一,同太湖周边景区旅游资源部分雷同,市场竞争压力相对较大。

(五) 原生态休闲山村功能分区图

如图 9-17 所示。

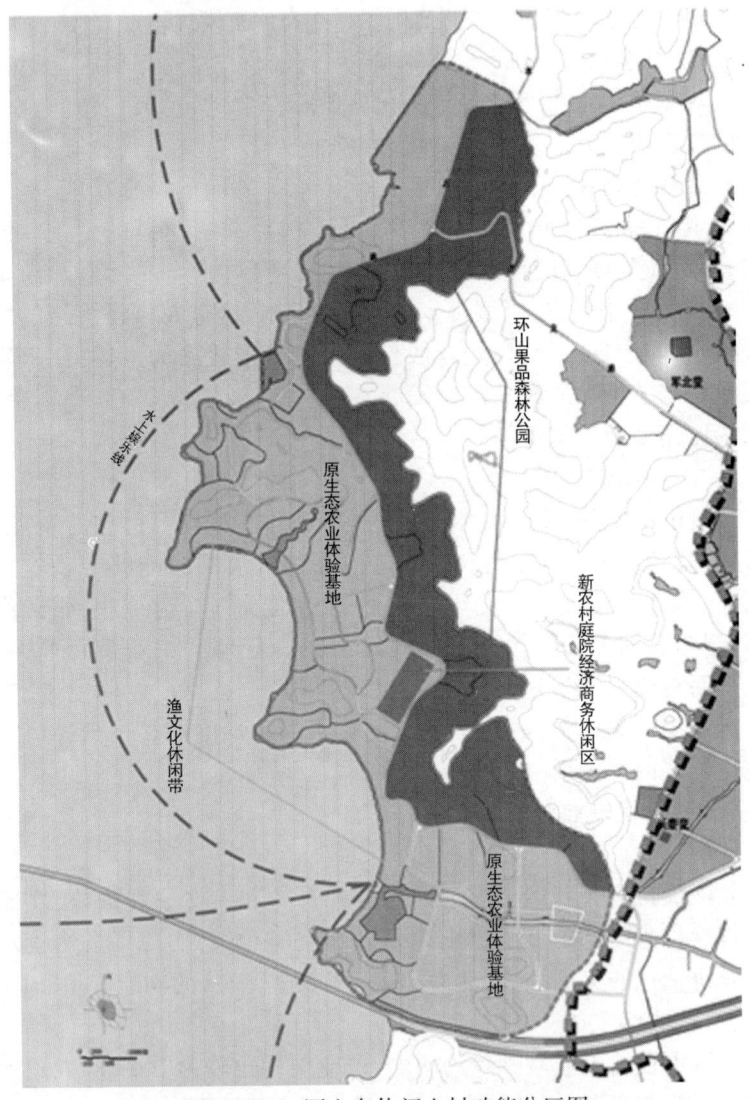

图 9-17 原生态休闲山村功能分区图

二、北京市延庆生态农场

(一) 项目背景

延庆县地处北京西北，距北京市区 74 公里。全县总面积 2 009 平方公里，三面环山，一面临水，平均海拔 500 米左右，境内最高峰海坨山海拔 2 241 米，辖区有 15 个乡镇，400 多个行政村，总人口 27.5 万人。延庆是京郊的农业大县，是首都北京的农副产品供应基地，农业资源丰富、无污染、气候冷凉，为发展生态农业提供了得天独厚的条件，粮食产量常年稳定在 3.6 亿公斤。2000 年延庆县被国家环保总局评为国家级生态示范区，目前有玉渡山、龙庆峡等 10 个县级自然保护区和 10 平方公里的县城防护林体系，其中松山为国家级自然保护区。

延庆农场位于长城脚下延庆县西部，距北京市 90 公里，距延庆县城 6 公里。农场三面环水，东面与城关镇接壤，延农公路直达县城，交通极为便利。农场面积 6 平方公里，地势平坦，土地肥沃，海拔 480~482 米，年平均气温 8.2℃，无霜期 145 天，夏季气候凉爽，空气新鲜宜人，为农业生产提供了良好的条件。延庆属大陆性季风气候，冬冷夏凉，年平均气温 8℃，年平均降水量 494 毫米，最热月份气温比北戴河低 0.8℃，比承德低 0.5℃，是著名的避暑胜地，素有首都北京"夏都"之美称。生态环境优良，大气、水的质量均达到国家一、二类标准。

延庆农场的前身是官厅水库淹没区建的延庆公社机耕队，1961 年移交给北京市农林局管理，同年 9 月，成立国营北京市延庆农场，后改属市农场局领导，是市农场局直属农场之一。近几年，随着市场经济的发展，农场根据市场需求不断调整农业产业结构，多种经营开展得红红火火，粮食连年增长，养殖业得到良好发展势头，以农业为原料来源的工业生产也初具规模。

(二) 经营模式

延庆生态农场的发展，有赖于建立一个高效率的运行机制，这是提高管理效率的核心问题。延庆生态农场的运行机制包括系统结构、运行规则和边界条件三个方面因素。

1. 系统结构

为缩短传统农业向现代农业的转变和促进农业高新技术在延庆农场中尽快地转化为现实的生产力,管理部门应由行政管理(即法规、政策、规划等调控手段)、经营管理(即市场经济的调节机制)和科技社团机制(决策咨询和决策建议)综合组成,发挥其综合、互补的功能。

2. 运行原则

以运行机制的结构本身为基础,建立一套指导系统结构的调控运行原则:

(1)要建立一套相关的法规和政策体系;

(2)要理顺宏观和微观各层次和试验、示范、推广及最后的商品化各阶段的关系;

(3)要疏通技术、市场、金融、税收各个环节之间的渠道;

(4)要建立灵敏的信息网络;

(5)要建立合理的区内关系,包括土地、人口等。

3. 边界条件

即对农场农业产业化运行机制系统结构的支撑和约束因素,如符合什么条件的项目可以进农场等。

农场发展过程存在发展周期长、变化慢、投资大的特点,应采取特殊的政策扶持。除了给予各种政策优惠外,还应该加强管理,充分发挥生态农场的示范和辐射作用,使之成为北京乃至我国农业发展的增长点。

要大力发展农业科技咨询业和科技服务业,从而成为农业科技成果转化的催化剂,使示范区尽快地启动并运行起来,以求得农场自身的滚动发展。

另外,为将农场建设成为科研、技术、贸易、技术培训、旅游相结合的农业科技经济实体,在未来 10~20 年内达到世界先进水平,必须以科教兴农为根本方针,强调农业科技与农村经济相结合,重点放在科技成果试验、推广和人员的培训提高上。坚持执行自筹资金、自由组合、自主经营、自负盈亏、自我约束和自我发展的"六自原则",使农场沿着科学的规划方向健康地发展。

(三) 效益分析

1. 生态效益

延庆生态农场注重对周边环境的保护,以动物粪便的资源化利用为纽带实现了农场的循环经济。农场内的奶牛场现有奶牛约1 100头,其中每头奶牛每天排粪量为15～45千克,这里取排粪量30千克/天,则一年的排粪量大约为12 045吨,若将其加工成有机肥料出售(1吨粪便生产0.5吨有机肥),一年内所获得的利润为256.6万元;若用动物废弃物代替价格最低氮肥(约1 500元/吨)的一半计算,则可节约资金33.4万元,所以,利用动物废弃物的直接经济效益为290.0万元。

2. 社会效益

延庆生态农场注重运用科技和创新的理念促进农业产业结构调整,加强农业产业化的发展,将企业自主经营、企业股份制投资和农户个体经营等形式融为一体,直接带动了农场周边50多个行政村的经济发展,提供就业岗位将近2 000个。

3. 经济效益

为了保护自然环境、回归大自然,结合延庆国家级生态县的建设,农场正在按照规划进行产业结构调整,逐步发展成种植、养殖、旅游、观光、休闲、度假为一体的新型产业。农场下属各企业年产值总和大约在5 000万元左右,周边农民人均年收入已突破10 000元。

(四) 特点分析

1. 优点

该项目农业产业化程度高,逐步形成了以种植、养殖、加工业为主,同时兼有旅游、度假为一体的产业结构体系,工农业生产已初具规模,生产能力强。

2. 缺点

农场内土地未能得到充分利用,除北部格局较为完整外,中部土地多未经开发,机械化程度低,土地资源严重浪费。此外,道路系统不完善,绿化不足且未形成系统。农场南部的橡胶厂及乳品厂排放物污染环境,破坏生态系统,均需搬迁或改造利用。另外,农场的旅游功能开发不强,旅游收益贡献率较低。

(五) 延庆生态农场功能分区图

如图 9-18 所示。

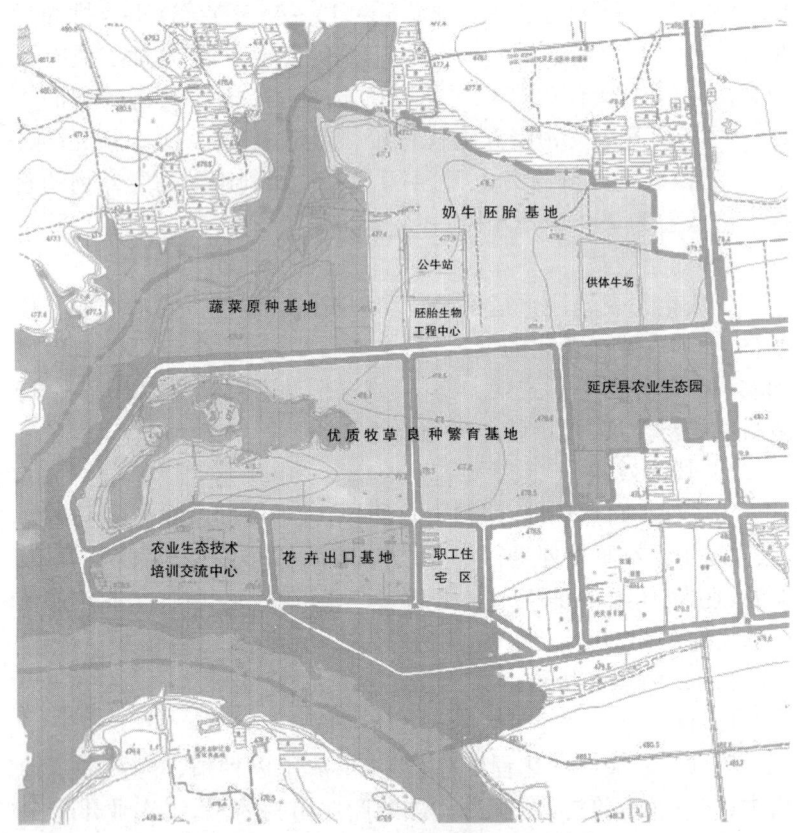

图 9-18 延庆生态农场功能分区图

三、北京市大兴区留民营生态农场

（一）项目背景

留民营位于北京市大兴区长子营镇，它得名于山西省留民县。传说，早年山西难民逃难至此，留下不走，故得名留民营。该村距市区25公里，占地145平方公里，现有农户240户，人口861人。该村位于永定河冲积平原地区，地势较低，地下水丰富，土壤有机质含量较高，气候适宜，光照充足，适于多种农作物的生长。留民营村是我国最早实施生态农业建设与研究的试点单位，同时也是我国农村涉外窗口之一。通过发展农业和生产结构调整，开发利用新能源，大搞植树造林，留民营从一个贫穷落后的村庄变为一个文明、富裕、优美的现代化农村。1985年，一部反映留民营生态农业的电影纪录片被选送到联合国；1986年10月7日，被联合国环境规划署正式认定为"中国生态农业第一村"；1987年6月5日，留民营村负责人张占林被联合国环境规划署授予环境保护500名荣誉榜，成为全球500佳之一；1988年10月"留民营生态农业系统建设与研究"课题被评为国家科技进步一等奖。

几十年来，留民营凭借它优美的生态环境、独特的生态模式和民俗风情文化底蕴，成功地塑造了"中国生态农业第一村"的品牌，为越来越多的世人所瞩目。特别是近些年来，随着景区建设的不断完善，宣传促销不断强化，旅游环境不断优化，管理逐步到位，更受到中外游客的青睐。

（二）经营模式

留民营生态农场主要采取社区集体经营和农户个体经营相结合的运行模式，以生态农业为根本，以产销"有机食品"为最大特色，以餐饮、娱乐、健身为载体，实施产业化多元经营的策略。现有民俗旅游观光（180户村民住宅、60户村民四合院）、青少年绿色文明教育基地、动物园、儿童娱乐中心、农具展馆、生态庄园、庄园酒楼、中老年活动中心、影剧院等。

(三) 效益分析

1. 生态效益

留民营生态农场是在我国率先实施生态农业建设和研究的试点单位,形成了以沼气为中心,串联农、林、牧、副、渔的生态系统。在有机农业示范区内,发展"有机蔬菜"基地500亩。基地内,其有机蔬菜全部供应"家乐福"超市,并兴建了"有机肥加工厂"、"散养鸡场"。另外,长期的生态农业旅游建设也实现了农业生产的良性循环和农业的可持续发展。

2. 社会效益

留民营生态农场坚持以生态农业建设为根本,形成了种、养、加、产、供、销一条龙的生产体系,吸纳劳动力将近1 500人。几十年来,由于知名度的提高,外国友人也经常光顾留民营生态农场,仅去年接待外宾将近300余人,遍布124个国家,产生了良好的社会效益。

3. 经济效益

留民营生态农场工、农业总产值达到1.6亿,人均收入10 450元,集体固定资产1.23亿元。在畜牧养殖区内,蛋鸡饲养量达到20万只,年出栏商品猪达到5 000头,奶牛饲养量发展到100头。每年可向国内外市场提供有机蔬菜1 000万斤、鲜蛋260万斤、牛奶25万斤、肉类90万斤、鲜活家禽20万只。在工业区内,现有入驻企业8家,吸纳劳动力600人,形成了机械、环保、食品、旅游制品、玻璃钢制品等行业。另外,每年接待中外游客将近10多万人次,旅游收入达到300余万元。

(四) 特点分析

1. 优点

该项目以生态农业建设为纽带,形成了种、养、加、产、供、销一条龙的生产体系,打造了"中国生态农业第一村"的良好形象。

2. 缺点

游憩项目设置较为单一,参与性不强,旅游活动受季节影响较大。

(五) 留民营生态农场功能分区图

如图 9-19 所示。

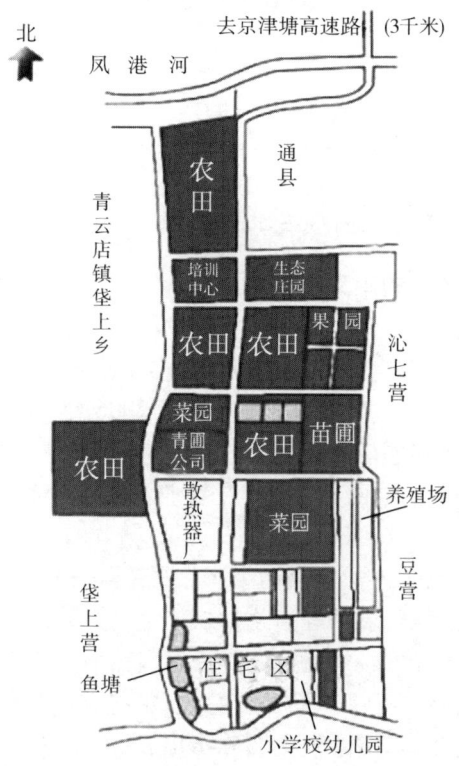

图 9-19 留民营生态农场功能分区图

第十章 农产品物流园区规划与案例分析

第一节 概 述

一、农产品物流园区及其相关概念

（一）农产品的定义及其特点

1. 农产品的定义

2006年4月29日中华人民共和国第十届全国人民代表大会常务委员会第二十一次会议通过，并于2006年11月1日起施行的《中华人民共和国农产品质量安全法》，对农产品作如下定义：是指来源于农业的初级产品，即在农业活动中获得的植物、动物、微生物及其产品。

定义明确地描述了农业初级产品是未经任何加工的原始状态产品，如粮食、蔬菜、果品等植物性农产品，猪、牛、羊、鱼、牛奶等动物性产品，蘑菇、木耳、猴头等菌类食品，苜蓿草、三叶草、籽粒苋等饲料产品，棉、麻等纤维产品等。总之，可将农产品归纳为食物、饲料和纤维三大类。另外，定义明确指出，农产品是在农业活动中获得的植物、动物、微生物及其产品，也就是在农业种植、养殖活动中获得的产品。农产品是有计划、有目的的农业生产活动的产物，因此，那些自然存在的、野生的动植物是不包括在内的。

2. 农产品的特点

（1）不论是植物、动物或菌类农产品，它们都是有生命的活性物，本身要呼吸、不断消耗养料。

（2）它们的含水量很高,特别是植物类产品,不仅容易腐烂,而且失水过多会降低质量。

（3）农产品的成分复杂,含有水分、纤维、脂肪、蛋白质、糖类、矿物质、维生素等,因此,要保持他们的新鲜度和质量的难度较大。

（4）农产品是循环可再生产品,而且在不断更新、提高。产品质量与气候、环境、种植或养殖者的水平、能否遵守操作规范等有关。因此需要对农民进行培训,使他们能熟练的掌握生产技术,要因地制宜地采取措施,执行严格的生产和管理规范,才能保证产品质量基本一致。

（5）农产品受到外力(积压、碰撞、振动),易被损伤。

（二）农产品物流的特点及其定义

1. 农产品物流的特点

（1）技术要求高　由于上述农产品的特点,必须具备先进的保鲜技术和设备,才能保证产品以高质量的状态到达消费者手中。

（2）物流量大,连续性强　粮食、蔬菜、水果、肉类等农产品是人类每天必需的食品,饲料是养殖业每天不可缺少的原料。如蔬菜,若每人每天消费0.5公斤,一个100万人口的城市就需要50万公斤,而且每天要连续、均衡供应。

（3）运作难度大　每个城市每天都必须将农产品从产地有序地、均衡地、保量地、及时地送到各个消费点,又要保障产品的新鲜、质量、损伤低、损失少,经营者有经济效益,这就要有准确的信息、合理的运筹、运送的快捷,这比工业品物流的运作难度大得多,是一项需要高水平的管理和现代设施的产业。

（4）季节性强　农产品生产受自然条件制约性大,具有不稳定性,使农产品物流具有明显季节性特点。首先,不同地区气候、土壤、降水等存在差异,有各自适宜种植品种,农产品因产量和质量差异,形成季节性物流。其次,同一地区由于季节转换,因农产品品种变化而形成季节性物流。

2. 农产品物流相关定义

（1）物流含义　"物流"一词最早来自古希腊 logos（λόγο ς）一词。在古希腊、罗马和拜占庭帝国时代，军衔为"Logistikas"的军官负责财务、物品供应和分配，所以，物流（logistics）最早是出现在军事领域，系指军需品从基地运动到前线的概念。牛津英文字典对"物流"的定义也是阐述在军事科学部门的应用。现代物流的含义涉及物料的产出、保存、运输、人员和设施。没有物流的支持，生产和市场也不会存在。食品配送一词也来自古罗马，古罗马发生饥馑时，根据公益工作政策条款，要分配给市民免费面包。因此认为，食品配送的重要性在于保证公众的健康，特别是发生饥馑、营养不良或疾病时。

到 20 世纪 50 年代，物流概念才进入商业领域。在商业上，物流可能是国内的，也可能是国际的。物流管理主要包括经营管理、采购、运输、库存以及这些活动的组织和计划。有两类基本不同的物流形式，一类是优化物料在运输和储存网络中的稳定流动，另一类是协调资源秩序，以开发、运行某些项目。在工业生产中，生产物流的目的是保证每台机器和工位在合适的时间点都有合适的负荷。

（2）物流、配送定义　国家标准《物流术语》（GB/T 18354—2006）对物流的定义为：物品从供应地向接收地的实体流动过程。根据实际需要，将运输、储存、装卸、搬运、包装、流通加工、配送、信息处理等基本功能实施有机结合。

对配送（distribution）的定义为：在经济合理区域范围内，根据用户要求，对物品进行拣选、加工、包装、分割、组配等作业，并按时送达指定地点的物流活动。

笔者认为，把物流和配送分别定义是科学、合理的。物流在没有货币的时代就出现了，有物流的地方，可能有配送，也可能没有配送，但有配送的地方，其中必有物流。

鉴于农产品物流具有上述特点，笔者认为，现代农产品物流的定义应描述如下:现代农产品物流是将农产品从产地以高质量、高新鲜度状态送到客户地点。因此,功能完善的物流系统要有稳定的货源产地、产品标准、初加工、包装、组配、定价、运输、质量监控、信息系统、降价、回收措施以及规范的管理等一系列相互协调的完整链节。

3. 农产品物流园区的定义

国家标准《物流术语》(GB/T 18354—2006)对物流中心、配送中心和物流园区有以下定义。

物流中心(logistics center)定义:从事物流活动的场所或组织。应基本符合下列要求:

(1) 主要面向社会服务;
(2) 物流功能健全;
(3) 完善的信息网络;
(4) 辐射范围大;
(5) 少品种、大批量;
(6) 存储、吞吐能力强;
(7) 物流业务统一经营、管理。

配送中心(distribution center)定义:从事配送业务的物流场所或组织。应基本符合下列要求:

(1) 主要为特定的用户服务;
(2) 配送功能健全;
(3) 完善的信息网络;
(4) 辐射范围小;
(5) 多品种、小批量;
(6) 以配送为主、储存为辅。

物流园区(logistics park)定义:为了实现物流设施集约化和物流运作共同化,或者出于城市物流设施空间布局合理化的目的而在城市周边等各区域集中建设的物流设施群与众多物流业者在地域上的物理集结地。

笔者认为农产品物流园区不同于工业物流园区,它的物流内容明确,是农产品,服务对象主要是城市居民,投资和规模较工业物流园区小,使用上述物流中心和配送中心的定义比较合适。农产品物流园区,可以是物流中心,如农产品批发市场,也可以是配送中心,如各种农产品配送公司或进驻批发市场内的配送中心。若更明确的加以定义,可阐述为:

农产品物流园区就是农产品能顺利、畅通、有序、方向明确地进行流动的经营场所。它具有现代建筑设施,如农产品交易厅、冷库、信息设施、运输设备、良好和通顺的道路、质量安全监控设备、良好的环境、高水平的运作、管理等。

二、发展现代农产品物流的意义

(一) 农产品物流的问题实际是农产品销售问题,不仅关系到农民的切身利益,更是关系到完善整个国民经济体系的重大课题

根据有关资料报道,我国水果蔬菜等农副产品在采摘、运输、储存等流通环节上的损失率高达25%~30%,其中,在运送路上腐烂的果蔬每年就有3.7万吨,而发达国家果蔬损失率则控制在5%以内。中国每年在运输中腐烂的水果、蔬菜、乳制品和其他容易损坏的食品的物流成本,占产品销售的七成以上,这部分主要用来补贴损坏货物的价格,总损失约达750亿元人民币,如果用这笔巨款买粮食,可以解决2亿人的吃饭问题。中国缺乏物流人才和现代化冷藏储运基础设施,是造成损失的主要原因。

(二) 改革传统农产品流通模式,建立信息拉动式的新型的农产品流通模式,是降低流通成本、提高流通效率、解决我国农产品流通问题的根本所在

具体表现在以下几点:

(1) 发展农产品物流配送系统,是落实国家政策、适应社会

发展的需要。

(2) 农民降低生产成本,提高农产品竞争能力的强烈愿望,为创建农产品物流配送系统奠定了社会基础。

(3) 按现代化农业标准创建的低成本农产品物流体系,能够激发农村运用现代科学的积极性。

(4) 现代农产品物流配送系统能够改善农业经济运行条件和快速提升农产品质量。

(5) 建立农产品物流配送系统可以提高农村第三产业比重,增加农村劳动力就业机会。

(6) 建立农产品物流配送系统,可以促进名、优、特、新产品在国内外市场的流通,给地方经济带来明显的效益。

(7) 发达的现代化交通运输、保鲜技术、通讯和网络信息技术,使建立农产品物流产业服务成为可能。

按照国际标准,食品物流成本最高不能超过食品总成本的50%。国内公路运输中,冷藏运输只占20%,其余80%用普通卡车运输,食品损耗高。中国食品供应链被评议为"昂贵、损耗食品、无利可图、容易造成食品中毒"水平。

(三) 发展农产品物流是解决"三农"问题的关键之一,是建设和谐社会的基础条件

解决三农问题,首先要解决农产品难卖问题,否则谈不上共同富裕、和谐发展。大力发展农产品物流实际上就是要解决好以下各种矛盾。

(1) 农产品生产地域性与消费普遍性的矛盾;

(2) 农产品季节性生产与全年消费的矛盾;

(3) 农产品特性与消费及时性以及绿色要求的矛盾;

(4) 农产品千家万户的小生产与千变万化的大市场的矛盾;

(5) 一国农产品生产的局限性与消费全球性的矛盾。

三、发展现代农产品物流的必要性

中国落后的农产品流通状况越来越成为制约农业现代化发展的关键因素,积极发展现代农产品物流迫在眉睫,主要体现在以下几个方面:

(1) 建立科学的物流配送系统,是入世后我国农业迎接国际农业冲击和挑战的必然需要。

(2) 建立农产品物流配送系统,是建设和完善高效农业社会化服务系统的客观要求,可提供优质农产品品牌服务。

(3) 建立农产品物流配送系统,是促进农民重视农业技术、农业管理和成本核算的驱动力。

(4) 建立农产品物流配送系统,可以大大降低和分散农业经营风险。

(5) 建立农产品物流配送系统,可以推动我国农村经济结构调整,促进农村城镇化建设和农产品市场建设。

(6) 建立农产品物流配送系统,可保障、提高人民生活健康水平,提高社会运作效率。

(7) 建立农产品物流配送系统,可以提高广大农村经济收入,促进社会经济的良性发展。

(8) 建立农产品物流配送系统,可以促进农业新技术推广使用,促进农业科技园区和温室等相关产业的发展。

四、我国农产品物流园区的类型

从不同分类方法看,农产品物流园区有不同的类型。

(一) 按物流链环的完整性分

我国大宗农产品物流是在批发市场进行,批发市场形成一个农产品物流园区,此外,有些农产品经销公司,有自己的生产、加

工、储存园区,并经营配送业务。根据农产品物流链的完善程度可分为两类园区:

1. 完整链农产品物流园区

这类物流园区具有定义规定的全部、完善的功能。配送系统主要有以下三种类型:

(1) 农产品经销公司设立的物流配送中心　主要为公司客户提供农产品物流配送系统服务,如北京中国农业大学-朝阳区来广营合办的农产品配送中心。该中心设有加工、包装、冷藏、运输、检测等设施,并建立了较完善的产品标准和管理规范。

(2) 连锁集团设立的物流配送中心　主要为连锁集团所属超市、连锁店提供物流配送系统服务。如家乐福、沃尔玛、百盛、物美等大型连锁超市均设有专门的物流配送中心来全部或部分满足企业自身需要等。

(3) 第三方物流配送中心　这种物流配送中心是专门从事物流配送服务的公司。如设在批发市场的农产品物流配送公司,他们从批发市场批发农产品,然后按订货要求,送到没有物流配送系统的中小型超市、餐厅、机关食堂,或者送到定点居民小区的零售商,或自己直接零售。现在北京市有许多第三方物流配送中心,他们于2006年4月正式成立北京农产品物流配送行业协会。

2. 缺环的农产品物流园区

当前我国这类物流园区较多,如各种农产品批发市场。批发市场运营方提供经营场所、信息,进行管理,农产品来自本市郊区县和全国各地,批发市场本身不经营配送。

(二) 按物流内容分

根据物流园区或农产品配送公司经营的主导产品内容,可分为:

1. 粮食物流园区

如大连北方国际粮食物流中心,是我国目前最大的跨地区、跨行业、跨所有制的粮食物流中心。又如安徽省粮食现代物流规划的目标中提出:经过"十一五"建设,2010年要在淮北地区小麦、江淮地区稻谷小麦、沿长江稻谷三大粮食流通通道上建设13个大型物流中心。

2. 蔬菜物流园区

如寿光蔬菜批发市场,已经成为我国江北最大的蔬菜集散、中转基地。在寿光批发市场里,外省菜、本省菜、当地菜的交易金额的比例大致为80%、15%和5%。

其他还有乳品物流园区、肉品物流园区、生鲜食品物流园区等。一般批发市场则是综合性的物流园区,它们经营的农产品类别较多。

(三) 按物流活动的空间范围分

1. 地区农产品物流园区

如北京地区的新发地、岳各庄、大洋路等批发市场园区。

2. 国内农产品物流园区

如山东寿光蔬菜批发市场。

3. 国际农产品物流园区

如深圳国际农产品物流园区项目已列入2006年和2007年深圳市重大建设项目、深圳市"十一五"规划重点项目,该项目建设用地面积约为30万平方米。

五、国内农产品物流园区发展状况

(一) 党和政府高度重视

党和政府对农产品物流一直非常重视。党的十五届三中全会《中共中央关于农业和农村若干重大问题的决定》明确提出:"从现在起到2010年"要"基本建立起以家庭联产承包经营为基础,以农业社会化服务体系、农产品市场体系和国家对农业的支持保护体系为支撑,适应发展社会主义市场经济要求的农村经济体制",并强调要"继续发展多种形式的初级市场,重点在农产品集散地发展区域性或全国性的批发市场",要"加强市场设施建设,完善信息收集和发布制度,向农民提供及时、准确的市场信息"。2000年7月,国务院副总理温家宝在关于当前农业和农村工作的一次讲话中指出:"批发市场是大规模的商品集散中心,也是农产品价格形成和信息传递中心,对搞活农产品流通具有举足轻重的作用"。他还提出,"各级政府要制定农产品批发市场发展规则,合理布局,避免重复建设",要"逐步在全国范围内建成功能完善的农产品批发市场网络。要大力加强市场管理,健全交易规则"。同年,国家经贸委下发了《印发〈关于进一步做好批发市场建设工作的意见〉的通知》,提出了今后我国农产品批发市场培育建设工作的总体思路:"合理规划、规范管理、改造提高、分类指导"。也是同年,在昆明召开的定点批发市场暨市场信息联网工作会议上,农业部明确了今后农产品批发市场的发展方向:支持产地批发市场建设;鼓励设置农药残留检测环节;推行产品分级包装销售;鼓励电子统一结算等。

2001年,中央六部委联合印发《关于加快我国现代物流业发展的若干意见》(以下简称《意见》)。《意见》要求各地政府必须做好两项工作:首先,在硬环境方面,政府应承担起规划物流园区的网络布局、辐射网络专用线等基础性工作;其次,引导企业和科研机构加强科技创新力度,实施标准化工程,广泛应用标准化、系列化、规范化的运输、仓储、装卸、搬运、包装机械设施及条形码等技术。依据《意见》的精神,各地方政府相继推出城市物流规划,其中物流园区建设是规划中的重要内容。如:上海准备重点发展外高桥、浦东空港和西北三大物流园区;天津将规划开发区工业物流园区、保税区国家物流园区、南疆散货物流中心、空港国际物流区、交通局货运物流中心五大物流园区。

(二) 工业物流园区发展概况

根据《铁路采购与物流》2007年4月期所做的《园区调查报告》,全国物流园区发展状况如下。

全国物流园区总数为 207 个,按建设状态划分:已经运营的物流园区 50 个,占 24%;在建的物流园区 65 个,占 31%;规划中的物流园区 92 个,占 45%。按园区基本类型划分:配送中心型物流园区的数量为 17 个,占 8.2%;仓储型物流园区的数量为 9 个,占 4.3%;货运枢纽型物流园区的数量为 77 个,占 38%;港口物流园区的数量为 34 个,占 16.4%;航空物流园区的数量为 10 个,占 4.8%;陆路物流园区的数量为 33 个,占 16%;综合物流园区的数量为 104 个,占 50.3%。从地理位置分布来看,南部沿海经济区和东部沿海经济区以综合物流园区和港口物流园区为主;北部沿海经济区以综合物流园区、陆路物流园区和港口物流园区为主;东北经济区的各类物流园区数量比较均衡;长江中游经济区以陆路物流园区和综合物流园区为主;黄河中游经济区和西南经济区以综合物流园区和陆路物流园区为主;西北经济区以综合物流园区为主。东部沿海经济区的物流园区数量在 8 大经济区位居首位,有 52 个物流园区,占 26%;南部沿海经济区有 36 个物流园区,占到 17%;北部沿海经济区有 28 个物流园区,占 14%;东北经济区有 21 个物流园区,占 10%;黄河中游经济区有 21 个物流园区,占 10%;西南经济区有 19 个物流园区,占 9%;长江中游经济区有 17 个物流园区,占 8%;西北经济区有 13 个物流园区,占 6%。

以上所述的物流园区属于工业物流型或贸易物流型一类的园区。相对于农产品物流园区来说,它们在我国出现较早,规模较大,也较成熟。

(三) 农产品物流园区发展状况

1. 农产品物流园区建设成果

由于我国政府对农产品物流的重视,十几年来取得显著成果。

从 1995 年开始,农业部启动了农产品批发市场的定点工作,到目前为止,共确定了 11 批、503 家定点市场,它们覆盖了全国主要大中城市和农产品主产区,为产地和销地的农产品流通发挥了重要作用。

第十章 农产品物流园区规划与案例分析

从1995年起,我国先后建成了山东寿光至北京、海南至北京、海南至上海、山东寿光至哈尔滨等4条蔬菜运输"绿色通道",穿越全国18个省(市、区),总里程达到1.1万公里。经过多年的改革发展,我国农产品物流体系逐步完善,涌现出多种农产品物流主体,农产品物流的基础设施有了较大改进,交易方式向现代化方向发展,农产品流通的多重循环格局也初步形成。一种是农产品微循环,也就是农民的自留消费和供应周边城镇居民需要;第二种是县域范围的小循环和省域范围的中循环;第三种是省际间的大循环,也是域外循环和全局性的循环,具有很强的宏观调控性和信息驱动性,是保证大中城市和非农产品区的供应和农产品战略性调配的循环;第四种是国际市场大循环。其中第三、第四种循环需要由农产品物流园区完成。

根据中国农业部市场与经济信息司2006年11月28日的农市发[2006]21号文件《"十一五"时期全国农产品市场体系建设规划》中的资料,至"十五"期末,我国农产品物流园区取得以下进展:

(1) 全国农产品批发市场数量大体稳定在4 300家左右,市场年成交额不断提高,2005年达到3 600亿元;露天的马路市场和简易市场逐渐被具有固定场所和设施的规范市场取代;农产品在超市的地位不断突出,上海、北京、青岛等城市超市农产品销售量已占到当地农产品零售总量的三分之一以上。

(2) 农产品经纪人发展到500万左右,成为农产品运销的重要力量;农民专业合作组织发展到15万个左右,在组织农民统一进入市场、增强竞争力、增加收入方面发挥了重要作用;农业产业化龙头企业发展到4 300多家,带动作用不断增强;市场主体已多元化。

(3) 全国有28个省(区)开通了辖区内的农产品运输"绿色通道",全国建立了"五纵两横"的"绿色通道"网络,促进了农产品流通和统一大市场的发展;农业信息化建设有力推进,全国31个省、80%左右的地(市)和40%的县都建立了农业信息局域网,开通了农产品供求信息全国"一站通"系统,市场信息服务得到强化;市场质量检测服务不断拓展,农业部支持建立质量检测中心的定点批发市场达225家,比"九五"期末的18家增长了11.5倍,农药残留检测能力迅速提升。

(4)"十五"期间,国家加大了对农产品市场基础设施建设的支持力度,2002年农业部等6部委联合印发了《关于进一步加强农产品流通基础设施建设的若干意见》,2004年、2005年农业部印发了《农产品批发市场建设管理指南(试行)》和《关于加强农产品市场流通工作的意见》,对农产品市场流通基础设施建设的方向、内容、功能等提出了明确要求,为各地加强农产品市场建设提供了有力的指导。

2. 发展规划

在批发市场建设方面,"十一五"期间,农业部将在全国组织实施农产品批发市场"升级拓展5520工程",即在5年内重点扶持建设500个(每年100个)基础设施较为完备、功能配套、管理先进、规范、综合服务能力强的农产品批发市场,推进设施改造升级和业务功能拓展20项工作。其中,推进设施升级改造的10项内容是:市场地面硬化、水电道路系统改造、交易厅棚改、扩建及贮藏保鲜设施、加工分选及包装设施、客户生活服务设施、市场信息收集发布系统、市场管理信息化系统、质量安全检测系统和卫生保洁辅助设施的升级;业务功能拓展的10项内容是:实行场地挂钩、开展加工配送、监管质量安全、推进包装规范、强化信息服务、发展现代流通、壮大市场主体、开拓对外贸易、维护安全交易和完善公共服务。

商务部也于2007年初部署在全国实施"双百市场工程"。该项工程主要包含两方面内容:一是重点改造100家大型农产品批发市场;二是着力培育100家大型农产品流通企业。

从以上一系列措施可以看出,政府对农产品批发市场新时期的发展有了新的要求,即加快农产品批发市场的现代化建设与规范化管理进程,加强和改进市场服务,建设符合现代流通发展要求的农产品批发市场。

3. 农产品物流园区存在的问题

当前我国农产品物流无论在理论上还是在实践上仍处于初级阶段,距离现代化物流水平差距仍较大。

(1) 农产品物流技术落后　目前我国农产品物流是以常温物流或自然物流形式为主,农产品在物流过程中损失很大。各种运输方式之间装备标准不统一,物流器具标准不配套,托盘标准化没有推行,包装标准与运输标准不配套,物流包装标准与物流设施标准之间缺乏有效的衔接。

(2) 管理水平低　我国现有各类农产品批发市场4 000多家,但管理水平低下及重复建设现象严重。2003年我国农产品物流总值为11 261亿元人民币,同比发展增幅只有2.5%,农产品物流(不含农业生产资料物流)总值在社会物流总值中的比重仅占3.81%,远低于全国社会物流总值27%的增长幅度。批发市场的管理缺乏相关法律法规的约束,标准化程度不高,农产品的检疫监测手段不完善,给食品安全带来隐患。

(3) 信息化水平不高　我国农户对于农产品生产信息的获得主要还是依靠传统的方式,其他诸如来自当地市场发布、政府部门发布、传播媒体及网络的都很少。当前,许多农产品市场没有配备信息设备,相关物流信息网络系统还处于空白,在物流服务企业中,仅有41.6%的企业拥有物流信息系统,绝大多数物流服务企业尚不具备运用现代信息技术处理物流信息的能力。

(4) 专业化和社会化程度较低　名副其实的农产品第三方物流企业较少,农产品物流人才严重缺乏。

(5) 农产品物流园区建设不完善　我国农产品批发市场的建设、农产品仓储、交通运输条件和工具、信息网络平台等公共和准公共设施落后,环境脏乱,导致农产品流通成本高,流通效率低。

六、国外物流园区发展概况

物流园区也称物流中心、物流基地、配送中心,它最早出现在日本东京,是政府从整体利益出发,顺应物流业发展趋势,在郊区或城乡结合部交通干道附近开辟的专用地块。与工业园区、科技园区的概念一样,物流园区是具有产业一致性或相关性的物流企业的集中地。政府将园区的设施建设齐全、完善,提供各种优惠政策,吸引大型物流(配送)中心在此聚集,以使物流企业形成规模效益,从而降低物流运作成本,获得规模效益。国外的物流园区(工业品、农产品)物流发展较早,在法制方面和建设方面也很成熟。

(一) 美国

由于美国的农业很早就实现了高度的产业化,农产品流通体系非常发达。首先,美国政府大力支持包括农产品物流的各种物流建设,提供了各种优惠政策,并发挥积极的调控作用。如得克萨斯州圣安东尼奥市为了使其尽快成为北美自由贸易区的贸易走廊,制定了前10年免征财产税、销售税返还等一系列的优惠政策。

美国流通组织的形式多种多样且功能十分完善。从事农产品流通的组织者有中间商(批发商、零售商、代理商、经纪人和农产品加工商等),有农产品生产者参加的各种专业销售合作社、民间协会、农业公司、政府农产品信贷公司,其中各种中间商是农产品流通的主体,约占销售总额的60%。美国物流管理方法比较先进,参与物流管理者中,约有92%的人有学士学位,41%的人有硕士学位,22%的人有正式的仓储工程师、配送工程师等资格证书。美国先进的信息技术对美国现代物流起了巨大的支撑作用,在农产品物流中农业信息技术的含量很高。联邦政府认为,在农业生产中,数据和信息的收集和传播、知识的创新和共享,对国际物流业的发展是非常重要的。美国农业生产和贸易居于世界领先地位,农产品物流量大且非常频繁。

美国农产品物流的基础设施和设备发达,他们的交通运输设施十分完备,公路、铁路、水运四通八达,高速公路遍布城乡,公路呈网状结构,能够直接通往乡村的每家每户。铁路运输也十分方便,一些农产品收购站、仓库和加工厂建有专门的铁路线。如东部的饲料企业把从中西部铁路运来的玉米,直接卸到企业车间生产线,既提高了市场运营效率,又节省了玉米的贮藏和装卸搬运费用。储运设备的机械化水平高,粮食装卸输送设备有螺旋式输送机、可移式胶带输送机及斗式提升机等。

美国的通讯设施和网络发达。成立于1848年的芝加哥期货交易所,是农产品各市场主体了解市场行情、获取价格变化信息的窗口。农业网站、信息咨询公司等农业信息服务商业系统近300家,为农民了解信息提供了很大方便。肯塔基州建立的全美第1个农用视频电脑系统,用户通过个人电脑,即可获得该系统数据库里当前市场价格、新闻和其他农业信息。美国农民中有85%的人上网,16%的农民从事网上购买业务,农业电子商务占总电子商务的8%,在各行业中列第5位,1999年农业电子商务总额达380亿美元。美国还建有全国作物品种资源信息管理系统,可在全国范围向育种专家提供服务。

美国农产品物流服务的社会化程度高,已经建立起完善的社会化服务体系,无论是物流的哪个环节,只要农民有需要,就会有人提供服务。连接农产品供需的物流主体主要是农场主参加的销售合作社、政府的农产品信贷公司、农商联合体、产地市场或中央市场的批发商、零售商、代理商、加工商、储运商和期货投机商等。他们一般规模较大,承担了全美农产品的运输、保管、装卸搬运、加工、包装和信息传递等功能。据统计,全美近1/3的农场主通过合作社出售谷物。各种行业协会如谷物协会、大豆协会等为农民提供有力支持,代表农民与政府交涉,在农产品产销中发挥着积极作用。

美国一些大学的物流专业建设也较早,如北得克萨斯州大学商务管理学院市场和物流系设有物流教育研究中心,和非赢利的得克萨斯物流教育基金中心一起,致力于物流教育。它与商界和学术界建立密切的合作关系,进行物流和供应链管理的研究和实践,提供项目管理、运输管理、物流和供应链管理以及高级物流学等短期课程。

美国对食物配送中心的定义为:用于储存货物的地方,它是具有冷藏或空调设施的专用建筑或货仓,所存的货物将再次被送到零售商或批发商那里。美国食物配送系统的主要组织形式是食品配送中心,它们是零售网络基础,降低了食品供应成本,并使食品成为生活消费中很少的一部分。一般美国的配送网络操作方式是在各商业市场建立配送中心,每一个配送中心服务若干市场。对于大公司如沃尔玛配送中心,可服务于 50~125 个商店。供应商将满载货运车的产品送到配送中心,配送中心存下这些产品,直至零售点需要时进行配送。一个大零售商可能销售成千上万的产品,这些产品是由很多贩卖商供应的。这些大零售商有自己运转的配送网络,而小零售商则没有这种专于物流的功能。大配送中心每年可接受和运送成千上万车的货运量,一个商店可能每周只接到 1~2 车的货,高者 20~30 车。配送中心的面积小者 4 500 平方米,最大者可达 180 000 平方米。配送中心一般有三个区:收货区、存贮区和发货区。配送中心的支持部门有人力资源部、维护部、设备操作部、生产控制部和财务部。

配送中心的基本作用是接受大量产品,然后向各个商店送去小量产品。它的第二个重要作用是储存。许多零售商享有储存优先权,一次可随心所欲的储存大量商品。为节省空间、减少储存成本以及使经销的品种最多化,零售商只储存一种或几种特殊商品,他们能够对已售出产品快速补充。

(二) 日本

日本政府把全日本的大型物流基地建设的总体规划交给了通

产省、运输省、农林水产省、建设省和经济企划厅等5省、厅主务大臣,由他们制定全日本物品方面共同的事项,决定建设流通基地的城市。凡需规划建设大型物流基地的城市,均以本地区的城市规划为原则,决定物流基地的建设地点、数量、规模及功能,并报中央主务大臣审批。

在日本,大型物流基地是由政府以很低的价格将土地卖给开发集团,并由若干企业集团、株式会社向银行贷款建造的。日本政府考虑到建设大型物流基地投资巨大、回收期长、社会效益显著,对改善城市功能具有特殊的意义,所以一方面银行予以长期低息贷款或无息贷款,另一方面实行减免税收政策。在日本,政府可以提供减税和免税的优惠政策。

1990年,日本颁布了《物流法》。1996年又通过、颁布了《综合物流施策大纲》加以规划、促进、完善。依据实施的状况和成果,以及日本国内外各种情况和形势的变化,《综合物流施策大纲》五年制定一次,每年加以研讨修整。1998年4月,日本内阁会议决定由政府颁布《物流业发展对策大纲》,颁布了"流通业务市街地建设法",把大城市中心的流通业务设施集中外移到市外适当的地方,使得大城市的流通功能、道路交通状况能够得到改善,城市功能得到增强,物流作为城市经济的支柱产业。在农产品物流方面,1921年日本就发布了第一部《中央批发市场法》,将中央批发市场的开设、管理、交易等纳入了法治轨道,并于1923年开设了日本第一家农产品中央批发市场。随着经济的发展和批发市场地位的日益提高,日本又于1971年修订了该法,将《中央批发市场法》改为《批发市场法》,将地方批发市场也纳入了法治轨道,进一步确立了以批发市场流通为主的农产品物流地位。以后每隔5年修订一次,各地方政府和有关部门依照该法制定地方性法规和市场运行规则。经过几次修订的《批发市场法》更加严格了交易原则,使交易活动更具公共、公开、公正性,很少发生违法现象。

另外,统一规范的管理体制也保证了行政职能的高效发挥。日本将农产品的生产管理、产后加工、安全卫生、上市运销、零售消费等生产和流通诸环节的行政管理，统一归口于农业行政管理部门：在全国层面上由农林水产省流通局负责农产品的流通行政管理；在省、市级层面上由地方农林行政部门的流通室负责行使职能。可以说，这一系列的法规政策为日本物流园区的规划奠定了良好的政策平台。

日本法律规定，中央批发市场必须由政府开办，但地方批发市场可以由农协、商社等法人团体开办。农协是组织日本农民进入流通领域的关键组织，日本农协是根据1974年国会通过的《农业协同组织法》，由农户自愿联合组织起来的群众经济组织，是一个拥有强大经济力量的、遍及全国的民办官助农民经济团体。在农产品流通的各环节，如组建批发市场和集配中心，组织物流、商流、信息流及组织结账等方面发挥了很大的作用。基层农协一般都建有农产品集贸所，负责本农协成员产品的售种、分选、包装或冷藏，然后组织上市。目前，全国农协系统共有集货所近3 000个。此外，农协系统还有全国运输联合会，下设众多运输组织，充分保证了农产品以高保鲜度迅速运到批发市场。

对于批发市场的交易参加者有具体的规定和要求，特别是作为交易主体的生产者、批发商、零售商等都要进行严格的资格审查才能进场交易。为了保证竞争适度，每个批发市场对进场的代理批发商、中间批发商的数量都有严格限制。在日本，通常每个批发市场内的代理商被控制在2～6人。这些人要靠恪守法规、诚实、有实力、有信誉，才能在市场中站住脚，以赢得生产者的信任，使其可以稳定、多渠道、多品种地获得委托销售货源。另外，在价格的形成上主要采用拍卖制，经纪批发商或参加买卖者进行激烈的竞买，以出价最高者买取某一物品。激烈的竞争使得少数有实力、经营得法的批发商发展成为批发株式会社，有的则在激烈的竞争中被淘汰。

鲜活农产品的供应，直接关系国民生活的质量与食品安全。日本在这方面的主要做法包括：从分级包装入手，建立农产品产地追溯制度；推行农产品质量认证，建立农产品品牌和信誉；通过加强生产过程管理,实施快速检测与化学分析检测结合的一系列检测手段,确保食品安全;管理部门职责明确、体系健全,质量检测体系建设由财政投入。

通过采用现代化的电子设备进行拍卖交易,迅速、准确地处理贷款结算。在日本,买卖双方要把货款结算业务委托给第三者处理。一般来说,买方在3~7天之内要通过银行向批发商付款,批发商在1~4天内通过银行向供货人付款,从而完成结算过程。

(三) 德国

1992年,德国政府从铁路运输的考虑出发,由当时的联邦铁道部和前东德的铁路局合作,完成了"全国物流园区的总体规划",规划在全德国境内建造28个物流园区。1995年,对规划进行修改,由28个物流园区扩建到39个,并形成网络。在德国,物流园区的建设一般是通过政府的赞助建成的。政府主要是对物流园区基础设施的建设提供资金,而私人公司主要是对他们自己的一些物流方面的设施设备进行投资。这里很重要的一点是,所有的政府资助不会是百分之一百的,私人公司必须投入一定配套资金,包括基础设施建设。

在德国,入园企业也可以得到政府资助,水、电、排水等建设都可以用这方面的资金来进行建设,其份额约为物流园区建设厂房的10%。还有一项资助是建立公铁联运中转站,政府资助可高达80%。德国现有33个物流园区,其中11个物流园区的中转站是由德国联邦铁路修建的。德国的物流教育培训以实践为主,注重应用和实际操作。培训的形式多种多样,参加的人员十分广泛,已经形成"一条龙"的良性循环。

农产品高效的物流体系,以及运输、存储、包装等企业的紧密合作,为农产品的顺畅流通提供了技术上的保障。在德国发达的高速公路网上,时刻穿梭着大量大型的冷藏运输车,担负着农产品产地、加工厂、销售点之间的联系。随着食品科技的飞速发展,近年来德国不断加大对食品保鲜包装技术的研究开发力度,积极采取各种食品保鲜技术措施。通过先进的技术,德国农产品物流体系甚至跨出国界,无论产品产于何处,都可以保证在德国市场以合理的价格买到全球的农产品。比如在德国有一种完全自动化的香蕉后熟系统,香蕉从非洲通过船运、铁路运输再到批发市场,均是半熟的,批发市场根据客户、零售商的定货需要进行后熟处理,在这套控温后熟设备中,除了温度控制外,还有气体催熟剂,后熟期分为3~7天,后熟期完全控制在批发商的手中,根据用户需要及时送货。

在德国,无论是肉类、鱼类,还是蔬菜、瓜果,从产地或加工厂到销售网点,只要进入流通领域,这些食品始终处在一个符合产品保质要求条件的冷藏链的通道中运行。在冷藏保鲜库中,全部采用风冷式,风机在电脑的控制下调节库温,叶菜在这种冷藏中能存放2~5天。另外,德国食品保鲜包装种类繁多,科学合理,比如:不易压坏的瓜果、蔬菜均用网袋袋装;易损产品用硬纸箱装;对肉类,分别有冷冻、真空和充气等包装形式。在一些批发市场,蔬菜经产地清理加工后,成箱地存放在有冰块的塑料保温箱中。

(四) 墨西哥

墨西哥首都墨西哥城聚居了墨西哥全国人口的四分之一,达2 000多万。对于这样一个人口众多的城市,保持上市的蔬菜常年品种丰富、新鲜、价格稳定是很困难的,但墨西哥城做得很好。这主要归功于墨西哥已形成的成熟的生产、加工、批发、零售这样的产销体系。

墨西哥的蔬菜生产者拥有自己的土地,大多是专业性种植,即每户专门种植一两个品种。清洗、分级和包装等加工工序和运输一般都由专业化公司承担。生产者、加工商、批发商、零售商之间的关系多数是固定的,生产、加工、批发、零售也已形成固定的、完善的体系,通过这一体系的高效运作,保证了首都墨西哥城蔬菜的均衡、稳定供应。墨西哥的农产品分为三类:第一类农产品供出口;第二类面向国内市场;第三类农民自己消费。

多年来,墨西哥政府不断推出农业补贴政策,促进了本国农业的发展和农产品的流通。在上世纪80年代中期,墨西哥政府实施了农产品价格政策,如保证一些特定产品价格的稳定、控制对外贸易和干预利率等。1993 年,墨西哥政府又出台了根据耕种土地面积直接向农户发放补贴的新农业政策,农民只要在当地农业部门登记注册并提出申请,有关部门经过审核后就会发放一定数量的补贴。这项政策提高了农民扩大农产品种植的积极性和自主性,改善了农民的收入状况。1995 年,墨西哥政府出台"农田联盟"计划,主要目的就是增加农业的科技含量,包括提高施肥灌溉技术、保证蔬菜质量安全、增加农业设备等。

墨西哥加入北美自由贸易区之后,政府又出台了"农牧业产品销售支持和服务"计划,向农产品购买者提供补贴,鼓励他们购买国内农产品。2000 年,这一计划的补贴总计达到 3.2 亿美元。

近年来,墨西哥出台的农牧业政策主要是为了加强市场机制在农产品生产和流通过程中的作用。墨西哥农牧渔业及乡村发展部鼓励媒体进行宣传,打造地区品牌,大力推动其农产品的销售和消费。

(五) 荷兰

荷兰位于欧洲的中心地区,它充分利用这种有利条件发展农产品物流。一大批专业、高效的农产品物流企业以农业物流中心为依托,凭借四通八达的交通网络构建起专业的物流体系,运用先进的物流技术和现代化的物流装备,为农产品物流提供高效率的服务。

荷兰公路上的货运车约有 1/3 是运载农产品和食品的,向世界各地,特别是欧洲提供及时的物流服务。荷兰农产品物流体系的高效运行,得益于专业的农产品物流中心和物流的专业化发展。荷兰有许多分工不同的专业农产品物流中心,如专门从事可可豆进出口的阿姆斯特丹港,经营水果批发的弗拉辛港,经营鱼、肉等冷冻食品的埃姆斯哈芬港和经营水产品的埃姆伊敦港等。为了提供价格低廉、质量可靠、品种多样的农产品,荷兰人一般在种植区或农产品交易市场附近建立物流中心和专业的集成保鲜中心、配送中心等。在收到农产品交易要求、条件和规范后,对农产品进行分类、调制、分割、包装和贮藏,并及时配送到各个客户。鹿特丹港和阿姆斯特丹-斯希波尔机场是荷兰两个重要的支柱性物流中心。鹿特丹由于靠近农产品和水果种植区,港区四周高速公路纵横交错,水路运输也非常发达,成为荷兰农产品和水果的物流中心;而阿姆斯特丹-斯希波尔机场靠近荷兰花卉的种植基地和进出口中心——阿斯梅尔,成为荷兰花卉运往欧洲和世界各地的集散地。荷兰58%以上的农产品和食品是通过鹿特丹港、阿姆斯特丹港—斯希波尔机场运出的。众多专业的物流公司支撑着荷兰农产品物流的专业化发展,为荷兰农产品物流提供高质量的服务。农产品尤其是鲜活农产品,由于其易腐性,在储存和运输过程中都需要专门的保鲜、冷藏、冷冻技术设备及足够的容量。荷兰的冷冻储运业非常发达,居世界人均制冷和冷冻容积量之首。荷兰农产品物流体系的特点是专业化、高效率,能完全保证运输、储存和配送工作。

第二节 农产品物流园区规划

一、农产品物流园区规划原则

(一)遵循政府的方针政策

国家很重视农产品物流和配送产业的发展,为了该产业的健康成长,国家颁布了一系列方针、政策。规划时要收集、熟读有关资料。如2004年,农业部制定印发了《农产品批发市场建设与管理指南(试行)》,对批发市场规范化、现代化建设和管理做出了规定。2004年7月国务院办公厅的国办发[2004]57号文件《关于进一步做好农村商品流通工作的意见》;2005年1月,交通部、公安部、农业部、商务部、发改委、财政部、国务院纠风办等7部门联合发布了《全国高效率鲜活农产品流通"绿色通道"建设实施方案》;2005年9月8日农业部的农市发[2005]12号文件《关于加强农产品市场流通工作的意见》;2006年中央一号文件中提出加强农村现代流通服务体系建设等。国家的方针政策规范了农产品物流行动准则,也给予物流保障和各种支持。

（二）符合城市规划

农产品物流园区一般在城市周边地区,具体放置在城市的什么地方比较合理、规模多大、经营什么等要与城市规划相协调。

（三）高经济效益

农产品物流园区要获得高的经济效益才能生存下去,并不断发展、壮大。要获得高经济效益,必须保证农产品在流通过程中的质量,减少损失;要加快流通循环速度。为此,需要完善的设施,采取节能方法,以及进行良好的管理和运筹。

（四）节约用地

我国土地资源很宝贵,在规划园区用地时,要精打细算,合理布置,减少土地浪费。

（五）目标明确

首先,要明确拟建农产品物流园区经营的主导产业。主导产业应该是本地区的优势农产品,如:山东寿光以蔬菜为主导产业,海南某些县以热带水果为主导产业等。

第二,要明确拟建的农产品物流园区的目标市场在哪里,是面向全国、本省还是周边某个地区。不同的目标,园区的规模、设施、内容、选点等可能有所不同。

（六）保护环境

农产品是易腐败的产品,在加工、流通过程中容易产生废弃物（植物叶、根,动物粪便,废水等）,形成垃圾,给环境造成污染。规划时应采取相应措施,保护良好的环境,对加工中产生的废料,可以作为企业内部逆向物流的一部分加以集中处理。要认真选择包装材料,注明包装物的材质和回收处理方法,让绿色包装透明化,方便社会对包装物的处理,提高包装废弃物的回收再生利用率。装卸搬运是物流活动中必经的过程,贯穿物流的始终。要对装卸环节进行规范化运作,杜绝野蛮装卸,防止包装破损、内容物散落,造成浪费和污染。采用先进的保质保鲜技术,保障存货的数量和质量,减少空气和环境污染。

二、农产品物流园区规划内容

农产品物流园区规划的内容和其他园区基本相同,主要包括物流园区的总体规划,物流园区选址,功能区规划,基础设施设计,绿化、景观设计,编制组织管理系统,制定运作模式等。

三、农产品物流园区规划步骤

农产品物流园区的规划步骤和其他园区类似,这里重点阐述几点。
(一) 资料收集与分析
(二) 总体规划
1. 背景材料

包括当地自然状况、农产品物流发展状况、规划提出的依据、资金来源及数量等。

2. 目标确定

农产品物流园区不同于其他园区,它经营的对象是各种活体动植物,种类繁多。因此,在充分了解项目背景条件的基础上,要分析、明确园区要经营粮食、蔬菜、水果、肉类、水产品等之中的那几种农产品,经营规模多大,需要冷藏保鲜的品种,需要加工的品种和加工程度,目标市场是哪里等。图10-1所示为以经营蔬菜配送为目标的一例,图10-2所示为蔬菜加工流程(两类产品)。

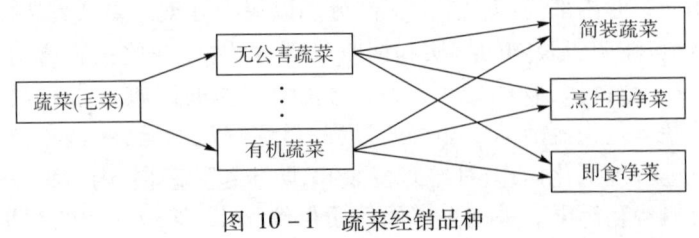

图 10-1 蔬菜经销品种

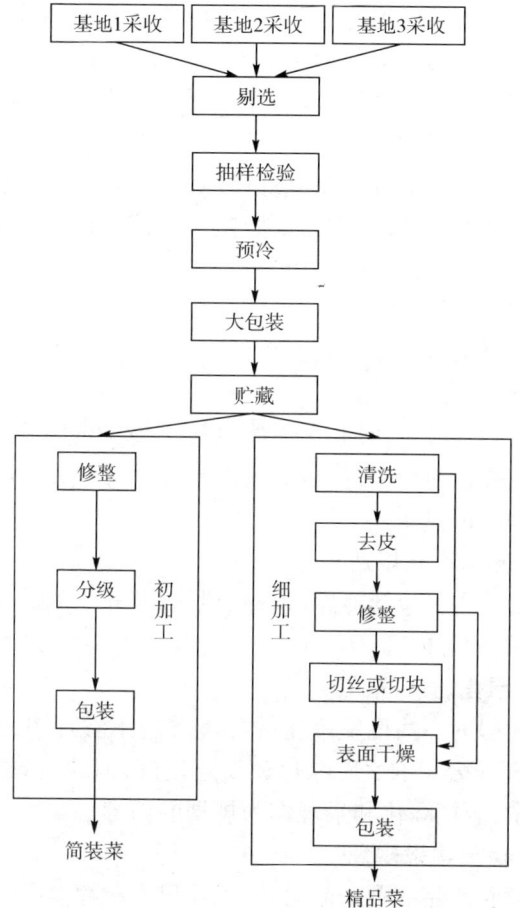

图 10-2 蔬菜加工流程图

3. 规划指导思想、发展战略
4. 规划原则
5. 总体布局

(三) 园区地址确定

农产品物流园区前端涉及产地,后端连接着客户和消费者。

要将农产品从田间送到消费者手中,并保持新鲜、安全、优质状态,就必须高效、快速地运转。因此,园区地址的选择尤为重要。首先,交通条件要很好,靠近高速公路或铁路、水路、航运站,货物进出畅行无阻,行车效率高。

物流园区的地址可选在靠近产地的地方,便于种植农民或养殖户出售他们的产品,或中间商收购。物流园区也可选在靠近城市的地方,便于批发商进园采购和向城内零售商转卖。

(四) 功能区规划

功能区包括销售厅、配送中心、质量检测室、办公室、客户休息室、贸易洽谈室等。

配送中心一般包括加工、个体包装、配装和配送等。配送的农产品一般只进行初加工,如蔬菜只进行清洗、分选;粮食进行清选,达到免洗程度再包装。

(五) 基础设施规划

基础设施主要包括冷库、道路、供水、供电、取暖、降温、网络、污水、垃圾处理等内容。

(六) 绿化、景观规划

当前我国的一些批发市场的环境普遍不够理想,有些农产品(如蔬菜)配送公司的庭院绿化建设还较好,但缺乏景观建设。今后在规划中,应把绿化和景观作为规划的内容。

(七) 信息建设规划

要保障农产品的顺畅流通、农民那里不积存产品、城市居民不断菜、产品安全优质、价格便宜,建设现代化的信息系统极其重要。通过现代信息网络设施,农民能了解物流园区需要什么产品,园区经营者可以了解产地农产品资源情况、销售情况、出现的问题并及时调整进货和配送,还可检测流通中农产品的质量状况,对出现质量问题的产品可以追溯其来源、数量,并即时进行召回。

(八) 组织管理规划

1. 管理机构规划

制定组织机构、人事设置、管理规范等。
2. 物流流程设计
要将经营的产品流动程序进行规划,图 10-3 所示为一例。

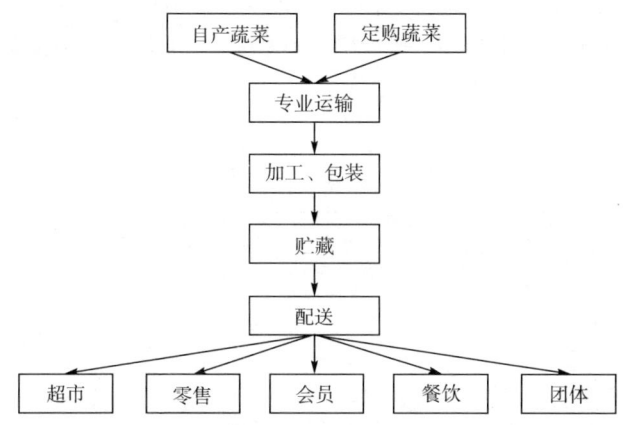

图 10-3 蔬菜生产、加工、配送、销售流程图

3. 制定各类生产规范
要保证农产品的质量,对物流各个环节要建立管理规范,并进行认证。图 10-4 为一例。
4. 产品标准制定
国家对农产品的安全制定了标准,一般要达到无公害的要求。但质量标准不够完善,有些国家标准指标定得较低,需要配送企业制定自己的企业标准,达到免洗程度。

（九）物流园区经营管理模式规划
1. 国外物流模式
在物流园区运营方式上,日本物流园区的运营方式可分为个体方式、协同组合方式、共同出资方式、半官半民方式、公营方式。
而欧洲各国则认为,物流园区的运营应由中立的机构来组织,并能全面地为入驻企业提供服务。欧洲物流园区联合会将中立的运营机构称为业主,即独立经营、自负盈亏的实体。这个实体既可以是公共机构,也可以是私人性质的企业。欧洲物流园区联合会编写的《2000年物流园区研究报告》指出:物流园区的运营不是由区内建筑和资产(仓库、商业区、办公室、停车场等)的所有者,也不是由其租赁者,而是必须是由中立的第三方责任机构负责。

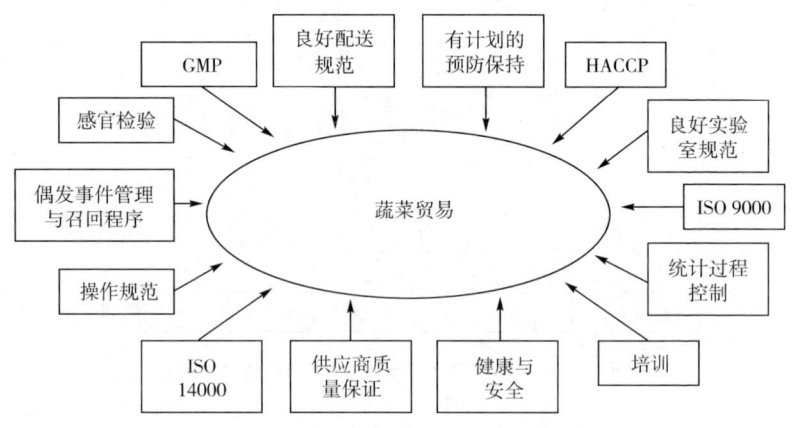

图 10-4　蔬菜安全、质量管理体系

在物流园区的管理方面,欧洲各国物流园区的管理工作是由物流园区管理公司操作。由园区管理公司负责主持或组织入驻园区的企业和社会公共领域的其他部门,它在经济上能为地方利益带来好处。专业的物流园区管理工作被认为是一种创造价值的工作。首先,地方政府把物流园区作为实施地方经济、交通环境规划的举措。因此,参与开发建设的政府希望由一家得到物流园区企业认可、且运作良好的物流园区管理公司来领导整个物流园区的发展,并对物流园区施加长期影响。其次,各国物流园区的开发目标是希望集中吸引私人投资的运输企业和物流企业入驻,带动当地的就业、激活地方经济。同时,入驻园区的企业更希望物流园区在发展过程中,政府能够施加长期影响,以避免在发展阶段可能出现的负面影响。这两方面因素客观上要求物流园区的运作规则应通过政府参股或扶持的物流管理公司予以实现。欧洲物流园区管理公司作为一个中立机构,在政府公共事业部门与企业、私人之间起到了协调、沟通的作用。

根据欧洲经验,物流园区管理公司的工作有四个方面:第一,物流园区的总体管理,负责物流园区从筹建到运营全过程的指导;第二,物流园区的经营管理,提供综合运输或远程运输方面的网络连接、联合采购(能源与电信),园区内部网络平台的建设,企业及领导人员的培训与进修,危险货物专职代理人,特殊仓库的建设与管理,产品货物的配送,安全监管等;第三,负责物流园区的营销、推广工作,组织博览会、广告宣传,制作宣传册、客户杂志等;第四,为迁入园区的企业提供所需要的各种服务。

2. 我国农产品物流模式

我国主要有四种模式:直销型物流模式、契约型物流模式、联盟型物流模式和第三方物流模式。

直销型物流模式是最原始和最初级的物流形式,由农户或农产品基地自营配送,将农产品送到批发市场或用户手中。这种形式的流通适用于流通范围较小、流通数量较少的状况。

契约型物流模式是指公司与农户或合作社之间通过契约形式加以联接,农户提供农产品,由合作社或加工企业负责进入市场。产品可以直接进入市场,也可以经过加工再进入市场。公司既可能是经销企业,也可能是加工企业。加工企业大多数属于农业产业化龙头企业。这种专业化的公司与农户之间通过建立利益联结机制,依托农户提供原料,只生产单一的或几个产品,加工后由企业或公司负责销售。这是当前在大城郊比较普遍的农产品物流模式。

联盟型物流模式主导者是农产品批发市场,参与者是农产品生产者、批发商、零售商、运输商、加工保鲜企业等,通过利益联结和优势互补形成了战略联盟。农产品批发市场是在农村集市贸易基础上建立和发展起来的。有两种类型:一种是位于乡镇的农产品集市中心,其主要功能是为农产品生产者、加工者、批发商建立一个交易平台；另一种是位于城市的农产品批发中心，其主要功能是为农产品批发商、加工者、分销商、零售商、运输商建立一个交易平台。

第三方物流模式是随着市场化程度的提高，渐渐出现了专门从事农产品储运和流通加工的中间组织，它们不从事任何直接的农产品的生产和销售活动，而是专门承担连接农产品从生产到流通的系统服务，这就是第三方物流。

第三方物流模式促进了流通与生产的分工合作，降低了流通成本，提高了流通效率，有利于实现物流标准化。这种模式是我国农产品物流发展的方向，但目前还处于起步阶段，涉及范围非常有限，而且这种模式对管理人员的素质要求非常高。

第三节　农产品物流园区案例分析

一、山东寿光蔬菜批发市场

（一）项目背景

寿光市是全国蔬菜生产大市，全市蔬菜种植面积80万亩，其中无公害蔬菜基地面积40万亩，无土栽培蔬菜5 000亩，年产各类蔬菜400万吨。近年来，寿光蔬菜产量逐年攀升，蔬菜品种发展到200多个，目前全市已有10多个乡镇粮菜比达到4:6，500多个村成了蔬菜生产专业村，8万农户成了种菜专业户。为了有效解决蔬菜的流通和销售问题，寿光市政府出资兴办了闻名全国的寿光蔬菜批发市场。

寿光蔬菜批发市场位居全国批发市场前列，市场规模大，辐射功能强（见本书彩色插页）。目前该市场占地面积达600亩（合40公顷），市场年交易额约28亿元，市场设施配套完善，建有3.2万平方米的全封闭钢架结构交易大厅、8 000平方米钢瓦交易棚、7 200平方米交易服务楼、5 000平方米特菜专营区、2万平方米的外省市蔬菜交易中心、2.7万平方米的蔬菜电子拍卖中心及办公、存储系统。市场交易手段先进，交易流程实现了电子化；检测手段先进，投资1 000万元建立了一处大型农产品检测中心。小规模的批发交易一般在交易大厅内完成，而规模达到一定程度的规范化交易则在蔬菜电子拍卖中心通过拍卖方式完成。数家交易商从事水果、蔬菜的批发交易，每个交易商经营的品种在十几个到几十个不等。根据交易需要，交易大厅内装备有包括冷藏设施、催熟设施和供装卸用的各种最新设施。除此之外，市场还配备直接为交易服务的保安、保洁人员，以及设有配套的辅助服务设施，如饮食、住宿、专业搬运的货运卡车等，还有大量的、零散的、为批发商提供装卸和包装服务的自由雇员。这一系列设施为寿光蔬菜批发市场的蔬菜物流运作奠定了良好的硬件基础。

由于全市大棚蔬菜的种植技术和规模不断提升，蔬菜产量大幅增加，冬季也有大量蔬菜供应，实现了淡季不淡、全年有菜上市的良好局面，寿光的蔬菜认知度越来越高，逐渐畅销于北京、内蒙、东北三省等地，交易市场的规模也越来越大。随着知名度的提高，寿光市场逐渐成为蔬菜批发商最钟爱的地方，海南、广东、广西等地蔬菜也开始进场交易，市场规模不断加大，交易量逐年上升，成为全国最大的蔬菜集散地。

（二）经营模式

寿光蔬菜批发市场是一个大型的蔬菜产地集散中心，采用企业化管理方式，管理部门不参与任何交易，但提供相应的服务，如整理、包装、运输、冷藏服务等。前来市场参与买卖活动的主体较多，包括蔬菜生产者、运销商、批发商、合作经济组织及物流企业（流通公司）等。由于他们之间交易较为松散，规模大小不一，还未能建立起长期的合作伙伴关系，蔬菜供应链还很不稳定。但蔬菜物流过程，除部分短期内由一些小型的运销商、批发商自行完成外，大多数还靠批发市场或专门物流公司来完成。因为蔬菜生产规模的不断扩大及储运、包装等环节技术要求高的特点，自营物流成本高、效率低、损耗大，致使蔬菜生产者逐渐倾向于外购物流，将物流过程承包给专业物流企业或流通公司。因而近几年由大型运销商和流通公司成立的物流企业变得尤为活跃起来，寿光蔬菜批发市场也在积极筹备，建立信息化、技术水平高、设施完备的多功能配送中心，并对蔬菜的各个环节进行统一规划和管理，为生产者或加工企业提供更完善的物流服务。

2003年6月，寿光蔬菜批发市场与深圳农产品股份有限公司联姻，成立了综合型的股份制批发市场，由原来单纯批发发展到加工配送，形成了三种物流模式：一是大型蔬菜批发商对购买的蔬菜经过储运、加工、清洗、冷藏、包装等工序后，直接配送到全国的各大超市；二是中小型批发商、本地的小商小贩、农民合作组织通过蔬菜批发市场将产品销售到中小型超市及学校、医院、社团、餐馆等服务行业；三是蔬菜加工公司或大型超市在城市郊区建立货物集中、配送中心，将产地批发商从生产者那里采购的货物集中起来，分级、包装后送往各连锁零售店。其物流流程图如图10-5所示。

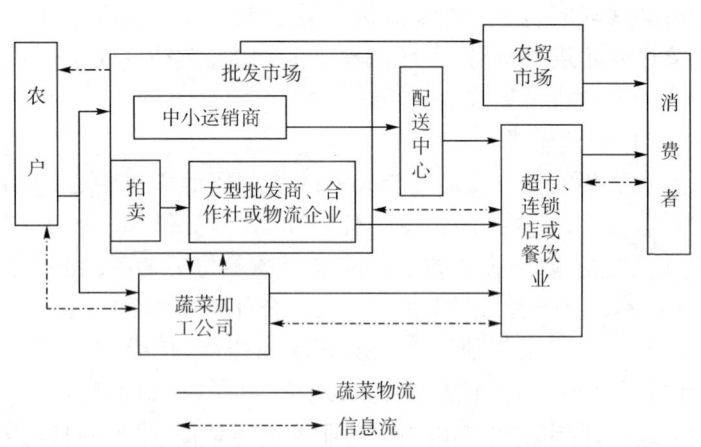

图10-5　寿光蔬菜批发市场物流流程图

二、深圳布吉农产品中心批发市场

(一) 项目背景

深圳布吉农产品中心批发市场(见本书彩色插页)是全国首批农业产业化龙头企业,是国家级中心批发市场和深圳市"菜篮子"重点工程。市场于1989年10月28日建成开业,占地面积15万平方米,建筑面积25万平方米。按交易品类分为A、B、C、D、E、F、K座,以及天光交易区和加工配送区等10个交易区,有固定商铺1 200多个,简易摊档2 000多个,吸引了全国30多个省、市、自治区3 000多经销商在此经营,每日入场交易的车辆5 000多辆,交易高峰期2万多辆。市场汇集了全国及世界各地7 000多种农产品,其中名、优、特、新农产品700多种。经营的蔬菜、水果、粮油和土特产品分别占深圳市民消费量的85%、90%、40%和65%以上,不但满足了深圳700万居民的生活所需,而且还辐射到整个华南地区(包括港、澳、台)乃至全国,并与东南亚、南非及欧美等市场建立了频繁的贸易往来。2004年市场总销售量275万吨,销售额148亿元,连续13年居全国同类市场榜首,成为目前中国最大的农产品集散中心、信息中心、价格指导中心和转口贸易基地之一。

该公司以组建和经营农产品批发市场为主线,着眼于大市场与大流通的"大而专"的经营目标,已经发展为集现货交易、包装加工、运输仓储、连锁配送、电子商务于一体的功能齐全、万商云集的批发市场,是一个集农产品的生产、加工、包装、贮藏、运输以及现货批发、拍卖、直销、配送、进出口贸易等多功能纵向一体化的营运体系,不仅为我国农产品流通体制改革走出了一条新路,而且成为农产品物流发展的典范。目前公司已拥有近千家全资、控股、联营企业,总资产13亿元,净资产6亿多元,年利润8 000万元。近年来,深圳农产品股份有限公司借助农产品物流的发展契机,不断改造和提高企业物流服务水平和建设物流信息平台,已成为当前农产品物流企业老大。

(二) 经营模式

公司率先开创了独具创新特色的"企业办市场、企业管市场、市场企业化"的农产品流通体制的崭新模式,通过"企业办市场"实现组织创新;通过"企业管市场"实现管理创新;通过"市场企业化"实现制度创新,这一成功经验被誉为"布吉模式",引起了国内外广泛关注。布吉批发市场在多年的发展中探索出物资集散、价格生成、信息发布、标准化建设、商品促销、服务引导、产业带动等七大功能,并使这些功能得到淋漓尽致的发挥,构建了"公司 + 销地批发市场 + 产地批发市场 + 中介组织 + 基地 + 农户"的产业化模式。

批发市场的企业属性在"布吉模式"中得到了充分体现。第一,布吉市场的开办为农产品的集中交易提供了场所,有效地降低了价格、交易对象的搜寻成本,从而成为对付市场交易不确定性的一种有效的组织制度安排形式。第二,"布吉模式"提供了两种对付契约不完全性的方式:一是以长期合同对付契约的不完全性,农产品公司通过企业管市场,在提供良好的市场服务和规范的交易环境的前提下,吸引了大批的运销商,并以租赁合同的方式规范农产品公司与运销商的行为,从而降低了市场契约的不完全性;二是以产销一体化的方式对付契约的不完全性,农产品公司通过收购优质生产性农业企业和建立产地批发市场,从而将外部交易内部化。与此同时,农产品公司在构建对付契约不完全性的过程中,也扩大了交易规模,扩展了组织空间,并由此获得了规模经济。第三,"布吉模式"通过公司与运销商、运销商与运销商之间的反复博弈,建立了相互信任、忠诚和依托的"关系联盟",形成完整的供应链,从而有效地降低了交易成本。尤其是在降低批发市场的进入门槛的同时,鼓励和培育各种不同的市场主体,造就竞争格局,从而将竞争机制隐含的对机会主义的潜在威胁,纳入到了"布吉模式"的制度结构内。并且,关系联盟的形成与发展使参与者分享了合作剩余,由此也扩大了农产品公司的声誉。其物流流程图如图10-6所示。

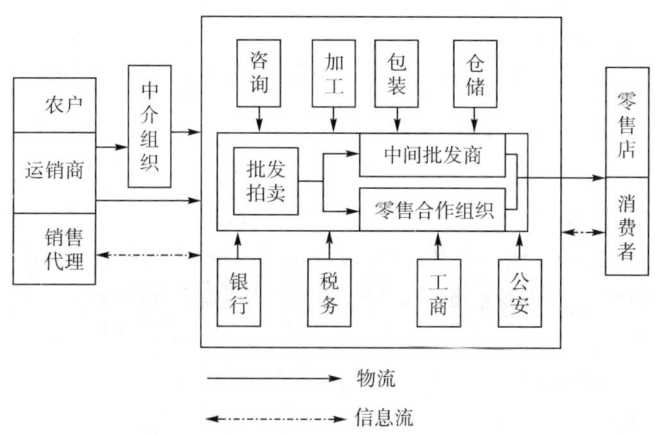

图 10-6　深圳布吉农产品中心批发市场物流流程图
(资料来源:贾卫丽.我国农产品物流问题研究.
[硕士学位论文].山东农业大学,2005)

　　布吉农产品中心批发市场一直以"服务、创新、求实、奉献"的企业精神为指导,以顾客需求为导向。1996年市场被国内贸易局确认为"国家级中心批发市场",被农业部确认为"定点鲜活农产品中心批发市场";1998年被共青团中央命名为"全国青年文明号";1999年被国内贸易局评为全国争创"百城万店无假货示范市场";2001年,被国家经贸委确定为全国首批"三绿工程"示范单位;2002年被列为"广东省现代流通业标准化示范基地",被中国保护消费者基金会评为"诚信服务优秀示范单位";2003年被中国商业联合会评为"全国商业服务业抗击非典先进单位";2001年成为全国首家通过ISO9001:2000质量认证的农产品批发市场,并连年被国家统计局评为"全国百强农副产品批发市场第一名"。

三、北京新发地农产品批发市场

(一) 项目背景

北京新发地农产品批发市场成立于1988年5月,位于北京市南郊,北临南三环路,东边紧挨着106国道,是外省、市进入北京的重要通道,自然条件优越,交通便利。当初只是一个占地1公顷、管理人员15名、启动资金15万元、连围墙都是铁丝网的小型农贸市场。经过18年的建设和发展,现已成为北京市交易规模最大的农产品专业批发市场,在全国同类市场中也具有很大的影响力,冷库、饭店、旅馆、银行、加油站等各种配套设施齐全。市场现占地面积90公顷,总建筑面积近15万平方米,有管理人员1 100多名(其中保安员400多名),总资产近4.2亿元,主要经营蔬菜、果品、种子、粮油、肉类、水产、副食、调料、禽蛋、茶叶等农副产品,是一处以蔬菜、果品批发为龙头的国家级农产品中心批发市场(见本书彩色插页)。现有固定摊位3 200多个、定点客户4 800多家,日均车流量约1.28万辆(次)、客流量4万多人(次)。高峰期日吞吐蔬菜近900万公斤、果品近1 000万公斤。市场交易量已连续6年稳居全国同行业的第一名。2006年,市场各类农副产品总交易量为60.5亿公斤,总交易额为151亿元,交易量在全国同类市场当中名列第一、交易额名列第二。其中蔬菜、果品两大项的供应量已占到全市总需求量的近70%,全年为国家上缴各种税费1 200多万元,是北京市名副其实的"大菜篮子"、"大果盘子"和地方纳税大企业之一。

为适应市场发展的需要,2003年9月,市场主办单位按照现代企业制度组建成立了新发地农产品有限公司,总注册资金1亿元,公司产权结构清晰,管理责权明确,具有独立的法人治理结构和财务核算体系。公司的成立,为新发地市场今后向规范化、规模化、现代化方向发展奠定了坚实的基础。

（二）经营模式

在农产品批发市场企业拥有终极产权（即法律产权）的前提下，作为管理市场的企业，主要是培育和完善批发市场的中枢功能，为进入批发市场的经营者提供组织与协调等服务，并以仲裁人的角色实施微观管理。这就是在政府的支持与扶持下，通过"企业办市场、企业管市场、将市场企业化"，从而将政府、企业、市场的职能，在批发市场这一中心环节上进行整合，有效地发挥各自的作用与积极性，由此吸引各种类型的农产品运销商，实现农产品生产与农产品消费在市场上的对接。作为将市场企业化的组织者，关键是为市场交易提供服务。总之，不论是产地批发市场还是销售地批发市场，都应该实行企业化运作，建立规范而富有活力的、以产权明晰、权责明确、政企分开、管理科学为特征的现代企业制度。

新发地农产品批发市场采取了依托现有大型农产品物流结点扩建升级的模式，这种模式是在既有农产品物流结点现有的各项条件均比较理想的状态下提出的。它多适用于一些大型农产品批发市场和仓储群，特别是区域范围处于农产品物流中心地位的国家定点大型农产品批发市场。这种大型批发市场一般位于城市边缘，有两种以上运输方式相连接的可能，交通条件较好，扩展用地面积充足，周边又没有形成物流园区。在这种条件下，农产品批发市场应积极以既有的批发市场物流设施为中心拓展批发市场规模，提升批发市场功能，及时改变经营理念，提高农产品物流服务意识，加强农产品物流服务功能，对现有农产品物流基础设施进行升级改造，向着物流园区方向转化。充分利用现有物流资源，建设农产品物流园区，也能达到缩短建设周期、迅速形成生产力的目的。

新发地农产品批发市场的经验是在符合城市发展规划和土地政策的前提下，政府应给予批发市场土地、税收、低息贷款、补助等优惠政策，鼓励批发市场经营企业作为工业地产开发商的角色，以批发市场为中心进行物流园区的土地开发。这样的批发市场经营企业机构，远期将由仅经营管理批发市场转向主持进行物流园区的道路、仓库和其他物流基础设施及基础性装备的建设和投资，然后以租赁、转让或合资、合作经营的方式进行农产品物流园区相关设施的经营和管理。这种形式更侧重于用地规模方面的拓展，需要政府在用地和资金上对企业的大力支持。

另外，在符合各种必备条件的前提下，农产品批发市场经营企业需要在提升批发市场物流服务功能方面下功夫。一方面，企业与政府一起控制规划批发市场周边用地，为未来物流园区的建设留有充分的余地是十分必要的，但企业并不一定参与全部预留土地的征用和开发，更多的是政府的直接投入；另一方面，对于企业来讲更重要的是，及时调整批发市场的经营理念，大胆引用先进的物流技术，建立完善的客户关系管理体系，完善企业的经营机制，以形象、渠道、价格、服务等手段树立批发市场形象，并在批发市场经营的开始阶段就注意采用物流园区的经营模式和管理手段，争取通过良好的企业信誉和影响取得客户和政府等各方面的信任和委托，以便于作为未来物流园区的经营管理公司而存在。这种模式着重于农产品批发市场物流功能的提升，对于企业来讲更侧重于提高管理的技术和经营的理念，当然这其中政府的适度参与也十分重要。

新发地农产品批发市场本着"让客户发财，求市场发展"的宗旨，管理措施严，交易秩序好，1996年被国家工商行政管理局授予了"全国文明市场"的光荣称号。

第十一章 生态餐厅园区规划与案例分析

第一节 概　　述

一、生态餐厅园区产生背景及概念

（一）产生背景

温室在我国的应用由来已久，早在公元前 221~206 年就曾有"冬种瓜于骊山谷中温处，瓜实成"的记载，这是我国乃至世界上最早的关于温室栽培的记录。20 世纪 50 年代末中国北方出现了塑料拱棚和日光温室；20 世纪 60 年代末在长春出现了中国第一栋加温塑料大棚；1977 年在北京玉渊潭公社建成第一栋自行设计施工的钢结构连栋钢化玻璃温室；我国从 20 世纪 80 年代开始大规模引进现代化温室技术，1980 年研制成聚乙烯长寿薄膜，设计出国产镀锌钢管组装式棚架和温室骨架；1984 年实施了"农用塑料棚架装配式钢管骨架"国家标准；20 世纪 80 年代辽宁农民创建的海城日光温室和瓦房店日光温室，是我国温室史上的重大突破，令世人瞩目；1988 年以塑料棚为主要类型的中国设施园艺，出现了第二次发展高峰，跨入世界设施园艺发达国家之行列；1994 年我国设施园艺面积居世界第一位，达到 210 万公顷；2000 年我国大型温室面积已达到 617 公顷，其中共引进大型温室 200 公顷，国产大型温室为 417 公顷，大型连栋温室以每年 150~200 公顷的面积快速发展。近几年我国温室设施快速发展，特别在各级政府部门的支持下，各地掀起了兴建农业高科技示范园区的热潮，进一步促进了设施农业的发展,温室面积迅速扩大,我国已成为设施栽培面积最大的国家,其中有大约5%是现代化大型连栋温室。温室花费巨资引进国外设备和技术,但由于建设费用及折旧费用居高不下,能耗大、运营成本高,以及国内较低的园艺产品价格等原因,使得这些温室的经营状况并不理想,有的能勉强维持生产,有的不得不改变经营方向而转向农业或是科技旅游,有的甚至到了濒临破产的境地。另一方面随着消费需求的变化,温室领域的外延性拓展日趋红火,设施技术的不断提高,温室形式也多种多样,其中特别具有代表性的如生态餐厅温室、畜牧温室以及食用菌栽培温室等温室的出现,是温室行业在不断积累技术和经验后的一个飞跃,成为温室工程技术发展的里程碑。

随着人们生活水平的提高和消费观念的转变,人们对饮食文化的要求逐步提高,个性化消费逐渐成为消费主流,人们需要更多具有差异化的休闲餐饮方式来提高生活质量。另外,蔬菜农药残留超标、畜产品存在禽流感、SARS 病毒、食品出现激素等添加剂、水土污染严重等现象在中国出现后,人们对饮食的安全和就餐环境的健康越来越重视,"生态"、"绿色"成为人们消费的潮流。而以农家乐为代表的早期农家餐馆及其粗放型的开发模式日益受到个性化、差异化、安全化、健康化的挑战,原有的餐饮风格和模式在激烈的竞争环境下,已很难有所突破。为了迎合人们放松身心的休闲生活需要,满足人们对饮食的安全和身体健康的要求,满足人们多变的"口味",获取超前性、优越性的经营空间,突破残酷的竞争环境,更好地服务于顾客,以提倡自然舒适的就餐环境与安全健康的绿色饮食为理念的生态餐饮模式应运而生,诞生了一种新的餐饮经营模式——生态餐厅。

(二) 生态餐厅的概念

生态餐厅又称作温室餐厅、阳光餐厅、休闲餐厅、天然餐厅等。这些餐厅是由种植温室繁衍而来的,它们共同的特点是餐厅内种植或装饰有植物、花草,以及建造有各种景观。但各个名字的含义也有不同之处,温室餐厅是以温室为基础发展而成,它的特点是温度、湿度可调整为就餐者感到舒适的范围;阳光餐厅的特点是以阳光为能源;休闲餐厅含义较广,没有清楚地表明餐厅性质。作者认为,几种名称之中,以生态餐厅这个名称最为科学、合理,最能准确描述这类餐厅的个性,也是最有前途和可持续发展的一种餐厅产业。生态温室餐厅是将现代设施农业和绿色餐饮完美结合的产物,以人为本、餐饮为主、景观为辅的一种大型温室类建筑,把温室的轻巧、便捷、明朗的特点与建筑的多功能性融为一体,餐厅有充满绿色的自然环境,把大自然丰富多彩的生态景观"微缩化"和"艺术化"。它综合运用建筑学、园林学、设施园艺学、生态学等相关学科知识进行规划、设计和建设,以设施调控技术、农艺栽培技术来维护餐厅的优美环境,形成以绿色景观植物为主,蔬、果、花、草、药、菌为辅的植物配置格局,结合假山、瀑布、小桥流水、竹木亭阁的园林景观,为就餐者提供绿色、优美、舒适、悠闲、宜人的就餐环境,安全、可口的生态(有机)食品,采用节能、节水、残渣、废弃物循环再利用环保措施的可持续运作模式,摆脱了传统意义上的温室只用于种植的局限性,使温室具有餐饮功能、观赏功能、休闲功能、娱乐功能、绿色食品推广功能、节能环保功能等。

  一般生态餐厅的空间较大,远离闹市区,餐厅内被绿色的植物或鲜花分割、装饰,环境幽静,使就餐者有身处世外桃源之感。有些生态餐厅建立在蔬菜、鱼、肉食品等自给的农业园区或农场中,可以通过种植(为餐厅提供新鲜蔬果,为养殖提供菜叶下脚料,为沼气发酵提供有机废弃物)、养殖(为餐厅提供鱼、肉食品,为沼气发酵提供粪便)、餐厅(为养殖提供残剩食物,为沼气发酵提供有机废弃物和废水)、沼气(为种植业提供优质肥水,为餐厅提供沼气新能源)来实现循环利用的生态模式,这种园区有助于推进社会和谐和可持续发展,应该是重点支持、发展的一种餐饮业。

  一般生态餐厅需要具备的条件为:智能控制温室、天然环境、生态食品、节能、节水、废弃物的循环利用等环保措施。

二、生态餐厅园区的分类

按生态餐厅园区的功能可分为两类：
（一）单一型生态餐厅园区
主要是服务于就餐，客人在天然、舒适的环境中享受安全、健康、美味的菜肴。
（二）多元综合型生态餐厅园区
生态餐厅和生态旅游观光融为一体，旅游者在园区可观光、采摘、体验、垂钓及参与各种农事或养殖，并可在餐厅就餐。如重庆九龙坡区金色阳光大型生态餐厅（体验式餐饮），消费者在这里就餐，可以"点杀"鸡、鸭、鹅，也可以自己到菜地摘蔬菜、到鸡窝里捡鸡蛋、到奶牛场挤牛奶、到果园里采水果、到鱼塘钓鱼，然后再交给厨师烹饪。

三、生态餐厅园区国内外发展状况

（一）国外发展状况
国外有以下几种类型的生态餐厅。
1. 自然环境型

为最早出现的一种生态餐厅类型，它是将餐厅布置在自然环境中，如森林、竹林、自然公园、海滩等地，人们就餐时不仅能够欣赏到自然风光，而且有一种身临其境的感受。如泰国和新加坡有些餐厅将就餐位置融入到周围的环境中，使人们在就餐时就能看到树木、花草、瀑布等，还可观赏鸟类或小动物在附近的活动。

2. 有机食品型

餐厅经营有机食品，如建于1973年的美国纽约的春天路自然食品餐厅,他们烹调的食品来自有机面粉、番茄酒、散养鸡等。

3. 自然环境加有机食品型

这种餐厅完全处于自然环境,并供应有机食品,如位于墨西哥港口附近的 Puerto Paraiso Mall 餐厅,就餐者身处自然环境,吃着自然、有机菜肴,感受自然风光。

4. 绿色型

为了促进绿色餐厅的发展,美国有一个绿色餐厅协会并设有认证机构,满足以下条件的餐厅才能成为该协会的成员。

（1）对所有产品采取综合循环再利用系统,这个系统应被当地循环再利用公司认可;

（2）不使用聚苯乙烯泡沫塑料产品;

（3）每年完成四项环保措施:节能、节水、循环再利用、使用可持续食品(如有机食品)。

（二）国内发展状况

随着人们对饮食安全和就餐环境日益重视,一些精明的商人将经营不善的生产型温室承包或租赁后重新装修改善,改造成温室餐厅进行经营,出现了以温室为载体的生态餐厅。该形式的餐厅是由东北沈阳率先创新并发展起来的,最初,由在温室设施内增设简易餐饮开始,在温室里摆放一定的绿色植物,逐渐演化为利用现有温室生产,结合园林设计风格,以及绿色景观植物的配制来塑造一个"生态"环境。几年来,更多的园林景观设计者、温室企业陆续加入到生态餐厅的设计行列中来,使生态餐厅的功能、景观及生态的意义更加完善,同时添加有机食品,进而呈现并推动一个新的餐饮潮流。生态餐厅因其独特的概念及高回报率在业内迅速发展,短短几年迅速遍及大江南北,到目前为止,全国已建和在建的生态餐厅至少有 200 家。生态餐厅的发展反映了人们对饮食业高标准的要求和对生态概念的追求。

四、生态餐厅园区的构成

生态餐厅园区内根据功能不同可分为不同区域。一般设计时都应慎重考虑其具备的功能,进行科学合理规划,以实现最大效率。例如,确定为顾客提供哪些功能服务,整个餐厅的环境布置、各区面积比例及预计客流量等。一般,级别越高的餐厅酒店在这方面做得越多、越完善,从而确保了整个餐厅的管理和正常运营,以获得更高利润。生态餐厅更需要通过功能划分来展示自身特色,这是体现"生态"服务的主要方式。

多元综合型生态餐厅主要功能区有:餐饮区、景观区、观光体验区、管理服务区。

(一) 餐饮区

根据就餐的形式、人数、私密性要求不同,餐饮区可分为大众餐饮区、大宴会厅、小宴会厅、生态雅间。

1. 大众餐饮区

顾客置身于树丛中,从小径走进去,眼前豁然开朗。在花草树丛畔,三三两两地摆放着餐桌,一人高的小树形成了天然隔断,将就餐环境巧妙地划分开。餐厅有散客用的 2~4 人的小桌,也有 8~10 人的圆桌,所有桌子都湮没在绿树丛中。在享受绿色饮食的同时,欣赏优美舒适的自然环境,体会健康休闲的生活,给现代人找到一种回归自然的感觉。

2. 大、小宴会厅

一般为举行庆典活动的场所,通过配置相应种类植物和一定的环境控制技术手段来实现模拟真实自然环境的效果,让顾客亲身感受不同风光,仿佛把植物园搬进了餐厅,主要面向群体顾客,周围需要有适当的空间便于各种活动所需的场景布置。

3. 生态雅间

生态餐厅的特色餐饮服务区,着重考虑不同顾客不同的就餐需求，进行气氛设计和环境布置，内部被精心布置的植株隔开或做成精致的包间，创造出一个清新雅静的就餐环境，如家庭气氛、婚宴气氛、商业洽谈气氛等，以提高就餐档次。

(二) 景观区

与餐饮区穿插设计微缩园林景观，加上小环境气候控制，配有假山、怪石、小溪、喷泉水景、雾景、小桥、凉亭、长廊、花架、石桌石凳、雕塑以及其他各种园林设施点缀物等，让人们在就餐的同时感受到自然的气息。按照景观风格划分区域，通过不同的布局与植物配置，展现不同的景观特色，以达到全方位的景观效果，并且体现出生态理念及主题。同时，景观区配置观赏植物时要注意它们各自的生长期、观赏期、观赏部位、环境效果及生活习性等。

(三) 观光体验区

1. 观光区

观光区内使用空间栽培技术栽种一定数量生产性蔬菜，如番茄、黄瓜和观赏型瓜果、花卉苗等，按照不同品种不同的花期、瓜果期，安排好种、采、收的时间和换茬工作，供人们观光和挑选，让人们身临其境感受田园风光和自然生机。

2. 体验区

体验园区内安排一定面积的土地供人们参与耕耘、播种、植苗、锄地、除草管理等农业作业，增设现场采摘、任意"点宰"、垂钓、烧烤、自选自做等服务项目，让人们吃农家饭、干农家活、当农家人、享农家乐，体验农村生活，营造一个能使人们深入乡村生活的空间和参与体验的场所。

3. 植物超市

植物超市是一种植物产品经销模式，可简单理解为工厂化农业生产与现代超市管理模式的组合。人们根据需要在观光体验区内挑选的花卉、苗木、瓜果或种子，成熟后可在植物超市内进行包装处理后销售，或由顾客现场采摘再送到后厨区烹饪食用。

(四) 管理服务区

1. 后厨区

后厨区要便于餐饮区与景观区的室内环境调整,不仅利于能源与污染的处理,还有利于餐厅的运转与管理。后厨区是油烟、污气、垃圾、污水产生最集中的地方,要及时通风换气,排出垃圾,为防止污染扩散和能源浪费,在排放时要经过处理区严格的回收处理(如其中的污水经处理后可进行浇灌或冲厕)。后厨区一般可细分为精加工区、储存区、烹调区、冷菜区、清洁卫生区和食品备餐区等。

2. 动力供应室

动力供应室是整个餐厅环境控制系统的中心,同时又保证着动力、能源的供给,确保生态餐厅的正常运转。它与处理区进行着密切的物质、能量交换。

3. 回收处理区

回收处理整个餐厅产生的垃圾废物,以循环再利用。

4. 内部专用区

如车库、生活用房等。

第二节 生态餐厅园区规划

一、生态餐厅园区的规划原则、内容与步骤

(一) 规划的原则

坚持以人为本和可持续发展的原则,运用科学的设计手段、先进的设备和技术来提高空气、环境质量,给人提供自然舒适的环境,享受美味可口的有机食品,降低对资源和能源的消耗,减少对环境的影响。

1. 可持续发展原则

生态餐厅园区规划以可持续发展的理念进行设计,通过运用设计手段和先进的技术手段实现节能、节水、节约资源;充分利用

可再生资源,如残渣、废弃物循环再利用,合理利用非再生自然材料,减少对自然的破坏;使用安全环保的建筑材料,减少对资源的消耗、能源的浪费、对环境的破坏以及对社会的不良影响。

2. 因地制宜的原则

(1) 分析当地的区域分布状况、经济状况和市场条件,对生态餐厅园区进行合理的选址和规划。

(2) 根据当地的气候条件进行生态餐厅园区的生态化设计,尽可能实现智能化管理。

3. 以人为本的原则

(1) 安全性原则　包括结构的可靠性、防火安全、食品安全等,给人们创造安全的环境。

(2) 健康性原则　包括空气质量因素、物理环境因素、设计心理因素、提供绿色健康的饮食。

(3) 舒适性原则

① 视觉舒适:与环境布局、事物的形态和周围的色彩有关。

② 行为舒适:取决于人体的尺寸、空间范围、家具、设备的尺寸。

③ 触觉舒适:温湿度要合适,家具、设备的质地和造型适合人体等。

4. 美学原则

(1) 空间形式的和谐。通过总体规划、功能分析、人流动向和结构体系等的分析,模拟自然环境,进行整体设计,尽可能创造优美、自然的景观,确保审美效果。

(2) 力求生态餐厅园区内外环境协调,色彩运行谐调,符合大众的审美。

(3) 装饰陈设艺术,通过空间形式、色彩和装饰的整体把握,进行生态餐厅园区的空间设计,使空间得到充分利用。

(二) 规划的内容

1. 定位

(1) 类型确定　根据投资、地区、市场等条件,确定拟建生态餐厅是单一型还是多元综合型生态餐厅。

(2) 选址　既然是生态餐厅,那么选址的思路就应该以餐饮为主,兼顾农业生态。农业种植项目选址时为了降低成本及考虑其他综合因素,通常选在比较偏远的地方。但生态餐厅有别于农业种植,餐厅是通过源源不断的客人消费来实现盈利的,所以生态餐厅选址时,首先要考虑交通的便利性,但又不能离市区太近,这样土地成本会过大。其次,因为生态餐厅不同于普通建筑结构,生态餐厅的四周外围结构都是PC、薄膜、玻璃等农业材料,这些材料不隔音,对周边的噪音很敏感,要选择环境相对较安静的地点。第三,生态餐厅要有别于一般普通餐厅,环境要有生态的概念,绿色植物要多,如果周边环境的绿化很好,这样对该项目的环境投入也能低一些。

(3) 规模确定　目前常见的温室餐厅面积一般在3 000~5 000平方米,大者可达15 000平方米,根据拟建生态餐厅服务于周边哪些城市、客流量有多少、消费水平如何等具体条件选择其规模。

(4) 经营模式

① 明确经营体制:采用独资、股份制还是其他什么方式经营。

② 明确经营理念:既然是绿色生态餐厅,就要尽量避免与农家饭庄雷同,突出"生态"两个字,为就餐者提供绿色、优美、舒适、悠闲、宜人的生态环境,安全、可口的生态(有机)食品,餐厅温室节能、废弃物处理科学的可持续运作模式。

③ 明确生态餐厅的主导产业:以餐饮为主,并将旅游、休闲、教育纳入经营范围,在提供"绿色"饮食的同时,将自然秀美的生态环境合理地融入到餐饮的经营空间内,使人们在一种纯自然的环境中尽情娱乐,得到放松,其效果、境界非原有的经营模式所能达到,体现了人们要求回归自然、返璞归真的美好愿望,并向人们推广"生态"的理念,带动绿色消费。

2. 有机食品规划

（1）有机食品概念 20世纪初，西方一些发达国家就提出了"有机农业"、"环保型农业"的概念和发展思路。特别是20世纪90年代以来，发达国家以及一些发展中国家加快了替代常规农业生产方式的实践步伐。据有关资料，77%的美国人、80%的德国人愿意消费有机食品。有机食品在国际上有多种不同的名称，以英语为母语的国家多称为有机食品，在芬兰、瑞典等国家称生态食品，在日本称自然食品，而在中国称绿色食品和有机食品。虽然名称不同，但本质上都是指遵照有机食品标准，在农产品生产中不准使用化学合成农药、肥料、生长调节剂和其他化学物质，不得采用基因工程；在加工中不得使用化学合成添加剂；包装材料应可自然降解；遵循自然规律和生态学原理，采用一系列可持续发展的技术，并经独立的有机食品认证机构认可，发放可使用标志的无污染、安全、优质、营养的食品。

（2）有机农产品的种植

① 品种选择：选择高产、优质、优良、抗病虫害的品种。

② 地块选择：选择无污染、无农药残留、周边环境好、上风头无"三废"污染源、耕层肥沃的地块。

③ 作物的施肥：通过施用有机肥、微生物肥料、叶面肥促进作物生长，提高产量和品质，但不造成对作物和环境的污染。

④ 植保技术：用生物技术、生物农药、物理防治及其他无公害防治的综合防治方法，充分发挥自然控制因素的作用，因地制宜，合理应用必要的措施，做到经济、安全、有效地消灭病虫害。

（3）有机农产品的烹调

① 烹调加工场地：为防止周边环境污染，烹调加工场所安排在距离公路干线较远的地方，选择地势高、干燥、水资源丰富、水质好、土壤清洁、无污染、交通方便的地点，同时位于居民区主导风向的下风向和饮用水水源的下游。

② 原料和配料的选择：有机食品的原料和配料必须是经过

认证的有机原料,是天然的或认证机构许可使用的。作为配料用水和食用盐必须符合国家食品卫生标准,食品添加剂应该使用安全、天然、营养型的添加剂。

③ 烹调加工:加工设备直接接触食品部分,应使用不锈钢;加工过程中应该注意保持食品的色、香、味,尽量避免过分加工。

3. 园区土地利用规划

合理确定餐饮、园林绿地、建筑、道路、农业生产用地等各项用地的布局,确定各项用地的大小与范围,并绘制用地平衡表,对不同土地类型的各个地块做出适宜性评价,达到土地的最合理化利用,取得最大的经济效益。

4. 园区温室规划

生态餐厅温室是以人为主、以植物为辅的一种人和植物共存的环境,环境因子的控制规划(包括光环境、声环境和空气环境的规划)不仅要满足植物生长对环境的要求,更要满足人们的舒适性要求,同时考虑安全、卫生、消防等方面的要求。

5. 园区景观规划

景观的规划从功能分区、交通组织、分布密度、视线组织等方面考虑,讲究艺术性,运用现代设计、地域性、本土文化等理念,把美学与技术结合起来,采用造园技术将山、水、树木、花草与餐厅的功能分区有机结合,采用智能的环境调控技术,达到恒温、恒湿的园林景观环境。充足的阳光、清新的空气、绿色有机食品、环境与艺术、技术与自然完美融合,真正达到回归自然的幽美饮食环境,让人们在小桥流水、鸟语花香、鱼儿跳跃、翠色环绕中享受那种远离城市喧嚣、尽享快乐的心情,人在其中,宛如来到了南国水乡、傣族村寨、草原的蒙古包、东北的农家小院等,给人们一个高品质的享受空间。

6. 资源节约环境保护规划

(1) 节能设计

① 温室选址:生态餐厅的选址上要充分利用太阳的光热资

源和风力资源,选择能源利用率高的光源,实现能源最小化。

② 温室建设:在建筑材料、技术和管理措施上都要考虑节能。

③ 温室管理:按一天的时间变化分时段进行变温管理,分别满足植物生长条件和人的舒适度要求。对某些作物生长,采用根区加温,降低设施投资和能源消耗。

④ 选择节能高效的烹饪设备:选用微波和其他新的电子技术比传统的电炉高效,实现烹饪能源最小化。

⑤ 利用太阳能和生物质燃料:应尽量采用取材方便的太阳能和生物燃料,生物燃料燃烧值高,同时还是可再生能源,节省能源,减少环境污染。

(2) 资源的循环利用和环境保护

① 生态餐厅园区在运行中产生大量的废弃物,可以分类处理、综合利用。如食品残渣、废水、油烟、油污等,对废水、废气要进行合理的处理,达到排放标准后才能排放,或再利用;固体废弃物要进行分类和回收,如食品残渣可以加工堆肥处理后,作为肥料和饲料提供给农业生态园的植物种植和家禽饲养,避免污染环境。

② 生态餐厅可以设置雨水收集、净化系统,收集的雨水或处理后的中水用于灌溉、水景的用水、清洁等对水质要求不高的环节。

③ 不使用塑料制品和一次性餐具,减少资源浪费和环境污染。

(三) 规划步骤

1. 调查研究

(1) 了解生态餐厅园区用地的情况、区位特点、规划范围,收集与园区有关的自然、历史和农业背景资料,对整个园区与环境状况进行综合分析。

(2) 了解业主的具体要求、愿望,提出规划纲要,特别是主题定位、功能表达、项目类型、时间期限及经济概算等。

2. 资料分析研究

(1) 分析讨论调查的资料,确定规划的框架。

(2) 签订正式合同或协议,明确规划内容、工作程序、完成时间、成果。

(3) 考察所要规划的项目区,并初步勾画出整个的用地规划布置,保证功能合理。

3. 园区发展战略

在调查－分析－综合的基础上,对园区自身的特点做出正确的评估后,提出园区发展战略;确定实现园区发展目标的途径;挖掘出提高生态餐厅的市场潜力。

4. 园区布局

确定生态餐厅在园区中的基础和中心地位,同时注意观光旅游、休闲度假等相关产业在园区中的作用。园区布局必须符合生态环保养生和生态旅游观光的要求。

5. 园区功能布局

园区功能布局要与产业布局结合,充分考虑游客餐饮、观光、休闲的要求,确定餐饮区,划定景观区、观光示范区、休闲配套区、管理服务区范围,完成园区功能布局图。

6. 规划成果

规划成果在形式上包括:可行性研究报告;文本(含汇报演示文本)、图集;基础资料汇编。在内容上包括:园区社会及自然条件现状分析;园区发展战略与目标定位;项目建设指导思想及原则;园区空间布局;园区土地利用;园区功能分区及景观意向;园区环境保障机制;园区游憩系统布置;景观规划与设计的实施方案;经济效益、社会效益、生态效益评价、组织与经营管理。

二、生态餐厅设计

(一) 生态餐厅的特点

1. 生产温室的缺点

早期建设的生态餐厅园区,主要是直接改造或利用原来的生产温室,再辅以景观设计而拼凑起来的,主要有以下缺点。

(1) 顶部结露严重 由于生产温室主要从适应植物生长需求角度出发,对温室透光率要求较高,覆盖材料多采用双层充气膜、单层 PC 中空板或单层玻璃等,保温效果较差,在北方寒冷的冬季必然会带来温室内大量的结露现象,容易造成冷凝水滴落,这在餐饮中是非常忌讳的。

(2) 柱间距较小 生产温室的柱间距一般都较小,改造成生态餐厅,将对餐厅内的整体布局和空间利用率带来很大的局限性,给园林设计师的想象空间增加不少障碍,减少了美感。

(3) 内部空间低矮 生产温室高度约为 3~4 米,对种植温室来说,这是一个合适的高度,但对生态餐厅园区来说则嫌太矮,给就餐者压抑感。

2. 生态餐厅特点

(1) 建筑形式 餐饮区一般采用 Venlo 型温室、圆拱型屋面连栋温室、大型钢架结构温室、经过改造的异型温室等,大跨度、大楹距(16 米×8 米),柱高 6~8 米,完全摆脱了传统温室的设计模式,给人们足够的自由空间。

(2) 建筑材料的选择

① 环保性:材料选择安全耐久、可循环使用的,同时避免产生污染,尽可能选择绿色环保的建筑和装饰材料。

② 保温节能性:围护覆盖材料采用具有遮阳、保温双重功能的复合材料,采用双层 PC 板覆盖,双层排水天沟,保温效果良好,杜绝结露现象,降低能源消耗。

③ 其他性能:建筑材料具有透光性、保湿性、防露滴、耐老化、安全、耐久、美观等性质,如玻璃、PC 板、塑料等。

(3) 建筑措施

① 采用智能温室及配套设施构建。

② 尽可能采用自然通风降温,实现能源最小化。

③ 对温室周边的保温处理采用粘上发泡材料或用密封胶密

封,前屋面外设防寒沟,以达到保温节能的效果。

④ 采用双层结构设计,提高了温室的保温性能,有效节约了运行成本。

(4) 建筑环境　餐厅内不仅要能为植物生长营造一个适宜的气候,更重要的是要为人在此就餐创造一个舒适的环境。餐厅的面积一般都在几千平方米左右,无论是就餐环境还是食物都体现一个"绿色"的概念。首先,环境是绿色的。超大的就餐空间被有序的植株隔开,这样就很好地解决了传统餐厅人多嘈杂的感觉。植物身上标注了物种的名称、特性和实用价值,设计建造有各式长廊,花架与地形、建筑、植物融为一体,取得了良好的艺术景观效果,人们在鲜花绿树的簇拥下,可以使感官得到最大的享受。再者,食物是"绿色"的,蔬菜的栽培就在餐厅周围的生产用温室里,如果你愿意可以直接现摘现吃。

(二) 生态餐厅温室系统设计

生态餐厅的环境应满足健康、舒适、能源有效利用和环境保护等方面的要求,一般生态餐厅温室必备的系统中有:降温系统、采暖系统、灌溉系统、温室控制系统(包括温室温度控制系统、遮阳/保温幕控制系统、通风控制系统、CO_2供给控制系统、灌溉/营养液供给控制系统)、照明系统。

生态餐厅对温度和湿度的要求比一般的种植温室要求高,既要考虑人的舒适度,又要考虑植物的生长环境条件。大多数温室植物温度需要在18~34℃之间,相对湿度大致为40%~90%,而人体所要求温度在22~27℃,湿度在25%~70%。要做到人、植物、温室环境三者的和谐统一,通过温室各种系统配合运行从而调节温室自身的温、湿度,以满足人的舒适度要求。选择植物的品种时,应选择适宜在相应温度、湿度下生存的植物。

1. 生态餐厅降温系统

(1) 自然通风　生态餐厅是一个半封闭的系统,借助通风换气来排除热量并更新空气。通风是把室内外空气进行交换,但不能把室内气温降低到比室外气温低。生态餐厅的面积大,有很多包间,影响侧窗通风。由于内遮阳网的影响,天窗通风效果也不是很明显。若只采用自然通风降温,室内的最高气温能达到48.3℃;当气温高于33℃以上时,不仅严重制约了温室内植物的正常生长,而且使人们食欲降低。由此可见,自然通风对春季至秋季的环境调节有一定作用,但在炎热的夏季只靠自然通风达不到植物的生长要求,更满足不了人舒适度的要求,必须与其他降温系统综合使用。

(2) 自然通风+内外遮阳网　利用遮阳措施可以减少餐饮区的直射阳光,能使室内温度分布更均匀,从本质上改善室内热环境。由实验可知,在每年从4月末至5月中旬,从9月末至10月中旬,早晚冷凉,室外温度不太高,中午太阳辐射强烈时,遮阳网的降温效果明显,能把室内的气温变化幅度减缓,室内气温比室外气温低0.4~2.3℃。当室外温度高达28℃以上时,有室内遮阳与无室内遮阳的室内温度是相同的。遮阳网是利用具有一定透光率的材料将一部分光线进行遮挡,从而达到降低温室内的温度,但阴天时光线弱,因此降温效果不明显。

(3) 自然通风+内外遮阳网+高压喷雾　高压喷雾具有降温和加湿等作用,这是蒸发降温的一种方式。高压喷雾的降温速度快,降温过程中室内的水平温度分布均匀。在生态餐厅不采用内遮阳网时,太阳辐射强烈,生态餐厅的气温上升得快,降温效果不明显。在内外遮阳网并用的情况下,水被雾化后漂浮在室内时,迅速吸收空气中的大量潜热,从而使温室气温下降,高压喷雾降温能取得很好的效果。特别是湿度最低的中午时段的降温效果更好,用这种降温方法平均能降低3℃,最大的能降低6.5℃。使用喷雾降温虽然降温效果好,但使用喷雾降温后使室内相对湿度达到80%以上时,使人感觉闷热,就不能连续地启动喷雾系统。喷雾系统用来调节室内的湿度,在冬春秋少雨干燥季节或6~7月份室外气温较高时,效果显著;而在8月份室外相对湿度比较大时,效果较差,必须与排气扇结合使用或半展开内外遮阳网来加快雾气散发。

(4) 内外遮阳网+湿帘风机　湿帘风机具有投资少、耗能低和降温效果好等优点。但湿帘风机降温也存在以下缺点:室内气温不均匀,最大温差可达 2~5℃,温室内的湿度明显提高,而且风机的噪音也影响餐客的就餐心情,因此不适合餐饮区的降温。在景观区里,一般安装湿帘风机降温系统,既节能又能提高湿度,有利于植物的生长。采用内外遮阳网和湿帘风机的降温措施后,温室室内的平均温度保持在 28.4~34.0℃(格式)之间,平均比室外温度低 1.2℃,最大降温幅度为 3.7℃。一般夏季炎热的天气下,餐客相对较少,北方地区有些生态餐厅在餐饮区使用湿帘风机降温系统,湿帘风机能把室温降低 2℃ 左右,具有较好的降温效果,虽然达不到人的舒适温度要求,但从室外进入生态餐厅明显感觉凉爽,且运行成本比空调低,这种降温方式在我国北方地区使用有较好的经济效益,对夏季湿度很高的南方地区不适合使用。

(5) 内外遮阳网+空调　空调的降温效果好,一定范围内能调节空气温度,但投资多,运行费用高。由于生态餐厅的空间大,需提前 1 小时启动才能达到稳定温度状态。使用空调降温最大能降低 5.6℃。虽然空调能达到很好的降温效果,但生态餐厅内的温度分布不均匀,所以最好与喷雾降温和排气扇综合使用。

各种降温系统合理搭配使用则能达到既节能又有效的降温效果。

2. 生态餐厅采暖系统

生态餐厅采暖在北方是必不可少的,主要形式是热水采暖、热风采暖、地面加热、地下热交换等。选用方案取决于生态餐厅的大小、地理气候条件及作物品种等多种因素。

(1) 热水采暖　较常见的采暖方式是利用采暖锅炉通过水管、散热片加热空气。这种方法惯性大,温度均匀稳定,但燃煤锅炉在城市使用可造成环境污染,会受到一定限制。热水采暖适用于大面积,大锅炉的热效率比小锅炉高,运行成本地区差异较大。

生态餐厅不允许有污染源的产生,因此用燃气燃油锅炉均有污染源的产生,且不合适。用电锅炉生产热水成本高,所以现在市场新型热泵热水器可用来加热生态餐厅中所需的热水。热泵热水器是一种利用热泵原理生产热水的热水器,其显著特点是比电热水器节能7%以上,无任何污染源的产生,是一种环保无污染的热水装置。此系统可建成1吨热水箱用于储存热水,热水器通过循环加热储水箱中的水,再输送到生态餐厅中需要热源和热水的地方。

(2)地面加热 在地面铺设电热线,对土壤和地面进行加热,电热交换率高,控制方便,但成本较高,主要用于特殊环境下。

3. 生态餐厅灌溉系统

生态餐厅离不开喷、滴灌技术。餐厅面积较大,环境幽雅,利用喷、滴灌技术不仅可以增加整个大厅的美观,而且可以提高水温,还可以节约用水,减少土壤板结,省工、省时,可以降低餐厅内空气的湿度,减少病虫害的发生,杜绝对植物及地下水的污染。

(1)喷、滴灌系统组成

① 连接在中心水源的控制首部,它由两台水泵、压力表、过滤器及附件组成,其作用是调节供水压力与供水量,进行水源过滤和添加营养物质。

② 塑料干管和支管。

③ 小直径塑料毛管。

④ 滴头:滴灌是通过滴头向作物根系缓慢供水,每一个滴头滴出的水在土壤中形成葱头状湿润区,紧靠滴头的土壤含水量达到饱和。随着离滴头在各个方向距离的增加,土壤的含水量逐渐减少。一条具有许多均匀分布滴头的滴灌管产生一系列葱头状湿润区,一个接一个形成连续的链状湿土区,作物就从链状湿土区获取它们所需的养分、水分。

⑤ 微喷:生态餐厅温室内合理利用空间位置至关重要,所以

常常在大厅内设计建造立体墙、立体方块墙、空间球来栽植蔬菜,以达到少用空间多出菜的目的。在立体方块墙内放置有机质,四周栽植蔬菜,用人为的方法很难把水撒进去。采用微喷设备,在立体方块墙上面放置支管路,并在支管路上插上毛管,在毛管上插入微喷头。当蔬菜需要水时,只要把阀门打开,水便喷到墙内,有机质自上而下充满了水,蔬菜则得到水的滋润。

⑥ 稳流器:在水盆上面放置支管路,再在支管路上面插入毛管,毛管下面插入稳流器,水则可进入水盆内。

(2)滴灌、微喷的优越性 滴灌、微喷作为一种喷灌技术应用于生态餐厅温室,较传统的灌溉方式有着不可比拟的优越性:

① 由于生态餐厅内的蔬菜需水量很大,所以每1~2天就必须灌溉1次,以保持作物的湿润。每次的灌水量较少,减少了水、肥在土壤深层的渗漏,省水、省肥,使水、肥得到充分利用,水、肥利用率较高。

② 在生态餐厅内铺设的滴灌系统是相对固定的,每次灌溉只需打开阀门电机抽水即可进行,减少了灌溉时来回移动管道的劳苦。

③ 滴灌带铺设在作物根系位置,每次灌水都均匀分布在根系土层内,而无大量积水现象,不仅减少了水的浪费,而且减少了水的蒸发,从而降低了餐厅内过大的湿度,减少或避免了因空气湿度过大而带来的一系列病虫害。这一点在生态餐厅温室内尤其重要,因温室内蔬菜、瓜果都是绿色食品,防治病虫害非常重要。

④ 滴灌是通过滴头均匀缓慢地向作物根系层供水,对土壤温度几乎没有太大的影响,而传统的沟灌由于灌水量较大而对土壤的温度有较大的影响。

⑤ 利用滴灌可将营养液随水滴均匀地施到作物根系层,满足作物对养分的需求。

⑥ 在立体方块墙内及立体花盆内用人工的方法浇水非常困难,用微喷、稳流器滴灌则非常方便。

总之，利用滴灌、微喷灌溉技术，可以促进作物生长，提高产品质量，取得很大的经济效益。随着人们生活水平的提高，这一技术将得到普及。

4. 生态餐厅环境调控系统

根据功能区的不同分别进行控制，可以设立多个控制单元，设定各功能区的环控指标，统一由电脑自动控制，以实现遮阳、透光、恒温、调温的目的，从而使植物生长更好，人更舒适，达到既经济又高效的使用目的。

生态餐厅智能控制主要有计算机全智能控制系统、传感器等。控制系统在现代化的生态餐厅应该拥有完善的智能控制系统，它可以全面地控制整个生态餐厅的照明、通风、空调、音响、灌溉、水循环等系统；可以通过安装光感应器、温度、湿度、空气质量传感器来监控外部光照强度和内部环境质量，以便及时调整遮阳、通风、照明等装置；可以及时关闭无人区域照明、电器、音响和空调，还可以了解到植物的生长状况，方便对植物进行养护，"科学合理的控制系统可以大大减少生态餐厅中的能量消耗，降低运营成本"。温室的智能控制需要专管人员控管，不同时间、在不同环境下对环境的改变进行全程控制，从而达到生态餐厅内环境条件对就餐环境与生物的最优化。

（1）温度控制系统　加热温度的设定是根据设置全天 24 小时的加热要求进行编程建模。餐厅的温度控制系统采用中央锅炉系统，包括锅炉风机、进料系统和热水循环系统的主电机等。

当餐厅的温度超过初始设定的最高温度时，就要停止供热系统，启动降温控制系统，采用屋顶喷淋和微雾降温措施。屋顶喷淋是在外界温度高、光照强的时候适用，能有效降低温室温度；微雾降温是通过水蒸气蒸发来达到降温目的的一种降温系统，此系统主要通过一台高压主机产生较大的压力，其支电机作为受控执行元件，将水送入管路，再由各处的喷头雾化喷出，其雾化颗粒直径为 2~3 微米，这样的超细雾颗粒在落下之前被蒸发而散热。

(2) 遮阳/保温幕控制系统　内外遮阳和保温幕的电机是根据光照强度和温室温度信息来实现控制。在保温时间段里,主要设定条件有光照强度、湿度、室外温度等。有了这些设定,遮阳和保温幕就会在规定时间里达到条件时启动系统,进行遮阳或保温。

外遮阳幕采用平铺式造型,高度尽可能低,以不影响顶窗完全打开为基础,又要考虑温室屋顶外通风和安装方便等因素,以便减少风雪对外遮阳系统的破坏。传动机构采用齿条式,其驱动电机为受控执行元件。按照温室和植物对温度、湿度、光照强度的不同需求,通过步行式自动开合及敏感元件的信息反馈,可对各项指标进行自动控制,采用光照综合控制方式,同时配有手动控制方式。

(3) 通风控制系统　通风温度的设定是通过设置全天24小时的通风温度曲线来初步完成的,这样每一时刻都对应有此时的通风温度。另外,电脑控制系统上还有根据不同环境条件对通风温度进行校正的设定,主要有光照校正、湿度校正等。为了适当控制通风开窗的大小,通风窗开启角度控制参数需要根据外界环境的不同而变化。如在降雨时,通过设定,环境控制系统可以将通风窗的位置置于设定位置;在寒冷的季节,室外有较强的霜冻时,开启通风窗会对作物造成危害,环境控制系统可以设定室外温度低于某一数值时通风窗处于要求位置。

(4) CO_2 供给控制系统　一般主要用于植物养护时,将液态的二氧化碳贮藏设备的大型压力容器放在温室附近。这些贮藏设备都配有绝热装置和空气压缩机,以使罐内温度保持在 -18℃。当检测到空气中的二氧化碳不足量时,启动二氧化碳供给系统,给作物提供二氧化碳。

(5) 灌溉/营养液供给控制系统　温室的灌溉和营养液供给集于一套系统,在软件设置上实现分时控制。软件有灌溉设定控制功能,可以控制电磁阀。灌溉方式由计算机自动控制,按照天数、每天灌溉时间和间隔时间控制,供给营养液的时间和数量的控制人为设定参数,设定了控制供液的时间范围、最小间隔时间、最大间隔时间、控制供液的光积累数及每次供液的自动化合理供给。该系统的手控元件为电磁阀。

5. 生态餐厅温室照明系统

(1) 强调光环境质量,以人为本,同时考虑植物的光照要求。

生态餐厅内光照对于植物生长也是一个重要的因子,同时人对光的视觉感受也是极为重要的,它将影响人就餐时的心情。植物的高度选择和种植的疏密程度、空间的大小的选择应充分考虑人对光线的要求,使温室的光环境适应人体舒适度的要求,兼顾人和植物的采光要求。就餐时仅仅对就餐的空间进行遮阳,使周围植物享受足够的阳光,给植物生长提供更好的光合条件。

(2) 采取自然照明为主、人工照明为辅,建立混合照明系统,减少能源消耗。在植物光照不足处采用人工补光,确保植物正常生长。

(3) 通过艺术照明,营造空间效果,利用生态餐厅园区通透的墙体和屋顶,创造夜间照明效果。

(三) 生态餐厅温室结构形式

随着社会不断的发展,生态餐厅也有了明显的提高与可操作性,生态餐厅的种类也由初始的 1~2 种变为现在的 4~5 种类型,其中最为常见的生态餐厅如下。

1. 大跨度生态餐厅

大跨度生态餐厅由下列几类设施搭配组成:温室是由轻型镀锌骨架与重型钢骨架相结合、PC 板或薄膜作为覆盖材料、连接结构(铝合金或塑钢门窗)、密封材料等组装而成,可以是单栋也可以是联栋结构,跨度一般在 10 米以上,最大可达 30 米。

2. 文络型生态餐厅

文络型生态餐厅由下列几类设施搭配组成:温室是由轻型镀锌骨架、玻璃或 PC 板作为覆盖材料、连接结构(铝合金或塑钢门窗)、密封材料等组装而成。一般文络温室是联栋结构。

3. 圆拱型生态餐厅

圆拱型生态餐厅由下列几类设施搭配组成：温室是由轻型镀锌骨架、PC 板或双层充气薄膜作为覆盖材料、连接结构（铝合金或塑钢门窗）、密封材料等组装而成。一般圆拱型温室是联栋结构。

4. 非常规生态餐厅

非常规型温室生态餐厅由下列几类设施搭配组成：温室是由轻型镀锌骨架或管材骨架、玻璃或 PC 板或双层充气薄膜作为覆盖材料、连接结构（铝合金或塑钢门窗）、密封材料等组装而成。一般非常规型温室是单栋或是联栋结构。

三、生态餐厅园区景观设计

（一）设计原则

1. 生态原则

园区自身的餐饮活动需要注意生态方面的要求，重视环境的治理，不要对自身和周边产生不良的影响。景观规划的生态原则是创造园区恬静、适宜、自然的生产生活环境的基本原则，是提高园区景观环境质量的基本依据。

2. 经济性原则

把经济效益融合到园区建设中来，对于各类生态餐厅园区来说，餐饮的经济效益很高，规划设计要能够使餐饮进行得更好，同时注重在非用餐时间吸引游人，更好地提高经济效益，做到科学性和艺术性兼顾，达到更大的环境效益、经济效益和社会效益。

3. 参与性原则

亲身直接参与体验、自娱自乐已成为当前的旅游时尚。生态餐厅园区的空间广阔，内容丰富，极富参与性特点。城市游客只有广泛参与到园区生产、生活的方方面面，才能更多层面的体验到农产品采摘及农村生活的情趣，才能使游客享受到原汁原味的乡村文化氛围。

4. 差异性原则

差异性就是有特色，它是生态餐厅可持续发展的生命之所在，越有特色其竞争力和发展潜力就会越强，因而规划设计要与园区的实际相结合，尽可能体现区域性和本土文化、符合当地人们的行为习惯。明确资源特色，选准突破口，使整个园区的特色更加鲜明，使景观规划更直接地为餐饮服务，为园区服务。

（二）设计内容

生态餐厅景观不同于其他园林环境，在空间上受到了很大的制约。由于餐厅内桌位和其他功能区所占的面积大大多于植物种植面积，使植物景观受到了限制。此外，考虑到餐厅的经济效益，植物景观面积不能过大，否则会增加维护成本，减少餐厅实际使用面积。在有限的空间内创造出意境深远的园林环境，是生态餐厅植物造景的难点。

众所周知，我国传统园林植物配置的精华就是模拟自然。自然式的种植模式，能给植物充分的生长空间，减少修剪，也能给游人产生融入自然的幻觉。在生态餐厅中，可以采取微型园林的手法创造园林小环境，并确立一定的主题和寓意，再根据面积选择植物的种类和大小，结合园林其他要素（山石、小品、流水等），给植物景观寓以含义和故事，组成一个微型的园林环境。与微型园林不同的是，这个环境可以让游人进入游玩和观赏。例如：在温室的水帘旁边，就可立意与水和植物有关的传说和故事情节，以"雨打芭蕉"为例，将芭蕉丛植于水帘下面，再配些地被植物，散置一些山石，在石头上点题，比如："雨打芭蕉"、"芭蕉过雨绿生凉"等，从而就会形成一幅生动的"雨打芭蕉"的画面。还可以在温室内引水修建溪流，摆放石头，溪边种植一些水生花卉和开花的灌木，再少量配植一些谷类农作物，架石桥或木桥于溪流之上，这样就形成一幅乡村/溪桥水畔稻花香的场面。总的说来，将一些著名的园林景观或人们常见到的乡村景观移缩于餐厅内，还可以将人们熟悉的故事和诗歌再现于环境中，都可创造出意境大于实际空间的园林植物环境。园林绿化提倡文化建园,园林要有丰富的精神文化内涵,要能充分把握文化的主脉,将文化建园与生态园林思想融入植物造景,使之贯穿于园林中。对于生态餐厅温室的园林环境的营建,也不能缺少文化氛围。可以将文化建园的思想运用到餐厅的植物景观营建中来,充分挖掘植物与园林的文化,给餐厅的园林环境加入人文和艺术气息。植物,我国自古以来,人们就赋予它们思想和语言。古人把桑梓代表故乡,柳枝和牡丹代表爱情,荷花和竹子代表高洁等。现代社会,喜爱绿色植物的人越来越多,不仅仅是因为植物本身的价值,还因为它们可以传达不同的情感和寓意。所以,在餐厅的植物选择和配置上也要注意植物相应的含义。通过植物表达情感,"此时无声胜有声"。利用这些具有代表含义的植物作为不同餐区主要观景植物,以该植物表达的意境命名各个餐区,既能起到点题的作用,又能引起人们的注意。如在就餐区种植竹子、梅花、菊花等,其他植物配之,给该区命名为"君子之约",这就会使游人留心不同的植物,引出饭间的话题,打破就餐时可能出现的沉默,增加谈资和乐趣;在喝茶的地方,种植山茶花、菊花、兰花等,命名为"品茗养性",则会让喝茶人进入一个清高淡雅、淡泊名利的精神境界。这些植物的配置和命名对顾客起到了一种心理暗示作用,通过植物文化和园林环境的结合,可以提高餐厅的品位和档次。

此外,餐厅的园林植物造景可以依据生态园林的思想,采用生态学物种群落的观点,将乔木、灌木、花卉分层搭配,做到物种的多样性,层次丰富变化,营造一种欣欣向荣的自然植物群落景观。生态餐厅除了给顾客提供精美的食物和优美的就餐环境,还兼有宣传科学健康饮食观、呼唤人们的生态环保意识的作用。对前来就餐的顾客进行科普教育和生态文化宣传,无疑是一种社会价值的体现,也是温室餐饮模式所倡导的"生态、绿色、环保"得以传播的主要途径。

1. 水景规划

(1) 水池 水池是环境设计中最常见的组景手段,按规模和形式分为点式、面式和线式。点式是指规模较小的水池或水面，布局灵活，起到点景作用；面式是指面积规模较大的水体，是空间环境中的景观中心和人们的视觉中心；线式是指相对细小的水面，有直线型和曲线型，起分隔空间的作用，可以采用流动的水将水池和喷泉连接起来。

（2）喷泉　喷泉可大可小、可高可低、可单一、可组合，能产生高低不同、状态各异、形式多样的动态水景形式。生态餐厅园区设计中根据不同的空间形态和性质分别进行应用。大型的喷泉可用于餐厅重要点上，表现壮观的气势。小型喷泉用于餐厅的植物丛中、桌椅周围，给人以亲切感。

（3）水幕和水帘　水幕和水帘是利用成排的小孔使水从高处直泻下来，形成一个平面的水的幕布或帘子。水幕和水帘极具观赏价值，运用于空间分隔，非常适合生态餐厅园区的空间营造。同时水幕和水帘在夏季还可降低室内的温度和湿度，降低空调的使用率，从而改善生态餐厅园区的空间环境质量，减少运行中的能耗。

（4）壁泉　在人工建筑的墙面，不论其凹凸与否，都可形成壁泉，而其水流也不一定都是一律从上而下，可设计成具多种石砌缝隙的墙面，水由墙面的各个缝隙中流出，产生涓涓细流的水景。可在生态餐厅园区的人工堆叠的假山或自然形成的陡坡壁面上有水流过形成壁泉。

（5）叠水　喷泉中的水分层连续流出，或呈台阶状流出，称为叠水。中国传统园林及风景中，常有三叠泉、五叠泉的形式，外国园林如意大利的庄园，更是普遍利用山坡地，造成阶式的叠水。叠水是善用地形、美化地形的一种最理想的水态，在生态餐厅园区中具有很广泛的利用价值。

（6）涌泉　水自下而上涌出但又不喷出称为涌泉。涌泉可以通过控制水的压力而达到，形成高低错落的景致。涌泉没有水花四溅，没有大的声响，在生态餐厅园区设计中默默无闻地提高空间品味。

2. 植物景观设计

（1）生态餐厅植物选择原则　生态餐厅所选用的植物，不同于生产型的温室，它需考虑的不仅有植物的生长条件，还应考虑到植物环境对人的影响。一般情况下，生产型温室只需提供植物生长需要的温度、湿度、光照条件等，人们在里面只是短时间的停留，温湿度都很大；作为生态餐厅，就必须考虑人和植物的共同适应环境的条件，从以人为本的意义上讲，应该将人的需求放到第一位。把餐饮区和景观区分开，在景观区里专门栽培热带植物、稀有植物等进行特殊养护，餐饮区在选择植物时，一定要了解温室内的环境因子和人体舒适度，根据人们的舒适程度的需要来选择，尽可能选择环境指标（温度、湿度）与人们的舒适程度相近的植物；根据人们的心理程度来选择，选择观赏价值高的植物种类进行植物造景，尽可能使植物种类多样、层次丰富，四季有花；搭配好阳性植物、阴性植物和耐阴性植物，使它们能正常生长。

（2）生态餐厅植物的选择　生态餐厅植物的选择首先应从温度条件考虑，热带观赏植物、我国南方的大多数园林植物及北方喜温的植物较适合温室种植。这些植物所需的温度与温室温度条件相适应。其次，植物的高度也是需要考虑的因素。生长迅速、体积过大的乔木不适合生长在餐厅内。选择乔木时，应考虑不能大于温室的高度。另外，考虑到餐厅游人就餐功能的需要，应选择适应能力强、少病虫害、无毒、无刺、无飞絮、无异味的植物，以免影响顾客的就餐情绪。此外，从植物的造景上考虑，应该选择造型好、开花多而艳、有香味、观赏价值高的品种。

将温室植物与生态餐厅结合起来，是生态餐厅温室的重点。温室植物仅需考虑到生长状况和环境条件即可保证植物的正常生长。而作为造景需要的植物，除了要满足上述要求外，植物的形态特征要满足园林用途，植物的相互搭配和色、香、型的运用要满足人们就餐时的心理和视觉感受。依据植物的造景形式，可将温室植物划分为：赏景种植、花卉立体装饰（种植）、地被种植、隔离带种植等。

① 赏景种植：赏景种植指的是将植物配置在餐厅中处于游人视线的焦点或空间转变处的位置。能够引起游人或顾客的注意，在形态、花色、叶型或造型上具有独特的、十分明显的特点，通常选用具有较高观赏价值的树木或花卉。其姿态、色彩要求优美、鲜明，能给人以深刻的印象。常见的赏景种植分为：赏形类、赏色类、赏果类、赏香类。赏形类植物要求其植物的枝叶和树冠形状美观，如棕竹、龟背竹、垂榕、假槟榔、苏铁、三药槟榔、印度橡胶树等；赏色类植物一般以观赏花色的品种为多，但不只着眼于花色，也有的果实颜色很醒目，有的枝叶本身就是黄、红等色，如红桑、变叶木等；赏果类植物主要是观赏大、多、奇、艳的果实，如佛手、金橘、石榴、香圆等；赏香类植物的香味有浓香、芳香和幽香三种，如素馨、洋子甲属浓香，桂花、茉莉属芳香，兰花、米仔兰属幽香。

② 花卉立体装饰：花卉立体装饰是相对于一般平面花卉装饰而言的一种园林装饰手法，即通过适当的载体，结合园林色彩美学及装饰绿化原理，经过合理的植物配置，将植物的装饰功能从平面延伸到空间，形成立面或三维立体的装饰效果，是一种集园林、工程、环境艺术等学科为一体的绿化手法。立体装饰的花材主要是垂吊蔓生植物和直立式植物，主要有盾状天竺葵、垂吊矮牵牛、大叶蔓绿绒、吊金钱、倒挂金钟、仙人指、豆瓣绿等，此类植物最适合配置在温室内部框架上、厨房入口处、餐桌周围，能有效遮挡餐厅内的不雅物体或设备，充分展示植物材料的美化效果，成为栽植组合的中心主题和色彩焦点。

③ 地被种植：地被种植一般用于掩盖餐厅裸露的地面，多采用低矮的灌木和花卉，密植于其他植物的下方，或单独形成一幅地被植物景观。利用地被植物造景时，必须了解该地的环境因子，如光照、温度、湿度、土壤酸碱度等，然后选择能够与之相适应的地被植物，根据选用的地被植物的生态习性、生长速度与长成后可达到的覆盖面积与乔、灌、草合理搭配，使各种生物各得其所。生态餐厅温室可选择的地被植物有酢浆草、春羽、沿阶草、铁线蕨属、杜鹃

属、非洲菊、中华常春藤等。

④ 隔离带种植：隔离带种植一般用来分隔不同的空间，将餐厅不同功能分区通过植物分隔开来，或虚隔，或形成隔墙，形成一种相对隐蔽或半开敞的空间。带植法是一种常见的隔离种植形式和带形景观的配植方法。带植的植物常用灌木和藤本植物，也可用草本植物。一般选用小乔木或竹类植物，列植或丛植，如竹类、蒲葵、凤尾葵、南天竹等。

⑤ 特色果蔬：生态餐厅温室的植物造景除了可以选用一些传统的园林植物外，还可以增加果木和蔬菜的应用，使餐厅的植物景观更丰富，更接近生活和自然。果蔬的运用不仅能够让顾客就地品尝或选购新鲜的果品和蔬菜，还可利用它们增加餐厅的绿化面积，降低绿化成本，还可随季节变化更换品种。与一般菜园、果园种植不同的是，生态餐厅果蔬种类的选择要尽可能具有较高的观赏价值，如红花叶生菜、人参果、金银茄、观赏南瓜、朝天椒、金橘、树莓等。这些并不见得都能食用，但是其观赏价值却高于一般的蔬菜和果木。还可选择一些我们可能吃过但很少见过其原生状态的热带水果，如芒果、菠萝蜜、杨桃、野山蕉、小西红柿等，利用它们使餐厅充满一种农家田园般的趣味性，也是生态餐厅的特色之一。

（3）合理布局，充分利用空间　在没有硬质铺装覆盖的地面固定种植一些高大的乔木、灌木丛、地被花卉等，小型乔木、灌木和草本植物可用容器种植，在墙体、花架等处可采用攀援和垂吊形式种植植物，形成立体绿化效果，活跃空间形式，增加空间层次和色彩。

3. 装饰陈设设计

（1）家具的选配　在生态餐厅园区中，家具的配制除需一定数量的餐桌椅外，还要配备一些休息、交谈的家具。家具的选配上要从生态餐厅园区的空间整体环境出发，选择能够体现生态餐厅园区不同空间风格的家具，使它们与生态餐厅园区的整体风格相得益彰。

（2）灯饰的选配　灯具的选择要与空间装饰风格、局部环境的功能相符，有利于环境气氛的体现，同时考虑灯具的节能性能和安全性能。

（3）装饰品的选配　装饰品的选配是对内部空间设计的补充和完善，能够使餐厅内部空间更具内涵和意境，往往能够烘托餐厅环境的气氛，成为餐厅空间设计的点睛之笔。在设计上要把握餐厅空间的整体氛围，和空间形成统一。

（三）设计步骤

1. 基础资料收集和分析

主要包括：园区所在区域的农业和餐饮发展状况；园区所在地的自然条件（包括气候、日照、水文、降雨量、土壤条件、地形地貌、环境污染程度、不同地块的肥沃程度）；交通条件（园区周边环境状况及旅游资源）；社会人口现状；经济现状；已有的相关的规划成果；现场踏勘工作所获得的现状资料。

2. 目标定位

确定规划目标，以目标为导向进行规划；确定园区的性质与规模、主要功能与发展方向；并在景观规划过程中对目标做出讨论并进一步提炼。

3. 景观系统规划设计

景观系统规划设计更强调对园区土地利用的叠加和综合，通过对物质环境的布局，设想出园区景观空间结构的变化和重要节点的景观意想。包括基础服务设施规划、游憩空间规划、植物景观配置规划、道路系统规划、水电设施规划。

4. 景观规划与设计的实施

景观规划与设计的实施是景观系统规划设计的进一步细化，是对总体方案做的进一步修改和补充，并对重要景观节点进行详细设计，完成园路、广场、水池、树林、灌木丛、花卉、山石、园林小品等景观要素的平面布局图。在完成重要景观节点详细设计的基础上，着手进行施工设计。

5. 评价

结合园区原有现状分析，对景观规划设计的过程和实施做出评价。主要包括：规划设计方案的适用性评价、客源市场分析与预测、投资与风险评价、环境影响分析与评价、经济效益分析与评价、社会效益分析与评价。

（四）效益分析

1. 生态效益

生态餐厅园区倡导的是一种新的休闲餐饮理念。生态环境是关键，包括空气质量在内的就餐环境、舒适程度是生态餐厅园区首要关注的；推广绿色、健康食品是生态餐厅园区经营的另一个重要内容；减少能源消耗、避免造成资源浪费和环境污染、降低餐厅的成本是第三个内容。

2. 经济效益

通过吃到、买到"生态"、"绿色"、"保健"的食品，提升生态餐厅园区的知名度，吸引更多的人前来就餐，从而提高经济效益。

3. 社会效益

生态餐厅园区以餐饮为依托，架起了一条通往旅游、休闲的桥梁，开辟了实现农业经济增长的新途径，对优化农业产业结构、深层次地开发农业的附加值、保护农业生态系统、增加农民收入有很大的作用。生态餐厅园区是一门综合性很强的产业，需要有"一条龙"的行业与之配套服务，餐饮消费可以带动交通、运输、加工、旅游等相关产业的发展，从而带动农村第三产业的发展，解决社会就业等方面的问题，具有较高的社会效益。

四、生态餐厅园区盈利模式

（一）绿色食品

餐饮品种的科学营养、绿色健康等问题，也是生态餐厅园区经营的一个重要问题。食物是"绿色"的，菜肴以农家菜和野生水产为主，蔬菜都是在餐厅周围温室里种植的新鲜绿色蔬菜，可以直接现摘现吃。生态餐厅园区以餐饮为依托，对绿色食品进行烹调、加工,推广绿色食品。

(二) 特色保健餐饮

种植药菜兼用作物,推出系列保健菜谱和保健茶,对时下人们的防病保健是十分有益的。让人们吃到一次全方位的强身保健餐饮,并附带介绍相关的保健知识,只有相关服务功能配套齐全,才能吸引更多的人气。

(三) 植物超市

生态餐厅所需的蔬果产品由园区自产自销,比从外界购进的产品对顾客更有吸引力和说服力,即所谓的"前店后园"模式。餐厅用菜可实现现采现用、现采现卖,有些顾客用餐后参观生产现场还可以带一些产品回家,从而使园区生产的蔬果产品不出园门就"内销"了。将产品买卖的交易活动融入到长有鲜活植物的温室中,使人们的休闲购物在自然光亮且空气清新的优雅环境中进行,可降低成本,提高产品的附加值,从而改变人们在封闭的、空气不流通的传统商场、超市中购物的现状,使园区的功能得到进一步拓展和延伸,经营效益得到进一步提高。

(四) 特色农家体验

农业的劳作形式、传统或现代的农用器具、农民的生活习俗、农事活动、农事节气、农家产品烹饪、加工制作等,都是生态餐厅园区吸引人们来消费的地方。

第三节 生态餐厅园区案例分析

一、北京红太阳美食生态园

(一) 园区概况

红太阳美食生态园(见本书彩色插页)是红太阳饮食集团在北京地区投资的一家以生态环境养生为主题的餐饮企业,位于北京市生态农业示范园区——朝来农艺园南门,地处望京和亚运村两个区域之间,占地面积40 000余平方米,营业面积为15 000平方米,可同时容纳3 000多人就餐。红太阳美食生态园自2003年1月18日对外营业以来,备受市场消费者的欢迎和同行的关注,被北京市商业联合会和消费者协会评为"卫生达标示范单位",获得"国家特级酒家"钻石五星的殊荣,是全国绿色餐饮的龙头企业。

温室到处都是绿色植物,包间是由植物隔开,有瀑布、流水、小桥、鳄鱼池以及儿童乐园。灯光很柔和,空气清新,利用遮光板、通风、流动的水体、水雾等对环境进行调节,保证环境舒适宜人。

(二) 园区特点

整个餐厅按照轴线布局,东西方向为交通轴线,两边各有一个出入口,南北方向为景观轴线,一条水系蜿蜒曲折,贯穿南北。餐厅内分为豪华包间、别有洞天、碧水风荷、莺歌燕舞、明清木制包间、竹制包间、奇域水帘、独木成林、绿岛风情等九个风格各异的就餐区域。后又增设泰式、日式、中式等精装豪华包间。二期工程有温泉健身中心、商务酒店、量贩式卡拉OK等项目。

"生态环保养生"是红太阳美食生态园的主题,红太阳美食生态园主体结构以引进荷兰的高科技智能温室玻璃材料构成,其玻璃钢结构不仅具有良好的透光效果,而且能使餐厅保持四季恒温恒湿。为达到餐厅内最佳的生态效果,红太阳美食生态园还在餐厅内配备了从台湾进口的智能喷雾制冷设备,造就四季常春的美好就餐环境。餐厅菜肴以吉菜为主,加入了川、粤、等菜系,品种丰富,能满足不同需求的消费者的要求。明档选菜,蔬菜都是他们自己养殖的绿色蔬菜,是久违的味道。

二、苏州阿庆嫂生态美食园

(一) 园区概况

阿庆嫂生态美食园是苏州市第一家生态旅游观光酒店,位于苏虞张公路沿线元和、黄桥、黄埭三镇交界处的相城生态园区内,园区是集休闲、科普、农产品生产和加工为一体的综合性生态示范区,由生态农业区、生态休闲区、生态科普区、生态农庄区、生态保护林区五大区域组成。阿庆嫂生态美食园的食品以绿色、野生水产为主题,菜肴以农家菜和野生水产为主,营业面积8 000多平方米,可同时容纳3 000人用餐。

(二) 园区特点

美食园建在一片看得见天、望得到湖、摸得到树、见得到"雾"的植物园里,这让城里人非常新奇。生态餐厅内,绿树屏风隔成一个个生态包厢,有花草、树木、亭子、流水,犹如"世外桃园"之境。美食园中的农家菜不再是以前真正农家灶头上的土菜了,个个都在大厨们的烹调下显得有模有样,且美食不离绿色生态主题,绿色无公害蔬菜、生态草鸡、农家瓜果等样样都让城里人欢喜。在"阿庆嫂"吃饭,感觉就像在农家的花园里吃饭一样。在倡导健康饮食文化的同时,还为消费者提供了一个回归自然的优美环境,在疲惫的都市丛林找到一个好去处,让心与自然共鸣。在进行大型化和差异化经营的同时,薄利多销的实惠原则也成为阿庆嫂生态美食园的一个经营法宝。

三、北京盛芳艺园生态美食城

(一) 园区概况

盛芳艺园位于北京市丰台区花乡汾庄(北京市南四环路花乡桥往南3公里处),阳光生态大厅里小桥流水、花木葱葱,是目前北京地区集赏花、品食、休闲于一体的规模最大的生态园之一。

(二) 园区特点

其一,营业面积大。餐厅主体采用16米跨度的拱型温室结构,立柱间距8米,在室内营造了一个挑高6米的环境,就餐面积达到17 000平方米,拥有130余间贵宾包厢,可同时容纳近3 500人用餐。在目前生态餐厅的建设中采用如此大的面积,无疑给室内环境控制提出了一个更高的要求。其二,采用二层结构设计。生态餐厅采用二层结构也是不多见的,如何灵活地运用温室技术来适应休闲餐饮的要求,是我们一个共同的课题。盛芳艺园在此方面做了一个新的尝试,大有眼前一亮的感觉。其三,生态生产与消费的真实结合。盛芳艺园依托盛芳园花卉种植基地和北京市花乡的良好地缘优势把真正意义上的绿色食品生产区和餐饮有机地结合在了一起。就餐者可以直接从与餐厅相临的种植温室中选择花卉和菜品,享受自然和健康的魅力。

四、重庆市陶然居生态餐厅

(一) 园区概况

重庆市陶然居生态餐厅位于重庆市白石驿高田坎地区陶然居大型生态园区内。该生态园区总投资 2 亿元,面积达 35 公顷。该生态园区包括生态餐厅、民居风情酒店、教育培训中心、现代农业生态物流配送中心、农副产品养殖加工示范区、四季果林和花卉苗圃区、优质农产品栽培试验展示区、休闲健身中心、现代农业机械展示操作试验园等。生态餐厅是全玻璃结构的大型中式餐厅。

(二) 园区特点

餐厅内种植各种大型绿色植物,游人既可以参观现代化蔬菜大棚,了解一些农副产品的生产工艺流程,也可以坐在全玻璃结构的豪华餐厅里品尝自己亲手推磨的豆腐。

该项目是重庆市国家级新农村建设示范基地之一,提供 5 000 个就业机会,具有科技观光、农业旅游和现代生态示范功能,大幅度提升了重庆农业产业化形象,带动了周边地区农业生态化建设,对陶然居乃至重庆整个餐饮行业和相关产业发展都有推动作用。

参 考 文 献

[1] 中华人民共和国国家统计局. 中华人民共和国 2006 年国民经济和社会发展统计公报. 2007
[2] 王昀. 关于现代园区建设的调查和思考. 上海农村经济, 2005(9)
[3] 罗庆熙, 陈碧华. 我国现代农业园区的发展现状及存在问题. 北京农业, 2004(95)
[4] 蒋和平. 我国农业科技园区的特点和类型分析. 科技与经济, 2004(1)
[5] 朱贤林. 论特色农业. 北京农业职业学院学报, 2003, 17(2)
[6] 国家"十一五"科学技术发展规划. 中国科技信息, 2007(2)
[7] 郭思敏, 刘书凯. 中共党史辨疑. 中央文献出版社出版, 2006, 第 2 版
[8] 科萱.《国家"十一五"科学技术发展规划》正式发布. 中国科技产业, 2006(11)
[9] 雷政富. 赴美城乡规划专题考察印象. 新重庆, 2006(10)
[10] 北京市国民经济和社会发展第十一个五年计划发展纲要. 北京市发展与改革委员会网站, 2006
[11] 史际春. 论规划的法制化. 兰州大学学报(社会科学版), 2006, 34(4)
[12] 中国农业大学, 无锡市人民政府编. 社会主义新农村建设与现代农业发展. 北京: 中国农业出版社, 2006
[13] 中华人民共和国国民经济和社会发展第十一个五年规划纲要学习参考. 北京: 中共党史出版社, 2006
[14] 刘安宇, 宰娟. 从宏观到微观概念性规划的尝试——以新凌家塘批发市场及周边地区概念性规划为例. 江苏城市规划. 2006, 2(总 135)
[15] 李钦, 刘科伟. 概念规划在我国的应用. 现代城市研究, 2006(1)
[16] 中国共产党第十六届中央委员会第五次全体会议文件汇编. 中共中央关于制定国民经济和社会发展第十一个五年规划的建议. 北京: 人民日报出版社, 2005, 第一版
[17] 优势农产品区域布局规划. 北京: 中国农业出版社, 2005
[18] 张学强. 二五计划的编制与大跃进时期的高指标. 求索, 2005
[19] 顾朝林. 概念规划——理论. 方法. 实例(第二版). 中国建筑书店有限

责任公司,2005
[20] 韩慈.第二个五年计划编制从正确到错误的原因探析.齐齐哈尔师范高等专科学校学报,2005,2(总90)
[21] 戴双兴.优势农产品的区域布局与农业结构调整.中国农业资源与区划,2004,25(2)
[22] 魏清泉,吴超.概念规划的特点、原则和方法.规划师,2003,19(8)
[23] 我国优先发展的11种优势农产品及其优势区域布局.农业新技术,2003,3(总6)
[24] 陈秉钊.从远景规划到概念规划.城市规划汇编,2003,2(总144)
[25] 夏杰,林炳耀.从国外概念规划引起的思考.城市规划汇刊.2003,1(总143)
[26] 李锦坤."战略"与"发展"简论.天津社会科学,2002(4)
[27] 周建斌,相秉军,李峰.概念规划:一种规划方法的新尝试——以苏州观前地区振兴与改造概念规划为例.城市规划,1999,23(6)
[28] 丘引.第一个五年计划.前进论坛,1999,1
[29] 管怀鎏.制定地区产业发展规划值得注意的几个问题.开放导报,1998(7)
[30] 蒋晓泉.主导产业规划政策研究.经济研究,1994(5)
[31] 丁伟,杜云领.葡萄酒市场前景广阔.中国集体经济
[32] 陈云.关于发展国民经济的第一个五年计划的报告(节选).党的文献,1995(3)
[33] 李铜山.把握新农村规划的正确取向.农民日报,2007,01,30
[34] 田雄.坚持走共同富裕道路　努力构建和谐韩村河.农民日报四版,2007,01,03
[35] 赵钿,耿沛,陈霞.新农村建设的新思维——北京平谷区玻璃台村规划设计.建筑学报,2006,12:23~27
[36] 李超,宋昆.地域性村镇规划的实践与思考.村镇建设,2006,12:68~70
[37] 徐忠,李静.构建新农村环境景观体系的探索.安徽农学通报,2006,12(7):63~64
[38] 方明,董艳芳,白小羽等.注重综合性思考突出新农村特色——北京延庆县八达岭镇新农村社区规划.建筑学报,2006,10:19~22
[39] 方明,邵爱云.新农村建设村庄治理研究.北京:中国建筑工业出版社,2006,4

[40] 方明,董艳芳. 新农村社区规划设计研究. 北京:中国建筑工业出版社, 2006,4
[41] 王咏红,黄继鹏,李世盛等. 社会主义新农村建设与现代农业发展. 北京:中国农业出版社,2006,5
[42] 张亮,李超. 浅谈村庄规划——规划应从对农村基层的认识入手. 小城镇建设,2006,5:48~49
[43] 瞿振元,李小云,王秀清. 中国社会主义新农村建设研究. 北京:社会科学文献出版社,2006,3:340~348
[44] 北京市朝阳区黑庄户乡人民政府. 黑庄户乡社会主义新农村建设规划. 2006年3月
[45] 康勇,陈丽华. 浅议小城镇景观生态规划——以北京市韩村河为例. 林业调查规划,2006,31(5):61~63
[46] 王云才,郭焕成,张海鹏等. 京郊现代乡村社区建设与风貌塑造——以房山区韩村河镇为例. 京郊建设. 北京规划建设. 2006;54~55
[47] 王万山,计小琴,郭金丰. 社会主义新农村建设. 北京:中国农业出版社,2005
[48] 王云才,刘滨谊. 论中国乡村景观及乡村景观规划. 中国园林,2003,1:55~58
[49] 周武忠,黄满忠,金飚等. 农村园林化探索. 中国园林,1998(5):6~9
[50] 全国城市规划执业制度管理委员会. 城市规划法规文件汇编
[51] 崔功豪,魏清泉,陈宗兴. 区域分析与规划. 北京:高等教育出版社,1998
[52] 同济大学. 城市规划原理(第二版). 北京:中国建筑工业出版社,1991
[53] 刘宗立. 浅谈我国农业科技园区现状及发展趋势. 长江蔬菜,2007(2)
[54] 王从亭,刘宗立. 浅析我国农业科技园区现状、问题与发展趋势. 现代农业科技,2006(11)
[55] 蒋和平,宋莉莉. 国家农业科技园区的运行模式分析. 科技与经济,2006(6)
[56] 罗小锋. 我国农业科技园区的发展:从宏观管理到项目选择. 农村经济,2005(1)
[57] 安晓宁,魏虹. 现代农业示范园规划与建设探讨. 科技与经济,2004(1)
[58] 蒋和平. 我国农业科技园区的特点和类型分析. 科技与经济,2004(1)
[59] 李易农. 最新观光农业示范园、民俗旅游开发建设、经营管理、成功案

例及投资可行性评价实用手册.北京:中国农业科学出版社,2004
[60] 马文军.中国农业科技示范园区可持续发展研究.北京:经济科学出版社,2003
[61] 蒋和平,王有年等.农业科技园的建设理论与模式探索.北京:气象出版社,2002
[62] 王朝全,郑建华等.论农业科技园的目标、功能与保障体系.农村经济,2002(11)
[63] 王树进.农业科技园区项目规划探讨.农业技术经济,2002(3)
[64] 唐仁华.农业科技园建设的必要性和发展思路.科技进步与对策,2002(1)
[65] 昊普特.农业科技园区的战略定位与发展模式.中国农业科技导报,2001(3)
[66] 许越先,陈建华.中国农业科技园区建设与发展.北京:中国农业出版社,2001
[67] 杨其长.我国农业科技示范园区的功能定位、技术背景与战略对策研究.中国农业科技导报,2001(3)
[68] 杨其长.我国农业科技示范园产生的历史背景与发展对策.农业议题,2001(1)
[69] 李荣旗.农业科技园区的实践探索.科技园区,2000(6)
[70] 吴忆明,吕明伟.观光采摘园景观规划设计.北京:中国建筑出版社,2005
[71] 曾奕东,陈明莉.以科技园区为主题的农业旅游发展问题与对策.广东农业科学,2005(5)
[72] 蔡庆丽.都市农业与都市农业旅游.洛阳师范学院学报,2005(1)
[73] 李易农.最新观光农业示范园、民俗旅游其开发建设、经营管理、成功案例及投资可行性评价实用手册.北京:中国农业科技出版社,2004
[74] 程道品,梅虎.农业旅游研究综述.改革与战略,2004(8)
[75] 王兆礼,曾乐春.中国农业旅游发展研究.云南地理环境研究,2004,16(3)
[76] 王浩.农业观光园规划与经营.北京:中国林业出版社,2003
[77] 崔惠君,史英杰.农业生态旅游规划的基本原则.中国农垦经济,2003(5)

[78] 吴必虎.区域旅游规划原理.北京:中国旅游出版社,2001
[79] 李天元.旅游学概论.天津:南开大学出版社,2000
[80] 范子文.观光、休闲农业的主要形式.世界农业,1998(1)
[81] 卢云亭,刘军萍.观光农业.北京:北京出版社,1995
[82] 郭春华,马晓燕,冷平生.浅析观光农业的类型和规划要点.北京农学院学报,2002(2):25~29
[83] 李静,江琦,张浪.上海市南汇区蔬菜产业示范园区规划探讨.西北农林科技大学学报(社会科学版),2007,7(2):81~84
[84] 崔贵芹,王健,赵宪军.荷兰农业产业化经营对我国农业发展的借鉴.商场现代化,2007(498):26~27
[85] 余方镇.论我国农业产业化系统构建及运作协调.河南大学学报(自然科学版),2007,37(1):52~55
[86] 谭畅.关于农业产业化与产业集群模式的思考.集团经济研究,2006(25):174~175
[87] 滕宏飞.农业产业园区、产业基地建设的实践与思考.金陵科技学院学报,2006,22(2):61~64
[88] 孙丽华.新农村建设中的农业产业化和农民组织化研究——以河北省典型案例分析为例.[农业推广硕士学位论文].北京:中国农业大学,2006
[89] 李霄.珠江三角洲农业园区产业演进与农业企业持续成长互动机制的实证研究.商业经济,2006(3):80~81,84
[90] 李增国.基于农业产业化的农村小城镇建设.商场现代化,2005(453):229~230
[91] 魏德功.现代农业的基本内涵与现代农业园区建设.改革与战略,2005,10:12~16
[92] 王昀.关于现代农业园区的调查和思考.上海农村经济,2005(9):37~41
[93] 郑风,田程郁.从农业产业化到农业产业区——竞争型农业产业化发展的可行性分析.管理世界,2005(7):64~74
[94] 农业部农垦局.农垦农业产业化经营实践与探索.北京:中国农业出版社,2005
[95] 赵绪福,王雅鹏.农业产业链、产业化、产业体系的区别与联系.农村经

济,2004(6):44~45

[96] 杨怡.我国高技术产业园区控制性规划设计初探.[硕士学位论文].大连:大连理工大学,2004

[97] 邓柏林,胡中禄.解决"三农"问题的有益探索——以九三现代农业示范园区建设为例.农场经济管理,2004(2):27~29

[98] 丁力.农业产业化新论.北京:中国农业出版社,2004

[99] 孙皆豹.对产业规划问题的探讨.商业研究,2003(14):19~20

[100] 卜善祥,郑敏.我国现代农业园区的发展现状问题及建议.中国地质矿产经济,2003(8):12~14

[101] 范小建.农业产业化的意义及发展对策.中国牧业通讯,2002(10):4~6

[102] 卢凤君,孙世民,任爱胜.长春农业科技园区建设与发展的战略思考.农业系统科学与综合研究,2002,18(2):142~145

[103] 齐小玲,吴永兴.上海市现代农业园区建设初探.农业经济,2002,1:43~44

[104] 韩非,张天柱.生态农庄的规划设计与旅游开发研究——以江苏省唯琼生态农庄为例.资源开发与市场,2007,23(5):474~475

[105] 韩非.生态旅游农庄规划的理论与实践研究.[硕士学位论文].北京:中国农业大学,2007

[106] 王春晓.经济发达地区农业科技园区的旅游功能研究.[硕士学位论文].北京:中国农业大学,2006

[107] 李翔宇,张龙.中国观光农业现状分析及对策研究.九江学院学报(自然科学版),2006(1):116~118

[108] 章维.池州生态旅游发展研究.安徽农业科学,2006,34(8):1654~1655

[109] 夏晶,尹大强,陆根法等.生态文化——生态城市建设的软件.环境保护科学,2006,32(2):43~45

[110] 毕洪文.我国旅游观光农业的特征及发展方向.北方园艺,2006(1):1~62

[111] 张红宇.要合理选择现代农业的实现路径.政工研究动态,2006(7):9~10

[112] 黄洁.浅谈城市规划中的环境保护规划.科技咨询,2006(1):39~40

[113] 刘春梅.食品安全标准的制定.商品储运与养护,2006(2):39~41
[114] 邓文,刘晓鹰.成都市乡村旅游的发展特色——休闲度假与文化旅游.资源开发与市场,2006,22(1):96~98
[115] 余华荣.广东省观光农业园建设与规划设计方法研究.[硕士学位论文].广州:华南农业大学,2005
[116] 蒙睿,谭勇,黄训银.乡村旅游区选址问题研究——以昆明市为例.云南地理环境研究,2005,17(3):65~68
[117] 翁莉.上海城郊景区旅游者重游行为分析.旅游科学,2005,19(2):33~37
[118] 吕军.乡村旅游开发模式研究——以武汉市黄陂旅游区为例.[硕士学位论文].武汉:湖北大学,2005
[119] 冯丽.北京市观光农园景观设计初探.[硕士学位论文].北京:中国农业大学,2004
[120] 林步欢.珠江三角洲旅游农庄的规划设计研究.[硕士学位论文].广州:华南理工大学,2004
[121] 粟驰.京郊山区村级生态旅游与观光农业可持续发展模式研究——以怀柔区北宅村为例.[硕士学位论文].北京:中国农业大学,2004
[122] 钟林生.生态旅游规划原理与方法.北京:化学工业出版社,2003
[123] 王芳,梁瑞驹,杨小柳等.中国西北地区生态需水研究(1)——干旱半干旱地区生态需水理论分析.自然资源学报,2002,17(1):128~130
[124] 刘红艳.乡村旅游开发研究.[硕士学位论文].湖南:中南林学院,2001
[125] 郭来喜,吴必虎,刘锋等.中国旅游资源分类系统与类型评价.地理学报,2000,55(3):294~295
[126] 丁忠明,孙敬水.我国观光农业发展问题研究.中国农村经济,2000(12):27~31
[127] 郭焕成,刘军萍,王云才.观光农业发展研究.经济地理,2000(3):28~31
[128] 刘伟,朱玉槐.旅游学.广州:广东旅游出版社,1999
[129] 贡保南杰.北京郊区旅游业发展战略——北京旅游圈带研究.北京第二外国语学院学报,2004(1):44~54
[130] 何景明.国外乡村旅游研究评述.旅游学刊,2003,18(1):76~78

[131] 王云才.论都市郊区游憩景观规划与景观生态保护——以北京市郊区游憩景观规划为例.地理研究,2003,22(3):324~333

[132] 王先杰.设施园艺在旅游观光农业中的规划设计及其应用的研究.[硕士学位论文].黑龙江:东北大学,2000

[133] 吴必虎.大都市环城游憩带研究——以上海为例.地理科学,2001,21(4):354~359

[134] 徐峰.观光农业规划的理论与实践.[硕士学位论文].北京:中国农业大学,1999

[135] 吴必虎.上海市近程出游力与目的地评价研究.人文地理学,1997,12(1):17~23

[136] 龙晓华.观光农业开发研究.[硕士学位论文].北京:北京大学,1997

[137] 程红波.农业观光园规划理论探索.[硕士学位论文].南京:南京林业大学,2001

[138] 李同升.观光农业及其规划研究.[硕士学位论文].西安:西北大学,2002

[139] 王云才.中国乡村景观旅游规划设计的理论与实践研究.[博士后].上海:同济大学,2003

[140] 孙爱丽.上海观光农业的现状和开发措施研究.[硕士学位论文].上海:上海师范大学,2003

[141] 何景明.中外乡村旅游研究:对比、反思与展望.农村经济,2005(1):126~128

[142] 李延杰.规划设计系列讲座1-3,生鲜食品加工物流中心规划设计程序.www.edit56.com.2007(2~4)

[143] 新华网.综述:墨西哥农产品流通体系的特点.2007年05月16日10:48

[144] 王中军.国外农产品物流的经验简述.世界农业,2007(总336)

[145] 国家发改委、中国物流与采购联合会.全国物流园区发展调查报告.铁路采购与物流,2007.4

[146] 范秀荣,李晓锦.日、美、荷农产品物流组织的经验与启示.中外物流,2007

[147] 农业部农研中心.物流模式分析.农产品市场周刊,2007年2月下旬刊

[148] 赵玉国.建设农产品物流中心问题探讨.物流工程,2007.1
[149] 董明望,谭道雄.物流园区规划研究.中国水运,2007
[150] 刘金成.我国发展绿色物流的几点探讨.商业经济,2007,286(1)
[151] 农业部市场与经济信息司.农业部关于印发《"十一五"时期全国农产品市场体系建设规划》的通知.2006,12,12
[152] 张莉莉,余建伟,张宏伟.我国粮食物流园区运作研究.中国水运(学术版),2006
[153] 魏国辰.对北京市建立国际农产品流通中心的对策研究标准.中国流通经济,2005(6):16~19
[154] 李风瑞.关于发展我国现代物流业的思考.商业研究,2005(总329)
[155] 候茂章,夏金华.重视和发展我国农产品物流.农业经济,2004(7):25~27
[156] 赵黎明,李微微.我国物流园区的规划现状与对策.探讨与研究,2003(4):14~16
[157] 李刚.论区域物流规划的原则、内容与程序.东北财经大学学报,2004,2(总32)
[158] 章胜勇,杨菁,吴春梅.以现代物流促进农产品流通农村经济.2003(1)
[159] 梁少华.物流业发展和物流园区的规划建设.规划师,2002,18(8)
[160] 张文松.关于物流中心规划的几点建议.技术经济与管理研究,2002(4)
[161] 陈泓.温室生态餐厅设计的探讨.研究生学位论文.2006,6
[162] 李於今,张天柱,苏为.无锡地区生态餐厅夏季降温措施的实验研究.中国农业工程学会2005年学术年会论文集,2005
[163] 李宁,赖勤毅.生态餐厅功能划分及生态指标初探.农村实用工程技术(温室园艺),2006,6
[164] 汪晓云.温室生态餐厅的建议和发展.农村实用工程技术(温室园艺),2004,11
[165] 陈泓,邹志荣.论生产温室向生态餐厅的改造.安徽农业科学,2005,33:2115~2116,2128
[166] 吴忆明,吕明伟.观光采摘园景观规划设计.北京:中国建筑工业出版社,2005
[167] 张放.生态农庄与生态园区实用技术.北京:化学工业出版社,2006

[168] 冯广和. 温室的节能问题. 农村实用工程技术(温室园艺),2004,5:23
[169] 王成. 生态餐厅漫谈. 农村实用工程技术(温室园艺),2005,4:30
[170] 赵梦. 农业设施发展的新新一族——阳光餐厅. 农村实用工程技术(温室园艺),2003,8:3
[171] 吴卫华. 农产品加工成为京郊经济新增长点. 投资北京,2007年第三期
[172] 郭思敏,刘书凯. 中共党史辨疑,中央文献出版社出版,2006年11月第2版
[173] 韩慈. 第二个五年计划编制从正确到错误的原因探析. 齐齐哈尔师范高等专科学校学报,2005年第2期(总第90期)
[174] 张学强. 二五计划的编制与大跃进时期的高指标. 求索,2005年8月
[175] John B. Produce Marketing. Agricultural Marketing Web Site, June 12, 2006
[176] USDA. RURAL. development progress report. 2005~2006
[177] Australian wool and sheep industry. November, 2004
[178] Bruce E. Wicks and Christopher D. Merrett. Agritourism: An Economic Opportunity for Illinois. Rural Research Report, Spring 2003, Volume 14, Issue 9
[179] Stephan, Tubene and James H. The wholesale produce auction: An alternative marketing strategy for small farms. American Journal of Alternative Agriculture, Volume 17, Number 1, 2002
[180] Dov Sitton. advanced agriculture as a tool against desertification. Applied Research Institutes, Ben-Gurion University of the Negev, October 2000
[181] Eric van Heck and Pieter M, Ribbers, Pieter M. Ribbers. A Comparison of Two Electronic Auction System Initiatives in the Dutch Flower Auctions. WORKSH1. doc, July 25, 1997, ReSubmitted to Wirtschaftsinformatik
[182] Kambil A, Heck E. Competition in the Dutch Flower Markets. 1996
[183] Ramiro E. Lobo-George E. Goldman-Desmond A. Jolly B. Diane Wallace-Wayne L. Schrader-Scott A. Parker. Agritourism Benefits Agriculture in San Diego County.
[184] Rural Affairs. www.defra.gov.uk

[185] Entertainment Farming and Agri - Tourism. http://attra.ncat.org
[186] Ellen Rilla. Agritourism in Britain and New England. http://www.sfc.ucdavis.edu
[187] Rural Cluster Development, Managing Growth and Maintaining the Rural Landscape. http://www.metrocouncil.org
[188] The Reading Terminal Market. http://philadelphia.about.com
[189] California Agri - tourism Database. http://www.calagtour.org
[190] Syed Mahfooz Ali Shah. Challenges in agri research.
[191] Mary K, William M K. Concept mapping for planning and evaluation. thousand Oaks: Sage Publications
[192] Ziegenfuss, James t, Jr. Strategic. Planning: Cases, Concepts, and lesso trade. Paper Sage Publications, 2006/01
[193] Francisco Asensio Cerver City Ptanning. Watson - Guptill Publicattions, March 1996
[194] Liu Jianguo, Taylor, W. W. Integrating Landscape Ecology into Nature Resource Management. Cambridge University Press, 2002
[195] Andrew C, Files and Stewart N, Smith. Agricultural integration systems in action. MAC Publication, 2001
[196] Cecilia H, Lucyna P. Rural and agri - tourism as a tool for reorganising rural areas in old and new member states - a comparison study of Ireland and Poland. International Journal of Tourism Research, 2005,7(2):63~67
[197] William C G. Rural tourism development in the USA. International Journal of Tourism Research, 2004,6(3):151~164
[198] MacDonald R, Jolliffe L. Cultural rural tourism. Evidence from Canada. Annals of Tourism Research, 2003(2):307~322
[199] Skoczek M. Rural tourism as a factor of cultural heritage protection in Spain and Portugal Prace i Studia Geograficzne,2003(32):35~48
[200] Sharpley R. Rural tourism and the challenge of tourism diversification: The case of Cyprus. Tourism Management, 2002(3):233~244
[201] Michael B, John E. Co - operatives in southern Spain: their development in the rural tourism sector in Andalucía. International Journal of Tourism Research,2001,3(3):199~210

[202] Masberg B A, Morales N. A case analysis of strategies in ecotourism development. Aquatic Ecosystem Health and Management, 1999,2(3):289~300

[203] Fleischer A, Pizam A. Rural tourism in Israel. Tourism Management, 1997,18(6):367~372

[204] Oppermann M. Rural tourism in southern Germany. Annals of Tourism Research, 1996,23(1):86~102

[205] Hjalager A M. Agricultural Diversification into tourism. Tourism Management, 1996,17(2):105~110

[206] Seaton, A. V. Hay on Wye, the mouse that roared: Book towns and rural tourism. Tourism Management, 1996,(5):379~385

[207] Lane B. Sustainable Rural Tourism Strategies: a tool for development and conservation. in: B. Bramwell and B. Lane, eds. Rural Tourism and Sustainable Rural Development. Clevedon: Channel View Publications, 1994,102~105

[208] Fredericks M S. Rural Tourism and Economic Development. Economic Development Quarterly,1993(7):215~226

[209] Carter C. R. Assessing Logistics and Transportation Journals: Alternative Perspectives. Transportation Journal, 2002, Vol. 42, Issue 2, pp. 39~50

致 谢

在本书出版之际,要特别感谢中国农业大学北京市富通环境工程公司对本书的编写给予的大力支持和帮助。

感谢马承伟教授、王平智老师、徐彪总工程师、陈强、黄俊喜、程杰宇、李书卫、牛振宇、王新超、金凤霞、张海珍等。谢谢他们的支持。

中国轻工业出版社食品科技书目

食品科学技术

食品工程全书(第一卷)(国家"九五"重点图书) 160.00元
食品工程全书(第二卷)(国家"九五"重点图书) 160.00元
食品工程全书(第三卷)(国家"九五"重点图书) 130.00元
制粉师工程手册(精装) 80.00元
现代乳品工业手册(精装) 160.00元
焙烤工业实用手册(精装) 148.00元
FDA食品法规(2001版)(精装) 220.00元
肉类工业手册(精装) 120.00元
果蔬保鲜手册(精装) 72.00元
食品微生物实验室手册(第三版)(精装) 70.00元
英汉食品工业词汇(第二版)(精装) 80.00元
中国农产品加工业发展战略及政策研究 80.00元
食品色香味化学原理与应用 30.00(估)
食品功能成分的制备及其应用 26.00元
保健食品功效成分检测方法(第二版) 38.00元
保健食品GMP实用指南(精装) 120.00元
保健食品注册申报实用指南 55.00元
中国食品产业地图 54.00元
食品行业网络信息资源检索指南 42.00元
中华烘焙食品大辞典——原辅料及食品添加剂分册 42.00元
中华焙烤食品大辞典——机械及器具分册 50.00元
现代食品工程高新技术 80.00元

乳品技术装备 90.00 元
食品分析 23.00 元
新编食品微生物学 38.00 元
食品质量管理学 21.80 元
食品酶学导论 18.00 元
食品冷藏学 38.00 元
植物活性成分开发 52.00 元
中国茶叶辞典（荣获第四届国家辞书奖一等奖、第五届国家图书奖提名奖）380.00 元
2007 中国食品工业与科技发展报告 50.00 元
金世琳乳品科技论文选 60.00 元
碳水化合物功能材料 58.00 元
时尚蛋糕制作精选 32.00 元
面包制作 116 款 32.00 元
食品保鲜技术 48.00 元
食品微胶囊技术 24.00 元
木糖与木糖醇的生产技术及其应用 32.00 元
挤压食品 25.00 元
儿童食品 18.00 元
脉冲电场非热灭菌技术 28.00 元
西式糕点制作新技术精选（修订版）20.00 元
面粉品质改良技术及应用 20.00 元
复合调味品生产问答 15.00 元
肉制品配方 1 800 例 95.00 元
饮料和冷饮配方 1 800 例 72.00 元
软饮料工艺学 36.00 元
农产品市场营销理论与实践 21.00 元
类胡萝卜素化学及生物化学 50.00 元
现代乳品加工学 42.00 元

乳品微生物学 30.00 元
保健茶制作技术 25.00 元
浓香花生油制取技术 25.00 元
现代粮食加工技术 45.00 元
功能性低糖生产与应用 35.00 元
食品杀菌新技术 54.00 元
功能性大豆食品 25.00 元
肉制品加工原理与技术 22.00 元
肉制品添加物的性能与应用 30.00 元
膜分离的工程与应用 26.00 元
近红外光谱分析基础与应用 70.00 元
零售企业食品安全信息管理 25.00 元
零售企业食品供应链管理 25.00 元

美国现代食品科技系列

食品添加剂分析方法 28.00 元
安全食品微生物学 35.00 元
食品化学安全(第二卷·食品添加剂) 35.00 元
饼干加工工艺(第三版) 50.00 元
麦芽与制麦技术 68.00 元
减肥与体重控制 56.00 元
功能性食品 35.00 元
食品香精的化学与工艺学(第三版) 42.00 元
肉制品加工技术(第三版) 39.00 元
冷冻食品加工技术 32.00 元
蛋糕加工工艺(第六版) 42.00 元
面包加工工艺 35.00 元
素食者膳食指南 47.00 元
食品加工原理 30.00 元

食品工业化干燥 32.00 元
简明临床膳食学 36.00 元
食品化学（第三版）98.00 元
食品分析（第二版）80.00 元
食品科学（第五版）70.00 元
工业化干燥原理与设备 35.00 元

食品安全与健康系列

食源性病原微生物及防控 20.00 元
食品质量安全市场准入指南 23.00 元
食品安全指南 60.00 元
国家法定禽病诊断与防制 28.00 元
国家法定牛羊疫病诊断与防制 48.00 元
国家法定猪病诊断与防制 42.00 元
食品安全性 35.00 元
餐饮业 HACCP 实用教程 28.00 元
饲料与绿色食品 30.00 元
安全食品开发与质量管理 44.00 元
HACCP 原理与实施 46.00 元
食品质量安全认证指南 46.00 元

农产品深加工系列

农作物秸秆饲料加工技术 15.00 元
魔芋加工实用技术和装备 20.00 元
米粉加工原理与技术 18.00 元
大豆深加工技术 28.00 元
马铃薯深加工 20.00 元
生物资源开发利用 45.00 元
大蒜保鲜贮藏与深加工技术 25.00 元

净菜加工技术 24.00 元
柑橘加工与综合利用 22.00 元
蜂产品深加工技术 24.00 元

新版食品配方

新版蛋糕配方 20.00 元
新版休闲食品配方 25.00 元
新版饮料配方 16.00 元
新版乳制品配方 22.00 元
新版配制酒配方 20.00 元
新版果蔬配方 25.00 元
新版糕点配方 16.00 元
新版面包配方 25.00 元
新版饼干配方 25.00 元
新版调味品配方 16.00 元
新版酱腌泡菜与脱水菜配方 28.00 元
新版肉制品配方 20.00 元
新版冰淇淋配方 16.00 元
新版糖果巧克力配方 28.00 元
新版方便食品配方 24.00 元

食品生产工艺与配方

龙口粉丝生产工艺与配方 15.00 元
杂粮食品生产工艺与配方 20.00 元
水生蔬菜加工工艺与配方 26.00 元
新型饮料生产工艺与配方 38.00 元
米果生产工艺与配方 20.00 元
新编肉制品生产工艺与配方 46.00 元
酸奶和发酵乳饮料生产工艺与配方 23.00 元

食品营养

中国营养工作回顾 85.00 元
实用食物营养成分分析手册(第二版) 35.00 元
中国居民膳食营养参考摄入量 68.00 元
中国居民膳食营养参考摄入量(简要本) 16.00 元
营养与健康圣典(第五版) 38.00 元
营养保健食品 72.00 元
实用钙补充剂手册 18.00 元
实用维生素矿物质补充剂手册 18.00 元
实用维生素矿物质安全手册 18.00 元
食品营养与卫生 18.80 元
维生素 E 的生产与应用 16.00 元
健康食物资源的营养与功能评价 30.00 元
铁强化酱油技术指南(国家营养改善项目重点图书) 28.00 元

食品添加剂

饲料与饲料添加剂 26.00 元
功能性食品添加剂 52.00 元
食品添加剂原理及应用技术(第二版) 42.00 元
食用胶的生产、性能与应用 25.00 元
食品添加剂(修订版) 27.50 元
食品增稠剂 35.00 元
食品添加剂使用手册(精装) 25.00 元
食品添加剂基础 18.00 元
食品添加剂在饮料中的应用 20.00 元
食品添加剂手册 130.00 元
天然色素的生产及应用 28.00 元

食品安全与健康科普丛书

食品添加剂知多少 12.80元
食品污染知多少 12.00元
食品的魔术师——酶 25.00元
掺假食品识别300招 18.80元
婴幼儿营养与科学喂养 28.00元

购书办法：各地新华书店，本社网站(www.chlip.com.cn)、当当网(http://list.dangdang.com/01.63.18.htm)、卓越网(http://www.joyo.com/)、轻工书店(联系电话:65128352)，我社读者服务部办理邮购业务,联系电话:010-65241695。

上海金山现代农业园区

浏览示意图

智能温室

无锡龙寺农业生态园

北京蟹岛绿色生态度假村

园林造景

湖面风光

山东寿光蔬菜批发市场农产品检测中心

中心门口

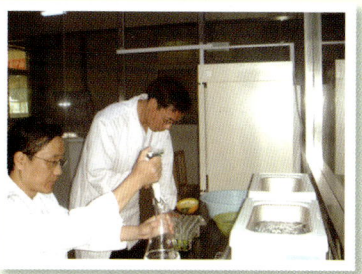

工作人员正在检测

深圳布吉农产品中心批发市场

北京新发地农产品批发市场

批发市场正门

交易大楼

北京红太阳美食生态园

生态园正门

生态餐厅